粤港澳大湾区

婚姻家事法律制度

邹艳娥　芦海滨　主　编

周丽琴　高　杉　副主编

MARRIAGE AND FAMILY LAW SYSTEMS IN THE GUANGDONG HONG KONG-MACAO GREATER BAY AREA

法律出版社 | LAW PRESS

北京

图书在版编目(CIP)数据

粤港澳大湾区婚姻家事法律制度 / 邹艳娥,芦海滨主编. -- 北京 : 法律出版社, 2024
ISBN 978 - 7 - 5197 - 8793 - 6

Ⅰ. ①粤… Ⅱ. ①邹… ②芦… Ⅲ. ①婚姻家庭纠纷－研究－广东、香港、澳门②家庭财产－经济纠纷－研究－广东、香港、澳门 Ⅳ. ①D923.904

中国国家版本馆 CIP 数据核字(2024)第 012978 号

粤港澳大湾区婚姻家事法律制度
YUE GANG AO DAWANQU HUNYIN JIASHI FALÜ ZHIDU

邹艳娥　芦海滨　主编

策划编辑 沈小英　陈　妮
责任编辑 陈　妮　张思婕
装帧设计 汪奇峰

出版发行 法律出版社
编辑统筹 法治与经济出版分社
责任校对 王　丰
责任印制 吕亚莉
经　　销 新华书店

开本 787 毫米×1092 毫米　1/16
印张 20.75　　字数 517 千
版本 2024 年 2 月第 1 版
印次 2024 年 2 月第 1 次印刷
印刷 北京中科印刷有限公司

地址:北京市丰台区莲花池西里 7 号(100073)
网址:www.lawpress.com.cn
投稿邮箱:info@lawpress.com.cn
举报盗版邮箱:jbwq@lawpress.com.cn

销售电话:010 - 83938349
客服电话:010 - 83938350
咨询电话:010 - 63939796

书号:ISBN 978 - 7 - 5197 - 8793 - 6
定价:128.00 元

凡购买本社图书,如有印装错误,我社负责退换。电话:010 - 83938349

邹艳娥

广东海鸥律师事务所合伙人、合伙人会议主席，一级律师，广东省律师、公证员高级职称评审委员会专家评委，珠海国际仲裁院仲裁员，珠海市香洲区婚姻家庭纠纷人民调解委员会主任。曾任广东省律师协会第五届常务理事、第五届涉外法律服务委员会主任，广东省律师协会第六届理事，珠海市律师协会第一届理事、第二届常务理事、第三届副会长、第四届理事，中国共产党珠海市第五届代表大会代表，珠海市香洲区政协第八届、第九届委员。

芦海滨

广东华商（珠海）律师事务所主任、粤港澳大湾区法律与社会融合发展促进会会长、珠海国际仲裁院仲裁员。

研究领域包括应用法学、粤港澳历史学、应用经济学、粤港澳大湾区法制建设与司法规则的衔接。已出版《谁在担任独立董事》《澳门与内地交通法规对接初探》等公司法领域、粤港澳大湾区法律融合领域的著作6部。

《粤港澳大湾区婚姻家事法律制度》编委会

主　　编：邹艳娥　芦海滨

副 主 编：周丽琴　高　杉

委　　员：承　诺　陈芝菁　陈金雨　何志权　赖崇斌

李詠瑜　梁静姮　梁嘉蔚　梁映霞　林海彤

林砚文　卢懿杏　吕冬娟　麦桂霞　宋小勇

萧一峰　谢婉婷　谢　巧　周　燕

支持单位：广东海鸥律师事务所

广东华商（珠海）律师事务所

珠海市香洲区婚姻家庭纠纷人民调解委员会

粤港澳大湾区法律与社会融合发展促进会

岩羊（珠海）管理咨询有限公司

副主编简介

周丽琴：广东华商（珠海）律师事务所合伙人、副主任、粤港澳大湾区法律与社会融合发展促进会理事。

高　杉：广东海鸥律师事务所律师。

委员简介

（以下按姓氏拼音排序）

承　诺：香港萧一峰律师行合伙人。

陈芝菁：香港何叶律师行律师。

陈金雨：澳门城市大学硕士研究生。

何志权：香港律师会家事法委员会主席、香港何叶律师行合伙人。

赖崇斌：广东华商（珠海）律师事务所合伙人、副主任。

李詠瑜：澳门 STA 律师事务所高级合伙人、澳门大学法学院兼职讲师。

梁映霞：广东海鸥律师事务所律师。

梁静姮：澳门大学法学院导师、澳门家庭律师协会会长。

梁嘉蔚：广东海鸥律师事务所合伙人、律师。

林海彤：澳门 STA 律师事务所高级合伙人、澳门旅游学院兼职讲师。

林砚文：广东海鸥律师事务所律师。

卢懿杏：香港中律协会会长、香港特别行政区选举委员会委员、香港卢氏律师行创办人。

吕冬娟：澳门城市大学法学院助理教授。

麦桂霞：广东华商（珠海）律师事务所主任助理、粤港澳大湾区法律与社会融合发展促进会秘书长。

宋小勇：澳门 LS 律师事务所合伙人。

萧一峰：香港萧一峰律师行创立合伙人。

谢　巧：广东华商（珠海）律师事务所律师。

谢婉婷：广东华商（珠海）律师事务所合伙人、副主任，粤港澳大湾区法律与社会融合发展促进会理事。

周　燕：广东海鸥律师事务所律师。

序

《粤港澳大湾区婚姻家事法律制度》即将在法律出版社付梓，本书主编之一邹艳娥律师不久前在珠海见到我时嘱我写序，我当即应允。

艳娥律师是我早年亲授过课的学生。1985 年，艳娥律师在武汉大学法学院上本科，应该是 82 级的学生。那年，我初任武汉大学教师不久，第一次上讲台讲授国际私法课就是给她所在的班上的。因为这层特殊的关系，我同她所在班的不少同学至今保持着联系。艳娥律师也是其中之一。看到艳娥律师在从事法律实务工作之余还协同粤港澳三地的同仁费心尽力编撰本书，甚为高兴，写序便是自然而然的事了。

《粤港澳大湾区婚姻家事法律制度》的三个鲜明特点给我留下了深刻印象：首先，本书是由粤港澳三地 23 位婚姻家事法律专家通力合作编撰而成，其中既有粤港澳三地从事婚姻家事法律实务的资深律师，也有粤港澳三地从事婚姻家事研究的专家学者，珠联璧合，相辅相成。其次，本书既首次汇集整理了粤港澳三地的婚姻家事法律法规，又深度对粤港澳三地婚姻家事法律制度进行了比较研究，50 余万字，面面俱到，洋洋大观。第三，本书积极回应粤港澳大湾区在国家发展大局中的重大战略需求，聚焦与粤港澳三地居民日常生活最密切的婚姻家事领域的法律问题，深耕细作，惟实励新。本书不仅可以作为粤港澳三地从事跨境婚姻家庭、跨境财产继承、跨境家族财富管理法律实务的专业人士必备之工具书，而且也可以作为粤港澳三地居民处理相关日常问题的案头参考书。

粤港澳大湾区涵盖我国香港特别行政区、澳门特别行政区和广东省 9 城市。这里有充满活力的世界级城市群，这里有具有全球影响力的科技创新中心，这里有宜居宜业宜游的优质生活环境，这里不仅是世界上最活跃的经济区域之一，而且还是独一无二的"一国两制三法域"的生动实践区。国家实施粤港澳大湾区发展战略，就是要促进粤港澳三地融合发展、创新发展、高质量发展。而粤港澳三地的融合发展、创新发展、高质量发展一定要纳入法治的轨道，在法治轨道上推进，不断强化在法治领域的合作与融通。《粤港澳大湾区婚姻家事法律制度》的出版可以说是一次促进粤港澳大湾区法治融合发展的有益探索。它可以帮助读者了解掌握粤港澳三地不同的婚姻家事法律制度，同时，它通过比较研究分析粤港澳三地婚姻家事法律制度的异同，可以增进粤港澳三地彼此的理解，为婚姻家事领域法律冲突的解决、法律规则的对接和法治合作的衔接夯实基础。我真诚期望，类似《粤港澳大湾区婚姻家事法律制度》这样的成果和作品越来越多、越来越丰富多彩，能够合力推动粤港澳大湾区建设健康、高效、可持续发展。

寥寥数语，谨向读者推荐这本书。

是为序。

 *

2024 年 1 月 29 日于海南文昌高隆湾

---

* 黄进，中国政法大学教授、中国法学会副会长、中国国际法学会会长、中国国际私法研究会会长、世界法学家协会（WJA）副会长。

编写说明

本书由粤港澳三地23位婚姻家事法律专家合力编写而成,其中广东作者有12位、香港作者有5位、澳门作者有6位。

粤港澳大湾区的特色是“一国两制三法域”。婚姻家事领域的制度伴随着人类文明的成长而成长、发达而发达,粤港澳大湾区的婚姻家事法律制度十分丰富。中国内地、香港特别行政区、澳门特别行政区同属中国,其古代法律制度均属中华法系。到了近现代,因历史的原因,三法域的法律制度朝不同的方向发展,有各自不同的特点。

在中国古代社会,婚姻家庭制度“祥于礼而略于法”,调整婚姻家庭关系的规范是宗法等级制度的礼和习惯,调解婚姻家庭关系的礼实际上起着法的作用。在中国封建社会,调整婚姻家庭关系需要礼、律并用。在中国,封建主义婚姻家庭制度实行了2000多年,一直延续到近代,中国近代的婚姻家庭立法始于清朝末年。

广东位于中国内地。自1980年《中华人民共和国婚姻法》(以下简称《婚姻法》)实施后,为加强对婚姻家庭关系的规范,一系列法律及司法解释等规定相继颁布,婚姻家庭法律制度得到不断完善。2021年1月1日《中华人民共和国民法典》(以下简称《民法典》)实施后,中国内地的婚姻家庭法律制度有了更加完善的体系。

1840年鸦片战争后,中国香港地区受英国殖民统治。英式法律体系和法制传统移植到香港,并最终与香港本土的中国传统法制以及社会习俗交汇融合,形成了香港特有的法制和法律文化。自1997年7月1日开始,中国政府恢复对香港行使主权,香港成为中华人民共和国特别行政区,根据《中华人民共和国香港特别行政区基本法》(以下简称《香港特别行政区基本法》)第8条的规定,香港原有法律除与《香港特别行政区基本法》相抵触或经香港特别行政区的立法机关作出修改者外予以保留。至此,香港特别行政区婚姻家庭法进入独立发展时期。香港特别行政区立法机构与司法部门延续本土的特点,因地制宜,不断完善修改立法,促进婚姻家庭法律制度的现代化,以更好适应社会生活实际,实现家庭关系的稳定与和谐。

1553年,葡萄牙人来到澳门。从“租借”到殖民统治,在400多年的时间里,中国澳门地区以葡萄牙法律为基础,逐渐形成了自己的法律体系。1999年澳门回归祖国后,我国澳门特别行政区朝着“法治化、本地化、现代化”的地区特色法治方向前进。

本书的初衷就是将粤港澳三地既有关联又有差异的婚姻家事法律制度以客观的形式呈现,供学界研究和业界人员掌握使用。粤港澳三地的婚姻家庭法律制度的渊源、定义和语境均有所不同,为客观描述,本书基本采取由各地的专家分别编写的方式。其中广东部分由内地作者完成,香港部分由内地作者和香港作者共同完成,澳门部分全部由澳门作者完成。全书共4篇、22章、88节,其中主文部分共66节,撰写12节的作者有周丽琴、宋小勇;撰写6节的作者有何志权、梁静姮、林砚文。

全书结构由芦海滨设计。

全书由芦海滨、邹艳娥、周丽琴、高杉、谢巧统稿。

法规由周丽琴、高杉、麦桂霞、谢巧、卢懿杏、宋小勇收集整理。

各章节的编写情况见表0-1、表0-2:

表0-1　主文撰写工作汇总表

<table>
<tr><th>项目</th><th>结构</th><th>直接撰写</th><th>修改意见、审稿及精修</th><th>协调</th></tr>
<tr><td rowspan="4">中国内地法律制度</td><td>第一篇　结婚篇 5章</td><td>第一、二、三章:林砚文
第四、五章:梁嘉蔚</td><td rowspan="2">高杉精修</td><td rowspan="4"></td></tr>
<tr><td>第二篇　家庭关系篇　6章</td><td>第六、七、八章:高杉、梁映霞
第九、十、十一章:邹艳娥、周燕</td></tr>
<tr><td>第三篇　离婚篇 6章</td><td>第十二、十五、十六、十七章:周丽琴
第十三、十四章:谢婉婷</td><td rowspan="2">周丽琴精修</td></tr>
<tr><td>第四篇　继承篇 5章</td><td>第十八、二十、二十二章:周丽琴
第十九、二十一章:赖崇斌</td></tr>
<tr><td rowspan="4">中国香港特别行政区法律制度</td><td>第一篇　结婚篇 5章</td><td>第一、二、三章:林砚文
第四、五章:梁嘉蔚</td><td>承诺审稿</td><td>周丽琴与承诺对接</td></tr>
<tr><td>第二篇　家庭关系篇　6章</td><td>第六、七章:高杉
第八章:梁映霞
第十章:陈芝菁
第九、十一章:邹艳娥、周燕</td><td>第六、七、八章:承诺审稿;
第九、十、十一章:卢懿杏提了修改意见;
第九、十一章:周燕审稿</td><td>周丽琴、周燕与卢懿杏对接</td></tr>
<tr><td>第三篇　离婚篇 6章</td><td>第十二、十三、十四、十五、十六、十七章:何志权</td><td>周丽琴审稿</td><td>芦海滨与何志权对接</td></tr>
<tr><td>第四篇　继承篇 5章</td><td>第十八、十九、二十、二十一、二十二章:周丽琴</td><td>承诺审稿</td><td>周丽琴与承诺对接</td></tr>
</table>

续表

项目	结构	直接撰写	修改意见、审稿及精修	协调
中国澳门特别行政区法律制度	第一篇　结婚篇 5 章	第一、二章：梁静姮 第三章：吕冬娟、陈金雨 第四、五章：梁静姮	高杉、周丽琴审稿	芦海滨负责对接工作
	第二篇　家庭关系篇　6 章	第六、七、八、九、十、十一章：宋小勇	高杉、周丽琴审稿	
	第三篇　离婚篇 6 章	第十二、十三、十四章：林海彤 第十五、十六、十七章：宋小勇	第十二、十三、十四章：周丽琴审稿	
	第四篇　继承篇 5 章	第十八、十九、二十章：李詠瑜 第二十一、二十二章：梁静姮	周丽琴审稿	
三地差异	第一篇　结婚篇 5 章	第二、三、四、五章：赖崇斌	邹艳娥、芦海滨、周丽琴、高杉审稿	
	第二篇　家庭关系篇　6 章	第七、八、九、十、十一章：高杉		
	第三篇　离婚篇 6 章	第十三、十四章：赖崇斌 第十五、十六、十七章：谢婉婷		
	第四篇　继承篇 5 章	第十九、二十一章：赖崇斌 第二十、二十二章：周丽琴		

表 0－2　法规整理工作汇总表

项目	汇总	搜索查询	整理	辅助
中国内地婚姻家事法规汇集	谢巧	高杉、周丽琴	谢巧	邹艳娥提出纳入粤港澳大湾区相互承认的判决与执行
中国香港特别行政区婚姻家事法规汇集		承诺、卢懿杏、周丽琴、谢巧、麦桂霞		卢懿杏律师提供中国香港特别行政区婚姻家事法规；承诺修改资料清单和法规；麦桂霞提供查询中国香港特别行政区电子法规方法；芦海滨负责对接工作
中国澳门特别行政区婚姻家事法规汇集		周丽琴、谢巧、倪家鑫		芦海滨提供中国澳门特别行政区法律

粤港澳大湾区婚姻家事法律制度丰富多彩，本书青涩之处甚多，我们将不断修订完善以飨读者。

目　录

第一篇　结　婚　篇

第二篇 家庭关系篇

第三篇 离 婚 篇

第四篇 继 承 篇

第一篇　结　婚　篇

第一章 概 述

1.1 中国内地法律制度

结婚,是人类社会由来已久的古老习俗,是人类生命的本能与社会习性结合的产物。在现代法治社会,结婚是家庭关系的起点。从人类文明的萌发开始,婚姻从来不仅仅是简简单单的两性结合,也不是单纯的民事契约,以婚姻作为地基往外延续搭建的是一幢巍峨的社会、家庭伦理大厦。

在阐述本篇内容前,我们首先需对“结婚”这一概念进行厘清。本书在对我国澳门特别行政区《民法典》(以下简称《澳门民法典》)进行了粗浅的分析之后发现,在我国澳门特别行政区的法律体系中,结婚被视为男女双方所订立之承诺缔结婚姻之合同。在我国内地的法律体系中,由于婚姻家庭法中的身份行为不同于一般的民事法律行为,既不能人为地为婚姻设定条件和期限,一切均应由婚姻当事人自由合意。同时,婚姻的成立条件、禁止情形、登记程序、效力问题乃至婚姻的解除均由法律进行相关的规定,也不存在由当事人进行民事合意的空间,所以更倾向于将婚姻关系视为一种身份关系,夫妻双方在财产上的权利义务是附属于身份关系之上的。

从总纲上来简单阐述,结婚应当是自由的、平等的人身关系。至今各国的立法或判例均将婚姻自由规定为或视为一项基本原则。这个原则的确立与否也是衡量一国婚姻家庭法律是否符合现今社会的主流价值观及是否具备进步性的重要标志。

因此,本篇主要通过历史的比对和社会潮流变化的分析,阐述在立法上国家层面对结婚的考量。同时,为了更好地给粤港澳大湾区人民提供更为完善的结婚指引,本篇将会同时提供我国香港特别行政区、澳门特别行政区两地在法律上关于结婚的规定,并通过三法域的法律中关于结婚规定的比对,简述三者之间的差异性,并从实用性的角度为读者提供一些微末的帮助。

1.2 中国香港特别行政区法律制度

与内地法律法系、法律运用习惯不同,《香港法例》从表述上有自身特点,因此本节主要在于向读者说明在本篇中将使用到的专用名词以便于读者理解。

根据《婚姻制度改革条例》(第 178 章)的规定:

中国法律与习俗(Chinese law and custom),是指在紧接 1843 年 4 月 5 日之前曾适用于在香港居住的华人的中国法律与习俗。

指定日期(appointed day),是指1971年10月7日(由1999年第34号第3条代替)。

指明公职人员(designated public officer),是指为施行第V部而由行政长官根据第22条指明的公职人员(由1999年第34号第3条修订)。

新式婚姻(modern marriage),是指于指定日期前,在2名或多名见证人在场下,在香港作为新式婚姻而以公开仪式举行婚礼的婚姻。

认可婚姻(validated marriage),是指借第8条有效的新式婚姻。

旧式婚姻(customary marriage),是指按照第7条在香港举行婚礼的婚姻。

旧式婚姻的双方(parties to a customary marriage),是指丈夫及正妻,而不论正妻是否为结发妻或填房;又为免生疑问,**旧式婚姻的一方**(party to a customary marriage)并不包括妾侍在内。

上诉委员会(Appeal Board)**根据《婚姻条例》(第181章)**,是指根据第5J条设立的婚姻监礼人委任事宜上诉委员会(由2005年第23号第3条增补)。

局长(Secretary),是指保安局局长(由2005年第23号第3条增补)。

订明费用(prescribed fee)就本条例所订定的任何事项而言,是指就该事项而在附表2指明的费用(由2005年第23号第3条增补)。

特别许可证(special licence),是指根据第11(1)条批给的特别许可证(由2005年第23号第30条增补)。

特许礼拜场所(licensed place of worship),是指根据第4条特许的场所(由2005年第23号第30条增补)。

婚姻监礼人(civil celebrant),是指根据第5A条委任的而其委任在当其时属有效的婚姻监礼人(由2005年第23号第3条增补)。

登记官(Registrar),是指根据《婚姻条例》(第181章)第3条委任的婚姻登记官及包括任何副婚姻登记官(由2005年第23号第30条修订)。

登记官证明书(certificate of the Registrar),是指婚姻登记官根据第9(1)条发给的证明书(由2005年第23号第30条增补)。

结婚证书(certificate of marriage),是指采用附表1内表格4、表格6或表格7(视何者适用而定)的结婚证书(由2005年第23号第30条增补)。

预定结婚日期(proposed date of marriage),是指拟缔结婚姻的日期(由2005年第23号第3条增补)。

实务守则(code of practice),是指根据第5C(1)条发出的实务守则(由2005年第23号第3条增补)。

数码影像(digital image)就一份文件而言,是指储存在电脑系统或电子媒介内的该文件的影像(由2006年第8号第41条增补)。

拟结婚通知书(notice of intended marriage),是指根据第6(1)条发出的通知书(由2005年第23号第30条增补)。

1.3 中国澳门特别行政区法律制度

1.3.1 概述

《澳门民法典》第1461条规定了亲属法所规范的范围。“结婚、血亲关系、姻亲关系及收养均为亲属法律关系之渊源。”此为亲属法的四大渊源。

其中结婚、姻亲关系及收养属于创造的亲属关系,而血亲关系属于既定的亲属关系。只要属于亲属法四大渊源之一,就会产生亲属法中的法律效力。从产生法律效力的角度而言,“事实婚”存在法律效力,但其未能成为亲属法的正式渊源,充其量在学术上被看作“准渊源”。

1.3.2 事实婚

1.要件

《澳门民法典》中的事实婚制度,与中国内地曾经存在的事实婚姻不同。中国内地曾经承认的事实婚姻是一种婚姻关系存在的方式。在澳门的法律体系中,事实婚为一种事实状态,并非婚姻的一种。

这种事实状态是会产生一定法律效力的事实状态。

事实婚的概念和条件给我们提供了一个方向。对产生法律效力的事实婚的一般性界定,在《澳门民法典》中系透过配合两个要素为之:

——一个法律概念(第1471条);

——一系列产生法律效力的一般条件(第1472条)。

《澳门民法典》第1471条将事实婚界定为:“两人自愿在类似夫妻状况下生活者,其相互关系即为事实婚关系。”第1472条对此进一步作了限制性规定,即具有事实婚关系者要产生法律效力须符合三个条件:一是双方均为18岁以上;二是无明显精神错乱以及因精神失常而导致禁治产或准禁治产、无配偶、非直系血亲关系及二亲等内旁系血亲关系;三是在类似夫妻状况下生活至少2年。此外还要不属于第1479条绝对禁止结婚的情况。

《澳门民法典》将事实婚的概念界定得相对宽泛,且具有较大的解释空间。通过以上一般性规定,可以概括出在澳门成立事实婚须具备以下三要素:

主体要素是两人。法律对构成事实婚主体的数量作了限制;“不同性别”的表述曾载于民法典草案中,但最终还是没有加入,因认为婚姻概念的引用本身已很清晰。留下一道半开门缝是有利的:可以将这个制度配合将来的思想变化,特别是透过在司法见解方面的落实而接受在法律上具有一定重要效力的事实婚。[1]

心理要素是自愿。两人应发自内心地愿意进入符合婚姻稳定性的同居,并非普通的共同居住。两人在类似夫妻状况下的生活必须为自愿的选择,无论他们对外界宣称的是同居还是事实婚。《澳门民法典》规定,婚姻关系是一种合同关系,建立时须经过法定程序,解除时也须

---

〔1〕《跟进及参与制订民法、民事诉讼法及商法典草稿的临时委员会 第2/99号意见书》,载《澳门民法典》2003年版,第618页。

经过法定程序，而事实婚关系不是合同关系，是一种自然结合的事实状态，其结合的前提是自愿，解除的前提也应当是自愿，法律无须干涉。

状态要素是在类似夫妻状况下生活至少两年。[1]何谓类似夫妻状况下的生活，法律并未给出直接答案，但比照夫妻关系是“完全共同生活”关系（第1462条），事实婚关系应当是与完全共同生活关系相类似的关系，即同桌、同屋、同床等的共同生活。[2] 类似夫妻状况，并非等同于夫妻关系的状况，它们之间至少应当有微小的区别。对这微小的区别如何界定，法律未作进一步解释。有葡萄牙学者认为，这是为婚姻多元化保留的缝隙。

2.法律效果

（1）财产

在澳门，事实婚关系人之间不能适用任何婚姻财产制度，因为事实婚并不是一种婚姻，而是婚姻以外的一种选择。

现行澳门法律对于事实婚关系人之间的财产关系并没有特别的规定。他们的财产关系，就像两个普通人之间的财产关系一样，在他们之间不会产生夫妻共同财产，但他们也可以共同拥有一些财产，他们之间的共有适用一般共有的制度。

（2）亲子关系

在调查父亲身份之诉中，母亲与假定父亲间在法定受孕期间（出生前的300日至180日内）存在事实婚关系者，则推定假定父亲具有父亲身份。[3]

与一女性有事实婚关系之人，如曾同意其女伴使用医学辅助生育，即被视为在该医学辅助生育过程中受孕之孩子之父亲。[4]

与一女性有事实婚关系之人可同意其女伴使用医学辅助生育，但其女伴不一定要其同意才可进行医学辅助生育，但必须有其同意才可证明其父亲身份。[5]

如父母在事实婚状况下共同生活，且在负责民事登记之公务员面前声明愿意共同行使亲权，则由双方共同行使亲权。[6]

根据《澳门民法典》第1828条的规定，在事实婚状况下生活之两人可共同收养。一个人只需逾25岁就可收养与其有事实婚关系的人的子女，无须满28岁（该条第2款的a项所规定的为个人收养的年龄要求）。根据第1款的规定，夫妻两人结婚逾3年方可共同收养，但如两人在结婚前一直在事实婚状况下共同生活，则该段生活期间亦计算在所需收养之时间内。如一个受其配偶或其已离婚之配偶扶养的人，与他人在事实婚状况下共同生活，则其受扶养之权利即告终止。

---

〔1〕 梁静姮:《论澳门〈民法典〉事实婚制度》，载《四川大学法律评论》2017年第1期。

〔2〕 澳门特别行政区中级法院司法裁判，2009年12月10日第74/2008号。

〔3〕《澳门民法典》第1720条第2款c项不要求第1472条所规定之条件，但该事实婚关系必须维持在法定受孕期间。

〔4〕《澳门民法典》第1725条第1款不设最短存续期间，即不适用第1472条第1款c项的规定。因此，只需年满18岁即可，而无须满20岁。

〔5〕《澳门民法典》第1725条。

〔6〕《澳门民法典》第1765条第3款，只要求第1756至1759条所规定之条件。

(3)继承

事实婚最重要的法律效力是具有继承效力,有关继承顺序的规定是《澳门民法典》第1973条第1款c项。

根据《澳门民法典》的规定,事实婚关系可以基于死亡而终止,在该情况下,与死者有事实婚关系的人,可以成为死者的第三顺序法定继承人。[1] 根据《澳门民法典》第1985条的规定,作为与被继承人有事实婚关系之人进行继承时,其必须是在被继承人死亡时与其有事实婚关系之人,并且在此前该关系须至少已维持4年。

1.3.3　婚约

1. 要件

婚约,是指男女双方以将来成立婚姻为目的而作出的事先约定。它没有特别的形式要求,可以是口头的山盟海誓,也可以是书面的约定。订立婚约的行为称为"订婚"或"定婚",订立婚约的双方当事人称为"订婚人"(desposórios)。[2]

《澳门民法典》中规定的婚约,并非我们日常生活中的订婚,而主要有三方面的要件。

要件一为订婚人要有订婚能力,对于这个能力立法者并未在法条中直接进行规定,但可以参照结婚能力进行理解。原则上,有结婚障碍的人,不能缔结婚约。

要件二为合意,即订立婚约必须是基于订婚人双方的自由意愿,基于双方的意思自治。

要件三为约定的内容合法,该约定以当事人将来会缔结合法婚姻作为允诺。

2. 不生效力

婚约不生效力,意味着即使一方当事人不履行承诺与另一方当事人结婚,被"抛弃"的当事人也不可以强求对方与自己缔结婚姻,这就是婚约的不履行。婚约的"不履行",是指当事人在订立婚约后没能缔结婚姻,指婚约落空的现象。[3]《澳门民法典》在第1473条中开宗明义地点出"婚约之不生效力"。

首先,婚约"不赋予任一方要求缔结婚姻之权利",即不能特定执行婚约。法律规定婚约不具有特定执行的效力,即不得强制订婚人一定要成婚,一方订婚人在另一方悔婚的情况下,不得要求法院保护其要求与对方缔结婚姻的权利。

其次,婚约"亦不赋予任一方在合同不被履行时,要求施以任何处罚或收取非属第一千四百七十六条所规定之其他损害赔偿之权利",即不承认当事人有约定责任类型与内容的权利。例如,在婚约中不得规定,如果一方悔婚,需要向受害人赔偿"青春损失费",或在一方死亡时,生存者要为死亡者守寡若干年等。

3. 有限效力

婚约基于不履行的种类不同,产生了不一样的债。

---

[1]《澳门民法典》第1973条第1款c项。

[2] 参见汉英:《澳门家庭法》,澳门基金会1996年版,第21页。

[3] 参见汉英:《澳门家庭法》,澳门基金会1996年版,第21页。

客观不履行,也叫履行不能,是指由于当事人意志之外的原因而产生的婚约不履行。[1] 根据《澳门民法典》第 1474 条,客观不履行的原因是一方或双方订婚人无能力。在此场合下,只产生"返还之债",而不产生"赔偿之债"。

主观不履行,是指基于订婚人自己的意愿而不履行婚约。[2] 其中包括两种形式:

第一种是合意解除,即双方同意解除婚约。[3] 依据《澳门民法典》第 1473 条,婚约是"男女双方所订立之承诺缔结婚姻之合同",适用合同之一般规定。因此在双方合意解除婚约的情况下,不产生赔偿之债。根据《澳门民法典》第 426 条的规定,双方当事人原则上可合意解除婚约。根据《澳门民法典》第 427 条的规定,"解除之效力等同法律行为之无效或撤销"。根据《澳门民法典》第 282 条的规定,双方当事人应返还给付,不能将之返还时,则作等价返还。

第二种是单方解除。根据《澳门民法典》第 1474 条第 1 款及第 1476 条第 1 款的规定,单方解除包括"一方当事人反悔"和"在无合理原因下背约或因其过错而导致对方反悔"。

在前者情况下,不存在一方为唯一或主要过错方,则产生返还之债;在后者情况下,因一方的过错而导致婚约得不到履行,则由过错的一方赔偿另一方因婚约之不履行所遭受的损失,该损害赔偿之债,因一方的过错而生。例如,因一方移情别恋,而导致对方反悔。

1.3.4 结婚

1. 概念

《澳门民法典》在第 1462 条(结婚之概念)中规定了"结婚系男女双方,拟按照本法典所规定之完全共同生活方式建立家庭而订立之合同"。从"拟按照本法典所规定"可知,在澳门婚姻制度的规范下,必须符合法律规定才称得上是婚姻。

因此澳门没有重婚罪,因为有配偶的人就算与另一人相处得再像夫妻,他们之间的关系也无法被称为婚姻。在澳门已婚者与别人同居或"包二奶"并不会构成重婚罪,而非婚生子女与婚生子女可享同等法律地位和财产继承权利。

2. 效力

(1)人身效力

《澳门民法典》第 1533 条规定了夫妻双方的人身义务。该条规定,夫妻双方负有五大义务,即"尊重、忠诚、同居、合作及扶持",此处所规定的义务是不得以任何方式排除的。例如,如果在婚前协议中规定结婚以后不用同居,则这样的协议会被视为未订立。

在离婚诉讼中经常使用这个条文,因为诉讼离婚必须存在一定的理由,如夫妻一方没有履行他应该要履行的义务,即"尊重、忠诚、同居、合作及扶持"。这条共规定了五个义务。根据《澳门民法典》第 1635 条,实务中,只要违反五个义务中的其中一个或多个,便有可能构成诉讼离婚的理由。

---

[1] 参见汉英:《澳门家庭法》,澳门基金会 1996 年版,第 21 页。
[2] 参见汉英:《澳门家庭法》,澳门基金会 1996 年版,第 22 页。
[3] 参见汉英:《澳门家庭法》,澳门基金会 1996 年版,第 22 页。

(2)财产效力

①财产管理

《澳门民法典》第 1543 条强调的是一般管理权。该法条置于一般规定中,因为这是对之后所有的夫妻财产制度进行的规范,对所有的财产制度都有效,凌驾于各个法定财产制之上。

该条中不包含处分权,而是对夫妻财产管理的一般规定,是在夫妻财产管理没有特别规定时应适用的条文。

根据《澳门民法典》第 1543 条第 1 款和第 2 款,夫妻财产的管理权依据客体的不同可分为两部分,第一部分为"个人财产";第二部分为非个人财产,包括:夫妻共同财产和对方配偶个人财产。换言之,在婚姻关系中,即使不是财产的所有人,也有可能去管理它,而前提是实施的是一般管理行为,或经对方同意的其他行为。

《澳门民法典》第 1543 条第 1 款规定:"夫妻各自有权管理其个人财产。"也就是说,即使已经结婚,也不妨碍每个人有权对自己的个人财产行使管理权。此处的个人财产范围,取决于夫妻选择何种婚姻财产制度。

《澳门民法典》第 1543 条第 2 款将非个人财产的管理分为以下七种特别情况进行规范:

第一,"其工作收入"。

第二,"其著作权",此处与第 5/2012 号法律重新公布的《第 43/99/M 号法令》相关。根据该法令第 7 条,著作权分为人身权和财产权,而夫妻财产管理中所约束的,仅为著作权中的财产权部分,包括:(1)使用及经营作品,以及许可第三人全部或部分使用及经营作品;(2)因第三人使用作品而获得报酬,但以法律就有关使用免除作者之许可为限。

第三,"其在结婚后为家庭带来之共同财产或在结婚后以无偿方式取得之共同财产,以及以该等财产换取之财产"。

第四,"透过赠与或死因处分给予夫妻双方,而排除他方管理权之财产,但有关财产系计入他方之特留份者除外",此处为管理权的排除,该排除取决于赠与人,或死因处分人的意志。

第五,"作为工作工具供其专用而属他方个人拥有或共同拥有之动产",其重点为"工作工具",即该工具为一方配偶的"生财工具"。

第六,"因他方身处远方或下落不明,又或基于其他原因而不能管理之共同财产或他方之个人财产,只要就该等财产之管理并无具足够权力之授权人"。

第七,"共同财产或他方之个人财产,但须获得他方透过委任而授予管理权",这种情况与前面六种情况有根本的区别。因为前面六种管理权都是来自法律的规定,而这种情况下的管理权来自授权。

②夫妻债务

根据《澳门民法典》第 1557 条,不管夫妻之间使用何种夫妻财产制度,配偶二人均有权设定债务,不需要对方同意。决定夫妻间的责任,则以"夫妻设定债务之日以导致该债务成立之事实发生之日为准"。

当夫妻一方或双方设立债务时,通过《澳门民法典》第 1558 条和第 1562 条的规定,可知道哪些债务需要由夫妻双方负责。夫妻双方负责债务的承担模式,是立法者针对夫妻双方负责债务这一规范制定出来的解决方案。

第一,夫妻双方订立,或一方在另一方的同意下订立的债务,由夫妻双方负责。

第二,为家庭的正常负担而设定的债务。根据《澳门民法典》第 1558 条第 1 款 b 项,该类型的债务订立,不必具有夫妻双方的合意,仅有夫妻任一方的意思表示均可。

第三,行使管理权而为夫妻共同利益而设定的债务。根据《澳门民法典》第 1558 条第 1 款 c 项,夫妻双方负责债务的成立前提是"为夫妻共同利益"。

第四,因经营商业企业而生之债务。

③夫妻财产制度

取得财产分享制是澳门法定夫妻财产制度中的候补制度。也就是说,当夫妻双方对于财产制度没有约定或约定无效时,就会适用该财产制。在取得财产分享制中,配偶双方的所有财产都是属于各自拥有的,即财产在谁名下,所有权人就是谁,配偶一方个人取得该财产的完全处分权,除了家庭居所等特别情况之外。这是在充分实现配偶双方当事人意思自治的情况下,对家庭利益进行的最基本的保护。

在取得财产分享制中,婚姻中的双方对其收益在各方面都拥有完全的自主权,其财产状况与没有结婚时一样,唯一的区别是个人的财产会被分为两部分:一部分叫供分享,另一部分叫不供分享。供分享是到终止这种财产制度为止,在这种财产制度的存续期内,看两者之间供分享的财产增加了多少,增加得少的一方可以要求增加得多的一方将一些财产给予自己。配偶一方可以依法提出给予供分享财产增加差额的一半。

在澳门法定夫妻财产制中,意思自治程度最高的就是分别财产制,但由于其关于婚姻家庭利益的强制性规定太少,所以不曾成为《澳门民法典》中夫妻财产制度的候补财产制。其也是澳门现存的四种法定夫妻财产制中,唯一未曾成为夫妻财产制度候补财产制的法定夫妻财产制。

在分别财产制下:(1)夫妻间没有共同财产存在,婚后每一配偶都保留对其全部现有财产与将来财产的支配权与收益权,并可自主处分自己的财产;(2)在某些动产的所有权归属存疑时,不产生"共有推定",而是产生"共同所有权推定",即推定配偶为产权不明动产的"共同所有权人"。

取得共同财产制是 1966 年《澳门民法典》所规定的候补财产制度,但在 1999 年的《澳门民法典》中,候补财产制度为取得财产分享制,因此取得共同财产制仍然是澳门最主要的财产制度之一。

这种财产制度的原则是,由夫妻任一方在婚前或在选用共同财产制前所取得的财产,均属于夫妻各自的个人财产(也就是说,该等财产不会因当事人结婚又或选用取得共同财产制而成为共同财产)(《澳门民法典》第 1603 条第 1 款);而取得共同财产制存续期内取得的部分财产,则属于共同财产,法律另有规定者除外(《澳门民法典》第 1578 条第 4 款和《澳门民法典》第 1603 条第 1 款)。

一般共同财产制即俗称的"共产",规定在《澳门民法典》第 1609 条中,夫妻一旦采用了这种财产制度,他们的一切财产(包括将来取得的财产)原则上便会合而为一,成为共同财产,这是一种法定强制的“共同共有”的财产，以后两个人就不分彼此地共同拥有该等财产。即除了个人财产外，夫妻双方共同拥有、占有及管理这些财产。

但是这个条文中有一个“但书”，即法律条文中用以规定例外情况或附加一定条件的规定，当中表示法律排除了某些财产可组成共同财产的可能。但在这个财产制度中，个人财产只占共同财产的很少一部分。

第二章　结婚的条件与禁止情形

2.1　中国内地法律制度

在我国，拟缔结婚姻关系的主体应当是男女双方。这里所称的男女，指的是生物学意义上的雄性及雌性。如果在生物学上不属于异性，即使双方符合《中华人民共和国民法典》（以下简称《民法典》）的其他结婚要求，亦不属于法律上认可的合法婚姻。在现代社会，随着婚姻家庭观念及人文思想的变化，部分国家开始相继以立法形式确认同性婚姻的合法化。

在此，应当注意的一点是，一方公民实施变性手术后的结婚问题。在我国法律上，虽未对同性婚姻进行规定，但如果一方公民在实施变性手术后，成为生物学意义上的异性，则准许结婚。根据《公安部治安管理局关于公民实施变性手术后变更户口登记性别项目有关问题的批复》（公治〔2002〕131 号）的规定，对于申请变更户口登记性别项目的公民，只要其出具国家指定医院为其成功实施变性手术的证明，经县市公安机关审核后，公安派出所应予办理性别项目变更手续，性别项目变更后，应重新编制公民身份号码。由于我国在婚姻登记阶段对于性别的识别主要是依据户口本及身份证信息记载，因此如某人已经成功实施手术，并按规定办理身份性别信息变更手续，是可以按变性后的性别与异性登记结婚的。

1. 一夫一妻制

在我国古代的封建社会中，存在着“一夫一妻多妾”的婚姻制度。一夫一妻制则自秦朝开始实行，《法经杂法》规定：“夫有一妻二妾，则刑聝，夫有二妻则诛，妻有外夫则宫。”在较为开放的唐朝则以《唐律疏议户婚律》明令规定：“诸有妻更娶者，徒一年，女家减一等，若欺妄而娶者，徒一年半，女家不坐，各离之。”其后一直延续到明清二代的律例中仍是强调对“有妻更娶者”或“以妻为妾者”的重罚，因此民间所称“三妻四妾”只是民间对于某人妻妾众多的一种描述。

我国现行的婚姻制度为“一夫一妻制”，明文禁止纳妾行为，体现了男女平等的基本原则。从婚姻的本质来讲，爱情具有排他性和专一性，第三人的介入往往会带来家庭内部的纷争，破坏家庭的团结，而一夫一妻制的安排符合婚姻道德的要求，也有利于未成年子女的健康成长。[1]

2. 结婚的自由意志

在中国的古代封建生活中，对于婚姻，遵从的是“父母之命，媒妁之言”。社会分工及父权

---

〔1〕 参见陈苇主编：《婚姻家庭继承法学案例教程》（第 3 版），群众出版社 2017 年版，第 43 页。

社会的特性，造成了广大女性的生活圈子常被限制在高墙大院之内，又基于“三从四德”观念的影响，女性的自由意志被极大地压制，导致在婚姻的诞生过程中常常缺乏女性的自由选择。

时至今日，女性的社会地位在日益提升，其自由意志也在不断地萌发。由此，在婚姻关系的成就中，首先应当被满足的结婚条件被法律确定为“自愿”，即双方应当是完全自愿地与对方缔结婚姻关系，任何一方都不得强迫另一方，也禁止任何组织或个人对婚姻的缔结进行干涉。自1950年起，“父母之命，媒妁之言”已成为故纸堆里的陈年旧事。但这并不妨碍当事人以外的第三人，包括父母、亲友等出于对当事人的关心和爱护对婚姻的缔结与否提出合理的看法和建议。

在此，应当注意的一点是，婚姻自由不仅仅是指父母不得包办子女的婚姻，同时也包括了子女不得干涉父母的婚姻自由。在现代社会，由于婚姻意识的转变及社会思想的变化，老年人也存在着离婚后或丧偶后再婚的情形。基于陈旧思想残余或对于自身利益考量等问题，部分子女无法接受自己父母再婚的事实，遂以各种手段阻碍父母再婚，更有甚者，以拒绝赡养逼迫老年人不得再婚，这是不可取的。《民法典》明确规定每个公民均享有婚姻自由的权利，父母不得干涉子女，子女也不得干涉父母。〔1〕

在我国的部分地区，有订立“娃娃亲”的传统。娃娃亲指的是双方父母为未成年子女订立婚约，待双方子女成年并达到法定婚龄后，要求双方子女结婚。在《民法典》中对“娃娃亲”并未进行明文规定，不能产生法律上的强制力。未成年子女在成年并达到法定婚龄后，是否与对方结婚最终仍是取决于当事人自身的意愿。一方父母依据婚约要求另一方履行的，人民法院不应受理。但如果双方成年后自愿履行婚约的，“娃娃亲”的存在并不影响现存婚姻关系的效力。对于当时因缔结“娃娃亲”而接受的财产，人民法院应当查明财产情况，在慎重认定后对剩余财产判决予以返还。

3.法定婚龄

法定婚龄的确定，一方面要考虑自然因素，即人的身体发育和智力成熟情况，另一方面要考虑社会因素，即政治、经济、文化及人口发展等情况。在1950年4月13日，新中国成立后颁布的第一部《中华人民共和国婚姻法》（以下简称《婚姻法》）中对于法定婚龄的规定为：“男二十岁，女十八岁，始得结婚。”后于1980年9月10日被修改为：“结婚年龄，男不得早于二十二周岁，女不得早于二十周岁。”自始，对于法定婚龄的规定一直延续至今日的《民法典》。

在2001年对当时的《婚姻法》进行修改的时候，社会各界及相关学者对法定婚龄有着不同的意见，有的建议将男女的结婚年龄统一为一个标准，或均为22周岁，或均为20周岁。也有建议适当降低法定婚龄。当时的立法部门在考虑到1980年确定的法定婚龄在执行方面反馈出来的情况显示基本是可行的，因此没有作出变动。在编纂《民法典》“婚姻家庭编”向社会各界征求意见的过程中，反馈的多数意见是同意维持原《婚姻法》规定的法定婚龄，也有少数意见认为应统一结婚年龄、适当降低法定婚龄。立法部门就此问题专门征求了有关部门意见，同时还委托国家统计局对公民结婚意向年龄开展了调查。调查情况显示，我国内地居民的实

〔1〕 参见云南省龙陵县人民法院民事判决书，(2019)云0523民初90号。

际平均结婚年龄和意向结婚年龄都高于《婚姻法》中规定的法定婚龄。在上述工作的基础上,立法机关进行了认真研究,综合考虑各方面因素,仍维持原规定的法定婚龄不变。

需要特别注意的是,考虑到我国自古以来常以虚岁来计算年龄,在现行规定中对于年龄的表述自1980年起明确为“周岁”,若欲计算某人的法定婚龄,应如例所示:甲男于1990年10月2日出生,则甲男则于2012年10月2日达到法定婚龄。

应当注意的是,法定婚龄的定义指的是最低结婚年龄,并不指必婚年龄,也不是最佳婚龄。当事人在满足法定婚龄的情况下,可以根据自身的实际状况,自由决定结婚的时间。当然,考虑到我国是一个多民族的大家庭,目前我国一些民族自治地方的立法机关依据《中华人民共和国立法法》第85条对法定婚龄作了变通规定。比如,新疆、内蒙古、西藏等自治区和一些自治州、自治县,均以男20周岁、女18周岁作为本地区的最低婚龄。

4. 结婚的禁止情形

结婚自原始社会即存在着一个禁忌,即禁止一定范围之内的亲属结婚,现代社会将该一定范围称为近亲。从遗传学的角度来说,近亲繁殖容易导致基因中的隐形有害纯合子出现的概率增加,简单来说就是近亲夫妇从其共同祖先中获得较多的相同基因,有害的隐形基因容易在后代中富集,从而诞生出个体质量低劣的后代,不利于人类整体的发展。从社会学及伦理学的角度来说,近亲生育子女会导致巨大的社会伦理问题,在身份认知上,或发生继承的情况下都存在着难以处理的巨大缺陷。因此,在现代社会中,虽然对近亲生育的禁止范围各国不尽相同,但对禁止近亲结婚是存在共识的。

现代国家一般以“亲等”作为衡量亲属关系远近的一种计量单位。罗马法亲等计算法和寺院法亲等计算法是现今国际上最为通用的两种亲等计算法,我国内地并未采用以上两种计算法,而是沿用了世代计算法。

在我国内地的法律中,对禁止近亲结婚的范围为:直系血亲和三代以内的旁系血亲。

直系血亲,是指相互间具有直接血缘关系的亲属,即生育自己和自己生育的上下各代血亲。对直系血亲的结婚禁止不分代际远近,例如父母子女间,祖父母、外祖父母与孙子女、外孙子女间,即父亲不能娶女儿为妻,母亲不能嫁给儿子,爷爷(姥爷)不能与孙女(外孙女)婚配,奶奶(姥姥)不能与孙子(外孙子)婚配。

三代以内的旁系血亲,是指与己身同源于父母或者祖父母、外祖父母的旁系血亲。例如:(1)同源于父母的兄弟姊妹(含同父异母、同母异父的兄弟姊妹),即同一父或母的子女之间不能结婚;(2)不同辈的叔、伯、姑、舅、姨与侄(女)、甥(女),即叔叔(伯伯)不能和其兄(弟)的女儿结婚,姑姑不能和其兄弟的儿子结婚,舅舅不能和其姊妹的女儿结婚,姨妈不能和其姊妹的儿子结婚;(3)堂兄弟姐妹、表兄弟姐妹间不能结婚。

但在具体案件上,对于1981年1月1日前结婚的当事人中存在有表兄弟姐妹关系的,由于1981年以前我国《婚姻法》规定的五代内旁系血亲之间禁止结婚的问题从习惯,若当事人能够证明当时在其所在地方表兄弟姐妹之间结婚属于民间习惯的,则根据“法不溯及既往”的原则,人民法院不得据此认定其婚姻无效。

应当注意的一点是,血亲既包含了自然血亲(存在有血缘关系),也包括了拟制血亲(无血缘关系,如养父母与养子女、继父母与继子女等)。前者主要是关注人类整体的基因多样化及优生优育的问题;后者主要是关注社会伦理上的身份认知等相关问题。因此,在拟制血亲存续期间,法律明文禁止其结婚。如拟制血亲关系解除,则准许结婚。具体案例,可参考熊某与任某婚姻无效纠纷一案。[1]

2.2　中国香港特别行政区法律制度

2.2.1　结婚的主体

《香港法例》第 178 章《婚姻制度改革条例》第Ⅱ部第 4 条规定:"凡于指定日期或该日以后在香港缔结的婚姻须意指一男一女自愿终身结合,不容他人介入,而且只可按照《婚姻条例》(第 181 章)而缔结。"在此表述中,明确了在香港可缔结婚姻的主体两方须在生物学意义上互为异性。《香港法例》中目前并未涉及同性之间的结婚行为,仅(但)在第 189 章《家庭及同居关系暴力条例》中就同居关系(a)的释义中,认可同性之间的情侣同居行为。另外,香港特别行政区法庭于吴汉林与香港房屋委员会(香港特别行政区政府房屋署)(Ng Hon Lam Edgar *v.* Hong Kong Housing Authority [2021] HKCFI 1812)一案中,裁定在外地结婚的同性配偶符合居屋计划下的配偶及家庭成员资格,令他们能够享有在以往根据房委会居屋政策中只限异性已婚夫妇享有的权利。

从目前已知的法例规定,尚未涉及变性人的婚姻缔结问题。由此可见,缔结婚姻的双方应当为自然诞生的生物学意义上的互为异性,对于日后通过技术手段变更性别的人士暂不属于可缔结婚姻的范畴,至于是否应归于以同性情侣同居关系,则应当另行讨论。

2.2.2　一夫一妻制

在 1971 年 10 月 7 日之前,中国香港地区仍存在妾侍制度,允许男性在婚后的纳妾行为。《香港法例》第 178 章《婚姻制度改革条例》第Ⅱ部第 5 条规定:"于指定日期及该日以后,男人不得纳妾,女人亦不准取得妾侍地位。"

为了体现当前世界大环境下的男女平等理念及婚姻忠贞理念,结合第 4 条之规定,《香港法例》明确表述了在 1971 年 10 月 7 日后实行一夫一妻制度,废除了妾侍制度,婚姻关系不容他人介入,而且只可按照《婚姻条例》(第 181 章)而缔结。

2.2.3　法定婚龄

根据《香港法例》第 181 章《婚姻条例》的规定,法定婚龄应当是 21 岁。如缔结婚姻的任何一方已满 16 岁未满 21 岁,则可通过取得同意书的方式缔结婚姻。

如拟缔结婚姻的双方未满 21 岁,则首先应当交出同意书,如果拟结婚的任何一方在结婚日期当日已满 16 岁但未满 21 岁的,且亦非鳏夫或寡妇则可适用本章关于缔结婚姻的相关条

---

[1] 参见四川省平昌县人民法院民事判决书,(2019)川 1923 民初 2497 号。

例。如因拟缔结婚姻的任何一方无监护人或者监护人已逝世,或已尽力查询,仍无法觅得表格指明的一名或多于一名有关人士中的任何一人,或以上述人士中的任何一人拒绝同意,或上述人士中的任何一人精神不健全,或是上述人士中的任何一人以不准发给登记官证明书等原因而未能取得同意书的,可经由区域法院的法官通过审查后给予同意。取得以上同意书之后,已满 16 岁而未满 21 岁的人士可缔结婚姻。

如果拟缔结婚姻的任何一方已满 16 岁而未满 21 岁,又未能以上述方式取得同意书的,则属于禁止缔结婚姻的范围。任何人与该类人士缔结婚姻,或是协助、促使其他人与该类人士缔结婚姻的,则属于犯罪行为。同时神职人员及婚礼监礼人也不得主持或者是对该类婚姻进行监礼,否则亦属于犯罪行为。

2.2.4 兼祧婚姻

兼祧婚姻,是为了解决独子出继使得自家绝后这个问题的实际需要,以及在特殊条件下民间对兼祧特例的模仿,使得兼祧制度应运而生。兼祧制度之中有三个重要的亲属关系,即兼祧子与本生父母关系、兼祧子与兼祧父母之间的关系、兼祧子后娶之妇的法律地位。兼祧俗称一子顶 2 门,即兄弟 2 门或 3 门只生有 1 个男性后代时,可分别为其娶 2 房或 3 房妻子,以传几门的后代。清律附例开独子兼祧之先例,清律附例规定:“如可继之人,亦系独子,而情属同父母亲,两相情愿者,取具阖族甘结,亦准其承继两房宗祧。”兼祧的目的是承继香火后代,实际上允许一夫多妻制的合法存在。

香港早期因沿袭清朝旧律,故兼祧婚制度曾长期存在。在《香港法例》第 178 章《婚姻制度改革条例》第Ⅱ部第 6 条明确表述:“于指定日期或该日以后,任何人均不得缔结兼祧婚姻。”

2.2.5 血亲及姻亲之间的婚姻缔结行为

《香港法例》第 181 章《婚姻条例》第 6 部第 27 条“无效婚姻”第 1 款规定:“按照附表 5 的规定属血亲或姻亲关系的婚姻,即属无效。”

《香港法例》第 181 章《婚姻条例》附表 5 中,对血亲及姻亲的规定为:

第 1 部

1. 在本附表中——

兄弟(brother)包括同父异母或同母异父的兄弟;

儿童(child)指未满 18 岁的人;

姊妹(sister)包括同父异母或同母异父的姊妹;

家庭子女(child of the family),就某人而言,指曾与该人在同一住户内生活并被该人视为他家庭的子女的儿童。

2. 以下的婚姻属无效——

(a)一名男子与第 2 部第 1 栏所指明的任何人缔结的婚姻;或

(b)一名女子与第2部第2栏所指明的任何人缔结的婚姻。

3. 除第4段另有规定外,以下的婚姻属无效——

(a)一名男子与第3部第1栏所指明的任何人缔结的婚姻;或

(b)一名女子与第3部第2栏所指明的任何人缔结的婚姻。

4. 如有以下情况,第3段所提述的婚姻不得只因姻亲关系而无效——

(a)结婚双方在结婚时已满21岁;及

(b)较年轻的一方在未满18岁时不曾在任何时间是另一方的家庭子女。

5. 除第6段另有规定外,以下的婚姻属无效——

(a)一名男子与第4部第1栏所指明的任何人缔结的婚姻;或

(b)一名女子与第4部第2栏所指明的任何人缔结的婚姻。

6. 如有以下情况,第5段所提述的婚姻不得只因姻亲关系而无效——

(a)结婚双方在结婚时已满21岁;及

(b)在结婚时——

(i)(在一名男子与他的前妻的母亲结婚的情况下)该前妻及该前妻的父亲均已去世;

(ii)(在一名男子与他的儿子的前妻结婚的情况下)该名男子的儿子及该名男子的儿子的母亲均已去世;

(iii)(在一名女子与她的前夫的父亲结婚的情况下)该前夫及该前夫的母亲均已去世;或

(iv)(在一名女子与她的女儿的前夫结婚的情况下)该名女子的女儿及该名女子的女儿的父亲均已去世。

第2部

第1部第2段所提述的亲等限制关系

就男子而言	就女子而言
母亲	父亲
领养母亲或前领养母亲	领养父亲或前领养父亲
女儿	儿子
领养女儿或前领养女儿	领养儿子或前领养儿子
父亲的母亲	父亲的父亲
母亲的母亲	母亲的父亲
儿子的女儿	儿子的儿子
女儿的女儿	女儿的儿子

就男子而言	就女子而言
姊妹	兄弟
父亲的姊妹	父亲的兄弟
母亲的姊妹	母亲的兄弟
兄弟的女儿	兄弟的儿子
姊妹的女儿	姊妹的儿子

第 3 部

第 1 部第 3 及 4 段所提述的姻亲等级

就男子而言	就女子而言
前妻的女儿	前夫的儿子
父亲的前妻	母亲的前夫
父亲的父亲的前妻	父亲的母亲的前夫
母亲的父亲的前妻	母亲的母亲的前夫
前妻的儿子的女儿	前夫的儿子的儿子
前妻的女儿的女儿	前夫的女儿的儿子

第 4 部

第 1 部第 5 及 6 段所提述的姻亲等级

就男子而言	就女子而言
前妻的母亲	前夫的父亲
儿子的前妻	女儿的前夫

（附表 5 由 2005 年第 23 号第 63 条增补）

2.3 中国澳门特别行政区法律制度

2.3.1 结婚自愿

结婚以双方当事人结婚意思一致为基本要件，原则上须具行为能力（《澳门民法典》第 111 条及后续条文）的当事人具有一致之结婚意思，结婚应由当事人自主。

根据《澳门民法典》第 1492 条和第 1495 条的规定，结婚意思为结婚时之共同意思。婚姻缔结作出的时候所表达的意愿才被视为真正的婚姻意愿。结婚可由受权人代为出席，但双方只能其中一方由受权人代为出席，不能双方都不出席。

2.3.2　法定婚龄

根据《澳门民法典》第 1479 条、第 1482 条、第 1487 条、第 1521 条及第 1522 条，《澳门民法典》中的法定婚龄有两种情况：

第一是完全行为能力的结婚年龄，即为 18 岁，与“成年”的年龄同；

第二是最低婚龄，即虽没成年但可结婚的年龄，此为 16 岁。不满 16 岁的人缔结的婚姻为“可撤销婚”。满了 16 岁，但未满 18 岁之未成年人，结婚未经父母或监护人之许可，亦未获法院批准，其婚姻依然有效，但婚姻的法律效果会受到一些财产性质的特别制裁。

2.3.3　实质条件

1. 不同性别

现行的《澳门民法典》要求婚姻需要是一男一女之结合。《澳门民法典》第 1462 条（结婚之概念）规定，“结婚系男女双方，拟按照本法典所规定之完全共同生活方式建立家庭而订立之合同。”此处的男女双方不含糊地表达了一男一女的结合。因此，不同性别的结合，是澳门结婚的实质条件之一。

2. 两人

从《澳门民法典》第 1462 条（结婚之概念）中的“男女双方”可以看出，在澳门仅接受两人结婚，在这个数字上并不存在开放性。但人们认为几乎无可置疑的一夫一妻制婚姻规定在澳门仅仅实行了 75 年（1948 年以后）。

3. 结婚障碍

《澳门民法典》中的结婚障碍主要用于界定结婚能力。一般原则是具有结婚或缔结婚姻的能力，根据《澳门民法典》第 1478 条，“凡无法律所定结婚障碍之人，均具有结婚能力。”

结婚障碍分为禁止性障碍和妨碍性障碍。禁止性障碍，是指会导致婚姻非有效的障碍。在禁止性障碍内，有绝对与相对之分。妨碍性障碍，是指不引致婚姻非有效，但会给有障碍的结婚人带来某些消极后果的障碍，例如特别制裁。[1]

具体情形与效力，将在第四章和第五章进行详细分析。

2.4　三法域规定列举（见表 1－2－1）

表 1－2－1　三法域规定列举

结婚主体	
中国内地	（1）结婚主体应当是男女双方。这里所称的男女，指的是生物学意义上的雄性及雌性； （2）对于一方公民实施变性手术后的结婚问题，如果一方公民在实施变性手术后，并按规定办理身份性别资讯变更手续，可以变性后的性别与异性登记结婚的

---

〔1〕　参见《澳门民法典》第 1521 条和第 1522 条。

续表

结婚主体	
中国香港特别行政区	(1)结婚主体双方须在生物学意义上互为异性; (2)《香港法例》中目前并未涉及同性之间的结婚行为,仅在第 189 章《家庭及同居关系暴力条例》中认可同性之间的情侣同居行为
中国澳门特别行政区	结婚主体为男女双方
婚姻制度	
中国内地	实行一夫一妻制
中国香港特别行政区	(1)1971 年 10 月 7 日后实行一夫一妻制度,废除了妾侍制度; (2)在 1971 年 10 月 7 日之前,香港仍存在妾侍制度,允许男性在婚后的纳妾行为
中国澳门特别行政区	实行一夫一妻制
结婚的自由意志	
中国内地	结婚需男女双方自愿,每个公民均享有婚姻自由的权利,父母不得干涉子女,子女也不得干涉父母
中国香港特别行政区	未成年人结婚需经双方父母(至少一人)或监护人或区域法院法官出具的同意书方可进行婚姻缔结
中国澳门特别行政区	未成年人结婚必须获得父母或监护人同意或者法院的许可
法定婚龄	
中国内地	(1)现行规定的法定结婚年龄为男不早于 22 周岁,女不早于 20 周岁,自 1980 年 9 月 10 日开始实行; (2)1980 年 9 月 10 日之前实行的法定结婚年龄为男 20 岁、女 18 岁; (3)有少数民族地区依法定程式对法定婚龄作了变通规定。比如,新疆、内蒙古、西藏等自治区和一些自治州、自治县,均以男 20 周岁,女 18 周岁作为本地区的最低婚龄
中国香港特别行政区	(1)男女双方的最低法定婚龄均为 16 岁。如拟缔结婚姻双方均已满 21 岁,则无须征得他人同意即可缔结婚姻; (2)已满 16 岁但未满 21 岁的未成年人(21 岁为成年人),须出示由双方父母(至少一人)或监护人或区域法院法官出具的同意书方可进行婚姻缔结
中国澳门特别行政区	男女均为 16 岁,已满 16 岁未满 18 岁的未成年人结婚的必须获得父母或监护人同意或者法院的许可
禁止结婚的亲属关系	
中国内地	(1)直系血亲和三代以内(按世代计算)的旁系血亲。血亲既包含了自然血亲(存在有血缘关系),也包括了拟制血亲(无血缘关系,如养父母与养子女、继父母与继子女等); (2)在拟制血亲存续期间,属于直系血亲和三代以内旁系血亲的,法律明文禁止其结婚,日后如拟制血亲关系解除,则准许结婚

续表

禁止结婚的亲属关系	
中国香港特别行政区	(1)直系血亲和三亲等(寺院法亲等)内的旁系血亲禁止结婚。血亲既包含了自然血亲(存在有血缘关系),也包括了拟制血亲(无血缘关系,如养父母与养子女、继父母与继子女等); (2)一定范围内的姻亲不符合法律规定条件的,禁止结婚(详见本章第二节)
中国澳门特别行政区	直系血亲及二亲等(罗马法亲等)内之旁系血亲禁止结婚
禁止结婚的疾病	
中国内地	2021 年 1 月 1 日之前,原《婚姻法》(2001 年修正)规定患有医学上认为不应当结婚的疾病的人禁止结婚。《民法典》生效后则不再禁止患有医学上认为不应当结婚的疾病的人结婚。但是一方患有重大疾病在结婚登记要如实告知另一方,否则另一方可以向人民法院请求撤销婚姻
中国香港特别行政区	(1)心智不健全; (2)精神紊乱的人,而其所患的精神紊乱类别或程度是使其不适宜结婚及生育子女者; (3)患有复发性精神错乱或复发性癫痫; (4)患有可传染的性病; (5)性无能或无能力圆房
中国澳门特别行政区	明显精神错乱,以及因精神失常而导致之禁治产或准禁治产禁止结婚
婚约	
中国内地	“娃娃亲”婚约不能产生法律上的强制力。未成年子女在成年并达到法定婚龄后,是否与对方结婚最终仍是取决于当事人自身的意愿
中国香港特别行政区	无相关强制性法律规定,实际上三地在该事项上是趋同的,都表现为道德上的约束
中国澳门特别行政区	男女双方所订立之承诺缔结婚姻之合同,不赋予任一方要求缔结婚姻之权利,不赋予任一方在合同不被履行时,要求施以任何处罚或除了背约及过错方应赔偿有关人员为预计将会结婚而作出的开支及负担的债务之外的任何赔偿的权利,即使在婚约中有相关约定亦然

第三章　结婚的形式与程序

3.1　中国内地法律制度

3.1.1　结婚登记的历史

我国采用的是法律婚主义，经由国家公权力来监督婚姻的成立，并以此来保障婚姻的效力。结婚的男女双方只有通过到婚姻登记机关办理登记手续，符合条件的，才可予以登记并发给结婚证，成立合法的婚姻关系。

从婚姻的公示形式来看，大致可以分为三种：登记制、仪式制、登记与仪式结合制。[1] 我国在历史上对于婚姻的公示一般采用的是仪式制，经由结婚双方在结婚之日举行酒席、进祖庙祭祀、经地方德高望重的长辈见证等仪式，向居住地的所有居民告知结婚事实。中华人民共和国成立以来，我国历次修订的《婚姻法》均明确要求了结婚应当办理结婚登记，方可成为法律上认可的合法婚姻。原因有二：一是通过婚姻登记机关的审查，有助于发现结婚当事人是否满足法律层面的实质性要件，从而避免出现近亲结婚或未达法定婚龄等问题；二是在过往的历史中，人口流动并不频繁，范围也相对较小。而在科技日益发展的现代，交通工具的高速发展导致了人口在全国大范围地流动。基于以上情况，仪式制的婚姻公示制度就显得并不那么符合现代社会的需求，一场仪式的公示范围只能及于一城，在一些大型城市之中，甚至不能及于一个行政区，那么婚姻公示制度的变更就势在必行了。

1. 结婚登记的机关

2003 年 10 月 1 日施行的《婚姻登记条例》第 2 条规定："内地居民办理婚姻登记的机关是县级人民政府民政部门或者乡（镇）人民政府，省、自治区、直辖市人民政府可以按照便民原则确定农村居民办理婚姻登记的具体机关。中国公民同外国人，内地居民同香港特别行政区居民（以下简称香港居民）、澳门特别行政区居民（以下简称澳门居民）、台湾地区居民（以下简称台湾居民）、华侨办理婚姻登记的机关是省、自治区、直辖市人民政府民政部门或者省、自治区、直辖市人民政府民政部门确定的机关。"

2. 婚姻登记的手续

在我国的规定中，办理结婚登记的，结婚双方当事人必须本人亲自到其中一方的户口所在地的婚姻登记机关进行申请，按规定提交相关的证件及证明文件，经由婚姻登记机关的现

---

〔1〕 参见韩文强编著：《婚姻家庭法学》，北京工业大学出版社 2014 年版，第 100 页。

场审查后，对于符合结婚条件的，即时予以登记并发给结婚证。

应当注意的一点是，我国内地对于办理结婚登记手续的要求是必须双方当事人本人亲自到场办理，不得委托他人进行代理。

2021 年 5 月 17 日民政部下发了《关于开展婚姻登记“跨省通办”试点工作的通知》，在文件中明确了辽宁省、山东省、广东省、重庆市、四川省实施内地居民结婚登记和离婚登记“跨省通办”试点，江苏省、河南省、湖北省武汉市、陕西省西安市实施内地居民结婚登记“跨省通办”试点。

跨省通办是指在试点地区，将内地居民结（离）婚登记由一方当事人常住户口所在地的婚姻登记机关办理，扩大到一方当事人常住户口所在地或者经常居住地婚姻登记机关办理。调整后，双方均非本地户籍的婚姻登记当事人可以凭一方居住证和双方户口簿、身份证，在居住证发放地婚姻登记机关申请办理婚姻登记，或者自行选择在一方常住户口所在地办理婚姻登记。

应当注意的是，该文件目前所面向的群体是我国内地居民之间的结（离）婚，尚未包括香港居民、澳门居民。也就是说如果内地居民同香港居民、澳门居民拟结婚，那么应当根据《婚姻登记条例》第 4 条和第 5 条的规定，双方共同到内地居民常住户口所在地的婚姻登记机关办理结婚登记。同时，办理结婚登记的香港居民、澳门居民、台湾居民应当出具下列证件和证明材料：(1) 本人的有效通行证、身份证；(2) 经居住地公证机构公证的本人无配偶以及与对方当事人没有直系血亲和三代以内旁系血亲关系的声明。

3. 事实婚姻

由于我国实行的是婚姻登记注册制度，对于在现实生活中未办理结婚登记，但又对外以夫妻名义共同生活的同居关系，在学理上一般被称为事实婚姻。事实婚姻有广义上和狭义上的两种。广义上的事实婚姻包括两种情形：一是具备结婚的实质性要件，但缺乏形式性要件的婚姻关系；二是既不符合结婚的实质性要件，又缺乏形式性要件的婚姻。狭义上的事实婚姻，仅仅指符合结婚实质要件的男女、未办理结婚登记即以夫妻名义同居生活的情形，群众也认为事实婚姻是夫妻关系的两性结合。[1]

自 1950 年《婚姻法》立法以来，法律均明文规定了结婚必须办理结婚登记手续，该规定一直施行至今。在法律有明确规定的情形下，当事人形成了事实婚姻状态但又不去办理结婚登记的，应当由当事人自己承担不作为的法律后果。但基于在我国现实中仍多有存在事实婚姻的情况，出于对当事人双方、子女、家庭及其形成的社会关系的维护目的，原《婚姻法》（2001 年修正）规定了符合结婚实质性要件的男女未办理结婚登记的，应当及时补办结婚登记，再次强调了结婚登记的重要性。在《民法典》的编纂中，对原《婚姻法》（2001 年修正）关于补办婚姻登记的规定并未予以修改，因此，目前我国对于受法律保护的合法婚姻的认定仍限于经登记的婚姻。

---

〔1〕 参见最高人民法院民事审判第一庭编著：《最高人民法院婚姻法司法解释（二）的理解与适用》，人民法院出版社 2015 年版，第 70 页。

4.结婚后的家庭组成形式

原《婚姻法》(1980年)第8条规定:“登记结婚后,根据男女双方约定,女方可以成为男方家庭的成员,男方也可以成为女方家庭的成员。”在法律层面我国尊重并肯定婚姻双方当事人的自由选择权。后来在原《婚姻法》(2001年修正)中对该条进行了一个小小的修改,在原文的基础上删减了“也”字。在1980年的立法中,体现了当时的社会基础上人们仍多是将女方加入男方家庭视为常态,将男方加入女方家庭视为例外的情形。在2001年的这一小小修改,在男女平等的社会理念上是长足的进步。因此《民法典》仍延续了2001年的立法精神,对该条并未作出改动。子女姓氏也可自由选择从父姓或从母姓。

3.2　中国香港特别行政区法律制度

3.2.1　婚姻的形式

由于婚姻类法例的制订及公布过程中存在历史因素,因此《香港法例》中对婚姻有旧式婚姻及新式婚姻之分。旧式婚姻主要见于《香港法例》第178章《婚姻制度改革条例》第Ⅲ部第7条,而新式婚姻的认可则见于《香港法例》第178章《婚姻制度改革条例》第Ⅲ部第8条。

旧式婚姻在法例中的定义为:凡于1971年10月7日前按照中国法律与习俗在香港举行婚礼的,即构成旧式婚姻;凡于1971年10月7日前在中国香港地区所举行的婚礼,如按照以下地方当时接受为举行婚礼的适当传统中国习俗而举行,则该婚礼须当作符合中国法律与习俗——在中国香港地区内举行婚礼的地方;或婚姻任何一方家庭承认是其家庭原籍的地方;并同时宣布受中国法律与习俗约束人士所缔结的旧式婚姻为有效婚姻。

《香港法例》第178章《婚姻制度改革条例》第Ⅲ部第8条对新式婚姻的认可作了规定:“除第14条另有规定外,凡男女双方于指定日期前在香港举行作为新式婚姻的婚礼,而结婚时双方均已足16岁,且从未与他人结婚者,则该婚姻即属有效婚姻,而且须当作由举行婚礼时起有效,纵使有以下情形亦然——(a)双方或其中一方本身所受约束的法律及信奉的宗教是中国法律与习俗,而该婚姻为中国法律与习俗所禁止,或不符合中国法律与习俗的规定;或(b)该婚姻并非根据及按照《婚姻条例》(第181章)而缔结。”

3.2.2　旧式婚姻及认可婚姻的补办登记手续

对于此前存在旧式婚姻及认可婚姻在现时的《香港法例》体系中进行补办登记的手续,主要的规定记载于《香港法例》第178章《婚姻制度改革条例》第Ⅳ部第9条至第13条。该程序性的手续要求由于并未涉及实体上法律权利变更,在本编中将只作简单的描述。对于旧式婚姻以及认可婚姻的补办登记,均应向登记官申请、提交书面申请和其他相关证明材料,经登记官审查后依照法例要求判断是否同意予以补办。

3.2.3　婚礼的主持

根据《香港法例》第181章《婚姻条例》第2部之规定,我国香港特别行政区对于婚礼的主持极为严格,婚礼的主持是具有象征性意义及法例上的审查义务的,体现在该部中的第3条至第5条。从任职上,婚姻登记官人选是由行政长官不时进行任命,对于该职务的任命,并无严格的前置资质要求,也无须以指名的方式来委任,而可以按职位来进行委任,即以正在执行该职位职责的人,视情况认定为已获得该职务的委任。

登记官可依照法例及行政长官的授权审查旧式婚姻及认可婚姻的补办登记手续、翻查由其管有的所有证书、证明书、许可证、登记册及索引,并可发出其中任何记项的核证副本,亦可发出证明书以示名列证上的人并无结婚的纪录。

行政长官可依据法例所赋予的授权对任何公众的礼拜场所批给特许使用该场所作为举行婚礼地点的特别许可证,同时行政长官也具备了可随时取消该特别许可证的权力。

每当行政长官根据法例批给或取消特许时,登记官须在宪报进行公告该事宜。

3.2.4　婚礼的监礼人

根据《香港法例》第181章《婚姻条例》第3部之规定,《香港法例》对于婚礼的监礼人有着严格的担任条件。婚姻监礼人需要由拟担任该职务的人员进行申请,申请的相关事项或是表格要求均应符合法例要求,提交后由登记官依照法例要求经审查后,对于符合要求的申请人予以批准担任婚姻监礼人。当登记官拟作出委任一人为婚礼监礼人或是拟对婚礼监礼人进行委任续期,登记官应当向申请人或有关的婚礼监礼人发送书面通知的方式作出委任或是委任续期,最后均应当在宪报中刊登公告,对于委任决定或是续期决定予以公布。

对于婚礼监礼人的行为守则,则由登记官拟定、修改并在宪报中予以刊登公布以表明该守则的生效。

登记官同时有对婚礼监礼人的监督权力,可对出现违反行为守则、犯罪、去世等情况的婚礼监礼人予以撤销、暂时吊销委任。

3.2.5　婚礼举行前的相关程序

根据《香港法例》第181章《婚姻条例》第5部之规定,在香港特别行政区拟举行婚礼,应当根据《婚姻条例》填报相关表格或是通过婚礼监礼人发出通知书,该通知书应当由发出通知的一方进行签署,且必须在预定的结婚日期前3个月内发出。通知书中的内容应当与现实情况相符合,并不会因为通知书内的任何资料的改变而失效,但登记官可要求结婚双方在通知书上进行一些适当的修改。

登记官在收到拟结婚通知书后,其必须将所有收到的通知书在其办事处存档,且必须在其办事处展示拟结婚通知书的第Ⅰ部分的副本,如其认为适当,亦可在其他显眼的公众地方展示该拟结婚通知书的第Ⅰ部分的副本,并须一直展示该等副本,直至其发出以下证明书,或直至《婚姻条例》第10条所指的3个月届满为止。在此期间,登记官必须应任何人对查阅任何根据本条存档的拟结婚通知书的要求,向该人出示该通知书的第Ⅰ部分的副本(包括采用该通知书的数码影像列印本形式的副本)以供查阅,而该副本须与向根据本款提出要求的任何人出示以供查阅的副本相同。

在拟结婚通知书发出后，经过最少15天及不超过3个月，登记官须随时应拟结婚任何一方的要求，发给法例中要求的婚姻登记官证明书，但该情况有例外情形，如登记官信纳双方有意由他主持缔结婚姻，可无须发给登记官证明书，而可代之以在拟结婚通知书上批注，说明依法获授权不准发给该证明书的人，并无不准发给该证明书；而在关乎由登记官主持该婚礼的事项上，该项批注所生效力，与正式签发的登记官证明书无异。

正如上文所述，拟结婚通知书必须在预定的结婚日期前3个月内发出。如发出拟结婚通知书后，双方不在3个月内结婚，则该通知书及一切就之而进行的程序即作废，必须发出另一拟结婚通知书，双方才可缔结婚姻。

由于登记官拥有不予发放证明的权力，对于该种情形，拟结婚的任何一方可借呈请书向原讼法庭上诉，而法院或法官可循简易程序聆讯及裁决该宗上诉。上述裁决即属最终决定，登记官须按照该裁决办事，无须理会自不准发证时起计逝去的时间。

区域法院法官可经由法例规定的情形，在审查后对于登记官不予同意发放证明的结婚双方给予同意。

3.2.6　婚礼的举行及结婚证书的取得

除了对相关的婚姻登记手续外，对于婚礼举行的场所抑或是婚礼中男女双方念诵的誓言，乃至念诵誓言所要求的语言，《香港法例》中均有大篇幅的叙述及相关规定。

《香港法例》第181章《婚姻条例》第6部自第19条至第26条均为对婚礼举行及结婚证书的要求。婚礼可在任何特许礼拜场所，在该场所隶属的教会、宗派或团体中合资格的神职人员主持下，按该教会、宗派或团体奉行的婚礼仪式或惯例举行，但婚礼必须公开，而且须在上午7时至下午7时之间举行（有特别许可证的除外），举行时除主礼的神职人员外，须有2名或以上见证人在场。神职人员获双方交出登记官证明书或特别许可证后，方可为他们主持婚礼。

同时在法例中也存在由登记官或婚姻监礼人主持的婚礼，在有登记官证明书发给或有特别许可证批给之后，双方可在符合特定情况的前提下，可以在登记官或婚姻监礼人主持下缔结婚姻。

有特别许可证授权在某地点举行婚礼，但该地点并非特许礼拜场所或登记官的办事处，而该婚礼又非由登记官主持，则登记官为婚姻任何一方办理监誓誓章时，须将一份空白的一式两份结婚证书交予该方，而主持该婚礼的神职人员、结婚双方及2名或以上见证人，须按上文订明的方式在该证书上签署；而神职人员须于婚礼完成后立即将一份证书交予双方，并随后在7天内将另一份送交登记官，而登记官须将该另一份证书在其办事处存档。

3.3　中国澳门特别行政区法律制度

《澳门民法典》对婚姻缔结的实质性要件和形式性要件进行了规定，是法律的强制性规范。结婚的程序，又被称为结婚的形式要件，是指法律规定的男女双方结婚须经过的法定程序，或履行婚姻成立所需的相关法定手续或步骤之后，才产生法律效力。

3.3.1 结婚的实质要件

结婚的实质性要件，是《澳门民法典》所规定的婚姻缔结不可缺少的条件，是为了使婚姻完全有效，[1]各法域或者通过规定结婚的必需性要件、结婚的禁止性条件，或者同时规定结婚的必需性要件和禁止性条件来规定结婚的实质性要件。根据《澳门民法典》第 1478 条之规定，“凡无法律所定结婚障碍之人，均具有结婚能力”，此条文是关于结婚的一般性规定，该法条表明澳门以结婚障碍穷尽式列举的方法确定了结婚的实质性要件，该条和后续数条通过反面的禁止性条件来规定结婚的实质要件。换言之，排除所有的结婚障碍为婚前的准备程序和前置要件。这种仅规定禁止性条件的立法设计和我国内地同时通过结婚的必需性要件和禁止性条件正反两个方面来对结婚的实质条件作出规定有所区别。该条所指之结婚的障碍即为结婚的禁止性条件或消极条件，是指结婚的男女一方或双方存在着的不允许结婚的情形。对当事人违反《澳门民法典》所规定之有障碍而结婚所形成的违法婚姻，澳门采用不成立的婚姻(《澳门民法典》第 1501 条)和可撤销婚姻(第 1508 条)两种制度类型来处理。[2] 依据《澳门民法典》第 1479 条、第 1480 条及第 1482 条之规定，结婚障碍分为禁止性障碍(第 1479 条和第 1480 条)和妨碍性障碍(第 1482 条)，其中，禁止性障碍又可以分为绝对禁止性障碍(第 1479 条)和相对禁止性障碍(第 1480 条)。

1. 绝对禁止性障碍

按照《澳门民法典》第 1479 条之规定，“下列者为绝对禁止性障碍，有该等障碍之人不能与他人结婚：a)未满十六岁；b)明显精神错乱，即使在神志清醒期亦然，以及因精神失常而导致之禁治产或准禁治产；c)先前婚姻尚未解销，即使该结婚纪录未载于有关婚姻状况之登记中亦然”，可知存有上述法定障碍情形的人与任何人都不能结婚。第一种情形是指对于没有达到法定婚龄者，即不满 16 周岁的无论是男性，还是女性都不能结婚，可知我国澳门特别行政区的法定婚龄明显小于内地。第二种情形是涉及禁止结婚的疾病之规定，明显精神错乱的人，以及因精神失常而被依法宣告为禁治产或准禁治产者也不能结婚，以上情形为绝对禁止性障碍，禁止患有以上特定疾病的人结婚。第三种属于重婚情形，在我国澳门特别行政区，像其他法域一样，一夫一妻制是婚姻法的基本原则，禁止重婚，禁止一夫多妻或一妻多夫，所以，“先前婚姻尚未解销”是结婚的绝对禁止性障碍。但是，值得指出的是，对于“先前婚姻尚未解销”中的情形并不包括事实婚的情形，因为在我国澳门特别行政区事实婚毕竟不是婚姻的一种。尽管在我国澳门特别行政区事实婚也有自己的法律效力，但是在澳门事实婚产生其法律效力也是要满足相应的法定条件。[3]

2. 相对禁止性障碍

按照《澳门民法典》第 1480 条之规定，“直系血亲关系及二亲等内之旁系血亲关系亦为禁

---

〔1〕 参见刘雪飞：《内地与澳门婚姻制度比较研究》，湖南师范大学 2002 年硕士学位论文，第 3 页。

〔2〕 《澳门民法典》规定了不成立婚姻和可撤销婚姻的情形及其法律后果。

〔3〕 《澳门民法典》第 1471 条。另外参见韩旭至：《内地与港澳婚姻缔结制度之比较》，载《昆明学院学报》2011 年第 5 期。

止性障碍，存有该等关系之人彼此不能结婚"，可知这是建基于婚姻伦理和优生优育的考虑，《澳门民法典》关于禁止结婚的近亲属关系之规定，将直系血亲关系及二亲等内之旁系血亲列为结婚的相对禁止性障碍，禁止一定范围的血亲结婚。为了配合本条款的适用，《澳门民法典》第1481条赋予当事人对于父母身份就婚姻（包括结婚程序和撤销婚姻程序）证明的权利，并且赋予相应之诉权。

3. 妨碍性障碍

根据《澳门民法典》第1482条之规定，"除特别法律所规定之其他事实外，下列事实亦为妨碍性障碍：a）未成年人之结婚未经父母或监护人之许可，亦未获法院批准以取代上述许可者；b）与未成年人、禁治产人或准禁治产人有监护、保佐或法定财产管理之关系"，可知本条是关于妨碍性障碍之规定。该条所包含的两种情形是澳门所特有的制度，我国内地并没有此制度。第一种情形为未成年人之结婚，即已满16周岁但未满18周岁者须经父母或监护人的许可或者获得法院之批准才允许结婚，制度如此构建，主要是因为《澳门民法典》将适婚之年龄和成年年龄（成年年龄为18周岁）两者相区别，内地的法定婚龄远高于其成年的年龄界限，所以，内地无须设置这样的制度来进行限制。当然，值得指出的是，澳门居民如果已年满18周岁的话可自主决定结婚与否。第二种情形是为了保护未成年人、禁治产人或准禁治产人的合法权益，未成年人、禁治产人或准禁治产人在其无行为能力期间及无行为能力终止后之一年内，以及在倘有之关于监护、保佐或财产管理之报告尚未核准之期间，不能与监护人、保佐人或管理人结婚，也不能与该等人之直系血亲或直系姻亲、兄弟姊妹、兄弟姊妹之配偶、配偶之兄弟姊妹或侄甥结婚，除非由法院免除此种障碍。[1] 值得注意的是，即使无行为能力事由终结也不能立即与监护人，保佐人或管理人以及具有上述亲属关系者结婚，而是有一年期限制时间。[2]

另外，根据《澳门民法典》第1501条之规定，缔结婚姻的双方必须是异性，即双方当事人须为一男一女，如果双方性别相同，那么不能结婚，同性之间缔结婚姻是禁止的，这也是澳门婚姻成立的实质性要件之一，相同性别之两人结婚在法律上不成立。

3.3.2　结婚的形式要件

结婚的形式要件，又被称为结婚的程序，是法律规定缔结婚姻必须履行的程序，我国澳门特别行政区采用的是登记制和仪式制相结合的结婚程序，社会性监督效果相对而言更强。

1. 一般登记程序

与我国内地实行登记制有相似之处，我国澳门特别行政区也采取登记的方式，但同时兼用仪式制。在澳门回归祖国之前，澳门地区有民事婚姻和天主教婚姻两种为法律所承认的结婚程序；回归之后，现行的《澳门民法典》只认可民事婚姻的法律效力。根据我国澳门特别行政区《民事登记法典》第1条和《澳门民法典》第1485条、第1488条，结婚事项属于强制民事登记范围。要求当事人向民事登记局提出结婚申请并经过障碍声明以及审查后，由负责民事

---

〔1〕 参见《澳门民法典》第1483条和第1484条。

〔2〕 参见《澳门民法典》第1483条。

登记之公务员作出批示，许可缔结婚姻。

2. 声明义务和审查程序

根据《澳门民法典》第 1486 条之规定，“一、在结婚人结婚前，任何人均得就所知悉之障碍作出声明。二、检察院及具办理结婚职权之人必须就其所知悉之障碍即时作出声明”，可知声明义务不仅限于结婚的当事人，同时要求检察院及具办理结婚职权之人同样要承担该等义务。对于该声明，登记机关仅具有形式审查义务，在声明作出后 5 日内不能以书证充分证明障碍存在，则结婚人只要透过名誉承诺声明不存在任何障碍，即可缔结婚姻。根据《澳门民法典》第 1486 条第 4 款之规定，“在上款所指情况下，具办理结婚职权之人应要求检察院就是否存在障碍展开调查，以便按情况采取相应之措施”，可知检察院对于当事人的声明具有实质审查义务。检察院的审查依办理结婚职权之人的要求而启动，对于是否存在结婚障碍进行实质审查，以便按情况采取相应措施。再者，根据《澳门民法典》第 1484 条之规定，“一、如有关监护、保佐或法定财产管理之报告已被核准或有关婚姻系与上条所指之血亲或姻亲缔结，且存在可予考虑之理由显示婚姻之缔结为合理，则上条所指之障碍可由法院免除。二、一方结婚人为未成年人时，法院须尽可能听取其父母或监护人之意见”，可知，在结婚障碍确实存在的情况下，法院可以考虑缔结婚姻的合理性对结婚障碍享有免除权。如果属于未成年人结婚的情况下，法院还应尽可能听取其父母或监护人的意见。另外，对于父母或监护人的许可权，根据《澳门民法典》第 1487 条之规定，对于已满 16 岁而未满 18 岁之未成年人结婚，应获行使亲权之父母许可或获监护人许可。该条通过父母或监护人的许可补足未成年人意思表示能力，从而使得适格未成年人获得结婚资格。同时，该条规定存在例外情形，法院亦可以在仔细考虑婚姻缔结理由是否合理后，直接批准来取代父母或监护人的许可。

3. 缔结婚姻的期限

根据《澳门民法典》第 1489 条，获得准许缔结婚姻的批示后，应在随后之 90 日内缔结婚姻。可知批示在签发之后 90 日内双方当事人必须要结婚，否则已签署的同意结婚的批示将归于无效。根据我国澳门特别行政区《民事登记法典》第 121 条第 1 款的规定，婚姻缔结的日期和时间应当由结婚的双方当事人和登记局局长或者有关的司祭协商确定。值得注意的是，前述之批示，仅为结婚前的事前审查程序，并不赋予婚姻效力。婚姻的效力仍取决于双方的意思表示。

3.3.3　结婚的公开程序

1. 结婚时应参与之人

对于结婚时应参与之人，根据《澳门民法典》第 1491 条之规定，“结婚时下列之人必须在场：a）结婚人双方，或一方与另一方之受权人；b）按照民事登记之法律规定具主持结婚行为职权之人；c）两名证人，但仅以民事登记法律有此要求为限”，据此可知，结婚仪式须公开，和《民法典》规定之要求必须由结婚男女双方亲自到场不同，结婚双方必须有一方出席，另外，结婚要求具有按我国澳门特别行政区《民事登记法典》规定具有相应的主持结婚的资质的结婚职权人和 2 名以上证人的参与。三方确保结婚程序的公开以及结婚程序中结婚人当场表明其结婚的意思表示,而且双方意思表示必须是独立、真实且有效的。根据我国澳门特别行政区《民事登记法典》第35条,容许当事人之血亲或姻亲以证人之身份参与登记行为。

2. 结婚的意思表示

因为我国澳门特别行政区对婚姻是以合同的形式在法律上确认,同时又以婚约制度构建起一套违约责任制度,[1]所以我国澳门特别行政区对于婚姻的实质性要件究其根本在于合同的意思表示是否自愿且具有相应的责任能力。对于《澳门民法典》第1492条、第1494及1495条之规定,"结婚人双方之结婚意思,仅以在作出结婚行为时所表示者为准",主要可以从以下角度进行考虑。第一是意思表示的合意性。双方须共同就结婚行为达成意思表示的合意,结婚是男女双方的自由意志的结合,是出于双方当事人的真实意思的表达。第二是意思表示的最终性。结婚时的意思表示为最终意思表示,蕴含着接受结婚的一切法律效力。结婚人双方之结婚意思,仅以在作出结婚行为时所表示者为准,即双方的合意必须是结婚当时的。第三是意思表示的独立性,包括人格独立和效力独立。人格独立是指结婚之意思完全归属于每一结婚人之个人意思,不受他人影响。效力独立是指结婚意思的表示不影响结婚人在婚姻协定中作出合法之协议,同时亦不受任何其他协议或行为中就更改婚姻效力,为婚姻设定条件、期限的影响。第四是意思表示的授权代理程序。结婚人中之一人可由其授权人代其作出结婚行为。被授权人应有授权书并载明作出结婚行为的特别权利,并明确指出另一结婚人之姓名。该法条表明结婚授权为单独授权并且双方中最多只能一人授权。该授权经过法定程序可以废止并承担相应的法律责任。

3. 缔结婚姻

根据我国澳门特别行政区《民事登记法典》第121条及第116条之规定,婚姻得在登记局局长面前缔结,又或在按照特别法规定具主持结婚行为职权之司祭面前缔结。在批示作出之日起3日内发出结婚证明书,将此证明书提交有关司祭,才可以缔结婚姻。根据我国澳门特别行政区《民事登记法典》第123条之规定,"一、婚姻之缔结须公开进行,并遵守下列程序:a)具主持结婚行为职权之人宣告结婚即将进行,并指出结婚人之身分资料及视乎情况而宣读最后批示或证明书之内容;b)如结婚人为未成年人,且尚未获得父母或监护人之同意,亦未获得取代同意之法院批准,则具主持结婚行为职权之人须询问应给予同意之人是否同意;该等人不给予同意时,结婚之进行即须中止;c)随后,须要求各出席者就所知悉任何妨碍结婚之障碍作出声明;d)如无人声明有障碍,则须逐一询问结婚人是否接受对方为配偶;e)结婚人应各自清楚及自由表明其愿意与对方结婚之意思。二、结婚人双方均作出同意后,婚姻之缔结即视为完成,登记局局长或司祭应宣读结婚人之全名及宣布其已结为夫妇",可知,婚姻之缔结须公开进行,并严格遵守以上程序,有非常强烈的仪式感。

---

[1] 参见韩旭至:《内地与港澳婚姻缔结制度之比较》,载《昆明学院学报》2011年第5期。

3.3.4 特殊的结婚程序

1. 紧急结婚

《澳门民法典》除了规定一般的结婚程序之外,亦规定了特殊情况之下的紧急结婚程序。[1] 对于紧迫条件之规定,根据《澳门民法典》第1497条第1款之规定,仅限于结婚中之一人即将死亡或快将分娩,则可在未经或未完成结婚程序,及无获法律赋予主持结婚行为职权之人参与之情况下结婚。

具体而言,根据我国澳门特别行政区《民事登记法典》第124条第1款之规定,“仅在下列情况下,方允许在无须遵照有关结婚程序及在无法律赋予主持结婚行为职权之人参与下缔结婚姻:a)快将分娩;b)有理由担心结婚人中之一方即将死亡,即使系因外在情况所引致者”,可知,在以上两种特殊情形下,以紧急方式缔结之婚姻不须经过澳门婚姻登记局的预先程序,也不须由拥有法定职权主持婚礼的人来参与缔结该婚姻。但是,依据我国澳门特别行政区《民事登记法典》第124条第2款和第3款之规定,“二、缔结紧急婚姻,应遵照下列程序:a)负责民事登记之公务员在结婚人所在之房屋门前,以口头或书面形式宣布结婚即将进行;如无负责民事登记之公务员,则由任一出席者宣布;b)结婚人各自在四位证人面前明确声明其愿与对方结婚之意思,但证人中之两人不得为可继承结婚人遗产之血亲;c)在普通纸张上书写结婚记载而无须遵守特别之手续,并由全体懂得及能书写之参与人签名;但能即时缮立临时登记者除外。三、如紧急结婚系于负责民事登记之公务员面前进行,则仅须两名证人参与”,可知以紧急方式缔结之婚姻必须遵守特定的程序。首先,基于情况非常特殊之考虑,由负责民事登记之公务员在结婚人员所在之房屋门前,用口头或书面形式宣布结婚即将要进行,若没有负责民事登记的公务员,则由任一出席者来宣布。其次,结婚人在4名证人面前明确表明其愿与对方结婚之意思表示,但在这4名证人之中的2名证人不得为可继承结婚人员遗产之血亲。若紧急结婚是由负责民事登记的公务员出席主持婚姻的缔结行为,则只需有2名证人来参与其中即可。最后,在普通纸张上书写结婚记载而不须遵守特别之手续,并由全体懂得及能书写之参与人签名,除非是能实时缮立临时登记之情形。

值得注意的是,紧急结婚也须登记,这个步骤需要两个阶段:第一个阶段是紧急结婚需要临时登记;第二个阶段是认可。所谓临时登记,根据我国澳门特别行政区《民事登记法典》第125条第1款之规定,登记局局长须就紧急结婚之进行立即缮立临时登记;如不可能立即缮立,则须在48小时内缮立。在该登记内须载明全体参与人之全名及有关紧急结婚之各项特别情况。对于临时登记之要求,根据《澳门民法典》第1497条第2款和第3款之规定,负责民事登记的公务员有义务收到符合民事登记法律所定条件的紧急结婚记载后立即缮立临时登记。所谓认可,根据我国澳门特别行政区《民事登记法典》第127条第1款之规定,紧急结婚须由缮立临时登记之登记局局长透过在结婚程序中所作之批示给予认可。另外,按照《澳门民法典》第1498条之规定,临时登记一经缮立,负责民事登记之公务员须决定应否认可有关结婚。

---

[1] 参见韩旭至:《内地与港澳婚姻缔结制度之比较》,载《昆明学院学报》2011年第5期。

对于不认可的理由，根据我国澳门特别行政区《民事登记法典》第128条第1款之规定，在下列任一情况下，不得认可有关结婚：(1)未具备法定要件，或未遵行为紧急结婚及为作出有关临时登记而定之手续；(2)有重要迹象显示所具备要件或遵行之手续系虚构或不实；(3)存在任何禁止性障碍下结婚。澳门婚姻登记也有其相应的司法救济途径，根据《澳门民法典》第1499条，为使所缔结之婚姻被宣告为有效，夫妻双方或其继承人，以及检察院，均得就拒绝认可之批示向具有民事管辖权之初级法院提起上诉。设计该制度主要针对紧迫事由的事实认定存疑的情况，在最终的认可程序中引入对紧急结婚要件的实质审查，体现了立法对于紧急结婚这一例外情形的慎重态度。同时赋予夫妻双方或其继承人，以及检察院诉讼权利的救济途径，以充分地保护当事人的合法权益。如结婚未被认可，而且上诉之期间届满而未有上诉提起者，须立即注销临时登记。

2. 中国澳门特别行政区外国人的结婚

根据《澳门民法典》第49条第2款之规定，两名外国人的结婚方式为任一方国籍国之法律所规定之方式，在有关之领事人员面前结婚。

3. 未成年人结婚

已满16岁未满18岁之未成年人，不能自主结婚，但如果经父母许可或监护人许可或缔结婚姻理由合理，且未成年人身心已足够成熟，则法院可以通过批准取代父母或监护人的许可。该条以三方介入的方式补足未成年人的意思表示能力，从而达到结婚的能力条件。

3.3.5　婚姻登录与转录

根据我国澳门特别行政区《民事登记法典》第1条和《澳门民法典》第1524条之规定，结婚属于民事登记法规定的强制记录事项，即属于强制登记范畴，登记有两种形式，分别为登录与转录。

需要以登录方式缮立的结婚事由，按照我国澳门特别行政区《民事登记法典》第42条之规定，是在本地区、于登记局局长面前缔结之非属紧急结婚之记录。另外，对于需要以转录方式缮立的结婚事由，依据我国澳门特别行政区《民事登记法典》第43条之规定，第一，按第121条第2款之规定在本地区具有职权主持结婚之司祭面前所缔结婚姻之记录；第二，在本地区缔结之紧急结婚之记录；第三，根据我国澳门特别行政区《民事登记法典》第5条之规定所允许登记之事实之记录；第四，由法院裁判命令作出之记录。

对于拒绝转录，根据我国澳门特别行政区《民事登记法典》第136条之规定，“一、下列情况下，应拒绝将结婚记载之复本转录：a)在未经提交第一百二十一条第二款所要求之证明书下结婚；b)复本内未载有第一百三十三条所规定之指明事项或应有之签名；c)登记局局长有充分理由怀疑结婚人之身分。二、在上款b项及c项所指之情况下，登记局局长应以公函形式将复本送交有关司祭，以便其就有关文件作出补充或解释，以使有关转录得尽可能在婚姻缔结后之七日内作出。三、夫妻一方或双方之死亡并不影响转录之作出。四、转录之拒绝，应向结婚人本人作出通知或透过挂号信作出通知”，据此可知，对于b项和c项可以通过补正的方式使得转录在婚姻缔结之后7日内作出。并且夫妻一方或双方的死亡并不影响转录的作出。

如果转录被拒绝,应向结婚人作出通知或通过挂号信作出通知。

根据我国澳门特别行政区《民事登记法典》第 49 条,以转录方式作出的记录需要特别载明,除载明摘自有关凭证,且按记录之类别属法定专载之资料外,尚需载明有关凭证之性质、出处及发出日期。如记录涉及在本地区以外缮立之行为,则可透过将凭证全文全部复制之方式作出转录,又或在无相应记录之法定式样时,得透过单纯集合各项为作出法律所规定之附注而必需之载明资料而作出转录。如凭证中欠缺本法典所规定之某些载明资料,而该等资料不影响行为之实质,则转录得根据利害关系人所作透过文件证实之声明而以附注形式补足。

3.4　三法域规定列举(见表 1－3－1)

表 1－3－1　三法域规定列举

结婚登记的机关	
中国内地	申请结婚登记其中一方户籍所在地的婚姻登记机关
中国香港特别行政区	婚姻登记官负责将结婚证书存档
中国澳门特别行政区	婚姻登记局
结婚行为是否须本人亲自进行	
中国内地	须本人亲自进行
中国香港特别行政区	由本人亲自进行
中国澳门特别行政区	结婚人中之一人可由其受权人代其作出结婚行为
结婚的程序	
中国内地	要求结婚的男女双方应当亲自到婚姻登记机关申请结婚登记。婚姻登记机关应当对结婚登记当事人出具的证件、证明材料进行审查并询问相关情况。对当事人符合结婚条件的,应当当场予以登记,发给结婚证
中国香港特别行政区	按《婚姻条例》规定程序缔结,包括发出拟结婚通知、发给登记官证明书或批给特别许可证、举行婚礼、结婚证书送交登记官存档等
中国澳门特别行政区	法律要求婚姻有效的形式要件是按民事登记法进行婚姻登记,即通过结婚申请、障碍声明、许可批示、举行婚礼仪式、进行登记等步骤完成
结婚申请或通知	
中国内地	符合结婚条件的,直接申请结婚登记,无须预先申请
中国香港特别行政区	(1)在预定结婚日期前的 3 个月内,拟结婚的其中一方直接或通过婚姻监礼人向登记官发出拟结婚通知书; (2)行政长官可发给特别许可证免除拟结婚通知

续表

结婚申请或通知	
中国澳门特别行政区	结婚当事人应到婚姻登记局提出结婚申请
障碍声明	
中国内地	在申请登记结婚时，由婚姻登记机关对结婚登记当事人双方就有关情况进行询问，并由结婚登记当事人对不存在禁止结婚的障碍作出声明
中国香港特别行政区	发给登记官证明书或批给特别许可证前，拟结婚的其中一方须面见登记官或婚姻监礼人并在其面前作出誓章，表明不存在禁止结婚的血亲或姻亲关系的障碍，无其他任何法律上的阻碍，并已获得必要的同意
中国澳门特别行政区	申请结婚人作不存在禁止结婚的障碍的声明
结婚批示证明	
中国内地	结婚前无须批示或证明，直接申请结婚登记
中国香港特别行政区	发出婚姻登记官证明书 (1)一般情况下，在拟结婚通知书发出后经过最少15天及不超过3个月，登记官须应拟结婚任何一方的要求，发给婚姻登记官证明书； (2)有登记官信纳可例外处理的特殊情形的，可在拟结婚通知书发出后15天内随时发给婚姻登记官证明书； (3)行政长官可发给特别许可证免除登记官证明书
中国澳门特别行政区	许可批示：登记局在接受申请后，应开展必要的调查，以确定结婚当事人是否存在结婚障碍。如结婚人没有结婚障碍，负责民事登记的公务员应作出批示，许可其缔结婚姻
举行婚礼	
中国内地	是否举行婚礼不影响婚姻的效力，按规定办理结婚登记后婚姻即有效成立
中国香港特别行政区	必须按规定的形式及程序举行婚礼，否则婚姻无效 (1)在特许礼拜场所举行的婚礼 婚礼可在任何特许礼拜场所，在该场所隶属的教会、宗派或团体中合资格的神职人员主持下，按该教会、宗派或团体奉行的婚礼仪式或惯例举行，但婚礼必须公开，而且须在上午7时至下午7时之间举行（有特别许可证的除外），举行时除主礼的神职人员外，须有2名或以上见证人在场。 (2)由登记官主持的婚礼 1)由登记官主持的婚礼须于上午9时至下午7时之间，在登记官的办事处公开举行； 2)凭特别许可证结婚者，登记官可按证上所指明的任何时间，按证上所指明在其办事处或其他地方，为结婚双方举行婚礼； 3)登记官在考虑拟于某一日期在某一地点举行婚礼的人数后，如认为适当，并事先在该日期前最少7天在其办事处展示一份公告，表示他有意在该日期地点为该等人士举行婚礼，则可在该日期地点，在上午9时至下午9时之间为该等人士举行婚礼； 在登记官的办事处公开举行登记官主持婚礼之前，结婚双方均必须在登记官在场下分别签署一份声明书。 (3)由婚姻监礼人主持的婚礼 1)时间和地点：可于任何时间，在登记官办事处及特许礼拜场所以外的任何位于香港的地方举行； 2)见证人：除监礼人外，须2名或以上见证人在场； 3)形式：结婚双方须按规定宣述有关结婚意愿的内容

续表

举行婚礼	
中国澳门特别行政区	必须按规定的形式及程序举行婚礼,否则婚姻无效: (1)获得许可后,应在90日内举行缔结婚姻的仪式; (2)结婚仪式必须公开进行,并且有法定的形式; (3)在缔结婚姻前,结婚的日期、时间和地点等应预先定出; (4)必须出席结婚仪式的人包括:结婚人双方或一方与另一方受权人、登记局局长或具有主持结婚行为职权的司祭、两名证人
结婚登记	
中国内地	在申请登记结婚时,由婚姻登记机关对结婚条件及相关证明材料审查后,对符合结婚条件的,当场予以登记并发给结婚证
中国香港特别行政区	(1)在特许礼拜场所举行的婚礼,结婚证书一式两份,由婚礼的主礼神职人员、结婚双方及2名或以上见证人签署。主礼的神职人员须在存根上记下结婚双方的姓名及结婚日期。 婚礼完成后,主礼神职人员须立即将一份结婚证书交予结婚双方,并随后在7天内将另一份送交登记官存档于其办事处。 (2)登记官或婚姻监礼人主持的婚礼 结婚证书一式两份,由主持婚礼的登记官或婚姻监礼人、结婚双方及2名或以上见证人签署。其中一份结婚证书交予结婚双方,另一份由登记官或由监礼人送交登记官存档于其办事处。 (3)临终者的婚礼 结婚证书由婚礼的登记官或主礼神职人员、见证人及结婚双方签署;如任何一方不能签署,登记官或主礼神职人员须加以核证。 如婚礼由神职人员主持,该神职人员须于婚礼举行后7天内将有关证书送交登记官,由该登记官在其办事处存档
中国澳门特别行政区	结婚登记方式包括登录和转录 (1)登录,是在本地区、于登记局局长面前缔结之非属紧急结婚之记录。 (2)转录是需要以转录方式缮立的结婚事由:第一,按《民事登记法典》第121条第2款之规定在本地区具有职权主持结婚之司祭面前所缔结婚姻之记录;第二,在本地区缔结之紧急结婚之记录;第三,属《民事登记法典》第5条之规定所允许登记之事实之记录;第四,由法院裁判命令作出之记录
紧急结婚	
中国内地	没有关于紧急结婚的特殊规定
中国香港特别行政区	符合条件的,可举行临终者的婚礼。 凡两名不依合法妾侍制度同居的人意欲结婚,而其中一方是在临终之时,即使未有登记官证明书发给,亦未有特别许可证批给,登记官或合资格的神职人员仍可于任何时间地点为他们主持婚礼,但双方须能够亦在2位见证人在场下表示同意结婚,方可举行婚礼
中国澳门特别行政区	除结婚的一般程序外,澳门法律还规定两种情况下可以进行紧急结婚:一是女方快将分娩,二是有理由担心结婚人中之一方即将死亡。以紧急方式缔结的婚姻无须经过民事登记局的预先程序,甚至无须具有法定职权主持婚礼的人参与。但是紧急结婚也须登记,包括临时登记及认可,即负责民事登记的公务员到现场、有规定人数的证人、现场缮立临时登记等,符合紧急结婚的条件和程序,而且不存在任何禁止性结婚障碍的临时登记,经过登记局长认可之后,同样产生婚姻的法律效力

续表

未成年人结婚	
中国内地	没有未成年人结婚的规定。未成年人未达法定婚龄，不能结婚
中国香港特别行政区	已满16岁但未满21岁的未成年人（21岁为成年人），须出示由双方父母（至少一人）或监护人或区域法院法官出具的同意书方可进行婚姻缔结
中国澳门特别行政区	已满16岁未满18岁之未成年人，不能自主结婚，但如果经父母许可或监护人许可或缔结婚姻理由合理，且未成年人身心已足够成熟，则法院可以通过批准取代父母或监护人的许可
外国人结婚	
中国内地	至少有一方为内地居民方可在内地登记结婚
中国香港特别行政区	无特殊的强制性规定。换言之，在中国香港特别行政区登记结婚，仅须遵守中国香港特别行政区当地的法律法规，而无须考虑国籍国的法律法规
中国澳门特别行政区	两名外国人的结婚方式为任一方国籍国之法律所规定之方式，在有关之领事人员面前结婚
事实婚姻	
中国内地	未按《民法典》规定办理结婚登记而以夫妻名义共同生活的男女 （1）如在1994年2月1日民政部《婚姻登记管理条例》公布实施以前，男女双方已经符合结婚实质要件的，按事实婚姻处理； （2）如在1994年2月1日民政部《婚姻登记管理条例》公布实施以后男女双方符合结婚实质要件的，可补办结婚登记，未补办结婚登记的，视为不存在婚姻关系
中国香港特别行政区	（1）旧式婚姻 未按照《婚姻条例》（第181章）缔结婚姻，在1971年10月7日之前，按中国法律与习俗在香港举行婚礼的，构成旧式婚姻。旧式婚姻为有效婚姻。 （2）认可婚姻 未按照《婚姻条例》（第181章）缔结婚姻，在1971年10月7日之前在香港举行作为新式婚姻的婚礼，如结婚时双方均已足16岁，且从未与他人结婚，则该婚姻属有效婚姻，自举行婚礼时起有效
中国澳门特别行政区	为弥补结婚登记之欠缺或失去而提起之诉讼中，如双方当事人在如夫妻般生活并且在社会上，尤其在各人本身家庭中均被视为夫妻的状况下生活或曾在该状况下生活一段时间，则推定婚姻之存在

第四章　婚姻效力与可撤销情形

4.1　中国内地法律制度

婚姻根据其效力可分为有效婚姻、无效婚姻与可撤销婚姻。有效婚姻是指具备法定结婚实质性要件及形式性要件,在法律上具有婚姻效力的婚姻关系;无效婚姻是指不具备法定结婚实质性要件或形式性要件,在法律上不具有婚姻效力,应当被确认为无效的婚姻,无效婚姻并非婚姻的种类,而其本质是一种同居关系;可撤销婚姻是指因婚姻的成立违背了当事人的真实意思表示或已成立的婚姻缺乏某个结婚的要件,有撤销权的当事人可以行使撤销权,使已经生效的婚姻关系归于无效,有效婚姻在前文已详细叙述,本节将主要讨论无效婚姻与可撤销婚姻。

4.1.1　无效婚姻

1. 婚姻无效的情形

根据《民法典》第1051条的规定,婚姻无效有以下三种情形:重婚;有禁止结婚的亲属关系;未到法定婚龄。

(1)重婚

重婚是指有配偶的人又与他人登记结婚的违法行为。我国实行一夫一妻制,一夫一妻制是我国婚姻家庭制度的基本原则,重婚行为除了违背公序良俗原则,还不利于社会稳定,我国法律除了在民法上否定重婚的法律效力,在刑法上亦将重婚规定为刑事犯罪。民法意义上的重婚仅限于与他人办理结婚登记后再与第三方办理结婚登记的情形。如果与他人办理结婚登记后仅与第三方以夫妻名义同居生活但没有办理结婚登记的,仍属于同居法律关系,不构成《民法典》规定的重婚,但有可能构成刑法规定的重婚。

(2)有禁止结婚的亲属关系

禁止结婚的亲属关系包括直系血亲和三代以内的旁系血亲,该规定是基于维护婚姻当事人后代身体健康、维护社会秩序、提高人口质量等方面的考虑而设立的。

(3)未达法定婚龄

内地法定婚龄为男22周岁、女20周岁,未达法定婚龄的,婚姻登记机构不予办理婚姻登记;已经取得登记的,属于无效婚姻。

2. 确认婚姻无效的请求主体范围及申请确认婚姻无效的期限

(1)主体范围

因为一段婚姻的效力问题除了关系到婚姻双方当事人的利益,也关系到其亲属的利益,甚至整个社会的公共利益,因此有权请求确认婚姻无效的主体除了婚姻当事人外,还包括与婚姻效力具有利害关系的其他主体。根据《最高人民法院关于适用〈中华人民共和国民法典〉婚姻家庭编的解释(一)》(以下简称《民法典婚姻家庭编解释(一)》)第 9 条的规定,申请确认婚姻无效的主体包括婚姻当事人以及利害关系人,对利害关系人的规定又因不同的婚姻无效情形有不同规定:①以重婚为由的,为当事人的近亲属及基层组织;②以未到法定婚龄为由的,为未到法定婚龄者的近亲属;③以有禁止结婚的亲属关系为由的,为当事人的近亲属。其中重婚行为因不仅严重违反我国的一夫一妻制,损害婚姻当事人利益,还损害了社会公益,故婚姻当事人、当事人的近亲属、基层组织均可以就此情形申请确认婚姻无效;未到法定婚龄对社会公益没有损害,故就此可申请确认婚姻无效的主体仅限于婚姻当事人以及未到法定婚龄人的近亲属;有禁止结婚的亲属关系与否正常情况下只有婚姻当事人以及其近亲属才能知晓,故就该情形可申请确认婚姻无效的主体亦限于婚姻当事人及其近亲属。

(2)申请期限

根据《民法典婚姻家庭编解释(一)》第 10 条的规定,当事人依据《民法典》第 1051 条规定向人民法院请求确认婚姻无效,法定的无效婚姻情形在提起诉讼时已经消失的,人民法院不予支持。《民法典婚姻家庭编解释(一)》第 14 条规定:夫妻一方或者双方死亡后,生存一方或者利害关系人依据《民法典》第 1051 条的规定请求确认婚姻无效的,人民法院应当受理。一般理论上认为民事法律行为的效力是公权力对私法自治的评价,不受诉讼时效制度限制,因此申请确认婚姻无效不适用诉讼时效的规定,当事人及利害关系人理论上可以随时提出相关申请。

3. 确认婚姻无效的机关

根据《民法典婚姻家庭编解释(一)》第 9 条的规定,婚姻当事人或者利害关系人申请确认婚姻无效的,应当向人民法院提起申请。值得注意的是,虽然婚姻当事人和利害关系人有权向人民法院申请确认婚姻无效,但因无效婚姻不仅涉及婚姻当事人和利害关系人的权益,还涉及社会公共利益,因此相关主体申请确认婚姻无效后不得申请撤诉,且对婚姻效力的审理不适用调解,人民法院应当依法作出判决。

4.1.2 可撤销婚姻

1. 可撤销婚姻的情形

(1)根据《民法典》第 1052 条的规定,因胁迫结婚的,受胁迫的一方可以向人民法院请求撤销婚姻。

《民法典》规定,我国公民享有婚姻自由,结婚必须男女双方完全自愿,禁止一方对另一方加以胁迫或者其他个人、组织加以干涉。因胁迫而成立的婚姻关系严重违背了受胁迫一方的婚姻自由,不符合结婚的法定要件,受胁迫的婚姻当事人有权请求撤销受胁迫而成立的婚姻关系。

根据《民法典婚姻家庭编解释(一)》第 18 条的规定,《民法典》中的胁迫是行为人以给另一方当事人或其近亲属的生命、身体、健康、名誉、财产等方面造成损害为要挟,迫使另一方当事人违背真实意愿结婚的行为。

(2)根据《民法典》第1053条的规定，一方患有重大疾病的，应当在结婚登记前如实告知另一方；不如实告知的，另一方可以向人民法院请求撤销婚姻。

婚姻自由的本质应当是婚姻当事人作出的是否结婚的意思表示是没有瑕疵的，是在双方彼此了解、信任的基础上而作出的结婚意思表示，若其中一方隐瞒患有重大疾病，将影响另一方当事人作出自愿结婚意思表示的真实性。一方患有重大疾病，意味着与其结婚的另一方日后无法避免需要向患病一方提供或多或少的物质以及精神上的支持，从而加大双方的经济负担以及精神负担，若在患病一方隐瞒重大疾病的情况下缔结婚姻，婚后发现容易造成家庭矛盾甚至夫妻感情破裂，故该信息属于影响另一方婚姻当事人作出是否结婚决定的重要信息，保障相关的知情权，既保护了婚姻当事人的婚姻自由，亦避免家庭以及社会矛盾的发生。

对于哪些疾病属于应当告知的范围，考虑到重大疾病的范围将随着医疗技术的发展而发生变化，我国《民法典》未对重大疾病作明确规定，但可以参考现行《中华人民共和国母婴保健法》中第8条、第38条规定婚前医学检查需要检查的疾病，其中包括：

①严重遗传性疾病，指由于遗传因素先天形成，患者将全部或部分丧失自主生活能力，后代再现风险高，医学上认为不适宜生育的遗传性疾病；

②指定传染病，指《中华人民共和国传染病防治法》中规定的艾滋病、淋病、梅毒、麻风病以及医学上认为影响结婚和生育的传染病；

③有关精神病，指精神分裂症、躁狂抑郁型精神病以及其他重型精神病。

2. 可撤销婚姻的请求权主体范围和申请撤销婚姻的期限

(1)因受胁迫而请求撤销婚姻

根据《民法典婚姻家庭编解释(一)》第18条的规定，因受胁迫而请求撤销婚姻的，只能是受胁迫一方的婚姻关系当事人本人。

婚姻撤销权属于形成权，撤销权人在行使撤销权后将使已经成立的婚姻关系被撤销，从而影响另一方婚姻当事人的权益。为了避免两人的法律关系长期处于不确定的状态、保护另一方婚姻当事人权益，法律规定撤销权人请求撤销婚姻有一定的期限限制。因受胁迫结婚请求撤销婚姻的，应当自胁迫行为终止之日起1年内提出；被非法限制人身自由的当事人请求撤销婚姻的，应当自恢复人身自由之日起1年内提出。超过上述法律规定期限没有提出撤销婚姻申请的，受胁迫一方婚姻当事人不得再以被胁迫为由请求撤销婚姻。撤销婚姻的期限为除斥期间，不适用诉讼时效关于中止、中断以及延长的规定。受胁迫的婚姻当事人在该期间经过后，不得向人民法院申请撤销婚姻。

(2)因一方结婚登记前未如实告知患有重大疾病，另一方请求撤销婚姻

根据我国《民法典》第1053条的规定，一方患有重大疾病的，应当在结婚登记前如实告知另一方；不如实告知的，另一方可以向人民法院请求撤销婚姻。可知只有非患病一方的婚姻当事人有权在该情形下请求撤销婚姻。

根据我国《民法典》第1053条的规定，请求撤销婚姻的，应当自知道或者应当知道撤销事由之日起1年内提出。为了促使有撤销权的婚姻当事人及时行使权利以及尽快结束双方婚姻

当事人法律关系不稳定的状态,《民法典》对行使撤销权规定了1年的期限,该期限与受胁迫而请求撤销婚姻的1年期限一样是除斥期间,不适用诉讼时效中止、中断和延长的规定。被隐瞒一方当事人要在知道或应当知道之日起1年内提出撤销婚姻的请求。

3. 撤销婚姻的机关

根据我国《民法典》第1052条、第1053条的规定,可撤销婚姻都只能向人民法院提出撤销婚姻的请求。

4.1.3　可撤销婚姻与无效婚姻的区别

无效婚姻与可撤销婚姻存在以下不同:

1. 请求权主体不同

申请宣告婚姻无效的主体可以是婚姻当事人,也可以是利害关系人,具体包括当事人的近亲属及基层组织。可撤销婚姻中只有受胁迫一方的婚姻关系当事人本人有权提出。

2. 所损害的利益范围不同

无效婚姻违反法律禁止性规定,违背社会公德,不仅涉及婚姻当事人自身的利益,还涉及社会公共利益;而可撤销婚姻主要是违背婚姻一方当事人的自由意志。

3. 行使请求权的期限不同

婚姻无效的,只要无效事由存在,权利主体就可以申请宣告婚姻无效。即使在夫妻一方或者双方死亡后,生存一方或者利害关系人仍可提出申请。对于可撤销婚姻,撤销权人应当自胁迫行为终止之日起1年内提出,若被非法限制人身自由的情形,则自恢复人身自由之日起1年内提出。因一方结婚登记前未如实告知患有重大疾病的情形,被隐瞒一方当事人要在知道或应当知道之日起1年内提出撤销婚姻的请求。

4.2　中国香港特别行政区法律制度

4.2.1　概述

根据《婚姻条例》《婚姻诉讼条例》相关规定,我国香港特别行政区婚姻凡根据《婚姻条例》举行婚礼的婚姻均属成立及有效。我国香港特别行政区法律制度下婚姻无效分为"无效"和"可使无效","无效"即根据法律规定该段婚姻自身本来无效,"可使无效"即婚姻本来有效,但当事人依法可提起使该段婚姻无效的法律程序。

4.2.2　婚姻的效力及无效婚姻的情形。

《婚姻诉讼条例》第179章第4部订明

20. 批出婚姻无效判令的理由

(1)凡属在1972年6月30日之后缔结的婚姻,该婚姻仅能基于下列任何理由而无效——

(a)根据《婚姻条例》(第181章)第27条该婚姻并非有效婚姻,即——

(i)婚姻双方的血亲或姻亲关系是在亲等限制以内的;或

(ii)任何一方年龄不足16岁;或

(iii)双方的结合没有顾及达成婚姻关系的某些规定;

(b)根据香港法律,该宗婚姻在其他方面亦属无效;

(c)任何一方在结婚时已经合法结婚;

(d)婚姻双方,并非一方为男,一方为女。

(2)凡属在1972年6月30日之后缔结的婚姻,除第(3)款另有规定外,该婚姻仅能基于下列任何理由而可使无效——

(a)由于任何一方无能力圆房以致未有完婚;

(b)由于答辩人故意拒绝圆房以致未有完婚;

(c)不论是出于威迫、错误、心智不健全或其他原因,以致婚姻的任何一方并非有效地同意结婚;

(d)婚姻的任何一方在结婚时虽然有能力作出有效同意,但当时正连续或间歇地患有《精神健康条例》(第136章)所指的精神紊乱,而其所患的精神紊乱类别或程度是使其不适宜结婚者;

(e)答辩人在结婚时患有可传染的性病;

(f)答辩人在结婚时已怀孕,而使其怀孕者并非呈请人。

(3)在1972年6月30日之后提起的法律程序中,如答辩人令法院信纳下列事实,则法院不得以有关的婚姻属可使无效为理由(不论该婚姻是在1972年7月1日之前或之后缔结者)而批出婚姻无效判令——

(a)呈请人虽明知自己可废止有关的婚姻,但其对答辩人的行为是会导致答辩人合理地相信呈请人不会作出此举者;及

(b)批出婚姻无效判令对答辩人并不公平。

(4)在以不损害第(3)款的规定为原则下,除非法院信纳有关的法律程序是在结婚当日起计的3年内提起的,否则不得以第(2)(c)、(d)、(e)或(f)款所述的理由而批出婚姻无效判令。

(5)在以不损害第(3)及(4)款的规定为原则下,除非法院信纳呈请人在结婚时对指称的事实并不知晓,否则不得以第(2)(e)或(f)款所述的理由而批出婚姻无效判令。

(6)就第(3)款所适用的判令而言,凡任何法律规则规定可基于呈请人的认可、确认或缺乏诚意或类似理由而拒绝批出判令者,均由第(3)款代替该规则。

《婚姻条例》第181章第6部订明

举行婚礼、结婚证书及婚姻的效力

27. 无效婚姻

(1)按照附表5的规定属血亲或姻亲关系的婚姻,即属无效。(由2005年第23号第13条代替)

(2)如有以下情况,婚姻即属无效——

(a)如——

(i)婚礼并非——

(A)于登记官的办事处在登记官主持下举行;

(B)于特许礼拜场所在合资格的神职人员主持下举行;或

(C)按照第21(3A)条在婚姻监礼人主持下举行,而亦非——

(D)经由特别许可证授权;

(E)根据第21(3)条但书(b)段的规定而举行;或

(F)根据第39条的规定而举行;

(ii)婚姻某方使用假姓名结婚;或

(iii)未有登记官证明书就该段婚姻发给或未有特别许可证就该段婚姻批给,

而结婚双方明知及故意默许婚礼在该情况下举行;或

(b)如任何一方于举行婚礼时未满16岁。(由2005年第23号第13条代替)

(3)凡已有婚礼举行的婚姻,除非不符上述条文,否则即使未符合本条例的任何其他条文,亦不得当作无效。

上述第(1)项所指的附表5对于血亲或姻亲关系的婚姻规定详见本书第一篇第二章第二节2.2.5部分。

28. 婚姻的效力

凡根据本条例举行婚礼的婚姻,在法律上为所有用意及目的,均属成立及有效。

4.3　中国澳门特别行政区法律制度

4.3.1　概述

《澳门民法典》第1500条规定:"不存在任何导致婚姻在法律上不成立或使其可撤销之法定原因时,婚姻即有效。"反过来说,即如果存在了导致婚姻在法律上不成立或者是可撤销的法定原因时,婚姻就是非有效的。非有效的婚姻制度是对违法的婚姻进行处理或处罚的制度,目的在于保障婚姻的合法有效的确立,或者说为了保障婚姻关系的有效缔结。

消极后果包括两类:其一是非有效之婚姻,即婚姻本身非有效;其二是特别制裁。特别制裁是在具有妨碍性障碍的情况下缔结的婚姻,虽然婚姻本身有效,但被加上了消极效果。

《澳门民法典》不存在无效的婚姻，只有非有效之婚姻。而非有效之婚姻又分为不成立之婚姻和可撤销之婚姻。

4.3.2　不成立之婚姻

不成立之婚姻的原因，主要规定在《澳门民法典》第 1501 条，分为以下五种情况：

（1）“在无职权主持结婚行为之人面前缔结婚姻，但属紧急结婚者除外。”即使双方有一很尊重的人，想由此人主持婚礼，但亦是不成立的，只有民事登记局局长或其受权人才有权，此处的被授权的人也可以为司祭，[1]主持的结婚行为才具有法律效力。

（2）“未经认可之紧急结婚。”紧急结婚是需要被认可的，若没经认可，效果亦是不成立的婚姻。一旦紧急结婚被认可后，便会具有婚姻的法律效力。

（3）“结婚时，欠缺一方或双方结婚人之结婚意思表示，又或欠缺其中一方之受权人之结婚意思表示。”例如，结婚登记时，当事人对登记官的问题作答含糊。

（4）“在授权效力终止后，或在授权书并非由其上所指授权人订立之情况下，又或授权因授权书内未赋予作出结婚行为之特别权力或未明确指出另一结婚人之姓名而属无效之情况下，透过受权人缔结之婚姻。”授权缔结婚姻的授权为特别授权，其权力具有自由性质。此处包括进行授权与否的决定权和是否取消授权的决定权，是授权者一项自由的权利。“授权效力终止”是指代理人获得代理他人缔结婚姻的权利的状态终止。

（5）“相同性别之两人结婚。”在我国澳门特别行政区暂时还未承认同性婚姻，而葡萄牙于 2010 年 5 月 7 日在法律上承认同性婚姻。

4.3.3　可撤销之婚姻

根据《澳门民法典》第 1504 条的规定，“在下列任一情况下缔结之婚姻可予撤销”：

（1）“存在任何禁止性障碍”，即缔结婚姻时存在《澳门民法典》第 1479 条及第 1480 条规范的内容。例如，缔结婚姻时已经存在婚姻关系，又或者未满 16 周岁结婚等，效果均为可撤销的婚姻。

（2）“一方或双方结婚人欠缺结婚意思，或结婚意思因错误或受胁迫而属有瑕疵”，该内容直接指向《澳门民法典》第 1508 条至第 1510 条。这三个条文分别进一步解读了：因欠缺结婚意思而导致之可撤销性，导致结婚意思有瑕疵之错误和精神胁迫。

（3）“无证人在场，但仅以法律要求证人在场者为限。”当必须有证人在场，但却没有两名证人在场，也属于可撤销的婚姻。在作出任何类型之记录时，如对当事人之身份或有关声明之真实性存有疑问，则须有两名证人参与。证人系视为证实当事人身份及有关声明之真实性之人。[2]

可撤销的婚姻，可以根据第 1504 条有具体的原因来撤销，但是第 1505 条说明了必须要经

---

〔1〕《民事登记法典》第 31 条第 3 款。

〔2〕《民事登记法典》第 33 条第 1 款和第 2 款。

过诉讼,此为撤销婚姻撤销之诉的必要性。

撤销婚姻是一个撤销的行为,必须经过法院的宣告才会产生效力。根据《澳门民法典》第1505条,如要撤销一段婚姻需要提起一诉讼以诱发一判决,才可产生法律上的效力。此处的撤销婚姻的诉讼,是指由诉权人在法定诉权期间内提起的以撤销婚姻为目的之专门诉讼。[1]

4.4　三法域规定列举(见表1－4－1)

表1－4－1　三法域规定列举

婚姻无效的情形/不成立之婚姻的原因	
中国内地	(1)重婚; (2)有禁止结婚的亲属关系; (3)未到法定婚龄
中国香港特别行政区	(1)有禁止结婚血亲或姻亲关系; (2)未达到法定婚龄; (3)未按法定程序取得登记官证明书或特别许可证; (4)未按规定形式在登记官或合资格的神职人员或监礼人的主持下举行婚礼; (5)婚姻某方使用假姓名结婚; (6)任何一方在结婚时已经合法结婚; (7)婚姻双方,并非一方为男,一方为女; (8)患有不能结婚的疾病
中国澳门特别行政区	(1)在无职权主持结婚行为之人面前缔结婚姻,但属紧急结婚者除外; (2)未经认可之紧急结婚; (3)结婚时,欠缺一方或双方结婚人之结婚意思表示,又或欠缺其中一方之受权人之结婚意思表示; (4)在授权效力终止后,或在授权书并非由其上所指授权人订立之情况下,又或授权因授权书内未赋予作出结婚行为之特别权力或未明确指出另一结婚人之姓名而属无效之情况下,通过受权人缔结之婚姻; (5)相同性别之两人结婚
可以请求确认婚姻无效的主体	
中国内地	(1)以重婚为由的,为当事人的近亲属及基层组织; (2)以未达到法定婚龄为由的,为未达到法定婚龄者的近亲属; (3)以有禁止结婚的亲属关系为由的,为当事人的近亲属
中国香港特别行政区	可以请求确认婚姻无效的主体为夫妻任一方
中国澳门特别行政区	任何人(哪怕是跟结婚人双方没有任何关系的其他人),都可以随时主张婚姻的不成立

[1] 参见汉英:《澳门家庭法》,澳门基金会1996年版,第46页。

续表

请求确认婚姻无效的期限	
中国内地	没有限制，随时可以提出
中国香港特别行政区	没有限制，婚姻本来无效
中国澳门特别行政区	不论法院有否宣告，任何人均得随时主张婚姻不成立
婚姻可撤销的情形	
中国内地	(1)因胁迫结婚的，受胁迫一方可以向人民法院请求撤销婚姻； (2)一方患有重大疾病的，在结婚登记前未如实告知另一方的，另一方可以向人民法院请求撤销婚姻
中国香港特别行政区	未见可撤销婚姻相关规定，但“可使无效”婚姻与中国内地可撤销婚姻类似。 (1)由于任何一方无能力圆房以致未有完婚； (2)由于答辩人故意拒绝圆房以致未有完婚； (3)不论是出于威迫、错误、心智不健全或其他原因，以致婚姻的任何一方并非有效地同意结婚； (4)婚姻的任何一方在结婚时虽然有能力作出有效同意，但当时正连续或间歇地患有《精神健康条例》(第136章)所指的精神紊乱，而其所患的精神紊乱类别或程度是使其不适宜结婚者； (5)答辩人在结婚时患有可传染的性病； (6)答辩人在结婚时已怀孕，而使其怀孕者并非呈请人
中国澳门特别行政区	(1)“存在任何禁止性障碍”，即缔结婚姻时存在《澳门民法典》第1479条及第1480条规范的内容； (2)一方或双方结婚人欠缺结婚意思，或结婚意思因错误或受胁迫而属有瑕疵； (3)当必须要有证人在场，但却没有两名证人在场，也属于可撤销的婚姻
可请求撤销的主体	
中国内地	(1)因受胁迫而请求撤销婚姻的，只能是受胁迫一方的婚姻关系当事人本人； (2)一方患有重大疾病婚前未如实告知另一方的，另一方可向人民法院请求撤销婚姻
中国香港特别行政区	未见可撤销婚姻相关规定，但“可使无效”婚姻与中国内地可撤销婚姻类似，其可请求主体为夫妻任一方
中国澳门特别行政区	(1)以禁止性障碍为依据之撤销 ①夫妻任一方、其血亲、直系姻亲或继承人，以及检察院，均具有以存在禁止性障碍为依据而提起撤销之诉之正当性，或继续进行该诉讼之正当性； ②除上款所指之人外，在结婚人未成年、因精神失常而导致禁治产或准禁治产之情况下，其监护人或保佐人，以及在重婚情况下重婚人之先前配偶，亦得提起或继续进行该诉讼。 (2)以欠缺结婚意思为依据之撤销 ①假装结婚之夫妻任一方或任何因该假装结婚而遭受损失之人，均可声请撤销所缔结之婚姻； ②在其他欠缺结婚意思之情况下，撤销之诉仅得由欠缺结婚意思之一方提起；然而，如原告在案件待决期间死亡，则其血亲、直系姻亲或继承人得继续进行该诉讼。 (3)以结婚意思有瑕疵为依据之撤销之诉，仅得由有关错误或胁迫之受害人一方提起；然而，如原告在案件待决期间死亡，则其血亲、直系姻亲或继承人得继续进行该诉讼。 (4)以欠缺证人为依据之撤销之诉，仅得由检察院提起

续表

请求撤销婚姻的期限	
中国内地	(1)因胁迫结婚的受胁迫一方请求撤销婚姻的,应当自胁迫行为终止之日起1年内提出;被非法限制人身自由的当事人请求撤销婚姻的,应当自恢复人身自由之日起1年内提出; (2)一方患有重大疾病婚前未如实告知,另一方请求撤销婚姻的,应当自知道或应当知道撤销事由之日起1年内提出
中国香港特别行政区	未见可撤销婚姻相关规定,但"可使无效"婚姻与中国内地可撤销婚姻类似,其可请求期限为结婚当日起计的3年内
中国澳门特别行政区	(1)属未成年、因精神失常而导致禁治产或准禁治产,又或明显精神错乱之禁止性障碍者,如撤销之诉由无行为能力人或精神错乱者本人提起,则应于成年后或在禁治产或准禁治产终止后,又或精神错乱终止后6个月内提起,如撤销之诉由他人提起,则应于结婚后3年内提起,但不得在未成年人成年后、无行为能力或精神错乱终止后提起;在撤销重婚人之先前婚姻之诉待决期间,不得提起或继续进行以存在未解销之先前婚姻为依据之撤销之诉,且不影响其他禁止性障碍者提起撤销之诉期间之适用。 (2)属其他禁止性障碍者,应于婚姻解销后6个月内提起。 (3)检察院仅得在婚姻解销前提起诉讼。 (4)以结婚人一方或双方欠缺结婚意思为依据之撤销之诉,仅得于结婚后3年内提起;如声请人不知悉已结婚,则仅得在其知悉后6个月内提起。 (5)以结婚意思有瑕疵为依据之撤销之诉,如在瑕疵消除后6个月内不提起,则有关诉权即告失效。 (6)以欠缺证人为依据之撤销之诉,仅得于结婚后1年内提起

第五章　婚姻无效及被撤销的法律后果

5.1　中国内地法律制度

婚姻被宣告无效与婚姻被撤销的法律效力相同，即均被认定为自始没有法律约束力，根据《民法典婚姻家庭编解释（一）》第20条的规定，无论是无效婚姻还是可撤销婚姻，都必须经过人民法院依法宣告无效或依法撤销时，才能确定该段婚姻自始不受法律保护，即无效婚姻和可撤销婚姻在被宣告无效或被撤销前，仍然具有婚姻的法律效力。

5.1.1　婚姻被宣告无效或者被撤销后的人身法律关系

婚姻被宣告无效或者被撤销的，婚姻双方当事人之间不再具有夫妻的人身法律关系，即不需对彼此承担扶养的义务，也不享有对方遗产的继承权，双方之前共同生活的期间在法律上被认定为同居，涉及的权利义务亦依照同居关系处理。如婚姻被宣告无效或被撤销后同居一方死亡，另一方要求继承死者遗产的，另一方依法不享有继承权，但符合《民法典》第1131条规定对继承人以外的依靠被继承人扶养的人，或者继承人以外的对被继承人扶养较多的人，可以分给适当的遗产规定的，可根据具体情况依法主张。

5.1.2　婚姻被宣告无效或者被撤销的财产法律关系

婚姻无效或者被撤销的，婚姻当事人双方之间的财产关系不适用夫妻财产制度的规定。因为夫妻财产制度是以夫妻身份关系为基础的，如婚姻被宣告无效或者被撤销，婚姻双方当事人在法律上即被认定为自始不存在婚姻关系，不能适用《民法典》上关于夫妻财产的有关规定，而是作为同居关系来认定和处理。对于同居关系存续期间所取得的财产，法律规定上首先尊重双方当事人的意愿，由双方当事人协商处理，若双方当事人无法协商一致的，则由人民法院根据照顾无过错方的原则判决。这里的照顾无过错方指的是对婚姻被宣告无效和被撤销没有过错的一方，应当在财产处理时给予适当的照顾。另外，根据《民法典婚姻家庭编解释（一）》第22条的规定，被确认无效或者被撤销的婚姻，当事人同居期间所得的财产，除有证据证明为当事人一方所有的以外，按共同共有处理。据此如果一方当事人主张同居期间所得的财产是个人财产的，应当提交相应的证据证明。

若是因为重婚而导致婚姻无效的财产，《民法典》第1054条规定，在此情况下处理财产不得侵害合法婚姻当事人的财产权益。因为在重婚而导致婚姻无效的情况下，重婚的双方当事人对同居期间的财产处理往往会损害重婚一方或双方另一段合法婚姻的配偶的财产权益。

如甲乙两人合法登记结婚后,甲隐瞒已婚事实又与丙登记结婚,并用其收入为丙购买房屋(此时甲是在使用甲乙的夫妻共同财产为丙购买房屋),后甲与丙的婚姻被确认无效,法院处理甲丙同居期间财产时,甲自愿放弃该房屋的所有权,实际上就会侵害乙的财产权益。为了保护这种情况下合法婚姻配偶的财产权益,《民法典婚姻家庭编解释(一)》第16条规定了人民法院审理重婚导致的无效婚姻案件时,涉及财产处理的,应当准许合法婚姻当事人作为有独立请求权的第三人参加诉讼。这项规定除了能保障合法婚姻当事人的财产权益,亦有利于法院查明重婚当事人同居期间的所得财产的真实情况。

5.1.3　婚姻被宣告无效或者被撤销的亲子法律关系

婚姻无效或者被撤销的,不影响双方当事人与子女的法律关系,首先,法律上虽然对不符合法律相关规定的婚姻规定为无效及可撤销,但父母和子女的血缘关系是客观存在的,不因夫妻关系的无效或被撤销而消灭;其次,《民法典》对婚生子女和非婚生子女的法律地位亦有规定,《民法典》第1071条第1款规定:非婚生子女享有与婚生子女同等的权利,任何组织或者个人不得加以危害和歧视。故在婚姻无效或被撤销后,双方所生的子女仍然适用父母子女间的相关法律规定。其抚养、赡养等父母子女间的权利义务不变,父母死亡的,子女仍依法享有继承权。

5.1.4　婚姻被宣告无效或者被撤销的,无过错方有权请求损害赔偿

1.无过错方请求损害赔偿的期限

《民法典》第1054条第2款规定:婚姻无效或者被撤销的,无过错方有权请求损害赔偿。《民法典婚姻家庭编解释(一)》第11条第3款规定:涉及财产分割和子女抚养的,可以调解。调解达成协议的,另行制作调解书;未达成调解协议的,应当一并作出判决。依照上述规定,无过错方可以在法院宣告婚姻无效或撤销婚姻的程序中提出损害赔偿的请求,由人民法院一并处理,如没有提出的,可以在该段婚姻被人民法院宣告无效或撤销后3年内另行就损害赔偿向人民法院提起诉讼,该3年期限适用诉讼时效中止、中断和延长的规定。

2.无过错方请求损害赔偿的证明责任

无过错的一方当事人在婚姻未被宣告无效或者被撤销之前事实上已经向该段婚姻在物质和精神上有相应的投入,当该段婚姻因为另一方当事人的过错而被宣告无效或被撤销的,无过错方必然会在物质和精神上蒙受损失,法律赋予了无过错方在这种情况下向过错方请求损害赔偿的权利,但一方当事人在主张无过错方损害赔偿请求权时,应当证明自己因该无效或被撤销婚姻受到损害,且自己无论对婚姻无效或被撤销以及上述损害的发生均无过错,赔偿请求才能获得人民法院支持。

3.无过错方请求损害赔偿的范围

《民法典》第1054条及相关司法解释未明确无过错方在婚姻被宣告无效或被撤销时可主张损害赔偿的范围,但参照《民法典》第1091条及《民法典婚姻家庭编解释(一)》第86条的规定,该赔偿范围既包括物质损害赔偿,也包括精神损害赔偿,涉及精神损害赔偿的,适用最高人

民法院《关于确定民事侵权精神损害赔偿责任若干问题的解释》的有关规定。

4. 无过错方请求损害赔偿的责任主体

在一般情况下，承担损害赔偿责任的主体为有过错的婚姻当事人，但在受胁迫结婚后请求撤销婚姻的情况下，若实施胁迫行为的除了过错婚姻当事人外还有其他人，如过错婚姻当事人的亲属、朋友等，此时请求损害赔偿的责任主体应不限于过错婚姻当事人，还应包括其他实施胁迫行为的行为人。比如，男方的朋友与男方一起胁迫女方结婚，女方在恢复人身自由后请求撤销该段婚姻并主张损害赔偿的，为了全面保障女方的权益，在女方把男方的朋友列为损害赔偿诉讼请求的共同被告的情况下支持女方的请求才能全面保护无过错方，法律上亦未明确规定承担过错受损害赔偿的主体只能是过错婚姻当事人。

5.2　中国香港特别行政区法律制度

5.2.1　呈请婚姻无效的法律程序、批出婚姻无效判令的理由

《婚姻诉讼条例》第179章第Ⅱ部法院的司法管辖权规定：

4. 对婚姻无效案的司法管辖权

如属下列情况，法院对根据本条例进行的婚姻无效法律程序具有司法管辖权——

(a)在呈请提出当日，婚姻的任何一方以香港为居籍或与香港有密切联系；(由1970年第68号第26条修订)

(b)在紧接呈请提出当日之前的整段3年期间内，婚姻的任何一方惯常居于香港；(由1995年第29号第4条代替)

(c)在呈请提出当日，婚姻双方均居于香港；

(d)在呈请提出当日，法律程序中的答辩人居于香港；或

(e)该婚姻是在香港举行婚礼的。

《婚姻诉讼条例》第179章第Ⅳ部中订明：

婚姻无效

19. 婚姻无效的呈请

丈夫或妻子均可根据第20条所述任何理由，向法院提出呈请，请求宣布其婚姻作废及无效。

20. 批出婚姻无效判令的理由 *

(1)凡属在1972年6月30日之后缔结的婚姻，该婚姻仅能基于下列任何理由而无效——

(a)根据《婚姻条例》(第181章)第27条该婚姻并非有效婚姻，即——

(i)婚姻双方的血亲或姻亲关系是在亲等限制以内的;或

(ii)任何一方年龄不足16岁;或

(iii)双方的结合没有顾及达成婚姻关系的某些规定;

(b)根据香港法律,该宗婚姻在其他方面亦属无效;

(c)任何一方在结婚时已经合法结婚;

(d)婚姻双方,并非一方为男,一方为女。

(2)凡属在1972年6月30日之后缔结的婚姻,除第(3)款另有规定外,该婚姻仅能基于下列任何理由而可使无效——

(a)由于任何一方无能力圆房以致未有完婚;

(b)由于答辩人故意拒绝圆房以致未有完婚;

(c)不论是出于威迫、错误、心智不健全或其他原因,以致婚姻的任何一方并非有效地同意结婚;

(d)婚姻的任何一方在结婚时虽然有能力作出有效同意,但当时正连续或间歇地患有《精神健康条例》(第136章)所指的精神紊乱,而其所患的精神紊乱类别或程度是使其不适宜结婚者;

(e)答辩人在结婚时患有可传染的性病;

(f)答辩人在结婚时已怀孕,而使其怀孕者并非呈请人。

(3)在1972年6月30日之后提起的法律程序中,如答辩人令法院信纳下列事实,则法院不得以有关的婚姻属可使无效为理由(不论该婚姻是在1972年7月1日之前或之后缔结者)而批出婚姻无效判令——

(a)呈请人虽明知自己可废止有关的婚姻,但其对答辩人的行为是会导致答辩人合理地相信呈请人不会作出此举者;及

(b)批出婚姻无效判令对答辩人并不公平。

(4)在以不损害第(3)款的规定为原则下,除非法院信纳有关的法律程序是在结婚当日起计的3年内提起的,否则不得以第(2)(c)、(d)、(e)或(f)款所述的理由而批出婚姻无效判令。

(5)在以不损害第(3)及(4)款的规定为原则下,除非法院信纳呈请人在结婚时对指称的事实并不知晓,否则不得以第(2)(e)或(f)款所述的理由而批出婚姻无效判令。

(6)就第(3)款所适用的判令而言,凡任何法律规则规定可基于呈请人的认可、确认或缺乏诚意或类似理由而拒绝批出判令者,均由第(3)款代替该规则。(由1972年第33号第12条代替)

[比照1971 c. 44 ss. 1, 2 &3(1)-(4) U.K.]

* 原有的第20条(由1972年第33号第12条废除者)对在1972年7月1日之前缔结的婚姻仍继续生效(见1972年第33号第26(2)条)。原有的第20条转录如下——

20. 批出婚姻无效判令的理由

(1)任何婚姻基于下列任何理由即属无效——

(a)婚姻双方的血亲或姻亲关系是在《婚姻条例》(第 181 章)所规定的亲等限制以内的;

(b)婚姻任何一方在结婚时,其前夫或前妻仍然在生,而该婚姻一方与该前夫或前妻的婚姻当时仍然有效;

(c)婚姻任何一方是因武力或诈骗而同意结婚,而在有关情形下,根据英国法律该宗婚姻是可能会因此理由而遭废止的;

(d)根据香港法律该宗婚姻是无效的。

(2)除第(3)款另有规定外,任何婚姻基于下列任何理由可使无效——

(a)由于答辩人故意拒绝圆房以致未有完婚;或

(b)婚姻任何一方在结婚时——

(i)心智不健全,或

(ii)属《精神健康条例》(第 136 章)所指的精神紊乱的人,而其所患的精神紊乱类别或程度是使其不适宜结婚及生育子女者,或

(iii)患有复发性精神错乱或复发性癫痫症;或

(c)答辩人在结婚时患有可传染的性病;或

(d)答辩人在结婚时已怀孕,而使其怀孕者并非呈请人;或

(e)婚姻的任何一方在结婚时是性无能或无能力圆房。[比照 1965 c. 72 s. 9(1) U. K.]

(3)法院除非信纳下列事实,否则不得就第(2)(b)、(c)或(d)款所指的情况批出婚姻无效判令——

(a)呈请人在结婚时对指称的事实并不知晓;及

(b)有关的法律程序是在结婚当日起计的 1 年内提起的;及

(c)自呈请人发现有批出判令的理由后,双方即再无在呈请人同意下行房。[比照 1965 c. 72 s. 9(2) U. K.]

(4)对于任何依法属于无效但未有婚姻无效判令批出的婚姻,本条不得被解释为使该宗婚姻有效。[比照 1965 c. 72 s. 9(3) U. K.]

20A. 外地婚姻

(1)凡影响任何婚姻的有效性的任何事宜,如非因有本条例的规定,即会(按照国际私法规则)参照香港以外地方的法律裁定的,则第 20 条——(由 2010 年第 20 号第 6 条修订)

(a)不得阻止按上述方法裁定该事宜;或

(b)不得规定该条所述的理由或禁制适用于该婚姻,但按照该等规则而适用者除外。

(2)如某宗婚姻是在香港以外地方缔结的,并且该宗婚姻看来是根据普通法缔结的,则凭借管限在香港以外地方根据普通法举行婚礼事宜的规则而可使该宗婚姻无效的任何理由,均不受第20(1)条影响。

(由1972年第33号第13条增补。由1998年第23号第2条修订;由1998年第25号第2条修订)

[比照1971 c. 44 s. 4 U.K.]

20B. 对可使无效的婚姻批出婚姻无效判令

凡在1972年6月30日之后以婚姻属可使无效为理由而批出的婚姻无效判令,具有将该婚姻废止的效用,但只限于在该判令转为绝对判令之后的任何时候才具有该效用,而尽管有该判令,在该判令转为绝对判令之前,该宗婚姻须被视为一直存在至该时候一样。

(由1972年第33号第13条增补)

[比照1971 c. 44 s. 5 U.K.]

21. 批出婚姻无效判令

法院如信纳呈请人的案已获证实,即须批出婚姻无效判令。

22. 第15(5)、16及17条适用于婚姻无效的法律程序

第15(5)、16及17条须适用于婚姻无效的法律程序,犹如此等条文中凡提述离婚之处,均以提述婚姻无效代替一样。

(由1972年第33号第14条修订)

[比照1965 c. 72 s. 10 U.K.]

23. 共谋对婚姻无效法律程序中所给予的济助不得构成禁制

不论是在1972年7月1日之前或之后缔结的婚姻,亦不论有关法律程序是在该日期之前或之后提起的,共谋对批出婚姻无效判令不得构成禁制。

(由1972年第33号第15条增补)

[比照1971 c. 44 s. 6(1) U.K.]

《婚姻诉讼规则》(第179A章)订明:

107. 以精神错乱等为理由提出婚姻无效呈请

(1)凡提出婚姻无效呈请的理由,是答辩人在结婚时心智不健全或患有精神紊乱,而其所患精神紊乱的类别或程度使其不适宜结婚与生育子女,或是答辩人患有复发性精神错乱或复发性癫痫症,则不论答辩人有无发出拟抗辩通知,呈请人未得法院许可,不得继续进行该项诉讼。(1982年第325号法律公告)

(2)聆讯要求给予许可的申请的法院,可规定委任适当人士为答辩人的诉讼监护人,作为批出许可的条件。

30. 婚姻无效法律程序中的身体检验

(1)除第(2)款另有规定外,在以性无能或无能力圆房为理由而进行的婚姻无效法律程序中,呈请人须向法院申请,要求就应否委派医疗检查人员为双方检验一事

作出裁定。(1972年第135号法律公告;1982年第325号法律公告)

(2)在无抗辩诉讼中,如有以下情形,则不得根据第(1)款提出申请——

(a)丈夫是呈请人;或

(b)妻子是呈请人,而——

(i)从呈请书看来,她在结婚时是寡妇或离婚妇人;或

(ii)从呈请书或其他方面看来,她已生有子女;或

(iii)她提交陈述书,表明自己并非处女,但如在上述任何情形中,呈请人指称其本人是性无能或无能力圆房,则属例外。

(3)如有关诉讼仅是就答辩人的答辩书而进行的,或有关性无能或无能力圆房的指称仅是在答辩人的答辩书中作出的,则第(1)及(2)款内凡提述呈请人之处,须解释为提述答辩人。

(4)呈请人根据第(1)款提出的申请,须于下列限期后提出——

(a)如答辩人未有发出拟抗辩通知,于发出该通知的限期届满后提出;

(b)如答辩人已发出拟抗辩通知,于准许提交答辩书的限期届满后提出,如答辩人已提交答辩书,则于该答辩书提交后提出,

而答辩人根据第(1)款提出的申请,须于其提交答辩书后提出。

(5)凡根据第(1)款须提出申请的一方没有在合理时间内提出申请,另一方如是在诉讼中进行起诉或提出抗辩的,可根据该款提出申请。

(6)在基于答辩人故意拒绝圆房以致未有完婚的理由而进行的婚姻无效法律程序中,任何一方均可向法院申请委派医疗检查人员为双方检验。(1982年第325号法律公告)

(7)如答辩人没有发出拟抗辩通知,呈请人可单方面根据第(1)或(6)款提出申请。

(8)法院在聆讯根据第(1)或(6)款提出的申请时,如认为合宜,须委派一名医疗检查人员为双方检验,或如认为必要,则须委派2名医疗检查人员为双方检验,检查人员并须向法院报告检验结果。(1982年第325号法律公告)

(9)在聆讯第(1)款所提述的任何法律程序时,法院如认为适当,可委派一或二名医疗检查人员检验未接受检验的任何一方,或进一步检验曾接受检验的任何一方。

(10)凡应任何一方的申请而根据第(8)款作出命令,或在由任何一方进行的法律程序中根据第(9)款作出命令,而该命令规定另一方接受检验,则提出该申请或进行该法律程序的一方,须向另一方送达关于指定其接受检验的时间及地点的通知书。

31. 身体检验的进行

(1)根据第30条进行的每一宗身体检验,须在被委派进行检验的医疗检查人员或其中一名医疗检查人员(视属何情况而定)的诊室进行:

但法院可应某一方的申请,指示在登记处或法院认为方便的其他地方为另一方检验。(1982年第325号法律公告)

(2)接受检验的每一方,均须在有关的一名或多于一名医疗检查人员面前签署一份陈述书,表明他是规定其接受检验的命令中所提述的呈请人或答辩人(视属何情况而定),而在检验完毕后,有关的一名或多于一名检查人员须在该陈述书上,证明该陈述书是由曾接受检验的人在他或他们面前签署的。

(3)凡依据第30条作出的报告均须送交存档,而任何一方在缴付订明的费用后有权获发给报告副本。

5.2.2　判令婚姻无效后子女的法律地位

《婚生地位条例》(第184章)订明:

11. 某些无效婚姻的子女的婚生地位

(1)在不抵触本条的条文下,无效婚姻的子女,不论是在本条例生效之前或之后出生,如在其母亲是次受孕时(或后来举行婚礼者,则以婚礼举行时为准),婚姻双方或其中一方合理地相信该宗婚姻是有效的,则该名无效婚姻的子女须视作是其父母所生的婚生地位子女。(由1993年第17号第19条修订)

(2)本条适用于、亦只限适用于以下情况:在有关子女出生时,其父亲是以香港为其居籍或与香港有密切联系,或如其父亲在其出生前已去世,但在紧接去世之前他是以香港为其居籍或与香港有密切联系。

(3)在本条中,无效婚姻(void marriage)指一宗不仅是可使无效的婚姻,而法院就该宗婚姻具有或曾经具有发出婚姻无效判令的司法管辖权;又如婚姻双方是以香港为其居籍或与香港有密切联系,则法院就该宗婚姻会具有或会已经具有此司法管辖权。

(4)为免生疑问,特此声明:即使相信某宗婚姻为有效是由于在法律方面的错误而致,第(1)款仍适用。(由1993年第17号第19条增补)

(5)有关《父母与子女条例》(第429章)第19条开始生效后出生的子女,就第(1)款而言,除非相反证明成立,否则须推定在该名子女的母亲是次受孕时(或后来举行婚礼者,则以婚礼举行时为准),该无效婚姻双方的其中一方合理地相信该宗婚姻是有效的。(由1993年第17号第19条增补)[比照1976 c. 31 s. 1 U.K.][比照1959 c. 73 s. 2 U.K.]

12. 可使无效婚姻的子女的婚生地位

凡婚姻无效判令已就某宗可使无效的婚姻而发出,则任何子女,如在该宗婚姻是被解除而非被废止的情况下,会于判令发出当日成为该宗婚姻双方的婚生子女者,须被当作为该宗婚姻双方的婚生子女,即使该宗婚姻已被废止,亦是如此。

[比照1965 c. 72 s. 11 U.K.]

13. 保留条文

对于在本条例生效前实施的产权处置,本条例并不影响其实施或解释;而涉及本条例生效前在无遗嘱情况下去世者的遗产的任何权利，本条例对其亦无影响。

［比照 1926 c. 60 s. 10(2) U. K.］

14. 为免生疑问而订定的条文

(1) 为免生疑问，特此声明：任何在以下婚姻或结合情况下出生的人士，即为该宗婚姻或结合下的婚生子女，并在任何情况下，均须当作具备婚生地位——

(a)《婚姻制度改革条例》(第 178 章)认可的新式婚姻；

(b)《婚姻制度改革条例》(第 178 章)宣布有效的旧式婚姻；

(c) 夫妾关系；或

(d) 在《婚姻制度改革条例》(第 178 章)所指定日期前，按照当时在香港适用的中国法律及习俗而缔结的兼祧婚姻。

(2) 在本条中，夫妾关系(union of concubinage)，指男方与女方在 1971 年 10 月 7 日前缔结的夫妾关系，而在该关系下，女方于男方在生时已被其妻子接纳为男方之妾，而男方家人亦普遍承认如此。(由 1995 年第 57 号第 14 条修订)

(3) 凡在任何法律程序中证明任何夫妾关系是男方与女方在 1971 年 10 月 7 日前缔结的，即须推定女方于男方在生时已被男方的妻子接纳为其夫之妾，而男方家人亦普遍承认如此，直至相反证明成立为止。(由 1995 年第 57 号第 14 条增补)

5.2.3　婚姻无效后夫妻财产关系

在婚姻无效的情况下，无效婚姻双方之间的财产根据《婚姻法律程序与财产条例》第 192 章的规定及香港终审法院 LKW *v.* DD［2010］13 HKCFAR 582 分配。

《婚姻法律程序与财产条例》第 192 章第Ⅱ部中订明：

3. 在审讯离婚等讼案期间提供的赡养费就——

(a) 离婚的呈请或共同申请；或

(b) 婚姻无效或裁判分居的呈请，法庭可命令婚姻的任何一方在法庭认为合理的期间内，向另一方作出法庭认为合理的定期付款作为赡养费，但该段期间开始之日不得早于提交呈请书或提出申请的日期，并须于该讼案裁定当日结束。

(由 1995 年第 29 号第 19 条代替)

4. 在离婚等案件中对婚姻一方的经济给养

(1) 在批予离婚判令、婚姻无效判令或裁判分居判令时，或在其后的任何时候(如属离婚判令或婚姻无效判令，则不论是在该判令转为绝对判令之前或之后)，法庭可在不抵触第 25(1)条的条文下，作出下列任何一项或多项命令——

(a) 命令婚姻的任何一方按命令所指明的期间向另一方作出命令所指明的定期付款；

(b) 命令婚姻的任何一方按命令所指明的期间，就命令所指明的定期付款向

另一方提供足令法庭满意的保证;

(c)命令婚姻的任何一方须向另一方缴付命令所指明的一项或多项整笔款额。

(2)在不损害第(1)(c)款的概括性的原则下,凡根据本条作出命令,规定婚姻的一方须向另一方缴付整笔款额者,则——

(a)作出该命令的目的,可以是使该另一方能够应付其在根据本条申请作出命令前由于供养其本人或任何家庭子女而合理招致的债务或开支;

(b)该命令可规定须按照命令所指明的款额分期缴付该整笔款额,亦可规定须就此等分期付款提供足令法庭满意的保证。

[比照 1970 c. 45 s. 2 U. K.]

5. 在离婚等案件中对家庭子女的经济给养

(1)除第 10 条另有规定外,在关于离婚、婚姻无效或裁判分居的法律程序中,法庭可在下列时间作出第(2)款所述的任何一项或多项命令——

(a)在批予离婚、婚姻无效或裁判分居判令之当时或之前作出,或在其后的任何时候作出;

(b)如任何此等法律程序在审讯开始后即遭驳回,则随即作出或在驳回法律程序后的一段合理期间内作出。

(2)第(1)款所指的命令为——

(a)命令婚姻的一方按命令所指明的期间,向家庭子女或为该子女的利益而向命令所指明的人,作出命令所指明的定期付款;

(b)命令婚姻的一方按命令所指明的期间,就命令所指明的定期付款,向该子女或为该子女的利益而向命令所指明的人,提供足令法庭满意的保证;

(c)命令婚姻的一方向该子女或为该子女的利益而向命令所指明的人,缴付命令所指明的整笔款额。

(3)在不损害第(2)(c)款的概括性的原则下,凡根据本条作出命令,规定为家庭子女的利益而缴付整笔款额予任何人,或规定缴付整笔款额予该子女,其目的可以是为了应付在根据本条向法庭申请作出命令之前,由该子女合理招致或为了该子女的利益而合理招致的债务或开支。

(4)根据本条为规定缴付整笔款额而作出的命令,可规定按命令所指明的款额分期缴付,亦可规定须就此等分期付款提供足令法庭满意的保证。

(5)法庭既有权凭借第(1)(a)款在任何法律程序中作出命令,则法庭可不时行使该项权力;如法庭凭借第(1)(b)款就子女作出命令,法庭可根据本条就该子女不时再作出命令。

[比照 1970 c. 45 s. 3 U. K.]

6. 在离婚等案件中有关财产转让、授产安排和更改授产安排的命令

(1)在批予离婚判令、婚姻无效判令或裁判分居判令时,或在其后的任何时候(如属离婚判令或婚姻无效判令,则不论是在该判令转为绝对判令之前或之后),法庭可在不抵触第 10 及 25(1)条的条文下,作出下列任何一项或多项命令——

(由 1997 年第 69 号第 23 条修订)

(a)命令婚姻的一方须将指明的财产转让给另一方或任何家庭子女,或为该子女的利益而转让给在命令中指明的人,而此项财产乃本段最初所述的婚姻一方有权凭管有权或复归权而享有的;

(b)命令为着婚姻的另一方和家庭子女的利益,或为着此二者之一或其中任何人的利益,就命令所指明的财产作出令法庭满意的授产安排,而此项财产乃婚姻一方有权凭上述权利而享有的;

(c)命令为着婚姻的双方和家庭子女的利益,或为着此二者之一或其中任何人的利益,将任何向婚姻双方作出的婚前或婚后授产安排(包括藉遗嘱或遗嘱更改附件而作的授产安排)更改;

(d)命令取消或削减婚姻任何一方根据任何此等授产安排而获得的权益;

(e)命令出售在命令中指明的财产,而该财产或该财产的出售收益,是婚姻的一方或双方凭管有权或复归权而享有实益权益的,并且就该等出售收益的运用作出命令,(由 1997 年第 69 号第 23 条增补)而即使并无家庭子女,法庭仍可根据(c)段作出命令。

(2)第 6A 条第(2)至(6)款就根据第(1)(e)款作出的命令而适用,一如该条第(2)至(6)款就根据该条第(1)款作出的命令而适用。

(由 1997 年第 69 号第 23 条增补)

[比照 1970 c. 45 s. 4 U. K.]

6A. 关于出售财产的命令

(1)凡法庭根据第 4、5 或 6 条作出命令,则法庭可在作出该命令时或在其后的任何时候,作出进一步命令以将在该命令中指明的财产出售,而该财产或该财产的出售收益,是婚姻的一方或双方凭管有权或复归权而享有实益权益的。

(2)根据第(1)款作出的任何命令,可载有法庭认为适当的相应条文或补充条文,并且在不影响本条文的前述字句的一般性的原则下,可包括——

(a)规定从该命令所涉财产的出售收益中支付款项的条文;及

(b)规定将该项财产向在命令中指明的某人或某类人要约出售的条文。

(3)凡法庭根据第(1)款作出命令,则法庭可指示该命令或法庭指明的该命令中的条文,在法庭指明的事情发生之前或在法庭指明的期限届满之前不得有效。

(4)凡根据第(1)款作出的命令载有条文,规定该命令所涉财产的出售收益须用作为向婚姻的一方作出定期付款的保证,则该命令在该人去世时或再婚时即停止有效。

(5)凡婚姻的一方享有任何财产或任何财产的出售收益的实益权益,而并非婚姻的一方的另一人亦享有该财产或该等出售收益的实益权益,则法庭在决定应否根据本条就该财产作出命令之前,有责任给予该另一人就该命令作出陈述的机会;而该另一人所作的任何陈述须包括在法庭根据第7(1)条须予顾及的情况内。

(6)凡依据根据第(1)款作出的命令而作出的任何财产的宣称转让或其他让与,连同如此转让或以其他方式让与该财产的协议,会凭借《房屋条例》(第283章)第17B条而属无效,则该命令不得作出。(由1997年第69号第24条增补)

5.3 中国澳门特别行政区法律制度

5.3.1 不成立之婚姻法律后果

若出现《澳门民法典》第1501条5种情况的任何一种,这个婚姻本身就没有办法产生任何当事人期望可以产生的婚姻上的法律效果,不成立相对可撤销是一种性质更为严重的制裁的方法。

该制度的严重性导致了第1053条的第2款规定,不管是不是经过法律宣告,任何人(哪怕是跟结婚人双方没有任何关系的其他人),都可以随时主张婚姻的不成立。

该特点也是不成立的婚姻和可撤销的婚姻之间最重要的区别,因为可撤销的婚姻必须通过一个撤销之诉,经过法院才能宣告其撤销,此处涉及一个特殊的民事程序,即撤销婚姻的民事程序。

根据《澳门民法典》第1503条第1款的规定,如果是一个不成立的婚姻即满足了《澳门民法典》第1501条a、b、c、d、e中的任何一项,该婚姻是不会产生任何婚姻上的法律效力的。

但《澳门民法典》第1501条的e项"相同性别之两人结婚"的情况,在当今社会遇到了新问题,就是两个人结婚以后,假设其中一方决定做一个变性手术,这个时候婚姻的有效性是不成立还是可撤销?抑或是合法有效?是否只能离婚?此类情况待商榷。

5.3.2 可撤销之婚姻法律后果

当可撤销的婚姻被撤销之前,其效力为可撤销,但依然产生婚姻上的人身效力和财产效力。

如果法院裁判撤销这段婚姻,那么根据《澳门民法典》第282条第1款,撤销效力则会追溯至缔结婚姻之时,将曾经产生过的婚姻上的人身效力和财产效力消灭。

婚姻可撤销的法律效果,在以下情况可以得到补正,这也是可撤销婚姻的"可补正"性。因此可撤销性的原因可以分为暂时的情况和长期的情况。[1] 可补正的情况属于暂时的情况。

根据《澳门民法典》第1506条的规定,在撤销婚姻之判决确定前发生下列任一事实者,婚

---

〔1〕 参见[葡]威廉·德奥利维拉、弗朗西斯科·佩雷拉·科埃略:《亲属法教程》,林笑云译,法律出版社2019年版,第290页。

姻之可撤销性视为被补正,并自结婚时起视为有效:

第一,"未达结婚年龄而结婚之未成年人在成年后确认所缔结之婚姻",未成年人结婚可在成年后通过确认补正该段婚姻的效力。此处需要进行补正的,仅仅是未满 16 周岁结婚的情况,因为只有未满 16 岁缔结的婚姻,才属于可撤销的婚姻。

第二,"因精神失常而成为禁治产人或准禁治产人之人,在禁治产或准禁治产终止后,确认在终止前所缔结之婚姻;属明显精神错乱之人,在其要求法院证实其处于精神健康之状况后,确认在证实前所缔结之婚姻。"禁治产或准禁治产都需要法院宣告,而禁治产和准禁治产的终止,也需要法院宣告。因此在这种情况下,可以进行补正的时间比较清晰。但在后一种情况中,"明显精神错乱"是一种事实上的精神错乱,此处不需要法院的宣告,但若其希望补正婚姻的效力,则需要"要求法院证实其处于精神健康之状况"后才可以,这里需要法院的介入。

第三,"重婚人之先前婚姻被撤销",即重婚之人的前一段婚姻本身已经存在可撤销的原因,并且已经被撤销了,那么重婚的基础将不再存在,后一段婚姻的效力将得到补正。

第四,"结婚欠缺证人在场系由可予以考虑之情况导致,且经法官承认该情况者,但结婚之行为必须属无可置疑",即虽然证人不在场,但是有其他理由可使法官相信他们确实有结婚,便存在补正的可能。

适当时可以准用民法总则关于可撤销的规定。

5.3.3 不成立婚姻、婚姻被撤销的亲子法律关系

《澳门民法典》第 1649 条规定,不论受孕或出生之事实在何种情况下发生,法律赋予各人因亲子关系而生之权力及义务均属相同。

5.3.4 误想婚姻

误想婚姻并非婚姻一种,而是如同《澳门民法典》第 1519 条的标题所言,属于一种被撤销之婚姻之效力。该制度的目的是保护已经被撤销了的婚姻中,善意缔结的一方或双方在这段婚姻中的财产利益。

根据《澳门民法典》第 1519 条的规定,"被撤销之婚姻为夫妻双方善意缔结者,该婚姻在有关判决确定前对夫妻双方及第三人均产生效力"。误想婚姻有三个要件:(1)该婚姻在法律上是成立的,即是不存在《澳门民法典》所规定的会导致婚姻不成立的情况;(2)婚姻必须已经由法院宣告撤销;(3)结婚时夫妻双方或一方必须为善意缔结者。

《澳门民法典》第 1520 条规范了误想婚姻中的善意为何,和其他散落在民法典中的善意的基本内容有所不同,误想婚姻中的善意是有着比较严谨的要求的:第一,结婚时并不知悉导致婚姻可撤销之瑕疵存在;第二,此情况属可原谅者;第三,又或结婚意思之表示系因受人身胁迫或精神胁迫而作出者。

但基于《澳门民法典》第 1520 条第 2 款,法律会先推定双方为善意,如果要证明对方不是善意,诉讼上举证的责任在原告一方。

5.4 三法域规定列举(见表1－5－1)

表1－5－1 三法域规定列举

婚姻无效的人身法律关系	
中国内地	(1)婚姻当事人双方之间不再具有夫妻的人身法律关系,即不需要对彼此承担扶养的义务,也不享有对方遗产的继承权; (2)双方之前共同生活的期间在法律上被认定为同居,涉及的权利义务亦依照同居关系处理
中国香港特别行政区	无效婚姻夫妻双方不再具有夫妻人身法律关系
中国澳门特别行政区	(1)《澳门民法典》不存在无效的婚姻,只有非有效之婚姻,分为不成立之婚姻和可撤销之婚姻; (2)法律上不成立之婚姻,不产生任何法律效力,包括人身效力和财产效力,亦不被视为误想婚姻; (3)不论法院有否宣告,任何人均得随时主张婚姻不成立
婚姻无效的财产法律关系	
中国内地	(1)如婚姻被宣告无效或者被撤销,婚姻双方当事人在法律上即被认定为自始不存在婚姻关系,不能适用《民法典》上关于夫妻财产的有关规定,而是作为同居关系来认定和处理; (2)当事人同居期间所得的财产,除有证据证明为当事人一方所有的以外,按共同共有处理; (3)因为重婚而导致的婚姻无效的财产,在此情况下处理财产不得侵害合法婚姻当事人的财产权益
中国香港特别行政区	参照离婚案件由法庭对家庭子女的经济给养、财产转让、授产安排、更改授产安排、出售财产作出命令
中国澳门特别行政区	不成立之婚姻不产生婚姻的财产效力
婚姻无效的亲子法律关系	
中国内地	婚姻无效的,不影响双方当事人与子女的法律关系。非婚生子女享有与婚生子女同样的权利
中国香港特别行政区	无效婚姻的子女,如在其母亲是次受孕时(或后来举行婚礼者,则以婚礼举行时为准),婚姻双方或其中一方合理地相信该宗婚姻是有效的,则该名无效婚姻的子女须视作是其父母所生的婚生地位子女

续表

婚姻无效的亲子法律关系	
中国澳门特别行政区	不论受孕或出生之事实在何种情况下发生，法律赋予各人因亲子关系而生之权力及义务均属相同
无效婚姻、可撤销婚姻法律效力的补正	
中国内地	婚姻自无效情形消失后为有效婚姻
中国香港特别行政区	未见可撤销婚姻相关规定，但"可使无效"婚姻与中国内地可撤销婚姻类似，可使无效婚姻在符合相关规定的情况下（详见本书5.2.1中批出婚姻无效的理由）即使有一方申请婚姻无效，法院不得以有关的婚姻属可使无效为理由而批出婚姻无效判令
中国澳门特别行政区	（1）未达结婚年龄而结婚之未成年人在成年后确认所缔结之婚姻。 （2）因精神失常而成为禁治产人或准禁治产人之人，在禁治产或准禁治产终止后，确认在终止前所缔结之婚姻；属明显精神错乱之人，在其要求法院证实其处于精神健康之状况后，确认在证实前所缔结之婚姻。 （3）重婚人之先前婚姻被撤销。 （4）虽然证人不在场，但是有其他理由可使法官相信他们确实有结婚
婚姻被撤销后的人身法律关系	
中国内地	（1）婚姻当事人双方之间不再具有夫妻的人身法律关系，即不需要对彼此承担扶养的义务，也不享有对方遗产的继承权； （2）双方之前共同生活的期间在法律上被认定为同居，涉及的权利义务亦依照同居关系处理
中国香港特别行政区	未见可撤销婚姻相关规定，但"可使无效"婚姻与中国内地可撤销婚姻类似，无效婚姻夫妻双方不再具有夫妻人身法律关系
中国澳门特别行政区	（1）当可撤销的婚姻被撤销之前，其效力为可撤销，但依然产生婚姻上的人身效力和财产效力； （2）如果法院裁判撤销这段婚姻，撤销效力则会追溯至缔结婚姻之时，将曾经产生过的婚姻上的人身效力和财产效力消灭
婚姻被撤销的财产法律关系	
中国内地	如婚姻被撤销，婚姻双方当事人在法律上即被认定为自始不存在婚姻关系，而是作为同居关系来认定和处理。当事人同居期间所得的财产，除有证据证明为当事人一方所有的以外，按共同共有处理
中国香港特别行政区	未见可撤销婚姻相关规定，但"可使无效"婚姻与中国内地可撤销婚姻类似，无效婚姻参照离婚案件由法庭对家庭子女的经济给养、财产转让、授产安排、更改授产安排、出售财产作出命令
中国澳门特别行政区	（1）当可撤销的婚姻被撤销之前，其效力为可撤销，但依然产生婚姻上的人身效力和财产效力； （2）如果法院裁判撤销这段婚姻，撤销效力则会追溯至缔结婚姻之时，将曾经产生过的婚姻上的人身效力和财产效力消灭

续表

婚姻被撤销的亲子法律关系	
中国内地	婚姻被撤销的，不影响双方当事人与子女的法律关系。非婚生子女享有与婚生子女同样的权利
中国香港特别行政区	未见可撤销婚姻相关规定，但“可使无效”婚姻与中国内地可撤销婚姻类似，无效婚姻的子女，如在其母亲是次受孕时（或后来举行婚礼者，则以婚礼举行时为准），婚姻双方或其中一方合理地相信该宗婚姻是有效的，则该名无效婚姻的子女须视作是其父母所生的婚生地位子女
中国澳门特别行政区	不论受孕或出生之事实在何种情况下发生，法律赋予各人因亲子关系而生之权利及义务均属相同
婚姻被宣告无效或者被撤销的损害赔偿	
中国内地	(1)无过错方可以请求损害赔偿； (2)可以在法院宣告婚姻无效或撤销婚姻的程序中提出损害赔偿的请求，由人民法院一并处理，如没有提出的，可以在该段婚姻被人民法院宣告无效或撤销后3年内另行就损害赔偿向人民法院提起诉讼，该3年期限适用诉讼时效中止、中断和延长的规定； (3)赔偿范既包括物质损害赔偿，也包括精神损害赔偿
中国香港特别行政区	参照离婚案件由法庭对家庭子女的经济给养、财产转让、授产安排、更改授产安排、出售财产作出命令
中国澳门特别行政区	未见婚姻被宣告无效或者被撤销的损害赔偿明确规定。澳门《民事诉讼法典》第1028条规定： (1)经法院宣告离婚或裁定分产，又或撤销婚姻后，任一配偶得声请进行财产清册程序以分割财产，但婚姻财产制为分产制者除外。 (2)如婚姻财产制为取得财产分享制，则按下列规则处理： ①夫妻任一方得声请进行旨在罗列及评估供分享之财产清册程序，以确定因取得财产分享制所生债权之拥有人及债权数额； ②因取得财产分享制所生债权之拥有人及债权数额确定后，法官须依据《民法典》第1598条第1款至第3款之规定召集夫妻双方进行会议并判处债务人向夫妻另一方支付金钱或交付财产以清偿债权

第二篇　家庭关系篇

第六章　概　　述

6.1　中国内地法律制度

家庭是庞大社会体系中的最小单元，是构建社会网络的一个个绳结，每一个家庭的样态，是国家制度、民族文化的具体呈现。中华民族传统文化历来重视家庭，修身齐家、家国同构、孝亲尊祖、举案齐眉、尊老爱幼、母慈子孝、耕读传家、家和万事兴等传统家庭观根植于中华民族文化基因中，流淌在中国人民的血脉中。

在婚姻家事类的立法上，尤其要突出价值导向，兼顾伦理道德、文化习俗，又要适应当下社会的新情况、新趋势，方能达到法律的公平正义。

《民法典》的编纂，将弘扬家庭美德、重视家庭文明建设的精神落实在立法中，更是将未成年人利益最大化原则体现在监护、收养及抚养权等制度规定中。

本篇继结婚篇之后，介绍家庭关系的理论与制度，婚姻缔结是家庭建立的起点，夫妻关系也是家庭关系的核心，由夫妻关系衍生出父母子女、兄弟姐妹以及更为复杂的其他血亲、姻亲等亲属关系，建构起世代传承的家族谱系。家庭关系在法律制度中，主要包含身份关系与财产关系，基于身份关系的权利义务如抚养、赡养、扶养、教育、保护、探望、继承等，与财产关系相关的制度概念涉及夫妻共同财产、个人财产、夫妻共同债务及家庭财产共有关系等。本篇第七至九章将逐次介绍夫妻间基于身份关系与财产关系的权利义务，以及其他近亲属或家庭成员间的关系及法定权利义务。除因血缘关系产生的家庭关系外，还有法律拟制的亲属关系，本篇第十章介绍收养相关法律制度。最后，监护制度在《民法典》中虽是规定在总则部分，但我们认为监护制度是一项自成体系但又与婚姻家事密不可分的法律制度，且监护大部分发生在家庭成员之间，因而本篇第十一章介绍监护制度。在本章概述中，也将对民事行为能力的法律规定予以介绍，以作为探讨监护制度的必要常识准备。

6.1.1　婚姻家庭关系的基本原则

《民法典》“婚姻家庭编”开宗明义，表明婚姻家庭受国家保护。并确立了实行婚姻自由、一夫一妻、男女平等的婚姻制度。明确保护妇女、未成年人、老年人、残疾人的合法权益等基本原则。此类基本原则既是对联合国《消除对妇女一切形式歧视公约》《儿童权利公约》等国际公约的遵循，又是《中华人民共和国宪法》（以下简称《宪法》）对婚姻、家庭、母亲和儿童、老年人、残疾人受国家的保护规定在民法领域的体现，同时是对我国传统文化及社会公德中公认的尊老爱幼、保护弱势等要求的法律确认。其中，《民法典》将对儿童的保护明确为未成年人，从年龄界定上与总则部分能够明确对应,同时也扩大了保护范围。这些基本原则提纲挈领地贯穿在其后的具体规定中,如在女方特殊时期内对于男方提出离婚的限制,离婚时共同财产判决原则包括照顾子女、女方,离婚后对子女的抚养权按照最有利于未成年子女的原则判决,请求支付抚养费、赡养费或者扶养费的,不适用诉讼时效的规定等。

6.1.2 婚姻家庭关系中的禁止行为

1. 禁止借婚姻索取财物

对于婚姻家庭的保护还体现在,《民法典》同时从反面列举了于法不容的严重破坏婚姻家庭的行为。包括禁止包办、买卖婚姻和其他干涉婚姻自由的行为。禁止借婚姻索取财物。禁止重婚。禁止有配偶者与他人同居。禁止家庭暴力。禁止家庭成员间的虐待和遗弃。

禁止干涉婚姻自由的制度在第一篇结婚相关法律制度中已作详述,在生活中可能表现为父母对子女的干涉,也可能是子女对父母的干涉等。借婚姻索取财物,典型的就是过度索要彩礼现象,以财物作为结婚条件是法律所禁止的行为,该项规定向大众传达了法律对此类行为的否定评价,且相关司法解释也明确规定了应当支持返还彩礼的几种情形。

2. 禁止重婚及禁止有配偶者与他人同居

禁止重婚,是实行一夫一妻制的必然要求,此外构成重婚的也是根据《中华人民共和国刑法》应追究刑事责任的犯罪行为。禁止有配偶者与他人同居,是指有配偶者与婚外异性,不以夫妻名义,稳定、持续地共同居住。当事人提起诉讼仅请求解除同居关系的,人民法院不予受理,但当事人因同居期间财产分割或者子女抚养纠纷提起诉讼的,人民法院应当受理。

3. 禁止家庭暴力

家庭暴力隐蔽于家庭外壳下,又与特殊的身份关系、财产关系密不可分,受害者往往维权不利,家暴反复发生。2016 年 3 月 1 日起《中华人民共和国反家庭暴力法》施行,为有效保护家暴受害者,人民法院可以作出人身安全保护令。

家庭成员间的虐待,是指用打骂、冻饿、有病不给治疗等方法摧残、折磨家庭成员,使他们在肉体上、精神上遭受痛苦的行为。家庭成员间的遗弃,是指对于年老、年幼、患病或其他没有独立生活能力的人,负有赡养、抚养或扶养义务的人不履行其义务的行为。虐待与遗弃行为情节严重的构成犯罪,要依法承担刑事责任。

6.1.3 婚姻家庭道德规范

除了对于破坏婚姻家庭关系行为的禁止规定,法律也从正面积极的方向提出了倡导性规定。“家庭应当树立优良家风,弘扬家庭美德,重视家庭文明建设。夫妻应当互相忠实,互相尊重,互相关爱;家庭成员应当敬老爱幼,互相帮助,维护平等、和睦、文明的婚姻家庭关系。”此规定是对道德规范的法律确认,体现调整婚姻家庭关系中法治与德治的统一,为婚姻家庭生活指引方向。但需要注意的是,如当事人仅以该条款为依据提起诉讼的,人民法院不予受理。

6.1.4 收养的原则

《民法典》关于收养制度最基本的原则为：收养应当遵循最有利于被收养人的原则，保障被收养人和收养人的合法权益。禁止借收养名义买卖未成年人。收养制度有其悠久的社会历史渊源，也是当今婚姻家庭法律体系中重要的一部分，收养相关法律在与传统文化、伦理观念、地缘习俗等因素的交融中逐渐发展，形成了上述基本原则，成为收养法律制度的核心要义。因被收养人是未成年人，身心智能均处于弱势，因而收养制度突出保护被收养人之利益，同样与国家保护未成年人的大原则相统一。关于收养关系的法律效果，收养人与被收养人依法律拟制而形成了父母子女的关系，则各方也要在此种关系中依法行使权利并履行义务，法律制度亦须兼顾收养人与被收养人的合法利益。拐卖、买卖儿童历来是国家重点打击的违法犯罪行为，在收养制度中也强调对于借收养之名行买卖之实的禁止。

6.1.5 亲属、近亲属与家庭成员

《民法典》对于几个常用词汇的内涵和外延予以了清晰界定。亲属包括配偶、血亲和姻亲。配偶、父母、子女、兄弟姐妹、祖父母、外祖父母、孙子女、外孙子女为近亲属。配偶、父母、子女和其他共同生活的近亲属为家庭成员。

在《民法典》颁布之前，我国亲属法律体系存在不足，未能对亲属概念、范围等作出明确完整的界定。但在很多法律法规中，都存在近亲属、家庭成员等概念，而不同的法律或司法解释对于其范围把握不尽相同，有必要统一。配偶系因结婚而形成的亲属关系。血亲是有血缘关系的亲属，又分直系血亲和旁系血亲，且既包括自然血亲也包括法律拟制血亲关系，拟制血亲一般源于收养。姻亲基于婚姻关系，又包括血亲的配偶、配偶的血亲、配偶的血亲的配偶几种类型。从近亲属和家庭成员的规定可见，家庭成员的范畴比近亲属更为狭窄，家庭成员概念中对于共同生活的要求，应是相对长期稳定的状态。

6.1.6 民事行为能力

根据自然人的身心状况、是否有能力辨认自己行为、在社会交往中是否能够判断和预见自己行为的法律后果，分为完全民事行为能力人、限制民事行为能力人、无民事行为能力人三种类型。非完全民事行为能力人的监护人是其法定代理人，因此对于民事行为能力的规定是监护制度的必要前提。

成年人为完全民事行为能力人。我国规定18周岁以上的自然人为成年人，可以独立实施法律行为。16周岁以上的未成年人，以自己的劳动收入为主要生活来源的，视为完全民事行为能力人。

限制民事行为能力人之行为能力受到限制，介于完全民事行为能力人和无民事行为能力人之间，其所实施的民事行为一般应由其法定代理人代理或由法定代理人同意、追认，但是可以独立实施纯获利益的民事法律行为或者与其智力、精神健康状况相适应的民事法律行为。限制民事行为能力人有两种：一是8周岁以上的未成年人；二是不能完全辨认自己行为的成

年人。

无民事行为能力人不具备独立实施法律行为的资格，由其法定代理人代理实施民事法律行为。不满8周岁的未成年人及不能辨认自己行为的成年人为无民事行为能力人。

不能完全辨认自己行为的成年人作为限制民事行为能力人或无民事行为能力人须经其利害关系人或者有关组织向人民法院申请认定。根据其智力、精神健康恢复的状况，经由本人、利害关系人或者有关组织申请，人民法院可以认定恢复其民事行为能力。

6.2 中国香港特别行政区法律制度

6.2.1 立法沿革

普通法和衡平法主要见诸我国香港特别行政区和其他普通法适用地区法院的判决。回顾历史，自15世纪以来，法官的判决记录逐步构成详细的法律原则，规范国家与公民之间和公民互相之间的关系。目前，源自普通法适用地区的经汇报案例已盈千累万，构成普通法的主要部分。普通法最独特之处是依据司法判例制度，不限于取自单一司法管辖区的判决，而是可以参考所有普通法适用地区的案例。《香港特别行政区基本法》第84条规定，香港特别行政区法院可参考其他普通法适用地区的司法判例。

部分中国内地习惯法适用于香港特别行政区。举例来说，根据《新界条例》（第97章）第13条，法院可以认可并执行与新界土地有关的中国习俗或传统权益；而在《婚生地位条例》（第184章）中，若干有关婚姻和子女地位的中国法律和习俗也得到承认。

香港特别行政区在1971年对婚姻家庭法律制度改革之前，在规范婚姻家庭关系方面，根据情况适用中国清朝及民国的民事法律及中国习俗，同时可适用英国婚姻家庭法和判例的基本原则及香港立法局制定的婚姻家庭法例。1971年10月7日香港《婚姻制度改革条例》的实施，废除了中国封建的婚姻制度，建立了统一适用于婚姻、离婚和家庭关系方面的法律制度。在婚姻家庭关系方面，香港立法局还制定了一系列单行法例，主要如《婚姻诉讼条例》（第179章）、《婚姻诉讼规则》（第179A章）、《婚姻条例》（第181章）、《已婚者地位条例》（第182章）、《婚生地位条例》（第184章）、《赡养令（交互强制执行）条例》（第188章）、《家庭及同居关系暴力条例》（第189章）、《婚姻法律程序与财产条例》（第192章）、《掳拐和管养儿童条例》（第512章）、《未成年人监护条例》（第13章）、《分居令及赡养令条例》（第16章）、《领养条例》（第290章）、《父母与子女条例》（第429章）等。

6.2.2 婚姻类型及夫妻关系

以香港特别行政区《婚姻制度改革条例》（第178章）的实施日即1971年10月7日为界，结合成婚方式及婚姻主体的宗教与文化背景情形，有新式婚姻、认可婚姻、旧式婚姻之分别。而于该日期之后缔结的婚姻属一夫一妻制，不再认可妾侍地位，但不影响该日期之前获合法纳娶为妾侍者的地位或权利及于上述指定日期前获合法纳娶为妾侍者所生子女的地位或权利。在夫妻财产关系方面，我国香港特别行政区采用夫妻分别财产制作为法定的财产制，夫妻可以约定财产归属作为补充和调整,在约定的财产范围和内容方面也给予较大的自主空间。

6.2.3 其他亲属关系

在我国香港特别行政区法律制度中,对于血亲关系和姻亲关系系统在具体情境下的范围有比较明确的指引,但在不同的立法例中,对某种亲属的范畴可能存在不同的内涵。父母子女关系包括婚生子女关系、非婚生子女关系、养父母子女关系、继父母子女关系及其他父母子女关系等,其中"子女"与"家庭子女"具有不同的含义,且婚生子女也具备其特有地位的权利。任何人去世时尚属腹中胎儿的子女或后嗣视同具备子女的地位,具有相关的权利义务。在某些立法例中明确,兄弟姐妹包括同父异母和同母异父的情形,儿童范围为未满 18 岁的人。在防止家暴情形的立法中,对于亲属的列举范围非常详尽而广泛。此外,我国香港特别行政区法院还可根据个案中的事实元素作出双方是否处于同居关系的裁定。

6.2.4 领养关系

领养关系主要规定于《领养条例》(第 290 章)中,根据《领养条例》作出的领养令而产生的父母子女继承权,视同婚生子女。《领养条例》旨在为领养儿童事宜订立条文,并使《关于跨国领养的保护儿童及合作公约》在我国香港特别行政区生效,以及就附带及相关的事宜作出规定。在我国香港特别行政区的领养程序中,也要经由法院的认许,否则任何人均不得就直接或间接进行与领养或拟领养幼年人有关的事宜。

6.2.5 监护制度

有关监护的法律制度主要见于《未成年人监护条例》(第 13 章)。监护主要内容涉及未成年人的管养与教养问题,以及有关属于未成年人或代未成年人托管的财产的管理问题,或从该等财产所获收益的运用问题。根据对未成年人的家庭保护责任,法院可更改或暂停执行管养令或探视令,法院作出更改或暂停执行法庭命令时,须以有关的未成年人的最佳利益为首要考虑事项。委任未成年人的监护人时,首要考虑事项即为未成年人的最佳利益,在取得监护权时,即对该未成年人拥有父母的权利及权能。

6.3 中国澳门特别行政区法律制度

6.3.1 亲属法律关系

1. 亲属法律关系概述

我国澳门特别行政区亲属法将亲属关系分为四种,分别是婚姻关系、血亲关系、姻亲关系、收养关系。此外,《澳门民法典》独立设置了一章,专门用于规定事实婚关系。可见,立法者虽然把事实婚关系纳入了广义亲属法的范畴,但并不认为事实婚关系属于狭义的亲属关系。

2. 婚姻关系

《澳门民法典》第 1462 条对婚姻的定义是:"结婚系男女双方,拟按照本法典所规定之完全共同生活方式建立家庭而订立之合同。"

《澳门民法典》只承认异性婚姻。从这个规定可以看出,在结婚主体方面,《澳门民法典》仍然采用传统的异性婚姻观点,要求结婚人必须为一男一女,不承认同性婚姻。支持同性婚姻的观念暂时并未成为澳门特别行政区的社会主流观念,在立法会层面也尚未出现任何修改建议。本书相信,同性婚姻立法尚未成为澳门特别行政区社会关注的重点,短时间之内《澳门民法典》不会修改此项规定。

《澳门民法典》对于婚姻关系的法律定性,与中国内地法律和香港特别行政区法律明显不同,婚姻被明文定义为合同。婚姻合同的标的,就是男女二人以共同生活的方式建立家庭。

婚姻是一个合同,所以《澳门民法典》也最大程度上给予合同双方的合同自由。婚姻合同的自由度,又主要集中体现在了对婚姻财产制度的规定之上。《澳门民法典》为婚姻制定了四种不同的婚姻财产制度供结婚人选择,分别是取得财产分享制、分别财产制、取得共同财产制和一般共同财产制。虽然这四种婚姻财产制度已经足以满足不同家庭中差异化的实际需求,然而立法者仍然赋予了结婚人双方自行制定他们专属的婚姻财产制度的权利。

婚姻还能给配偶双方创设诸多人身上的权利和义务,例如,继承权、优先担任对方监护人或保佐人的权利。关于婚姻关系的详细内容,请参阅本书相关章节,此处仅作简单概述。

3. 血亲关系

《澳门民法典》第1463条规定:"血亲关系是指两人间基于一人为另一人之后裔,或两人有共同祖先而存有之联系。"血亲关系的基础是血缘,分为直系血亲和旁系血亲:直系血亲之间,在血缘上是长辈与后裔的关系;旁系血亲则是拥有共同祖先的亲属。无论是直系血亲还是旁系血亲,辈分高的叫作尊亲属,辈分低的叫作卑亲属。

血亲关系会产生法律上的权利和义务,如亲权及继承权等关系。根据血亲关系的定义,如果家族人丁兴旺,一个人的血亲规模有可能非常庞大,如果每个人都对大量的家族成员负有法律义务,必然给普通人的生活带来重大负担。因此,法律对血亲的法律效力设定了限制,只有四等亲之内的血亲关系才在法律上产生效力。

《澳门民法典》对亲属关系的远近的表述方法,没有通过列举的方式对近亲属的范围直接定义,而是采取了更容易量化的亲等计算规则。直血亲等和旁系血亲的计算略有不同,分别如下:

直系血亲之间的亲等计算方法,是首先以一方为起点,另一方为终点,先在统计两人之间存在直系血亲关系的总人数,再将统计所得的数字减去1,所得的数值就是两人之间的亲等。例如:爷爷与孙子之间的存在直系血亲关系的人数有3人(爷爷、父亲、孙子),3减去1等于2,所以爷爷与孙子属于直系二等亲。

旁系血亲之间计算亲等的方法是,以任意一方为起点,先由低辈分向高辈分统计直系血亲的人数,直至两人的共同祖先,再从共同祖先继续从高辈分向低辈分统计人数,将整个过程统计到的人数加总,再减去1,所得的数字就是两人之间的亲等。例如,外甥与舅舅之间的关系,先从外甥开始向上统计,共有外甥、母亲、外祖父3人,再从外祖父向下数,又有舅舅1人,总数为4人,4减去1等于3,所以外甥与舅舅属于旁系三等亲。

这样的计算规则看似复杂，但只需要配合一张亲属关系图，就可以通过另一种直观的方式完成——这个方式是“数线段”。

直系血亲之间，有 2 条线就是二等亲（例如，自己与孙子就是直系二等亲，见图 2-6-1），有 3 条线就是三等亲（例如，父亲与自己的孙子就是直系三等亲，见图 2-6-2）。

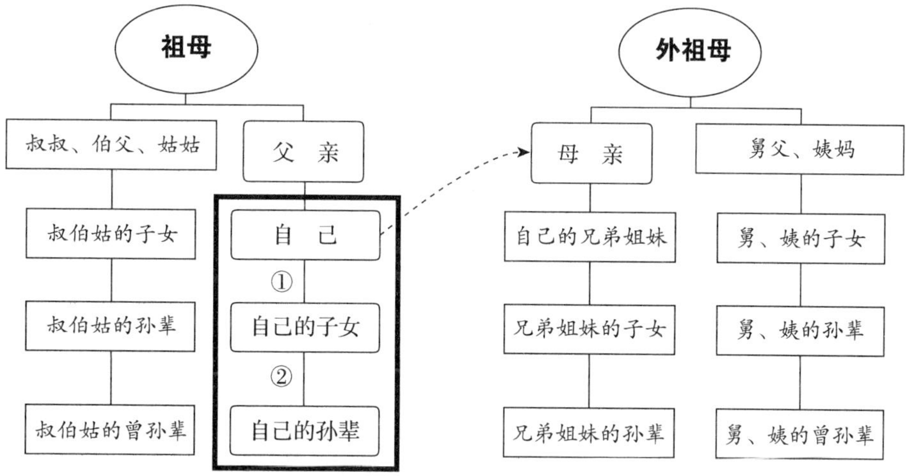

图 2-6-1 直系二等亲示例

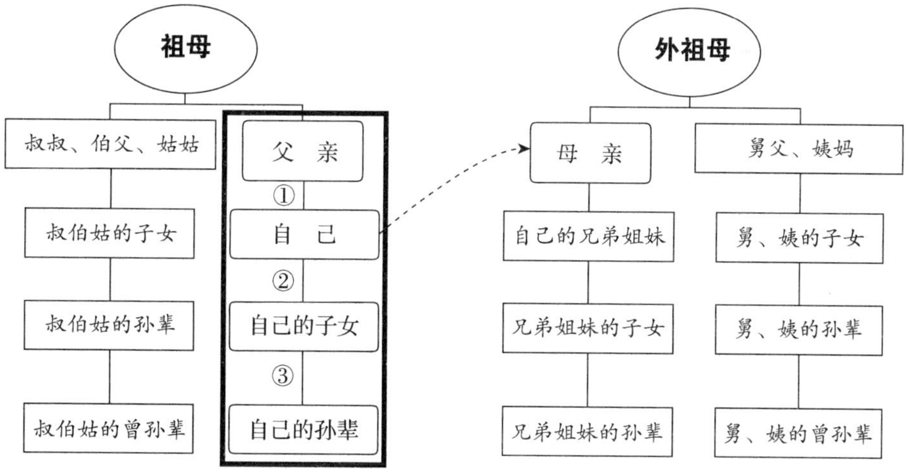

图 2-6-2 直系三等亲示例

旁系血亲之间，以共同祖先为连接点，将两者之间的直系血亲串联起来，两者之间存在几条线，他们就属于几等亲（例如，“叔伯姑的曾孙辈”与“自己的孙辈”属于旁系八等亲，见图 2-6-3）。

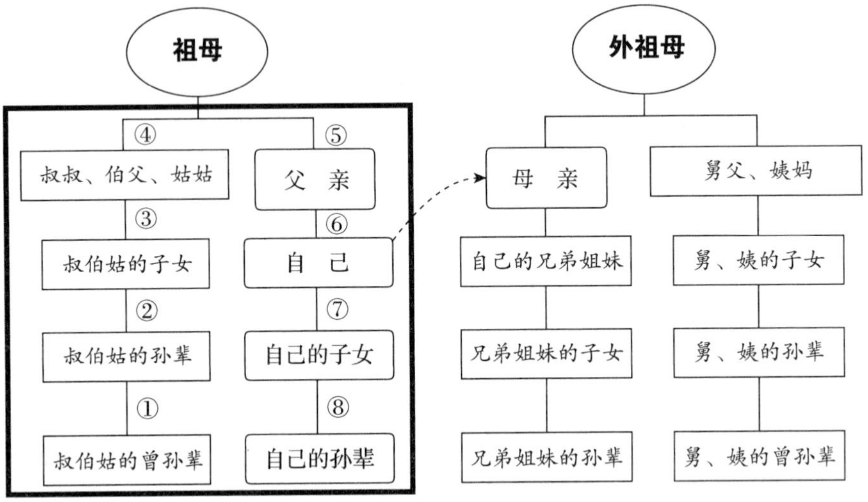

图 2-6-3　旁系八等亲示例

4. 姻亲关系

姻亲关系，是指夫妻中一方与自己配偶的血亲之间的关系。

姻亲关系的主体，是一个人与其配偶的家族之间的关系，不能拓展至两个家族的全部成员，夫妻双方各自的血亲之间没有姻亲关系。例如，夫妻双方的父母之间的关系（亲家关系），在中国人的传统观念中仍然属于姻亲的范畴，但在《澳门民法典》的定义中，这种关系并不属于姻亲。

姻亲关系的亲等计算规则与血亲一致，在此不再赘述。

姻亲关系的存续，是以婚姻关系的存续为基础的。如果婚姻关系因离婚而解销，则姻亲关系也随之终止。如果婚姻被宣告无效或撤销，则婚姻关系会被视为自始不存在，则姻亲关系也同样被视为不存在。

仅在婚姻因死亡而解销时，姻亲关系仍然可以继续存续。换言之，夫妻一方死亡以后，法律仍然承认在生一方与其已故配偶的血亲之间的姻亲关系。

5. 收养关系

收养关系是通过法院判决确立的亲子关系，无须考虑双方的血缘关系，是一种法律拟制的亲子关系。收养关系的双方享有血亲亲子关系双方的全部权利，也负有相同的义务。

关于收养关系的详细内容，在本篇第十章 10.3 节会有更详细的介绍。

6.3.2　事实婚关系

事实婚关系是法律为事实上以类似夫妻方式同居的人设置的一种制度，赋予事实婚当事人一些人身性及财产性的权利和义务，以解决生活的实际需求。依照类似夫妻的方式共同生活满 2 年的成年人，只要二人均未婚，或者均已与配偶事实分居，二人的关系即构成事实婚关系。

事实婚关系能够产生下列法律效力，现部分罗列如下：

(1)事实婚一方人格权遭受侵害,在受害人死亡后,死者生前的事实婚伴侣可以代为保护其人格权(《澳门民法典》第68条);

(2)事实婚一方被宣告为准禁治产人,事实婚伴侣可以被选任为保佐人(《澳门民法典》第92条);

(3)事实婚一方需要被宣告为禁治产人时,事实婚伴侣可以提起相关司法程序,也可以在司法程序中被选任为监护人(《澳门民法典》第124条及126条);

(4)事实婚伴侣之间的债务,在事实婚关系终止之前,债权时效中止,时效存续至事实婚关系终止后2年(《澳门民法典》第311条);

(5)事实婚伴侣具有代已死亡的事实婚伴侣提起非财产损害赔偿(精神损害赔偿)的正当性(诉讼适格)(《澳门民法典》第489条);

(6)司法人员的事实婚伴侣收取不法利益,可以用于认定司法贿赂(《澳门民法典》第573条);

(7)房屋的承租人死亡后,事实婚伴侣有权继受承租人的合同地位(《澳门民法典》第998条);

(8)房屋租赁期间,事实婚伴侣具有居住权[1],无须出租人同意(《澳门民法典》第1041条及第1043条);

(9)在认定不动产使用权及居住权[2]的程序中,事实婚伴侣可以被视为相关人士的亲属(《澳门民法典》第1413条);

(10)在确定父亲身份时,与孩子母亲有事实婚关系的人,可以因为事实婚关系证明其父亲身份,也可以通过事实婚关系以推定的方式认定父亲身份(《澳门民法典》第1720条及第1725条);

(11)处于事实婚关系中的二人可以通过共同声明确立非婚生子女的亲子关系(《澳门民法典》第1765条);

(12)在收养程序中与事实婚伴侣共同收养他人(《澳门民法典》第1828条及第1838条);

(13)基于二人的事实婚关系,其中一方可以收养事实婚伴侣与他人所生的子女(《澳门民法典》第1830条及第1832条);

(14)事实婚关系导致离婚的前配偶终止对前配偶的扶养义务(《澳门民法典》第1860条);

(15)存续满四年的事实婚关系中的一方死亡,导致生存一方从遗产中获取扶养费的权利(《澳门民法典》第1862条);

(16)事实婚关系中的一方死亡,导致生存一方获得被选任为遗产管理人的权利(《澳门民法典》第1862条);

(17)如果某人尚未离婚,又已经与他人存在事实婚关系,在其死亡之后,由于事实婚关系

---

[1] 此居住权并非物权上的居住权,而是承租人对居住用途的租赁房屋的使用权的延伸。

[2] 此居住权并非物权上的居住权,而是承租人对居住用途的租赁房屋的使用权的延伸。

人的存在，将延长其配偶在财产分割时主张家庭居所居住权及家庭用具之使用权的期间，配偶行使该等权利的期间可以超过法定的一年期间（《澳门民法典》第1942条）；

（18）存续满四年的事实婚关系中的一方死亡，在生的事实婚伴侣享有成为第三顺位法定继承人的权利（《澳门民法典》第1972条、第1973条、第1985条）；

最后还需要强调的是，在我国澳门特别行政区民法中，事实婚关系并不等同于婚姻关系。"事实婚"一词，在《澳门民法典》的葡萄牙语中的原文是"união de facto"，直译的意思是"事实上的结合"，这是一种不足以被视同为婚姻的关系。在婚姻存续期间，夫妻任何一方只要已经与配偶实际分居，法律便可以承认其分居期间与他人所建立的事实婚关系，且此事实婚关系不构成刑事上的重婚罪。

第七章　夫妻身份关系

7.1　中国内地法律制度

7.1.1　夫妻在婚姻家庭中地位平等

夫妻在婚姻和家庭关系中享有平等的法律地位是对夫妻关系总体原则的规定。相对于历史上长期存在的男尊女卑思想观念，近现代法治与文化对于男女平等的追求，可谓是社会进步的重要标志。夫妻关系是家庭关系的核心，在婚姻制度中赋予夫妻平等的家庭地位，是对《宪法》男女平等原则在婚姻家庭中的体现，也是对保护妇女原则在婚姻家庭关系中的再次确认。该项原则早在1950年制订《婚姻法》时即被确立，在《民法典》中予以保留，并对夫妻间各项权利义务进行更为明确的规定。夫妻在婚姻家庭中的平等地位涵盖了很多方面的含义，如双方享有独立的人格权、各自平等享有参与社会生活的自由，在管理家庭事务中、对子女的关系上都有平等的权利义务，感情破裂后双方也享有平等的离婚请求权，及对子女抚养、对共同财产、共同债务的平等权利或义务。

1. 夫妻双方有权各自使用自己的姓名

《民法典》人格权编对姓名权作出规定，自然人享有姓名权，有权依法决定、使用、变更或者许可他人使用自己的姓名，不允许以干涉、盗用、假冒等方式侵害他人的姓名权。可见姓名权是自然人享有独立人格的重要标志。尽管当代社会人们使用自己的姓名，不因婚姻而变更已是毋庸置疑，但在漫长历史中，世界范围内，作为父系社会繁荣发展的结果，大抵都存在过妻从夫姓的要求，从对姓名权的限制体现了较强的人身依附关系。近现代社会中，随着妇女解放运动的发展，各国立法普遍趋向于对夫妻双方平等选择各自或家族姓氏的权利确认。例如，我国《民法典》第1056条就明确规定了夫妻双方各自都有权利使用自己的姓名。如今一些地区夫妻对于姓名权的选择多是出于传统文化原因，而在我国，自《婚姻法》明确该制度至今，在社会生活中已实现得较为彻底，目前在司法实践中，此类纠纷已属罕见。

2. 夫妻双方有就业、学习、参加社会活动的自由

人身自由权作为重要的人权受到《宪法》保护，《宪法》中列举了人身自由、劳动和受教育的权利和义务等多项自由，且特别强调妇女参加各类社会活动与男性享有平等权利。《民法典》“婚姻家庭编”中对夫妻双方的从业自由、受教育自由及社会活动自由保护再次确认，明确一方不得对另一方加以限制或干涉。该制度保障妇女的相关自由权利，是夫妻地位平等的重要部分。但同时对此规定的理解不可极端偏颇，任何自由都应有其边界，在婚姻家庭中，夫妻

均对家庭承担义务，行使各自自由权利的同时，也应相互尊重友好协商，促进家庭和睦，维护家庭整体的利益平衡。

3. 夫妻双方对未成年子女享有平等亲权

夫妻双方平等享有对未成年子女抚养、教育和保护的权利，共同承担对未成年子女抚养、教育和保护的义务。《民法典》“总则编”中已规定父母对未成年子女负有抚养、教育和保护的义务。在“婚姻家庭编”中，进一步指明了夫妻双方在婚姻关系中平等享有和承担对于子女的上述权利义务。共同亲权由父母共同行使，无高下之分，不容随意剥夺，也是男女平等原则在子女关系问题上的体现。父母也平等地对子女承担义务，且该义务不因婚姻关系终结而免除。2021 年 10 月 23 日经十三届全国人大常委会第三十一次会议通过的《中华人民共和国家庭教育促进法》第 20 条就明确规定：“未成年人的父母分居或者离异的，应当相互配合履行家庭教育责任，任何一方不得拒绝或者怠于履行；除法律另有规定外，不得阻碍另一方实施家庭教育。”对未成年子女抚养，应保障其基本的生活、学习所需，在父母不履行抚养义务时，未成年子女或不能独立生活的成年子女享有对支付抚养费的请求权。对未成年子女的教育，既包含适当的家庭教育，亦包括遵守国家的义务教育政策保障子女受教育权。对子女保护的权利义务，主要包括人身和财产方面。总体而言，对上述权利义务的要求，也都应以未成年人利益最大化为原则。

7.1.2　夫妻有相互扶养的义务

夫妻相互扶养义务是配偶身份权的重要部分，指夫妻间供养、扶助的法定义务，该项义务对于夫妻双方也是平等的、无条件的。婚姻关系不单纯是一般的法律关系，更融合了情感、道德和伦理。夫妻相互扶养的义务与夫妻身份关系密不可分，由双方自愿缔结婚姻关系产生，是婚姻家庭共同体维持的基本保障，更是婚姻关系建立的应有之义。夫妻应在经济上相互扶养，生活上相互帮助，也应在精神上相互支持。“当一方遭遇危急时，对方负有救助、援救的义务。违反这种彼此协作、互相救助的义务的，法律一般将其作为离婚的法定理由。我国古代立法中的‘义绝’就包含这种意思。”[1]

夫妻之间的相互扶养义务是具有强制性的法定义务，既不以夫妻约定为改变，也不因夫妻实行分别财产制而免除。在实践中，如一方对配偶在生活困难时不履行扶养义务，另一方有权要求对方支付扶养费，可通过调解组织申请调解，或向法院提起请求给付之诉。如对没有独立生活能力的配偶不履行扶养义务情节严重而构成遗弃罪的，还可能被追究刑事责任。

7.1.3　夫妻日常家事代理权

夫妻一方在家庭日常生活需要的范围内，与相对人实施民事法律行为时，依法享有相互代理的权利，除与第三人另有约定外，夫妻一方实施的民事法律行为，可视为夫妻双方的意思

[1]　杨立新主编：《〈中华人民共和国民法典〉条文精释与实案全析》，中国人民大学出版社 2020 年版，第 109 页。

表示，夫妻另一方也应承担此行为的法律效力。日常家事代理权基于夫妻配偶身份产生，是大陆法系亲属法中的重要制度，但我国在此前的《婚姻法》中未作出规定，《民法典》新增对该制度的规定，并明确了日常家事代理的范围、限制和法律效果等内容。

夫妻日常家事代理权的存续期间同婚姻关系存续期间，该权利行使范围及于家庭日常生活，在实践中对该日常生活范围的判断要结合夫妻双方职业、身份、资产状况、收入水平、兴趣、家庭人数和当地一般社会生活习惯等要素，常见的如购置食品、衣物、家具家电及维修服务、医疗保健、娱乐通信、老人赡养、子女抚养等，为满足家庭生活必要的事项，其标准因时因地而异。夫妻行使日常家事代理权无须明示其代理权，可以以自己名义、对方名义或共同名义为之。

该制度同时规定，夫妻之间对一方可以实施的民事法律行为范围的限制，不得对抗善意相对人。因夫妻关系的特殊性，双方内部对于财产关系的限制约定对于第三人具有隐秘性，为保护交易安全，保护善意第三人利益，夫妻行使在日常家事范围内为法律行为的相对人在不知道夫妻双方的限制约定时，该行为依旧对夫妻双方发生法律效力。

7.1.4　夫妻有权相互继承遗产

夫妻互相享有遗产继承权，是基于双方配偶身份关系而享有的财产利益，是夫妻双方在婚姻家庭关系中享有平等地位的重要标志。夫妻不仅互相享有继承权，而且根据我国《民法典》的规定，配偶还是法定继承顺序中第一顺位的继承人。需要注意的是：第一，夫妻相互继承遗产的权利须在合法婚姻关系存续期间内；第二，对于遗产范围亦要首先通过对夫妻共同财产进行分割予以明确，遗产的范围应限于被继承人的个人财产部分；第三，遗嘱继承优于法定继承。关于继承制度的各项规定详见本书第四篇。

7.1.5　夫妻一方在离婚时享有经济补偿请求权

根据我国《民法典》的规定，离婚时夫妻一方因抚育子女、照料老人、协助另一方工作等负担较多义务的，有权向另一方请求经济补偿，另一方应当给予补偿。这是新中国成立以来首次以法条的形式明确了在婚姻关系存续期间，夫妻不论“主内”或“主外”，只是家庭成员间的分工不同，没有高下之分，其对家庭的付出所受法律保护的权利是平等的，离婚时对抚育子女、照料老人或家务等承担较多义务的一方有权请求另一方给予经济补偿。基于在我国传统的家庭关系中，大多存在“男主外，女主内”的家庭分工模式，女方往往承担了较多的抚育子女、照料老人和家务的义务，《民法典》的这一规定为负担了较多家庭义务的女性，在婚姻关系破裂时依法维护自身的合法权益提供了更具体、明确的法律保护。

7.2　中国香港特别行政区法律制度

7.2.1　夫妻身份关系的核心

如前所述，由于我国香港特别行政区的法制沿革及历史文化背景，在香港特别行政区法律体系下的婚姻关系类型较之于我国内地更显复杂，在婚姻制度改革的前后，分别包括诸如新式婚姻、认可婚姻、旧式婚姻等。

根据《婚姻制度改革条例》(第178章)第Ⅱ部第4条,在1971年10月7日及该日以后在香港缔结的婚姻属一夫一妻制,须意指一男一女自愿终身结合,不容他人介入。种种相关的法律规定也表明,这一内涵应被认为是夫妻身份关系的核心要义。

在《婚姻条例》(第181章)中第21条"由登记官或婚姻监礼人主持的婚礼"一节中规定登记官或婚礼监理人(视属何情况而定)须首先向双方作意思如下的宣述:"在两位结为夫妇之前,本人在职责上要提醒你们:根据《婚姻条例》缔结的婚姻是庄严而有约束力的,在法律上是一男一女自愿终身结合,不容他人介入。因此,[男方姓名]和[女方姓名],你们的婚礼虽然没有世俗或宗教仪式,但你们在本人和现时在场的人面前当众表示以对方为配偶,并为此签名为证后,便成为合法夫妻。"

《婚姻条例》(第181章)第40条又规定,"凡根据本条例举行的婚礼,均属基督教婚礼或相等的世俗婚礼",而"'基督教婚礼或相等的世俗婚礼'(Christian marriage or the civil equivalent of a Christian marriage)一词,意指婚礼经举行正式仪式,获法律承认,是一男一女自愿终身结合,不容他人介入"。

在香港法律制度体系下的夫妻身份关系议题中,尚有一项更为特殊的情形,即夫妾关系(union of concubinage)。根据《婚生地位条例》(第184章)第14条之规定,夫妾关系,指男方与女方在1971年10月7日前缔结的夫妾关系,而在该关系下,女方于男方在生时已被其妻子接纳为男方之妾,而男方家人亦普遍承认如此。夫妾关系的一方(party to a union of concubinage)指该关系中的妾或男方;妾(tsip)指夫妾关系中的女方。

在我国香港特别行政区,妾室身份如何确认经由法律明确规定,是否获得了法律所认可的妾的地位会直接影响妾及其子女的权利和地位。只有附加于旧式婚姻的妾在符合一定条件下才具有合法的地位,新式婚姻或登记婚姻中如果出现了妾,则是没有法律效力的。

7.2.2　夫妻在婚姻家庭中的地位

《香港法例》中对丈夫或妻子在某些方面的权利义务予以分别规定,主要载于《已婚者地位条例》(第182章)中。

1. 对女方的规定

(1)已婚女性的能力[《已婚者地位条例》(第182章)第3条]

明确已婚女性在以下各方面的能力,犹如未婚时一样——

①有取得、持有及处置财产的能力;

②就侵权行为、合约、债务或义务而言,有自我承担责任及被委以责任的能力;

③在侵权行为、合约或其他方面,有起诉及被起诉的能力;

④受有关破产的法律及受判决与命令的执行所规限。另外,已婚女性在各方面均可担任受托人或遗产代理人,犹如未婚时一样。

(2)已婚女性授权委托之权利[《已婚者地位条例》(第182章)第16条]

已婚女性,不论是否为幼年人,须如未婚及成年人一样,有权以契据委任指定代理人,代表其签立任何契据或进行任何事情，犹如其本人可亲自签立或办理一样。

(3) 免除妻子的必要代理权［《已婚者地位条例》（第 182 章）第 11 条］

任何法律规则或衡平法，若授予妻子权限，使其能作为其丈夫的必要代理人而以其丈夫的信用作担保或以其信用借款者，现均予以撤销。

2. 对男方的规定［《已婚者地位条例》（第 182 章）第 10 条］

免除丈夫负起妻子在侵权行为、合约、债务及义务上的责任，即除另有规定外，某女性的丈夫无须纯粹因身为该女性的丈夫而就以下事宜负责——(1) 该女性婚前或婚后所犯的侵权行为，或其婚前所订立的合约，或所负的债务或义务；(2) 在上述侵权行为、合约、债务或义务的法律程序中被起诉或成为法律程序的一方。

3. 夫妻相互享有遗产继承权

夫妻相互享有继承权是以夫妻身份关系为前提的一种财产权利。如果夫妻一方死亡，但未给生存配偶留有足够的遗产，生存配偶可诉请法庭判决获得死者一部分遗产。此外，如果死者没有留下遗嘱，那么死者的配偶也可以依法获得一份应得的遗产。详见本书"继承篇"。

7.2.3　夫妻间的禁止行为及法律救济

1. 侵权行为可起诉［《已婚者地位条例》（第 182 章）第 5 条］

夫妻双方不得对另一方行侵权行为，根据我国香港特别行政区法律的规定，婚姻双方的任何一方均有就侵权行为向对方提出诉讼的相同权利，犹如未婚时一样。

2. 裁判分居

根据《婚姻诉讼条例》（第 179 章）第 24(1) 条的规定，婚姻关系存续期间，在一定事由前提下，法院可以经申请发出指令裁判双方分居。呈请人可以向法院提出裁判分居呈请的事由包括：(1) 答辩人曾与人通奸，而呈请人认为无法忍受与答辩人共同生活；(2) 因答辩人的行为而无法合理期望呈请人与其共同生活；(3) 婚姻双方在紧接呈请提出前，已分开居住最少连续 1 年，且答辩人同意由法院批出判令；(4) 婚姻双方在紧接呈请提出前，已分开居住最少连续 2 年；(5) 答辩人在紧接呈请提出前，已遗弃呈请人最少连续 1 年。

上述事实及理由与离婚呈请一样，但聆讯裁判分居呈请的法院，无须考虑婚姻是否已破裂至无可挽救；如法院信纳有关上述任何事实的证据，则在符合《婚姻法律程序与财产条例》（第 192 章）第 18 条的规定下，法院须批出裁判分居判令。凡法院批出裁判分居判令，呈请人即再无须与答辩人同居。

3. 法院强制令［《家庭及同居关系暴力条例》（第 189 章）第 3 条］

区域法院如应任何人提出的申请，而信纳申请人的配偶或前配偶曾经骚扰申请人，则有可能下发强制令。强制令内容可能会包括：禁止答辩人骚扰申请人；禁止答辩人进入或留在申请人或指明未成年人的居所或居所的指明部分或一处指明的地方；或规定答辩人必须准许申请人进入及留在该申请人与答辩人的共同居所或婚姻居所，或该共同居所或婚姻居所的指明部分。

法院在行使上述权力时，须考虑双方对另一方的行为或其他行为、双方的各自需要、经济能力及该个案的所有情况。

4. 特殊情形的分居令及赡养令[《分居令及赡养令条例》(第 16 章)]

当夫妻一方出现较为严重的损害对方及相关方利益的行为时,为保护受害方的权益,法院有权依申请发出可能涉及人身关系或类似经济补偿的命令。

根据《分居令及赡养令条例》(第 16 章)第 3 条的规定,可赖以提出申请该类命令的理由主要包括:袭击婚姻的另一方被定罪达到一定的严重程度;遗弃婚姻另一方;经常虐待婚姻的另一方或该另一方的子女;未对婚姻另一方或其子女尽到应有的赡养及教育义务;强迫卖淫、惯性酗酒或有毒瘾等劣行。

根据《分居令及赡养令条例》(第 16 章)第 5 条的规定,法院有权发出的命令内容可能包括:申请人不再有义务与婚姻的另一方同居;将该婚姻所出的任何子女的法定管养权交付予丈夫或妻子,直至该等子女年满 18 岁为止;丈夫或妻子须向婚姻的另一方支付合理款项;为子女赡养教育支付款项等。

7.2.4 夫妻间互负扶助义务

我国香港特别行政区法律制度要求夫妻一方有供养另一方的义务,在婚姻存续期间内,如果一方蓄意不向另一方履行赡养义务,另一方有权要求法院颁布命令以执行该义务,即使夫妻分居也不必然免除该义务,甚至在离婚后该项义务依旧可能延续。《分居令及赡养令条例》(第 16 章)第 3 条规定,可赖以提出申请该条例第 5 条所罗列的有关分居及赡养命令的理由即包括“未有为婚姻的另一方提供合理赡养,或未有对该另一方的子女(该子女为该已婚人士在法律上有责任赡养者)提供合理赡养及教育”,则该另一方可向区域法院申请,要求该法院根据本条例发出命令。在离婚时,双方可就解除婚姻后其中一方须付予另一方的赡养费款额达成协议,并将该协议的条款作为解除该婚姻的协议或备忘录的一部分而予以记录。

《婚姻诉讼条例》(第 179 章)第 17A 条规定,在某些情形下给予答辩人经济保障,根据呈请人在离婚呈请时依据的事实,法院在审理中须考虑:(1)所有情况,包括双方的年龄、健康、行为、谋生能力、经济来源及经济负担;(2)假若呈请人先去世,在顾及双方离婚的情况下,答辩人在呈请人去世后相当可能面临的经济状况。法院在信纳呈请人不应被规定为答辩人提供任何经济给养,或呈请人为答辩人提供的经济给养是公平合理的,或在有关情况下是最佳的,才得以将离婚判令转为绝对判令。

我国香港特别行政区法律属英美法系,在夫妻分别财产制的基本原则基础上,为平衡婚姻双方的财产利益,以赡养费弥补经济上弱势的一方。关于赡养费的计算,则会综合考虑双方的年龄、家庭的开支情况、今后的生活需要、一方赚钱的能力等。

另外,根据《婚姻法律程序与财产条例》(第 192 章)第 9 条的规定,在判决离婚或婚姻无效的案件中,婚姻一方须支付予另一方的赡养费的命令在任何一方去世或接受赡养费的一方再婚时即不再有效。

7.3　中国澳门特别行政区法律制度

7.3.1　夫妻平等

男女平等是现代社会的普遍共识,婚姻关系中的夫妻双方具有同等的权利和义务,《澳门民法典》第1532条强调了夫妻平等的重要性,并且规定夫妻平等属于婚姻的基础。换言之,法律不认同男女不平等,或者夫妻权利义务不对等的婚姻。法律要求夫妻双方共同协商如何管理家庭事务,要求夫妻双方尊重彼此的利益并且共同追求家庭幸福。

7.3.2　夫妻双方之义务

1. 夫妻双方义务概述

《澳门民法典》第1533条为夫妻之间相互设定了五大义务:尊重义务、忠诚义务、同居义务、合作义务及扶持义务。这五大义务是夫妻共同生活、构建美好家庭所必需的。同时,如果严重违反夫妻之间的义务,也将构成夫妻关系破裂的合法理由,夫妻任何一方均有权以对方严重且重复违反夫妻义务为理由,向法院提起诉讼离婚。

2. 尊重及忠诚义务

《澳门民法典》规定了夫妻间的尊重义务及忠诚义务,但是没有对尊重义务及忠诚义务的内容进行深入的剖析或阐述。然而,违反尊重义务和忠诚义务,又是诉讼离婚中非常常见的理由,所以我们有必要从一般的生活经验和司法实务的角度对这两项义务作进一步的解释。

尊重义务的核心是对人格权的尊重,需要尊重他人的人格独立、个人尊严、名誉权等基本权利。夫妻之间在日常生活中应当尊重对方的意见、不侮辱对方、不诽谤对方的名誉、不伤害对方的身体完整性。

忠诚义务的内涵,主要涉及两个方面:其一是夫妻情感的忠诚;其二就是私生活或性关系上的忠诚。夫妻中的任何一方,都在情感和私生活上有不作为的义务,不得与他人建立恋爱关系和婚外性关系。

在司法实务中,违反尊重义务或忠诚义务的行为,且重复次数和严重性导致双方不适合共同生活,法院就可以在诉讼离婚程序中应无过错方的声请,根据这些行为作出离婚判决。

3. 同居义务

同居义务是婚姻中的核心义务,因为法定的婚姻的目的就是以共同生活的方式建立家庭,而同居是组建家庭的必要方式。夫妻如果不共同居住,分居的事实是有可能影响婚姻的存续的。《澳门民法典》第1637条a项规定,事实分居满两年构成诉讼离婚的理由。法律鼓励夫妻双方通过协议的方式选择家庭居所,以便确保家庭生活的完整,并且平衡好双方的职业需要及子女利益。

原则上法律要求夫妻均在家庭居所居住,但法律也考虑到了夫妻迫不得已分居的可能性,如果夫妻双愿意容忍分居的状态,法律也不会将分居的事实一概认定为离婚的理由。因此,《澳门民法典》第1638条规定,构成离婚理由的分居,其动机必须是在夫妻中至少有一方丧失了继续共同生活的意图。因此,在以事实分居为理由的诉讼离婚之中,法院不但需要认定分居的事实,还需要确认夫妻二人至少有一方已经丧失继续共同生活的意图,并且证实此意图就是事实分居的主要原因。

4. 合作义务

对于夫妻之间共同生活所产生的固有负担,夫妻双方必须共同承担,并在时间、精力以及精神上负有互相支援和帮助的义务。如果夫妻一方将操持家庭的所有责任全部推给另一方,不愿意在家庭事务上提供援助,让另一方处于独木难支的困境,将构成对合作义务的违反,严重的话可以构成法院判定离婚的理由。

5. 扶持义务

扶持义务是夫妻双方对于家庭以及对方在基本的生活资料及经济负担上所负有的义务。无论夫妻是共同生活,还是因为某些原因在无过错的情况下事实分居,双方都仍然负有扶持义务,从而为家庭衣食住行的生活需要提供物资和金钱上的扶持。如果夫妻双方因一方有过错而事实分居,法院可以基于衡平原则让无过错的一方向对方承担扶持义务。如果双方均对事实分居负有过错,那么法院也可以基于同样的原则要求过错比较轻的一方向对方承担扶持义务(参见《澳门民法典》第1536条)。

夫妻双方应当共同承担家庭负担,承担的方式可以是利用自己所拥有的资源支付家庭负担,也可以是做家务及教育子女。法律推定,即使一方承担了较多的家庭负担,也视同其放弃向对方要求补偿的权利,除非其通过明示的方式提出补偿要求。如果夫妻一方不愿承担家庭负担,另一方有权要求法院在不承担家庭负担一方的部分个人收入中指定收入用途,强制其实际履行承担家庭负担的义务(参见《澳门民法典》第1537条)。

6. 姓名权

由于《澳门民法典》的主体内容最常见的形式就是妻子在婚后冠夫姓。《澳门民法典》第1538条至1541条明确规定了夫妻间姓名权的规则。

现在的社会观念是男女平等,所以澳门民法中的姓名权不等同于冠夫姓,而是夫妻任何一方均有权选择冠以对方的姓氏,法律允许最多冠以对方的两个姓氏(葡萄牙人的全名中可以包含多个姓氏)。

冠以配偶姓氏的一方,可以在配偶死亡以后或者离婚以后保留前配偶的姓氏。因配偶死亡而保留姓氏,无须取得离世配偶的家族成员同意。继续保留去世配偶或离婚配偶姓氏之人,即使再婚,也可以选择继续保留前配偶的姓氏。离婚后选择继续保留前配偶的姓氏之人,必须取得前配偶的同意,或者向法院提出合理理由使法院准许其保留前配偶姓氏。前配偶同意保留姓氏的意思表示,必须符合法定形式,获得有职权的公权力的见证。同意的声明必须通过公证书或者经认证的文书作出,也可以在民事登记局的公务员面前作出。保留前配偶姓氏的一方将不得再冠以现任配偶的姓氏。

保留前配偶姓氏之人如果作出了有损前配偶家族精神利益的事情,使该家族感受家族名誉受损,则前配偶本人以及前配偶的子女、父母和兄弟姐妹有权通过诉讼手段剥夺损害家族名誉之人的姓氏使用权。

7. 职业自由

夫妻双方均有独立决定所从事的职业的权利,无须取得对方同意。夫妻之间的职业选择原则上应当依照相互尊重的原则协商处理,一方不得强迫另一方改变其职业选择,法律保护婚姻关系中每个人的职业自由(参见《澳门民法典》第1542条)。

7.3.3　夫妻间人身关系及财产关系的终止

1. 夫妻间人身关系及财产关系的终止的事由

夫妻的人身关系以及财产关系,均因婚姻关系的解销而终止。婚姻关系解销的常见事由有:配偶一方死亡、离婚、婚姻关系被宣告撤销或无效。

2. 夫妻间人身关系及财产关系与婚姻解销不同步的情况

如果婚姻的解销是婚姻被宣告无效或者宣告撤销,那么婚姻关系会被视为自始不存在,而婚姻的人身关系和财产关系也会被视为自始不存在。因此,婚姻被宣告无效和宣告撤销时,终止的不只是宣告后的人身关系和财产关系,还具有追溯效力。

离婚的情况也可能导致财产效力与婚姻解销的时间不一致的情况,《澳门民法典》第1644条规定,如果夫妻采取诉讼程序离婚,虽然夫妻间的人身关系终止的时间是离婚判决确定之日,但夫妻间的财产关系终止之日则会追溯至离婚诉讼程序开始之日。如果诉讼离婚程序中认定了两人实际分居的时间,则夫妻间的财产关系更可以追溯到实际分居之日。

3. 夫妻财产关系在离婚后延续的情况

夫妻离婚以后,如果一方在婚姻存续期间因未长期专注于家庭事务而放弃了职业发展,从而在离婚后面临经济上难以自给自足的情况,弱势一方可以要求法院在离婚判决中定出扶养费,判令前配偶在离婚以后向经济弱势的一方支付扶养费用,直至被扶养人再婚或者与第三人建立事实婚关系。此外,离婚后的扶养也可能是基于两愿离婚的协议,对于双方协议订定的扶养费,法院原则上不会主动审查或调整。

无论是判决的扶养费,还是协议的扶养费,都是可以调整的。在扶养费确定之后,如果离婚人双方的实际经济状况发生变化,无论是扶养人无力承担原定的扶养费,还是被扶养人经济状况改善而丧失被扶养的必要性,支付扶养费的一方有权请求法院调整甚至解除其扶养义务。

7.4　三法域规定列举(见表2－7－1)

表2－7－1　三法域规定列举

夫妻平等地位	
中国内地	《民法典》明确规定夫妻在婚姻家庭中地位平等
中国香港特别行政区	在1971年10月7日及该日以后在中国香港地区缔结的婚姻属一夫一妻制,一男一女自愿终身结合,不容他人介入

续表

夫妻平等地位	
中国澳门特别行政区	男女平等是现代社会的普遍共识,婚姻关系中的夫妻双方具有同等的权利和义务,《澳门民法典》第1532条明确强调了夫妻平等的重要性,并且规定夫妻平等属于婚姻的基础
姓名权	
中国内地	夫妻双方有权各自使用自己的姓名
中国香港特别行政区	一般参照习惯法,可以保留本身姓氏,也常见女子婚后冠夫姓的情形。在《人事登记规例》(第177A章)中提及,在申请身份证时,已用本身姓名登记的已婚女子,则在向登记主任出示其结婚证书时,可用书面申请将所发给或换领的身份证上的姓名冠以或换上夫姓;已用冠以或换上夫姓的姓名登记的离婚女子,或其婚姻已宣告为作废及无效的女子,则在向登记主任出示绝对判令或婚姻无效判令下,可用书面申请在所发给或换领的身份证上采用本身姓名
中国澳门特别行政区	夫妻各自保留其本身之姓氏,亦可选择在其本身姓氏上冠以对方不超过两个之姓氏。冠以配偶姓氏的一方,可以在配偶死亡或者离婚以后保留前配偶姓氏,即使再婚,也可以选择继续保留前配偶的姓氏。其中离婚后选择继续保留前配偶的姓氏之人,须取得前配偶的同意或法院准许,若其行为有损前配偶家族利益,则前配偶本人以及前配偶的子女、父母和兄弟姐妹有权通过诉讼手段剥夺损害家族名誉之人的姓氏使用权
人身自由权	
中国内地	夫妻双方都有参加生产、工作、学习和社会活动的自由,一方不得对另一方加以限制或者干涉
中国香港特别行政区	人身自由权作为重要的人权受到我国《宪法》保护,《宪法》中列举了人身自由、劳动和受教育的权利和义务等多项自由,且特别强调妇女参加各类社会活动与男性享有平等权利。此外,在《香港特别行政区基本法》中规定:"香港居民有选择职业的自由。""香港居民有进行学术研究、文学艺术创作和其他文化活动的自由。"且依据《香港人权法案条例》(第383章),"夫妻在婚姻方面,在婚姻关系存续期间,以及在婚姻关系消灭时,双方权利责任平等"。可见上述人身自由权利均不因婚姻和性别有所不同
中国澳门特别行政区	夫妻之间不存在传统封建社会中的依附关系,夫妻双方均有独立决定所从事的职业的权利,无须取得对方同意。夫妻之间的职业选择原则上应当依照相互尊重的原则协商处理,一方不得强迫另一方改变其职业选择,法律保护婚姻关系中每个人的职业自由
日常家事代理权	
中国内地	夫妻一方在家庭日常生活需要的范围内,与相对人实施民事法律行为时,依法享有相互代理的权利,除与第三人另有约定外,夫妻一方实施的民事法律行为,可视为夫妻双方的意思表示,夫妻另一方也应承担此行为的法律效力
中国香港特别行政区	在婚姻家事法律中对该概念未见专门表述,但对于超越日常范围的代理权有所限制,如在《已婚者地位条例》(第182章)中规定,"免除妻子的必要代理权:任何法律规则或衡平法,若授予妻子权限,使其能作为其丈夫的必要代理人而以其丈夫的信用作担保或以其信用借款者,现均予以撤销"
中国澳门特别行政区	除法律明确列举的夫妻双方各自有权自由管理的财产外,夫妻任何一方都可以对夫妻共同财产进行一般管理行为,但如果需要对共同资产进行处分或者设定负担,则必须取得配偶同意

续表

继承权	
中国内地	夫妻有相互继承遗产的权利。配偶是法定继承顺序中第一顺位的继承人
中国香港特别行政区	夫妻相互享有继承权是以夫妻身份关系为前提的一种财产权利。如果夫妻一方死亡,但未给生存配偶留有足够的遗产,生存配偶可诉请法庭判决获得死者一部分遗产。此外,如果死者没有留下遗嘱,死者的配偶也可以依法获得一份应得的遗产
中国澳门特别行政区	配偶属于法定继承人的第一顺序
尊重及忠诚义务	
中国内地	夫妻应当互相忠实,互相尊重,互相关爱
中国香港特别行政区	在登记官主持婚礼之前,结婚双方均必须在登记官在场下分别签署一份声明书,确认缔结婚姻意味着非经有效的司法判令不得随意解除,以及在这段婚姻尚未解除且配偶在世时,如缔结另一段婚姻即犯重婚罪。体现对于夫妻忠诚义务的要求
中国澳门特别行政区	《澳门民法典》规定了夫妻间的尊重义务及忠诚义务。尊重义务的核心是对人格权的尊重,需要尊重他人的人格独立、个人尊严、名誉权等基本权利。忠诚义务的内涵,主要涉及两个方面:其一是夫妻情感的忠诚,其二就是私生活或性关系上的忠诚
同居义务	
中国内地	没有规定同居义务,但有规定"因感情不和分居满二年"以及"经人民法院判决不准离婚后,双方又分居满一年,一方再次提起离婚诉讼的"均属于判决准予离婚的考虑要素
中国香港特别行政区	据《婚姻法律程序与财产条例》(第 192 章)规定,废除要求恢复夫妻同居权的权利:任何人在本条例生效日期后,即无权向法庭提出要求恢复夫妻同居权的呈请
中国澳门特别行政区	同居义务是婚姻中的核心义务,事实分居满两年构成诉讼离婚的理由,但其动机必须是在夫妻中至少有一方丧失了继续共同生活的意图
扶养义务	
中国内地	夫妻有相互扶养的义务。需要扶养的一方,在另一方不履行扶养义务时,有要求其给付扶养费的权利。扶养义务中,包含了夫妻应在经济上相互扶养,生活上相互帮助,也应在精神上相互支持
中国香港特别行政区	夫妻间互负扶助义务。夫妻一方有供养另一方的义务,在婚姻存续期间内,如果一方蓄意不向另一方履行赡养义务,另一方有权要求法院颁布命令以执行该义务,即使夫妻分居也不必然免除该义务甚至在离婚后该项义务依旧可能延续
中国澳门特别行政区	扶持义务是夫妻双方对于家庭以及对方在基本的生活资料及经济负担上所负有的义务。无论夫妻是共同生活,还是因为某些原因在无过错的情况下事实分居,双方都仍然负有扶持义务,从而为家庭的衣食住行的生活需要提供物资和金钱上的扶持

续表

合作义务	
中国内地	家庭成员应当互相帮助，夫妻双方共同承担对未成年子女抚养、教育和保护的义务
中国香港特别行政区	夫妻在婚姻方面，在婚姻关系存续期间，以及在婚姻关系消灭时，双方权力责任平等，包含了需要共同承担家庭责任的要求
中国澳门特别行政区	对于夫妻之间共同生活所产生的固有负担，夫妻双方必须共同承担，并在时间、精力以及精神上负有互相支援和帮助的义务

第八章　夫妻财产关系

8.1　中国内地法律制度

8.1.1　夫妻共同财产

随着社会经济发展,家庭财产的种类和体量都有增长,因而我国《民法典》对于夫妻共同财产采取罗列加概括的方式加以规定,以期完整无遗漏地同时兼顾具体便于操作。“夫妻在婚姻关系存续期间所得的下列财产,为夫妻的共同财产,归夫妻共同所有:(一)工资、奖金、劳务报酬;(二)生产、经营、投资的收益;(三)知识产权的收益;(四)继承或者受赠的财产,但是本法第一千零六十三条第三项规定的除外;(五)其他应当归共同所有的财产。”

上述规定中的“所得”可以是夫妻共同所得,也可是一方所得,且所得意指财产权利而不强调对财产的实际占有。针对第5项兜底条款的其他应当归共同所有的财产,司法解释中又再次予以列举,囊括了一方以个人财产投资取得的收益、双方实际取得或应当取得的住房补贴、住房公积金、基本养老金、破产安置补偿费等。此外,司法解释中也明确规定,夫妻一方个人财产在婚后产生的收益,除孳息和自然增值外,应认定为夫妻共同财产。由一方婚前承租、婚后用共同财产购买的房屋,登记在一方名下的,应当认定为夫妻共同财产。

夫妻共同财产是共同共有而非按份共有关系,双方对共同财产享有平等的占有、使用、收益、处分的权利。一方超出日常家事代理范围处分夫妻共同财产的行为,对另一方不发生法律效力,但同样基于保护交易安全及第三人利益考虑,其无效主张不得对抗善意第三人。

8.1.2　夫妻个人财产

与夫妻共同财产相对应的,是夫妻一方的个人财产,或称特有财产,指因夫妻约定或法律规定而专属于夫妻一方所有的财产。我国法律在以夫妻共同财产制为一般前提的情况下,对个人财产的范围也作了明确规定,作为对夫妻共同财产制的补充。夫妻对各自的个人财产,享有独立的管理、使用、收益、处分权利。

下列财产为夫妻一方的个人财产:

(1)一方的婚前财产,这部分以完成结婚登记、婚姻关系确立为界;

(2)一方因受到人身损害获得的赔偿或者补偿,军人的伤亡保险金、伤残补助金、医药生活补助费亦属此列,因该类型财产有其明确的人身专属性;

(3)遗嘱或者赠与合同中确定只归一方的财产,意在尊重遗嘱人或赠与人的自由意思表示和处分权；

(4)一方专用的生活用品，因此类物品有个人专用性；

(5)其他应当归一方的财产。

上述法定为夫妻一方的个人财产，除当事人另行约定外，不因婚姻关系的延续而转化为夫妻共同财产。对夫妻个人财产的规定，防止了共同财产范围无限延伸，在共同财产制框架下弥补了对个人财产权利的保护。但当夫妻共同财产不足以负担必要的家庭生活费用时，夫妻亦应以其个人财产承担对家庭的义务。

在实践中，婚后父母出资为子女购买不动产的情况很常见，在认定财产性质时，不仅要区分出全资还是部分出资，还要结合考察是否明确表示赠与一方以及区分产权登记的主体选择。

8.1.3　夫妻共同债务

夫妻共同债务制度是夫妻财产制度的重要部分，该问题事关平衡保护债权人合法权益及夫妻双方尤其是未举债一方的合法权益，关乎市场交易安全与对婚姻家庭稳定的维护，是立法沿革中颇受社会关注的部分。夫妻共同债务系在夫妻共有财产基础上设定的债务，夫妻共同作为债务人以其全部财产对该类债务承担偿还责任，根据《民法典》相关规定，夫妻共同债务的认定分为以下三种类型。

(1)夫妻双方共同签名或者夫妻一方事后追认等共同意思表示所负的债务。此类债务符合所谓“共债共签”原则，基于意思自治原则且符合合同相对性原理。在债权关系形成初始，债权人处于相对优势地位，应引导其加强事前风险控制，避免日后纷争，主动要求举债夫妻共同签名，该形式要求能有效保障交易安全和夫妻双方的知情权、同意权等合法权益。实践中，很多银行在办理贷款业务时，一般会要求夫妻双方共同到场签名或提供相应授权文件。

(2)夫妻一方在婚姻关系存续期间以个人名义为家庭日常生活需要所负的债务。该类债务是典型的夫妻共同债务，基于夫妻日常家事代理权产生。如前所述，夫妻一方基于此权利而为的民事法律行为其法律后果由夫妻双方承担，即包括由此行为产生的债务，但不应超过日常家事代理的范畴。

(3)夫妻一方在婚姻关系存续期间以个人名义超出家庭日常生活需要所负的债务一般不属于夫妻共同债务，但是债权人能够证明该债务用于夫妻共同生活、共同生产经营或者基于夫妻双方共同意思表示的，亦属夫妻共同债务。该类型的债务性质认定是情况相对复杂、易引发争议的。法律规定将这类债务认定为夫妻共同债务，举证责任由债权人承担，引导债权人尽到审慎注意义务，倒逼债权人在建立债权债务关系时落实“共债共签”，有利于平衡债权人和未举债夫妻一方的利益。实践中对于共同生产经营的情形，要结合经营活动的性质及夫妻双方在其中的地位等因素综合判断。

8.1.4　夫妻约定财产制

与法定财产制相对应，以协议形式约定婚姻关系存续期间财产关系的为夫妻约定财产制，约定财产制基于对意思自治的尊重，优先于法定财产制适用。没有约定或者约定不明确的,则适用法定财产制。

男女双方可以于结婚前或结婚时进行婚姻关系存续期间的财产制约定,但该协议以婚姻关系的建立为生效条件。约定的财产范围可以涵盖婚姻关系存续期间所得的财产以及婚前财产。对于财产所有权模式的约定可以选择为归各自所有、共同所有或者部分各自所有、部分共同所有。该约定应具备双方民事法律行为的构成要件,包括缔约双方具备完全民事行为能力、意思表示真实、内容合法,且应当采用书面形式。

夫妻对婚姻关系中财产的约定的效力,对内于夫妻双方有约束力。双方须依约定享有财产所有权及管理权等权利,且不得单方对该约定进行变更或撤销。

对外效力主要指对债权人的效力,即夫妻对婚姻关系存续期间所得的财产约定归各自所有,夫或者妻一方对外所负的债务,相对人知道该约定的,以夫或者妻一方的个人财产清偿。此处对于相对人是否知道该约定的认定,举证责任由主张相对人知道的夫妻一方承担。

8.1.5 婚内分割夫妻共同财产

在法定夫妻财产制下,夫妻双方对于共同财产是共同共有的关系,不分份额地平等享有权利,共同共有是基于法律规定或约定的共有关系,以维持共有关系的稳定和基础为目的,在该种共有关系消灭后,共同共有的基础丧失,如婚姻关系终结。在婚姻关系存续期间,原则上对于共同共有的财产是不允许分割的,但随着实践中当事人在婚姻关系存续期间诉求分割共同财产的情形日益增加,《民法典》制定时增加了婚内夫妻一方可以请求分割共同财产的两类例外情形。

(1)一方有隐藏、转移、变卖、毁损、挥霍夫妻共同财产或者伪造夫妻共同债务等严重损害夫妻共同财产利益的行为。在该种情形下,一方侵犯了共同共有另一方对于共同财产平等的占有、使用、处分等权利,实践中认定上述情况应注意在主观上须为故意,且应结合夫妻共同财产数额、造成的结果等判断是否达到严重损害夫妻共同财产利益的程度。

(2)一方负有法定扶养义务的人患重大疾病需要医治,另一方不同意支付相关医疗费用。法定扶养义务的范围由法律明确规定,包括对长辈的赡养、对晚辈的抚养及同辈之间的扶养。在不同关系中,法定扶养义务规定的条件不尽相同,实践中对本条的认定要把握在法律规定的范围内。对于重大疾病的范围在实践中也要综合判断,“相关医疗费用”是指为治疗疾病需要的必要、合理费用,不包括营养、陪护等费用。

婚内分割夫妻共同财产作为共同财产制的例外,实践中应在上述法律明确规定的事由范围内严格把握其条件,且有权请求分割的主体仅限于夫妻双方。夫妻共同财产经过婚内分割之后,分割出来的部分即为个人财产,主张分割的一方对该部分享有所有权并可独立处分。

8.1.6 夫或妻一方处分夫妻共同财产的无效行为

《民法典》虽然规定了夫妻一方因家庭日常生活需要而实施的民事法律行为,对夫妻双方发生效力,以及夫妻对共同财产有平等的处理权,但前提是基于夫或妻一方处理夫妻共同财产的行为不损害另一方的合法权益,反之则不具有法律效力。例如,夫或妻一方未经对方同意将夫妻共同财产部分擅自赠与第三人的行为显然损害了配偶的权益,《民法典》虽未有具体的规定,但在司法实践中,一旦受损害一方诉至法院后,法院会将此种赠与行为认定为无效的民事行为。

8.2 中国香港特别行政区法律制度

我国香港特别行政区婚姻家事法律在立法上较早地采用夫妻分别财产制作为法定的财产制。即夫妻双方不论婚前、婚后取得的财产,仍然归双方各自所有,有别于《民法典》对夫妻财产的归属有婚前和婚后区分之规定,但夫妻可通过约定或赠与等法律行为确定夫妻关系存续期间的财产归属。夫妻约定财产制相对于法定财产制,总体上对约定财产制的立法规定较少,对于婚姻当事人约定的财产范围和内容亦没有很多的限制,以体现婚姻当事人的自由意志为主。夫妻分别财产制度主要集中在《已婚者地位条例》(第 182 章)、《婚姻法律程序与财产条例》(第 192 章)及《分居令及赡养令条例》(第 16 章)等相关法律规定及过往的判例中。

8.2.1 夫妻婚前及婚后财产归属的法定和约定

1. 夫妻财产分别制

夫妻财产分别制是我国香港特别行政区婚姻家事法律中对夫妻财产的原则规定。《婚姻诉讼条例》(第 179 章)中"财产"的定义是"任何土地财产或非土地财产,任何在土地财产或非土地财产中的产业权或权益,任何金钱,任何可流转票据,《银行业条例》(第 155 章)第 137B 条所指的任何订明票据,任何债项或其他据法权产,以及任何其他不论是否在管有中的权利或权益"。也正是基于夫妻财产的分别制,《已婚者地位条例》(第 182 章)第 10 条明确规定,除非另有规定,丈夫无须对妻子的以下事宜负责:(1)该女性婚前或婚后所犯的侵权行为,或其婚前所订立的合约,或所负的债务或义务;(2)在上述侵权行为、合约、债务或义务的法律程序中被起诉或成为法律程序的一方。

根据《已婚者地位条例》(第 182 章)第 3 条有关"已婚女性的能力"的规定,除本条例另有规定外,已婚女性在取得、持有及处置财产的能力,犹如未婚时一样。该规定意味着,女性在婚后其财产权利与婚前是一样的,其对个人财产的掌控权利及能力并不因婚姻关系的存续而改变,也不因婚姻的缔结就当然地享有另一半在婚前或婚后的财产及收益。

2. 夫妻财产权益及债务承担约定

不同于《民法典》的规定,我国香港特别行政区婚姻家事法律规定,夫妻在婚姻关系存续期间,如无特别约定的,财产和债务都各自享有和承担。《已婚者地位条例》(第 182 章)第 10 条更是明确规定,"免除丈夫负起妻子在侵权行为、合约、债务及义务上的责任"。

3. 丈夫或妻子享有共同财产权的例外

《已婚者地位条例》(第 182 章)第 9 条规定,"若丈夫或妻子以金钱或有价事物分担改善土地财产或非土地财产的状况,而其分担亦有相当实质,且该土地财产或非土地财产或其变卖所得的款项是由夫妻双方或任何一方拥有实益权益的,则除非夫妻之间有明订或默示的相反协议,否则曾分担的丈夫或妻子须被视为因分担而取得一份或一份加大的实益权益,份额于当时可能已由双方协议决定,若无此协议,则在丈夫或妻子的实益权益是否存在或份额多寡的问题产生时(无论是产生于夫妻之间的法律程序或其他法律程序中),由聆讯法庭以其认为在一切情况下均属公正者为准"。根据以上规定,夫妻一方以本人的金钱或者有价物分担改善另一方财产状况的,除非另有相反的协议,则被视为因此有权取得该增值财产的一部分或者大部分权益,其份额可相当于当时由双方协议决定的数额;若夫妻双方对此并无协议,但对收益是否存在或者份额的多少发生争议时,由法庭根据案情结合公平原则裁判分配。

8.2.2　已婚女性的地位

1. 已婚女性享有独立的财产权利

《已婚者地位条例》(第182章)第3条规定,除本条例另有规定外,已婚女性犹如未婚时一样,有取得、持有及处置财产的能力;就侵权行为、合约、债务或义务而言,有自我承担责任及被委以责任的能力;在侵权行为、合约或其他方面,有起诉及被起诉的能力,及受有关破产的法律及受判决与命令的执行所规限,在各个方面均可担任受托人或遗产代理人。已婚女性有遗嘱权、委托代理权、已婚未成年有发收据权。以上规定从法律层面使女性财产权利的保护实现了有法可依,这与《民法典》第1055条"夫妻在婚姻家庭中地位平等"的规定是相似的,女性在家庭中的地位与男子平等,不因结婚而丧失法律赋予的权利及应承担的义务。

2. 已婚女性的财产范围界定

根据《已婚者地位条例》(第182章)第4条的规定,已婚女性的财产范围大致涵盖以下几类:(1)1936年3月20日以前,属已婚女性的专有财产或根据衡平法代其持有作其专用的财产;(2)于该日以后结婚的女性,在结婚时已拥有或正拥有的财产;(3)于该日以后,已婚女性已取得或正取得的财产,或已转予或正转予该已婚女性的财产,须全归该女性所拥有,犹如未婚时一样,该财产并可据此而予以处置。且"不论在本条例生效日期之前或之后,女性在享有财产方面的预用权或让与权如受到限制,而该等限制不可能加诸男性对该财产的享有者,则该等限制概无效力"。

3. 法律赋予已婚女性对丈夫侵权行为行使诉权

《已婚者地位条例》(第182章)第7条规定,如果妻子认为其曾经有实益权的一笔金钱或其部分(无论是因该笔金钱或其部分为妻子曾有实益权的财产的收益,或如妻子曾就财产的某项权益有实益权,则因该笔金钱或其部分为该等财产的收益,或因任何其他理由),受到丈夫的掌控而丈夫并未就该笔金钱或其他财产,按情况向妻子付出适当款额,或作出适当的产权处置时,妻子有权向法庭提起诉讼。一言以概之,当妻子认为丈夫的行为侵害了自身的财产权益时,有权向法庭提起诉讼,请求法庭裁决拿回自己应得的财产。

8.2.3　夫妻间侵犯财产权行为的诉讼

作为调整夫妻关系行为规范的《已婚者地位条例》(第182章),其不仅在夫妻财产权利、已婚女性的法律地位和权利等实体方面作出了规定,对夫妻间侵权行为的诉讼程序适用也有相应的规定。根据《已婚者地位条例》(第182章)第6条的规定,夫妻间财产问题可循简易程序裁定,夫妻间因财产所有权或管有权发生的争议,丈夫或妻子可用传票或循简易程序向法官提出申请,请求法庭的裁决;法官接获申请后,可就与纠纷有关的财产申请及因该申请引起的诉讼费用,发出其认为合适的命令,或指示将该申请暂时延办以及作出指示,以其认为合适的方式查究有关事项。此规定基于我国香港特别行政区婚姻家事法律制度中夫妻财产的个人分别所有制,在没有协议约定的情况下,夫妻双方不管是婚前或婚后获得的财产仍然属于个人财产,因此当夫或妻一方认为对方对自身财产权利发生侵害时,即使其婚姻关系已解除或无效,只要在婚姻关系解除或被认定无效3年内,任何一方有权向法庭提出申请,请求法庭的裁决。

8.2.4 夫妻对个人财产的处置及无效行为

虽然我国香港特别行政区家事法律赋予夫妻处分婚前或婚后个人财产的权利,但也并非毫无限制,法律亦规定了夫妻对个人财产行使处分权的例外,如夫妻间为逃避债务欺诈债权人而发生的赠与或者其他投资行为是无效的。《已婚者地位条例》(第182章)第12条规定,为针对丈夫或妻子的债权人,丈夫对妻子或妻子对丈夫作出的任何财产馈赠,但赠后该财产仍继续由丈夫或妻子掌管、处置或具有表面所有权;或以妻子名义用丈夫的金钱、以丈夫名义用妻子的金钱作出的储存或其他投资,借以欺诈丈夫或妻子债权人的均属无效。此规定的宗旨在于避免夫妻双方以赠与的虚假行为逃避债务,损害债权人的利益,保护债权人的合法利益最大化。

此外,《已婚者地位条例》(第182章)第13条规定夫妻可通过为配偶或子女购买人寿险或储蓄寿险保单的方式处置个人财产,以实现对配偶或子女的利益保护。但同时规定了单内述明是为受保人的妻子、丈夫或子女的利益而投保,或其明订条款的用意是将某项利益授予受保人的妻子、丈夫或子女;该保单须设立一项以单内所指对象为受益人的信托;只要该项信托的任何部分尚未履行,根据该保单须支付的款项不得构成受保人的部分产业或受其债务所规限。

8.2.5 夫妻作出意图令某些申索失败的财产处置交易

除了上述提及夫妻间为逃避债务欺诈债权人而发生的赠与或者其他投资行为是无效的,倘若夫妻任何一方作出财产转处置是为了试图令另一方要求经济给养的申索失败;或是,若法庭撤销该项财产处置,另一方将会获批予经济给养或不同的经济给养,另一方便可以根据《婚姻法律程序与财产条例》(第192章)第17条提出撤销财产处置的命令。

《婚姻法律程序与财产条例》(第192章)第17条规定:

> (1)如根据本条例的任何有关条文提出的要求济助(本条称为“经济给养”)的法律程序,是由一人(本条称为“申请人”)针对任何其他人(本条称为“另一方”)而提出的,法庭可在接获申请人提出的申请时采取以下行动——
>
> (a)如法庭信纳另一方意图令要求经济给养的申索失败而即将作出任何财产处置,或即将转移任何财产离开法庭的司法管辖权范围,或即将以任

何其他方式处理任何财产,则法庭可作出其认为是适当的命令,以制止另一方作出上述行为,又或可作出其他命令以保护有关申索;

(b)如法庭信纳另一方已在怀有上述意图的情况下作出本段适用的财产处置,并且若撤销该项财产处置,申请人是会获批予经济给养或不同的经济给养的,则法庭可作出撤销该项财产处置的命令,以及作出其认为是适宜的相应指示(包括规定作出任何付款或处置任何财产的指示),以使该项命令得以实施;

(c)如申请人已根据本条例的有关条文取得针对另一方的命令,而法庭亦信纳另一方已在怀有上述意图的情况下作出本段适用的财产处置,则法庭可作出(b)段所述的命令及指示;

而为施行(b)段而提出的申请,须在申请有关的经济给养的法律程序中提出。

《婚姻法律程序与财产条例》(第192章)第17(3)条规定:

(3)如根据本条提出的申请,与提出申请当日之前3年内作出的财产处置有关,或与即将作出的财产处置或其他财产处理有关,而法庭又信纳——

(a)在属于第(1)(a)或(b)款所指的个案中,该项财产处置或其他财产处理(若无本条的规定),会令申请人要求经济给养的申索失败,或

(b)在属于第(1)(c)款所指的个案中,该项财产处置已令申请人要求经济给养的申索失败,除非有相反证明,否则须推定另一方在怀有上述意图的情况下将有关财产予以处置,或推定另一方即将在怀有该意图的情况下将有关财产予以处置或处理。

按照第17(3)条的"有该意图",申请人必须推定另一方是在怀有上述意图的情况下将有关财产予以处置,或推定该方即将在怀有该意图的情况下将有关财产予以处置或处理。例如,该方在作出财产处置的目的,就是要令另一方的附属济助申请完全或部分失败、令另一方未能分配应得的家庭资产等。倘若法庭信纳申请人的理据,以及判定另一方作出该财产处置是意图令另一方的附属济助申请完全或部分失败,法庭便会将这些交易予以撤销。

8.2.6　财产分割的法律原则

法庭在决定附属济助申请时,首先会考虑《婚姻法律程序与财产条例》(第192章)第7条的条文,该条例规定:

(1)法庭在决定应否就婚姻的一方而根据第4、6或6A条行使权力,以及若行使该等权力则应采取何种方式时,有责任顾及婚姻双方的行为和案件的所有情况,包括顾及下列事宜——

(a)婚姻双方各别拥有的或在可预见的将来相当可能拥有的收入、谋生能力、财产及其他经济来源；

(b)婚姻双方各自面对的或在可预见的将来相当可能面对的经济需要、负担及责任；

(c)该家庭在婚姻破裂前所享有的生活水平；

(d)婚姻双方各别的年龄和婚姻的持续期；

(e)婚姻的任何一方在身体上或精神上的无能力；

(f)婚姻双方各别为家庭的福利而作出的贡献，包括由于照料家庭或照顾家人而作出的贡献；

(g)如属离婚或婚姻无效的法律程序，则顾及婚姻的任何一方因婚姻解除或废止而将会丧失机会获得的任何利益(例如退休金)的价值。

(2)在不损害第(3)款的规定下，法庭在决定应否就家庭子女而根据第5、6或6A条行使权力，以及若行使该等权力则应采取何种方式时，有责任顾及案件的所有情况，包括顾及下列事宜——

(a)该子女的经济需要；

(b)该子女的收入、谋生能力(如有的话)、财产及其他经济来源；

(c)该子女在身体上或精神上的无能力；

(d)该家庭在婚姻破裂前所享有的生活水平；

(e)该子女当时所受到的和婚姻双方期望该子女所受到的教育方式；

并且有责任尽量在切实可行范围内，以及在顾及第(1)(a)及(b)款所述有关婚姻双方的考虑因素后在尽可能公正的情况下，行使该等权力，使该子女享有某程度的经济状况，而该经济状况是该婚姻若非破裂和该婚姻的双方若能恰当履行对该子女的经济负担及责任，该子女本可享有者。

(3)法庭在决定应否根据第5、6或6A条为并非婚姻一方的子女的家庭子女而针对该婚姻一方行使权力，以及若行使该等权力则应采取何种方式时，有责任在案件的各种情况中顾及下列事宜——

(a)该婚姻一方有否就该子女的赡养承担责任，如有，则该方承担责任的程度和承担责任的根据，以及该方履行责任的期间；

(b)在承担及履行该责任时该方是否知道该子女并非其子女；

(c)任何其他人对于供养该子女的责任。

法庭在LKW *v.* DD(FACV 16/2008)[2010] 13 HKCFAR 582一案中，终审法院认为法庭审理附属济助问题时，应遵从下列四大原则和五个步骤。四大原则是：

第一个原则是：法庭须考虑上述第7条所述各事项的目的，以达致一个双方能够公平分配资产的结果。

第二个原则是：法庭在考虑资产分配时，不应有性别或角色间的歧视。

第三个原则是：为了消除潜在的歧视和确保公平，法庭在有了初步分配资产的构想时，应考虑该分配是否符合平均分配的标准。一般来说，如要偏离平均分配的标准，应有合适的理由。

第四个原则是：法庭不应容许双方在审讯时就婚姻持续期间中的一些细微事实作出事后的追查。这样的审查往往徒劳无功，且很可能大大消耗双方和法庭的资源，以及增加敌意和阻碍和解。

法庭在实际进行考虑时的五个步骤理应如下：

第一步是辨清资产：法庭在行使上述第7条下的酌情权时，首个步骤是确定夫妻双方在聆讯日之时的经济资产。第7(1)(a)条规定，法庭必须顾及每一方“拥有的或在可预见的将来相当可能拥有的收入、谋生能力、财产及其他经济来源”。

第二步是评估双方的经济需要：法庭需要评估双方的经济需要。如双方的总体经济能力是不能满足双方的需要。调查应在此结束。假如资产有限，则双方或不能达致互不拖欠的清楚了断，法庭亦可能会下令其中一方定期向对方支付款项。就此而言，法庭往往要考虑第7(1)(c)至(e)条所提述的事项，即每一方的生活水平、年龄及任何残疾。法庭应宽松地理解双方的需要，而在资源容许的情况下，双方的需要应设定于等同他们在婚姻有效期间所享有的生活水平，并根据涉案所有情况而灵活地评估。

第三步是决定运用平均分享原则：如双方的总体经济能力是大于双方的需要，法庭应该应用平均分配原则。

第四步是法庭需考虑是否有合适的理由偏离平均分配原则。

第五步是作出裁决：法庭在考虑法例中的各种因素时，有酌情权给予不同的比重，而达致最后的一个公平结果。

8.3　中国澳门特别行政区法律制度

8.3.1　夫妻财产管理一般规则

1. 夫妻一方可以采取管理措施的情况

《澳门民法典》第1543条第1款规定，夫妻财产的管理原则是夫妻双方均有权各自管理自己的个人财产。法律明确列举了夫妻双方各自有权自由管理的财产，分别是：

(1)各自管理自己的工作收入；

(2)各自管理自己的著作权；

(3)夫妻任何一方可以自行管理自己在结婚以后为家庭获取的共同财产，以及用这些财产换取的财产，无论该等财产是有偿取得还是无偿取得；

(4)如果被继承人或者遗赠人在预先排除了夫妻一方的财产管理权的前提下将遗产继承或遗赠给夫妻双方，则未被排除的一方可以自行管理相关遗产和遗赠；

(5)各自管理供自己专属使用的职业工具，即使该等工具属于对方或者由夫妻共有；

(6)在夫妻另一方身处远方或者下落不明时，或者因为任何原因无法亲自管理夫妻共同

资产,且另一方没有给予任何第三人明确的管理授权的情况下,配偶可以自由管理该等财产;

(7)夫妻任何一方可以在获得另一方授权的情况下,管理对方的个人财产或者夫妻共同财产。

在上述规定以外的其他情况下,夫妻任何一方都可以对夫妻共同财产进行一般管理行为,但如果需要对共同资产进行处分或者设定负担,则必须取得配偶同意(参见《澳门民法典》第1543条第3款)。

如果夫妻一方在没有获得配偶的书面委任的情况下对配偶的个人财产或者夫妻共同财产进行无权管理,且配偶没有作出任何明示的反对,配偶也可以对相关财产进行管理,但必须遵守代管财产的规则,配偶有权要求管理方对其5年内所作出的财产管理行为提供报告,并交出财产的结余(参见《澳门民法典》第1546条第3款)。

如果夫妻任何一方因为任何原因而无法亲自管理自己的个人资产,或者无法对夫妻共同财产的管理行为作出同意,且相关财产的管理行为不容拖延,配偶可以出于避免相关财产遭受损失的动机,而采取必要的管理措施(参见《澳门民法典》第1544条)。

2. 代配偶采取措施的规则

夫妻任何一方如果在上述的1至6项所列举的情况下管理对方财产或者共同财产,无须向对方提交管理报告,但如果管理方在管理的过程中故意损害了双方或者对方的利益,则有义务向对方作出补偿。

如果夫妻任何一方在对方的委任之下作出财产管理行为,配偶作出的财产管理行为需要遵守法律对委任合同作的相关规定,以及双方在委任合同关系中的约定,配偶则有权要求管理方对其五年内作出的财产管理行为提供报告,并且随时交出财产的结余(参见《澳门民法典》第1546条)。

3. 配偶之同意

配偶所作出的同意另一方处分财产的意思表示,需要遵守法律对相关财产的处分时所应当遵守的形式要求。如果法律规定该类财产的处分仅须口头作出意思表示即可处分,则配偶须口头同意即可;如果法律要求该处分行为必须用至最低应当采用私文书形式作出,则配偶最低应当采用私文书形式作出同意;如果法律要求该财产的处分必须用公证书的形式作出(如不动产的处分),则配偶的同意必须通过公证书作出(参见《澳门民法典》第1551条)。

在配偶应当同意处分相关遗产或遗赠,却执意无理拒绝时,处分一方可以寻求法院的帮助,请求法院作出司法判决,以判决代替相关意思表示。《民事诉讼法典》设有专门的“同意之取代”程序(参见《澳门民法典》第1553条及《民事诉讼法典》第1237条至第1238条)。

4. 死因处分

夫妻双方任何一方希望在自己死亡以后将自己的财产通过遗嘱遗赠给他人,或者与他人签订一个以自己的死亡为触发条件的财产处分合同,都属于死因处分。

夫妻任何一方作出的死因处分行为,都不能影响法定的特留份继承人的继承权,否则死因行为的效力会被缩减至不影响特留份的限度。

如果死因处分行为所处分的财产是夫妻共同财产的特定物,由于该物品并不是处分人全额拥有的,所以,死因处分的相对人不能要求共有人交付该物,只能够要求共有人向他支付相应的金钱。举例说明:丈夫生前制定了遗嘱,在不影响特留份继承份额的情况下,将夫妻共有的一辆豪华汽车遗赠给张三。由于车辆属于夫妻共有,妻子有权拒绝将交付给张三,但需要将该车价值的一半给予张三。

但是,在下列三种情况下,死因处分不受上述限制:(1)死因处分一方如果在死亡时获得了被处分物的全部所有权;(2)配偶通过公文书或者遗嘱同意了此项死因处分;(3)此项死因处分更有利于配偶的利益(参见《澳门民法典》第1553条)。

8.3.2　财产管理

1. 银行存款

夫妻双方在婚后,无论所采取的婚姻财产制度是哪一种,其个人在银行的存款全部都可以自由动用,无须取得对方同意。如果一方在管理个人名下的银行存款的过程中损害了配偶的利益,配偶需要通过诉讼手段要求对方赔偿或者补偿,或者通过司法途径要求婚内分产,也可以在离婚或者协议变更财产制度以后在后续的财产清册程序中要求对方作出赔偿或者补偿。

2. 动产的管理和处分

夫妻共同拥有且共同管理的动产,必须夫妻共同处分(包括出售、赠与、设定负担等),但夫妻一方即可自由作出一般管理行为(如看护、保养、出租等)。

原则上,不论相关动产是个人财产还是共有财产,只要是属于《澳门民法典》第1543条第1款及第2款所规定的个人财产,夫妻任何一方均可自行管理。但是,上述管理权存在例外。如果相关动产是家庭生活中共同使用的物品或工具,则必须在处分时取得配偶同意。又或者当相关财产虽然属于夫妻一方,但管理权却属于另一方时,相关处分行为也需要配偶同意。

夫妻任何一方如果在未经配偶同意的情况下,采用无偿的方式处分夫妻共同拥有的动产,或者在动产上设定负担(质押、抵押、设定使用权等),导致财产的价值降低,则处分一方需要在夫妻共同财产中缩减份额,以补偿配偶的损失,缩减的份额等同于其财产价值损失的半数。但也并非所有的无偿处分都需要向配偶作出补偿,如果相关无偿处分属于报酬性赠与(本质是等价交还),又或者属于社会习惯所允许的捐赠,则无须向配偶补偿(参见《澳门民法典》第1547条)。

3. 不动产及商业企业的管理及处分

夫妻共同拥有的不动产及商业企业的管理(出租、出借、修缮等)及处分(转让、设定负担等),必须由夫妻双方同意。由于我国澳门特别行政区民商法中对企业的定义与我国内地法律有所区别,必须特别强调,公司不是企业,公司是企业主。企业是个人或者公司所拥有的一种资产集合体。我国澳门特别行政区《商法典》对商业企业所作的定义是:“以持续及营利交易为生产目的而从事经济活动之生产要素之组织。”因此,夫妻处分公司股权的行为,并不属于处分企业。

夫妻双方的家庭居所的转让、设定负担(抵押、设定居住权及用益权)、出租也必须夫妻双方同意，无论此房屋是否属于夫妻共同财产。

在夫妻以租赁房屋的方式设置家庭居所时，夫妻双方在行使承租人权利时，应经夫妻双方同意，以确保家庭居所的稳定，例如，以承租人身份解除租赁合同、单方终止租赁合同、单方废止租赁合同、与出租人协商废止租赁合同、转让承租人地位、全部或部分出租或转租承租房屋（参见《澳门民法典》第1549条）。

4. 遗产、遗赠的接受及抛弃

夫妻任何一方在接受遗产或遗赠时，无论采取任何婚姻财产制度，均可自由作出，无须配偶同意。当夫妻任何一方抛弃遗产时，根据不同的财产制度会有不同的规定：在夫妻采取分别财产制、取得共同财产制及取得财产分享制时，由于遗产和遗赠均属于夫妻个人财产，夫妻任何一方均可自由抛弃遗产，无须配偶同意；在夫妻采取一般共同财产制时，由于遗产和遗赠将属于夫妻共同财产，所以抛弃的决定必须取得配偶同意（参见《澳门民法典》第1550条）。

配偶为了同意另一方对遗产和遗赠的处分所作的意思表示，也和其他财产处分行为一样，必须符合法定要式。

5. 夫妻财产分割

（1）原则性规定

夫妻财产的分割模式分为三种情况：①夫妻采用分别财产制，没有共同财产，无须分割；②夫妻采用共有财产制，将共同财产进行平均分割；③夫妻采用取得财产分享制，分割财产时首先需要计算夫妻双方婚后（或者采用此财产制度后）财产增量的差额。这个差额的半数，就是婚后财产增量更多的一方对另一方负有的债务。该债务给付以后，就能使夫妻双方在婚后的财产增量一致。

夫妻共同财产的分割，所分割的财产并不以分割时两人所拥有的财产为准，而是以婚姻财产效力终止时的财产状况为准。例如，某对夫妻的离婚判决生效时，他们的离婚诉讼经历了两年时间。这两年时间里，他们的财产状况已经发生了很大变化，但他们的财产分割程序却要追溯到他们提起诉讼之日。这两年之中，实控财产减少的一方，分到的财产将少于自己实际控制财产的一半。反之，这两年实控财富增加较多的一方，新增的财富也不必分割给前配偶。

夫妻财产效力终止的时间分为两种情况：①提起离婚程序之日，无论是诉讼离婚，还是两愿离婚；②法院应任一方的请求，根据事实分居开始之日，在判决中所认定可追溯的财产效力日期。

分割财产还存在两种与离婚无关的情况：①夫妻通过婚后协定将财产分享制或者公有制变更为分别财产制，基于婚姻财产制度进行财产分割，其财产效力以协议签署之日为准；②基于法院判决进行婚内分产，其效力与协议变更财产制度一样，但财产效力的生效日期是诉讼提起之日。

（2）协议分割

我国澳门特别行政区《民事诉讼法典》所规定的离婚程序，无论是两愿离婚程序，还是诉讼离婚，都是不审理财产分割的。所以，离婚判决生效以后，需要离婚双方协商处理财产分割事宜，协议分割需要遵守所分割的财产所对应的法定形式即可。如果双方无法对于财产分割达成共识，就要在法院另行提起财产清册程序。

(3)司法分割

夫妻司法分割共有财产时，需要向法院提起财产清册程序。在财产清册程序中，法院会要求双方罗列清楚全部待分割的财产，法院也可以应当事人的请求去调查双方的财产状况，从而尽可能地调查清楚夫妻双方的全部待分割财产、债权及债务。随后，法院再根据婚姻财产制度将共有财产、债权及债务进行分割。如果夫妻共有财产中存在无法分割的物品，且双方对该物品的归属无法达成共识，法院会要求双方采取竞投的方式争夺该财产的权利。一般而言，确定了双方所分得的财产以后，双方所选取的财产价值并不一定相等，法院最后会按照所得的财产与应分财产的差额，为多分财产的一方定出抵偿金，以便弥补该分割方案对另一方造成的损失。如果另一方无力支付抵偿金，也无法就分割方式达成具有可行性的新分割方案，法院则有可能决定将该物品拍卖，将所得的金钱平均分割。

8.3.3　夫妻债务

1. 设定债务的自由

夫妻双方婚后均享有自由设定债务的权利，无须取得配偶的同意。为了确定相关夫妻债务的责任，法律明确规定，相关债务的设定日期以设定债务的事实日期为准(《澳门民法典》第1557条)。法律会根据不同债务的性质和目的区分债务的归属。

2. 夫妻共同负责的债务

《澳门民法典》对于夫妻共同负责的债务以尽数列举的方式进行了规定，除了法律所列举的情况之外，原则上法律不将任何债务推定为夫妻共同负责的债务。法律所列举的情况共有5种，分别如下：

(1)夫妻双方共同设定的债务，或者夫妻一方在征得配偶同意的情况下设定的债务，无论债务的设定时间是婚前还是婚后，都对夫妻二人有约束力，应当由夫妻双方共同承担。

(2)夫妻任何一方为家庭生活的正常负担而设定的债务，无论是婚前设定，还是婚后设定，只要相关债务用于家庭生活，应当由夫妻共同承担。

(3)在婚姻存续期内，夫妻任何一方在管理夫妻财产时，在配偶的授权范围之内，为了夫妻的共同利益而设定的债务，应当由夫妻共同承担。

(4)夫妻任何一方在从事商业活动的过程中设定的债务，应当由夫妻共同承担。但是有3种例外情形：①有证据显示相关债务与夫妻共同利益无关；②夫妻采用分别财产制；③夫妻采用取得财产分享制。

(5)夫妻一方接受的赠与、遗产或者遗赠附带有债务时，如果所获得的资产因为婚姻财产制度被纳入夫妻共同财产，则相关债务应当由夫妻共同承担。但如果相关财产自身的价值低于所附带的债务，则受赠人、继承人或受遗赠人的配偶有权就其承担债务的责任提出异议。

还有一种情况，如果夫妻采用的婚姻财产制度是一般共同财产制，就意味着夫妻二人的无论是婚前还是婚后的财产均为共有财产，两人的财产利益深度绑定。在这种制度之下，夫妻任何一方，无论是在婚前还是婚后所设定的债务，只要其举债所取得的财产用在了服务于夫妻共同利益之处，则夫妻就应当共同承担该债务。

3. 夫妻一方负责的债务

《澳门民法典》第1559条规定了应当由夫妻一方负责的三种债务：

(1)夫妻一方在未取得配偶同意的情况下，自行设定的，与家庭生活的正常负担无关的，且与管理夫妻财产无关的债务，应当由设定债务一方自行承担；

(2)夫妻任何一方因为实施犯罪行为所造成的债务(损害赔偿、处罚、诉讼费用及罚金)由犯罪一方自行承担，除非犯罪事实导致的责任仅有民事性质，而且相关债务符合夫妻共同债务的特征；

(3)附属于夫妻任何一方的个人财产上的债务由其独立承担，除非此债务是因为相关财产的收益所产生的，而且相关收益属于夫妻共同财产。

4. 附属于遗产、遗赠及特定财产上的债务

夫妻一方接受的赠与、遗产或者遗赠附带有债务时，由于所获得的财产原则上会属于个人财产，这些财产所附带的债务应当由取得相关财产的那一方独自承担。

反之，如果所获得的资产因为婚姻财产制度被纳入夫妻共同财产，则相关债务应当由夫妻共同承担，但配偶有权反对接受负资产——如果相关财产自身的价值低于所附带的债务，则受赠人、继承人或受遗赠人的配偶有权争议其承担债务的责任。

5. 承担夫妻共同债务的财产

《澳门民法典》第1562条规定，由于夫妻财产制度共分为3类，在不同的财产制度下，需要对夫妻双方通过承担的债务负责的财产会有所不同，分别如下：

(1)夫妻采取财产分享制时，优先使用夫妻双方各自的个人财产承担共同债务，当个人财产不足时，再使用供分享的财产补充承担债务。

(2)夫妻采用分别财产制时，可以直接使用夫妻双方的个人财产承担夫妻共同债务，因为不存在夫妻共同财产。

(3)夫妻采用共同财产制时，经本书总结，又可以分两种情况：

①如果夫妻采用一般共同财产制，原则上夫妻双方的所有的财产都属于夫妻共同财产，夫妻的共同债务就应当直接由夫妻共同财产来负责承担；

②如果夫妻采用取得共同财产制，则夫妻双方的共同财产需要优先用于承担夫妻共同债务，而当共同财产不足以偿付共同债务时，再以任何一方的个人财产承担连带责任。

如果夫妻两人既有尚未履行的共同债务，也有尚未履行的个人债务，但是两人的共同财产却不足以同时满足两类债务时，则夫妻共同财产将优先用于偿付夫妻共同债务(参见《澳门民法典》第1563条)。

6. 承担夫妻个人债务的财产

在夫妻负债一方的个人财产足以支付其所负担的个人债务时，其债务应当由其个人财产承担，同时也可以用其劳动收入及著作权承担其个人债务。

在上述资产不足以偿付夫妻一方的个人债务时，夫妻双方的共同财产仍然要对夫妻一方的个人债务负责，但是当法院对夫妻共同财产进行查封时，应当传唤债务人的配偶，以便配偶

向法院申请分产。如果债务人配偶被传唤以后怠于行使分产的权利，则法院可以将共同财产拍卖。向法院申请了分产的配偶，可以在债务还清之后的6个月内，向法院申请恢复原有的财产制度，否则就推定夫妻两人此后以分产的方式维持夫妻关系。

7. 夫妻一方支付债务后夫妻间的补偿

如果夫妻共同承担的债务由夫妻一方的个人财产支付，那么支付债务的一方就构成夫妻共同财产的债权人，此方有权从夫妻共同财产中取得与其债权相对应的财产，使之纳入个人财产。如果夫妻的共同财产不足，或者夫妻没有共同财产，那么支付债务一方就构成其配偶的债权人。

如果夫妻一方的个人债务利用夫妻共同财产支付，那么负债的一方需要把自己的个人财产归还给夫妻共同财产，以避免其配偶的财产利益受损。如果独自负债一方的个人财产不足以向共同财产偿还，那么独自负债一方就构成夫妻共同财产的债务人，配偶有权在夫妻离婚或者变更婚姻财产制度时要求偿还。

如果夫妻一方的个人债务利用配偶的个人财产支付，那么夫妻双方构成新的债权债务关系，代配偶支付债权的一方成为其配偶的债权人。

8.3.4　婚姻协定

1. 婚姻协定

婚姻协定可以在结婚前制定，被称为婚前协定；也可以在婚后制定，被称为婚后协定。我国澳门特别行政区的婚姻财产制度具有高度灵活性，婚姻协定的功能就是制定或者选择婚姻财产制度。婚姻协定的内容可以是夫妻自行制定的财产制度，不违反法定限制即可；也可以在4种法定婚姻财产制度中作出选择。大多数的婚姻协定采用后者。

婚姻协定除了可以制定或选择婚姻财产制度，还可以约定一项财产分割的特殊规则——无论夫妻生前选择哪一种婚姻财产制度，在婚姻因死亡而解销时，都按照一般共同财产制（婚前与婚后的财产均属共有）来分割夫妻共同财产，但法律禁止采用一般共同财产制的夫妻除外。此外，夫妻一方死亡后，在分割财产时依照约定突然变更婚姻财产制度，有可能会影响到第三方（如夫妻一方的债权人）的利益，因此法律明确规定，采取非约定的财产制度分割财产时，不得损害第三人的利益。

虽然法律允许结婚人自由制定婚姻协定，但法律还是对于婚姻协定的自由设定有一定的限制，只有不违反这些限制的婚姻协定才具有法律效力。《澳门民法典》第1569条对婚姻协定的自由原则设定了如下限制：

（1）夫妻不得通过婚姻协定对夫妻任何一方或者任何第三人的继承权作出规范，但根据《澳门民法典》第1570条及第1571条的规定设定继承人或受遗赠人、设定慷慨行为归还条款、设定信托替换条款、相互声明放弃特留份的除外；

（2）夫妻不得通过婚姻协定变更夫妻双方对子女的权利和义务，也不得变更夫妻之间的权利和义务；

（3）夫妻不得通过婚姻协定变更夫妻财产的管理规则；

(4)夫妻不得通过婚姻协定将“法律禁止列入共同财产的财产”强行约定为共同财产;

(5)结婚时任何一方已经拥有了其与第三人生育的子女,则两人不得选择一般共同财产制,而且不得将双方的婚前财产列为夫妻共同财产,不得将婚后继承或者受赠与所得的财产列为夫妻共同财产,也不得将婚姻存续期内“通过原有的个人财产所取得的财产”列为夫妻共同财产。

具有结婚能力的人就有能力订立婚姻协定,但未成年人、禁治产人或者准禁治产人在订立婚姻协定时,必须获得法定代理人或者保佐人的同意,又或者获得法院的批准,否则相关婚姻协定属于可撤销,结婚人可以在1年之内主张撤销此婚姻协定。

婚姻协定必须以公证书的形式订立,或者按照我国澳门特别行政区《民事登记法典》的规定在登记官的见证下订立,才能产生效力。婚前协议必须经过登记才能对抗第三人,且不得损害第三人在登记前已经取得的权利(例如,张三拥有资产100万元,与身无分文的李四结婚。张三婚前欠王五80万元。张三与李四结婚时通过婚前协定选择了一般共同财产制,张三婚前的100万元成为了婚后夫妻共有财产。但是,王五仍然有权要求张三与李四的100万元用于偿还张三的债务,李四不得以夫妻共同财产为由对抗王五的债权)。

2. 婚姻财产制度

(1)财产制度存续期

《澳门民法典》规定了多种婚姻财产制度,而且夫妻双方不但可以在结婚时约定财产制度,也可以在婚姻存续期内变更财产制度。所以,触发夫妻财产分割行为的原因不一定是离婚,也可能是财产制度的变更。此外,分割财产时界定相关财产归属的时间点也不限于结婚和离婚的时间,还需要考虑婚姻财产制度变更的时间。以下通过举例进行说明。

例一:夫妻两人结婚时选择了分别财产制,3年以后,夫妻二人选择了取得共同财产制。那么,夫妻二人结婚首3年所取得的劳动收入仍然是夫妻个人财产,而变更财产制度以后取得的劳动收入才是夫妻共同财产。

例二:夫妻二人结婚时选择了分别财产制,10年以后,夫妻二人将婚姻财产制度变更为一般共同财产制。由于一般共同财产制不区分财产取得的时间,将两人所有的财产都纳入夫妻共同财产,则两人婚前的财产和婚后10年取得的劳动收入都将成为夫妻共同财产。

例三:夫妻二人结婚时没有选择财产制度,依法适用取得财产分享制,5年之后,夫妻二人将婚姻财产制度变更为分别财产制。这对夫妻婚前的财产属于个人财产,婚后取得的个人劳动收入属于供分享财产,夫妻双方有权在变更财产制度时分割供分享财产。此外,夫妻变更婚姻财产制度以后,双方取得的所有财产都属于夫妻个人财产。

由于这种夫妻财产制度的变更存在的可能性非常多,不但存在先后选择不同的财产制度的各种组合,变更财产制度的次数也没有限制,本书在此无法一一列举。上述内容想说明的是,婚姻财产制度存续期很可能与婚姻关系存续期不一致,遇到这种情况,需要分不同阶段逐一分析每个阶段的财产关系,如果有所遗漏,就很可能判断错误。

(2)取得财产分享制

①适用前提

取得财产分享制是《澳门民法典》所订立的候补财产制度,夫妻双方在结婚时如果没有签订婚姻协定,法律会推定适用取得财产分享制。因此,夫妻婚姻财产制度适用取得财产分享制的原因分为两种情况:一是夫妻双方明示选择取得财产分享制;二是夫妻双方通过默示的方式,依据法定的后补性规则,推定适用取得财产分享制。

②财产制特征

取得财产分享制的制度特征是确保灵活性,同时兼顾夫妻间的财产分享权。此制度的首要目的,是在婚姻财产制度存续期间内,确保夫妻双方对于自己名下财产的自由处分权,使夫妻双方可以更自由灵活地安排生活和工作。此制度扩大了财产处分的灵活性,同时也就限制了配偶在日常生活中干涉对方财产行为的权利,继而把夫妻双方的财产分享权限制在了财产分割阶段。

(a)供分享财产

《澳门民法典》第1583条规定,供分享的财产包括:

a)取得财产分享制存续期内夫妻任何一方的劳动所得;

b)取得财产分享制存续期内夫妻任何一方取得的其他财产,只要这些财产没有被其他法律规定为夫妻个人财产。

(b)不供分享财产

首先,夫妻任何一方在取得财产分享制的开始之前所取得的财产都不属于供分享财产(《澳门民法典》第1583条的反义解释)。

其次,在夫妻选择了取得财产分享制之后,下列财产也不属于供分享财产:

a)因继承、受遗赠或受赠与而取得的财产;

b)基于取得财产分享制存续期之前的个人权利而取得之财产;

c)因为非供分享的财产所取得的不具有孳息性质的财产;

d)基于人身性权利所取得的赔偿,或者基于个人财产损失而取得的赔偿;

e)基于人身性保险取得的财产,或者基于个人财产保险而取得的财产;

f)夫妻双方的个人衣物、用品、证书及信函;

g)对于夫妻一方原生家庭有纪念意义的廉价物品。

(c)财产分享规则

在选择了取得财产分享制的夫妻离婚或者变更财产制度之时,夫妻双方需要根据此制度分享财产。分享方式是依据财产状况设立因取得财产分享制所生之债来平衡双方的利益。首先,统计夫妻双方在取得财产分享制度存续期内的供分享财产的增量,其次计算两人供分享财产的增量之间的差额,最后供分享财产增加较多的一方会被视为债务人,有义务将上述差额的一半给予供分享财产增量较少的一方。分割以后,双方所分得的供分享财产总额是一样的。

举例说明:丈夫甲婚前拥有100万元的财产,妻子乙婚前拥有50万元的资产。婚姻存续5年以后,夫妻的财产状况发生如下变化:甲的100万元婚前财产增值至300万元,甲在婚姻存续期内又赚取了500万元的收入,但经过各种消费,甲的婚后的收入还剩余50万元,分割时甲拥有的财产总额为350万元;乙的婚前财产50万元经过消费,尚有40万元的剩余,乙在婚姻存续期间又赚取了300万元的收入，经过各种消费，乙的婚后的收入还剩余80万元，分割时乙拥有的财产总额为120万元。现在两人打算离婚（或者将婚姻财产制度变更为分别财产制），两人的财产应该如何分割？

婚前财产不属于供分享的财产，其婚后的增值也不属于供分享财产，所以不必纳入分割范围。因此，被纳入分割范围的只有甲婚后取得的财产的剩余部分50万元，以及乙婚后取得的财产的剩余部分80万元。甲在婚后的供分享财产增量为50万元，而乙在婚后的供分享财产增量为80万元。两者的差额是30万元。财产分割时，乙应当将两人的供分享财产增量的差额30万元中的半数（15万元）分割给甲，从而使夫妻双方在婚后的供分享财产的增量一致。

（3）分别财产制

①适用前提

分别财产制的适用前提是夫妻双方在婚姻协定中的约定，只有夫妻双方依照法定方式约定适用此财产制度时，才可以适用。

②财产制特征

分别财产制是所有财产制度中最简单的一种，就是夫妻双方不因分别财产制存续期内的婚姻关系而产生任何共同财产。婚前取得的财产是个人财产，婚后取得的财产也是个人财产。原则上离婚或者变更财产制度时不需要进行任何财产分割，除非存在一些所有权归属不明确的财产。

分别财产制给予了夫妻二人一种在经济上相对独立甚至完全独立的方式共同生活的可能性。对于追求纯粹的以感情为纽带的夫妻而言，或者一些需要相互隔离经济风险的夫妻而言，分别财产制是很好的选择。

（4）取得共同财产制

①适用前提

取得共同财产制的适用前提是夫妻双方在婚姻协定中的约定，只有夫妻双方依照法定方式约定适用此财产制度时，才可以适用。

②财产制特征

取得共同财产制是普遍采取的一种制度。婚前取得的财产，或者是采用此财产制度以前所取得的财产，均属于夫妻个人财产。婚后取得的财产，原则上均属于夫妻共同财产，但法律上明确规定不属于共同财产的除外。

③不属共同拥有的财产

不属于夫妻共同拥有的财产又分为两类：第一类是依照本财产制度不应当被列为夫妻共同财产的财产；第二类是法律明文禁止列为共同财产的财产。

不应当被列为共同财产的财产范围与取得财产分享制中不属于供分享财产的范围基本一致，包含下列财产：

（a）因继承、受遗赠或受赠与而取得的财产；

（b）基于取得共同财产制存续期之前的个人权利而取得之财产；

（c）因为夫妻个人财产所取得的不具有孳息性质的财产。

此外，被法律禁止列为夫妻共同拥有的财产如下：

(a)取得共同财产制存续期内，夫妻一方通过继承、受遗赠或者受赠与取得的财产，被继承人或赠与人明确表示相关财产不可以纳入夫妻共同财产；

(b)取得共同财产制存续期内，夫妻一方通过继承、受遗赠或者受赠与取得的财产，但被继承人、遗赠人或赠与人对标的物设有归还条款或者信托替换条款；

(c)纯属随权利人死亡而消灭的人身性质的权利，如用益权、使用权或居住权；

(d)基于人身性权利所取得的赔偿，或者基于个人财产损失而取得的赔偿；

(e)基于人身性保险取得的财产，或者基于个人财产保险而取得的财产；

(f)夫妻双方的个人衣物、用品、证书及信函；

(g)对于夫妻一方原生家庭有纪念意义的廉价物品。

④共有财产分割规则

夫妻双方在取得共同财产制下离婚或者变更财产制度时，基于取得共同财产制的夫妻共同财产需要平均分割。如果有些物品不宜分割，则通过公允方式定出价格，在分配不平均的情况下，分割所得较多的一方依照价格付给对方相应的抵偿金。

分割可以通过合同的方式完成，如果涉及不动产，不动产部分的合同需要用公证书的方式作出。如果双方对于分割方案无法达成共识，可以向法院提起财产清册程序。

(5)一般共同财产制

①适用前提

一般共同财产制的适用前提是夫妻双方在婚姻协定中的约定，只有夫妻双方依照法定方式约定适用此财产制度时，才可以适用。

《澳门民法典》第1569条规定，如果夫妻任何一方已经与任何第三人生育子女，无论该子女是否已经成年，这对夫妻都不得选择一般共同财产制。

换言之，一般共同财产制只适用于婚前没有生育过的结婚人，对于有子女离婚后再婚的，以及未婚先育再与他人(相对于孩子亲生父母而言)结婚的，都不得选择一般共同财产制。

法律没有明确写明为何会限制已有子女的人选择一般共同财产制。本书推测，立法者如此规定的一个原因是：婚前所生的子女无权继承继父或者继母的遗产，但如果父亲与继母或者母亲与继父结婚时采用了一般共同财产制，那么子女原本可以继承的遗产(尤其是亲生父母的婚前财产部分)将立即被继父或继母分走一半。所以，此项限制的目的是保护子女对父母在婚前的财产所享有的继承上的期待权。

②财产制特征

一般共同财产制是一种将夫妻双方的财产权利深度绑定的财产制度，夫妻双方的所有的财产，除了法律禁止成为共同财产的部分，全部都会因为此财产制度成为夫妻共同财产。

法律禁止列为夫妻共同拥有的财产在取得共同财产制部分已经列举，在此不再赘述。

③共有财产分割规则

夫妻双方在一般共同财产制下离婚，或者变更财产制度时，除了法律禁止列为夫妻共同财产之外的全部财产都属于待分割的财产范围。分割的方法和程序也与取得共同财产制没有区别。

在一般共同财产制下,如果离婚的理由是其中一方负有过错,则此过错有可能在分割时完全推翻夫妻间约定的婚姻财产制度。《澳门民法典》第 1645 条规定,在诉讼离婚引致的财产分割程序中,如果夫妻中有一方被宣告为离婚的主要过错方或者唯一过错方,则此过错方所能够分得的财产,不得高于取得共同财产制所能分给他的数额。法律这样规定,是为了防止有人恶意选择一般共同财产制。

举例说明:假设法律没有限制过错离婚人的财产分割权,则可能出现下列极端的事件。甲乙二人打算以一般共同财产制结婚,甲对乙的感情并不真挚,其结婚主要是因为乙是富翁。从婚姻关系成立的那一刻开始,乙名下的全部财产会立即成为夫妻共同财产,包括婚前财产。然而,如果甲在婚后故意作出违反夫妻义务的行为,故意促成离婚,那么没有过错的一方不但要将婚后财产的一半分割给过错方,还要把一半的婚前财产也分割给过错方。如此,法律将会鼓励他人通过滥用一般共同财产制,利用不真诚的婚姻关系,"合法地"从配偶处攫取对方一半的财产。这样的结果会引发严重的社会问题,因此立法者特意通过此项规定来杜绝这种情况。

(6)自行约定的婚姻财产制度

根据《澳门民法典》第 1567 条的规定,夫妻双方除了可以通过婚姻协定在法定的 4 种婚姻财产制度中选择双方认为合适的制度,也可以自行制定自己认为合适的专属婚姻财产制度,只要相关制度不违反《澳门民法典》中关于婚姻财产制度的强制性规定。

现实生活中,绝大部分结婚人都不会自己制定婚姻财产制度,因为《澳门民法典》提供的 4 种选择已经可以满足绝大部分人的实际需求。

3. 涉及婚姻关系的赠与

(1)因结婚而作之赠与

习俗上的彩礼、聘礼、嫁妆,甚至亲友对新人的馈赠等,在我国澳门特别行政区的民法中,只要符合了法律要求的书面形式,很多都可以被归类为因结婚而作之赠与。

①赠与人与受赠人

《澳门民法典》所规定的因结婚而作之赠与,从主体上划分,包含 4 种不同的赠与,分别是:(a)打算结婚的一方向另一方作出的赠与(准夫妻之间的单向赠与);(b)打算结婚的双方相互作出的赠与(准夫妻之间的双向赠与);(c)第三人向结婚人一方的赠与(亲友给予准夫妻中一人的赠与);(d)第三人向结婚人双方的赠与(亲友给予准夫妻二人的赠与)。在这 4 种赠与行为中,赠与人都必须用书面方式明确说明——赠与的原因是受赠人即将结婚。如果没有说明赠与原因,相关赠与就会被视为普通赠与,从而不适用"因结婚而作之赠与"的相关法律制度。

②因结婚而作的赠与行为的形式

因结婚而作之赠与行为应当采用的形式:就动产而言,必须通过书面方式才成立;如果涉及不动产物权,则应当通过公证书的形式作出,或者符合婚姻协定的法定形式。

③因结婚而作的赠与的生效

因结婚而作之赠与在结婚时才产生效力,只有受赠人在法定的合理的时间之内结婚,赠与人才有义务依照赠与合同给付赠与物。

因结婚而作的赠与失效,赠与人可以不必给付尚未交付的赠与物,也可以取回已经交付的赠与物。

④赠与物的归属

因结婚而作之赠与,如果是准夫妻之间的赠与,那么无论此后夫妻双方采取哪一种婚姻财产制度,赠与物均为受赠人的个人财产。

如果赠与人是第三人(准夫妻的亲友),且赠与人明确指出受赠人是夫妻二人,或者明确表示称赠与物应当纳入夫妻供分享财产或者夫妻共同财产,那么此赠与物将成为夫妻供分享财产或者夫妻共同财产。

如果赠与人是第三人,且赠与人明确指出受赠人是夫妻一方,那么(a)对于采用分别财产制、取得财产分享制、取得共同财产制的夫妻而言,赠与物都属于受赠人的个人财产;(b)对于采用一般共同财产制的夫妻而言,只有赠与人明确表示此赠与物不可列为夫妻共同财产时,赠与物才属于受赠人的个人财产。

⑤因婚姻而作之赠与之失效

因婚姻而作之赠与,并非永久有效,无论赠与物是否已经交付,只要出现下列两种情况,赠与都会失效。情况一:在赠与合同成立以后,受赠的准结婚人最终没有在1年之内结婚;又或者是他们虽然在1年之内结婚,但婚姻在事后被撤销。情况二:在赠与合同成立以后,受赠人离婚,而且受赠人在离婚中被宣告为唯一过错方或者主要过错方。

在上述情况二中,如果受赠人是夫妻中的一方,且此人在离婚中没有过错,则其所接收的赠与不会因离婚而失效。如果受赠人是夫妻双方,则赠与仅针对唯一过错方或者主要过错方失效。

因结婚而作的赠与,一旦失效,如果赠与物尚未送出,则赠与人将不再有义务履行赠与的承诺;如果已经送出,那么受赠人应当返还所接受的赠与物。

(2)夫妻间之赠与

夫妻之间的赠与,是指夫妻之间在婚姻关系存续期间,基于夫妻关系,而向对方作出的财物赠与行为。夫妻间的赠与,无论夫妻双方采用哪一种婚姻财产制度,赠与物均属于受赠一方的个人财产。

夫妻间的赠与,在赠与的方式上比一般人之间的赠与要求更为严格。一般而言,不动产的赠与需要以公证书的形式作出,动产的赠与则应当以书面形式作出,如果赠与的意思表示和交付行为同时发生,则可以免除书面的意思表示。然而,就夫妻间的赠与而言,不但不动产的赠与仍然必须以公证书形式作出,而且动产的赠与也必须以书面形式作出,无论该动产是否立即交付。

夫妻间的赠与,会在两种情况下失效。情况一:在赠与合同成立以后,两人间的婚姻在事后被撤销;情况二:在赠与合同成立以后,受赠人离婚,而且受赠人在离婚中被宣告为唯一过错方或者主要过错方。

夫妻间的赠与一旦失效,如果赠与物尚未送出,则赠与人将不再有义务履行赠与的承诺;如果已经送出,则受赠人应当返还所接受的赠与物。

8.4 三法域规定列举(见表2-8-1)

表2-8-1 三法域规定列举

夫妻财产制度	
中国内地	法定财产制对夫妻共同财产和个人财产分别作出规定,与法定财产制相对应,以协议形式约定婚姻关系存续期间财产关系的为夫妻约定财产制,优先于法定财产制适用
中国香港特别行政区	现行法律规定中的夫妻财产制度是夫妻分别财产制,即夫妻双方不论婚前、婚后取得的财产,仍然归双方各自所有,但夫妻可通过约定或赠与等法律行为确定夫妻关系存续期间的财产归属
中国澳门特别行政区	夫妻双方在结婚时如果没有签订婚姻协定,法律会推定适用取得财产分享制。此外,夫妻可在结婚时约定选择分别财产制、取得共同财产制、一般共同财产制或自行约定的婚姻财产制度,并可在婚后进行变更
夫妻共同财产	
中国内地	夫妻在婚姻关系存续期间所得的下列财产,为夫妻的共同财产,归夫妻共同所有:(1)工资、奖金、劳务报酬;(2)生产、经营、投资的收益;(3)知识产权的收益;(4)继承或者受赠的财产,但是《民法典》第1063条第3项规定的除外;(5)其他应当归共同所有的财产
中国香港特别行政区	可由夫妻双方约定
中国澳门特别行政区	共同财产的范围取决于夫妻约定的婚姻财产制度,如没有签订婚姻协定,法律会推定适用取得财产分享制,在此制度下供分享财产包括:(1)取得财产分享制存续期内夫妻任何一方的劳动所得;(2)取得财产分享制存续期内夫妻任何一方取得的其他财产,只要这些财产没有被其他法律规定为夫妻个人财产
夫妻个人财产	
中国内地	在以夫妻共同财产制为一般前提的情况下,对个人财产的范围也作了明确规定,作为对夫妻共同财产制的补充。夫妻对各自的个人财产,享有独立的管理、使用、收益、处分权利。 下列财产为夫妻一方的个人财产: (1)一方的婚前财产,这部分以完成结婚登记、婚姻关系确立为界; (2)一方因受到人身损害获得的赔偿或者补偿,军人的伤亡保险金、伤残补助金、医药生活补助费亦属此列,因该类型财产有其明确的人身专属性; (3)遗嘱或者赠与合同中确定只归一方的财产,意在尊重遗嘱人或赠与人的自由意思表示和处分权; (4)一方专用的生活用品,因此类物品有个人专用性; (5)其他应当归一方的财产
中国香港特别行政区	夫妻在婚姻关系存续期间,如无特别约定的,财产和债务都各自享有和承担。夫妻一方以本人的金钱或者有价物分担改善另一方财产状况的,除非另有相反的协议,则被视为因此有权取得该增值财产的一部分或者大部分权益

续表

夫妻个人财产	
中国澳门特别行政区	个人财产的范围取决于夫妻约定或依法推定适用的婚姻财产制度,在特定财产制度下法律规定了不属共同拥有的财产或不供分享财产
夫妻共同债务	
中国内地	(1)夫妻双方共同签名或者夫妻一方事后追认等共同意思表示所负的债务; (2)夫妻一方在婚姻关系存续期间以个人名义为家庭日常生活需要所负的债务; (3)夫妻一方在婚姻关系存续期间以个人名义超出家庭日常生活需要所负的债务一般不属于夫妻共同债务,但是债权人能够证明该债务用于夫妻共同生活、共同生产经营或者基于夫妻双方共同意思表示的,亦属夫妻共同债务
中国香港特别行政区	夫妻在婚姻关系存续期间,如无特别约定的,财产和债务都各自享有和承担
中国澳门特别行政区	法律所列举的情况共有五种(详见本章第三节),除了法律所列举的情况之外,原则上法律不将任何债务推定为夫妻共同负责的债务。还有一种情况,如果夫妻采用的婚姻财产制度是一般共同财产制,夫妻任何一方,无论是在婚前还是婚后所设定的债务,只要其举债所取得的财产用在了服务于夫妻共同利益之处,则夫妻就应当共同承担该债务。此外,法律还规定了应当由夫妻一方负责的债务的三种情况
婚内财产分割及纠纷解决	
中国内地	在婚姻关系存续期间,原则上对于共同共有的财产是不允许分割的,《民法典》制订时增加了对婚内夫妻一方可以请求分割共同财产的两类例外情形:(1)一方有隐藏、转移、变卖、毁损、挥霍夫妻共同财产或者伪造夫妻共同债务等严重损害夫妻共同财产利益的行为;(2)一方负有法定扶养义务的人患重大疾病需要医治,另一方不同意支付相关医疗费用
中国香港特别行政区	夫妻间因财产所有权或管有权发生的争议,丈夫或妻子可用传票或循简易程序向法官提出申请,请求法庭的裁决;法官接获申请后,可就与纠纷有关的财产申请及因该申请引起的诉讼费用,发出其认为合适的命令,或指示将该申请暂时延办以及作出指示,以其认为合适的方式查究有关事项
中国澳门特别行政区	(1)夫妻通过婚后协定将财产分享制或者公有制变更为分别财产制,基于婚姻财产制度进行财产分割,其财产效力以协议签署之日为准; (2)基于法院判决进行婚内分产,其效力与协议变更财产制度一样,但财产效力的生效日期是诉讼提起之日
夫妻对财产处分的规制	
中国内地	夫妻一方在家庭日常生活需要的范围内,与相对人实施民事法律行为时,依法享有相互代理的权利,除与第三人另有约定外,夫妻一方实施的民事法律行为,可视为夫妻双方的意思表示。上述代理权以日常生活所需为限
中国香港特别行政区	夫妻间为逃避债务欺诈债权人而发生的赠与或者其他投资行为是无效的;夫妻一方为了试图令另一方要求经济给养的申索失败作出财产处置或是若法庭撤销该项财产处置,另一方将会获批予经济给养或不同的经济给养,则另一方可以提出撤销财产处置的命令
中国澳门特别行政区	对于不同类型的财产,结合婚姻关系适用的不同财产制度,分别进行了不同的法律规定

第九章　其他家庭成员关系

9.1　中国内地法律制度

根据汉语词典对“家庭”的解释，是以婚姻和血缘为纽带的基本社会单位。

家庭关系是指基于婚姻、血缘或法律拟制而形成的一定范围的亲属之间的权利和义务关系。家庭关系依据主体为标准可以分为夫妻关系、亲子关系和其他家庭成员之间的关系。

《民法典》第 1045 条对亲属、近亲属、家庭成员作了明确的界定。“亲属”包括配偶、血亲和姻亲。“近亲属”包括配偶、父母、子女、兄弟姐妹、祖父母、外祖父母、孙子女、外孙子女。家庭成员包括配偶、父母、子女和其他共同生活的近亲属。其中血亲包括直系和旁系、自然和拟制的血亲等。姻亲包括配偶的血亲、血亲的配偶、配偶的血亲的配偶等。

本章着重于介绍除夫妻关系以外的其他家庭成员之间的权利义务关系。家庭成员之间的合法权益受法律保护。家庭成员之间关系如图 2－9－1、图 2－9－2 所示。

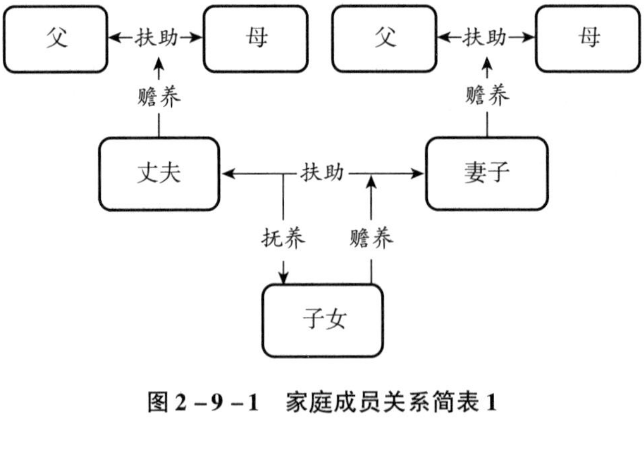

图 2－9－1　家庭成员关系简表 1

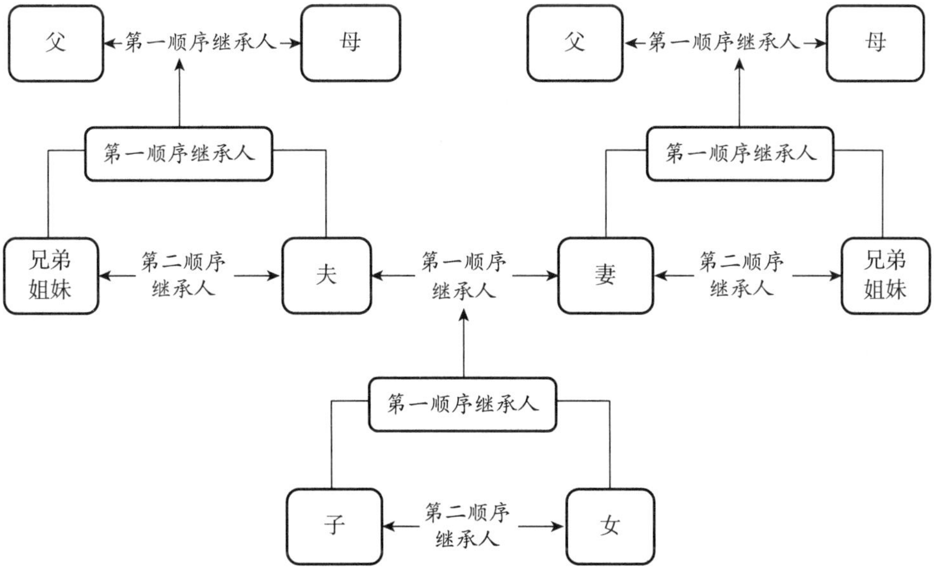

图 2-9-2　家庭成员关系简表 2

9.1.1　其他家庭成员关系的一般概念及基本原则

家庭关系亦称家庭人际关系。是家庭成员之间固有的特定关系。表现为不同家庭成员之间的不同联系方式和互助方式,是联结家庭成员之间的纽带。它的特点是以婚姻和血缘为主体,并由有婚姻和血缘关系的人生活在一起构成,表现为组成家庭的各成员之间特殊的相互行为,以代际关系为层次,以家庭同代人的多少为幅度,构成家庭中几代人或同代人之间的传递和交往。

家庭成员之间可能会发生基于人身、身份、财产等而产生的法律关系。

9.1.2　家庭成员间人身关系

家庭成员间人身关系包括:夫妻关系、父母子女关系和其他近亲属关系。在《民法典》第五编婚姻家庭编里对家庭关系作出明确的规定。

1. 父母子女关系

父母子女之间的关系包括自然血亲和拟制血亲。拟制血亲是“自然血亲”的对称,是指本来没有血缘关系,或没有直接的血缘关系,但法律确定其地位与血亲相同的亲属。一般拟制血亲有两类:一是养父母与养子女以及养子女与养父母的其他近亲属;二是在事实上形成了扶养关系的继父母与继子女、继兄弟姐妹。没有抚养关系的继父母与继子女、继兄弟姐妹之间属于姻亲,不属于拟制血亲。在法律上自然血亲和拟制血亲有同等的权利和义务。父母对子女有抚养教育的义务,子女对父母有赡养扶助的义务,父母与子女之间有相互继承遗产的权利。我国《民法典》第 1071 条规定,父母子女关系包括婚生子女关系、非婚生子女关系、收养父母子女关系、继父母子女关系等。

(1)婚生子女与非婚生子女:婚生子女是指婚姻关系存续期间妻子所生育的子女。而在婚姻关系以外所生的子女为非婚生子女。

非婚生子女享有与婚生子女同等的权利,任何组织或者个人不得加以危害和歧视。

不直接抚养非婚生子女的生父或者生母,应当负担未成年子女或者不能独立生活的成年子女的抚养费。

(2)继父母与继子女:我国《民法典婚姻家庭编解释(一)》第 54 条规定,生父与继母离婚或者生母与继父离婚时,对曾受其抚养教育的继子女,继父或者继母不同意继续抚养的,仍应由生父或者生母抚养。

(3)养父母与养子女关系。自收养关系成立之日起,养父母与养子女间的权利义务关系,适用《民法典》关于父母子女关系的规定。养子女与生父母以及其他近亲属间的权利义务关系,因收养关系的成立而消除。

(4)人工授精所生子女。婚姻关系存续期间,夫妻双方一致同意进行人工授精,所生子女应视为婚生子女,父母子女间的权利义务关系适用《民法典》的有关规定。此外,因在我国内地代孕本身行为不合法。

(5)亲子关系的承认与否认。我国《民法典》第 1073 条第 1 款明确规定,对亲子关系有异议且有正当理由的,父或者母可以向人民法院提起诉讼,请求确认或者否认亲子关系。

《民法典婚姻家庭编解释(一)》第 39 条规定,父或者母向人民法院起诉请求否认亲子关系,并已提供必要证据予以证明,另一方没有相反证据又拒绝做亲子鉴定的,人民法院可以认定否认亲子关系一方的主张成立。父或者母以及成年子女起诉请求确认亲子关系,并提供必要证据予以证明,另一方没有相反证据又拒绝做亲子鉴定的,人民法院可以认定确认亲子关系一方的主张成立。

2. 祖父母、外祖父母与未成年孙子女、外孙子女的关系

我国《民法典》第 1074 条规定,有负担能力的祖父母、外祖父母,对于父母已经死亡或者父母无力抚养的未成年孙子女、外孙子女,有抚养的义务。有负担能力的孙子女、外孙子女,对于子女已经死亡或者子女无力赡养的祖父母、外祖父母,有赡养的义务。

3. 兄弟姐妹关系

我国《民法典》第 1075 条规定,有负担能力的兄、姐,对于父母已经死亡或者父母无力抚养的未成年弟、妹,有扶养的义务。由兄、姐扶养长大的有负担能力的弟、妹,对于缺乏劳动能力又缺乏生活来源的兄、姐,有扶养的义务。

9.1.3　家庭成员身份关系中的权利义务

在我国婚姻法律制度中,特别是在家庭成员的权利和义务中,都包含着社会主义道德规范的要求。

1. 抚养与赡养

我国《民法典》第 1067 条规定,父母不履行抚养义务的,未成年子女或者不能独立生活的成年子女,有要求父母给付抚养费的权利。成年子女不履行赡养义务的,缺乏劳动能力或者生

活困难的父母，有要求成年子女给付赡养费的权利。

我国《民法典》第 1069 条规定，子女对父母的赡养义务，不因父母的婚姻关系变化而终止。

2. 教育和保护

我国《民法典》第 1068 条规定，父母有教育、保护未成年子女的权利和义务。未成年子女造成他人损害的，父母应当依法承担民事责任。

3. 相互尊重

我国《民法典》第 1069 条规定，子女应当尊重父母的婚姻权利，不得干涉父母离婚、再婚以及婚后的生活。

4. 重视对未成年人的保护

由全国人大常委会修订并于 2021 年 6 月 1 日开始生效执行的《中华人民共和国未成年人保护法》（以下简称《未成年人保护法》）第 4 条规定：保护未成年人，应当坚持最有利于未成年人的原则。该法第 2 章第 15 条至第 24 条规定了对未成年人的家庭保护责任。从为未成年人提供生活、健康、安全等方面的保障；关注未成年人的生理、心理状况和情感需求；教育和引导未成年人遵纪守法、勤俭节约，养成良好的思想品德和行为习惯；对未成年人进行安全教育，提高未成年人的自我保护意识和能力；尊重未成年人受教育的权利，保障适龄未成年人依法接受并完成义务教育；保障未成年人休息、娱乐和体育锻炼的时间，引导未成年人进行有益身心健康的活动；妥善管理和保护未成年人的财产；依法代理未成年人实施民事法律行为等方面作了明确规定。

《未成年人保护法》第 19 条也明确规定，未成年人的父母或者其他监护人应当根据未成年人的年龄和智力发展状况，在作出与未成年人权益有关的决定前，听取未成年人的意见，充分考虑其真实意愿。

9.1.4　家庭财产关系

家庭财产是指家庭成员在家庭共同生活关系存续期间共同创造、共同所得的财产，在法律上被确认的所有制关系，受到法律保护。

1. 家庭共有财产关系

家庭共有财产是指在家庭中，全部或部分家庭成员共同所有的财产。对于父母子女或其他家庭成员之间以共同的收入共同生活的，例如在农村常见的成年子女与父母共同生活、有的共同承包责任田，没有分家也没有明确各自份额的，可能涉及父母子女之间共有财产问题。该等财产关系应当按照实际情况，适用《民法典》第 297 条有关“共有”的规定处理。

2. 财产继承关系

财产继承是一种民事法律制度，是公民死亡或宣告死亡之后，按法定程序，把死者遗留的个人合法财产转移给他人所有的一种法律制度。我国《民法典》第 1122 条第 1 款规定，遗产是自然人死亡时遗留的个人合法财产。

在我国遗嘱继承和法定继承都是财产继承的方式，但遗嘱继承优先于法定继承，被继承人生前如立有合法的遗嘱，就应首先按遗嘱的规定进行遗嘱继承；在没有遗嘱或遗嘱被人民法院判决为无效时，才按法定继承方式进行。我国《民法典》第1123条规定，继承开始后，按照法定继承办理；有遗嘱的，按照遗嘱继承或者遗赠办理；有遗赠扶养协议的，按照协议办理。《民法典》第1070条规定，父母和子女有相互继承遗产的权利。其中需要特别说明的是，有扶养关系的继子女、继父母享有法定继承权。

(1)法定继承关系

法定继承，是根据法律直接规定的继承人的范围、继承人继承的顺序、继承人继承遗产的份额及遗产分配原则继承被继承人遗产的一种继承方式，在我国法定继承权男女平等。

法定继承是一种法律推定继承。被继承人未立遗嘱或所立遗嘱无效时，法律根据被继承人与继承人之间的近亲属关系，推定被继承人生前愿意将自己的遗产由全体继承人按照近亲属亲等的远近、一般均等分配的方法进行继承。

《民法典》第1127条规定，遗产按照下列顺序继承：第一顺序：配偶、子女、父母；第二顺序：兄弟姐妹、祖父母、外祖父母。继承开始后，由第一顺序继承人继承，第二顺序继承人不继承；没有第一顺序继承人继承的，由第二顺序继承人继承。这里所称的子女，包括婚生子女、非婚生子女、养子女和有扶养关系的继子女。父母，包括生父母、养父母和有扶养关系的继父母。兄弟姐妹，包括同父母的兄弟姐妹、同父异母或者同母异父的兄弟姐妹、养兄弟姐妹、有扶养关系的继兄弟姐妹。

《民法典》第1128条规定，被继承人的子女先于被继承人死亡的，由被继承人的子女的直系晚辈血亲代位继承(孙子女、外孙子女对祖父母、外祖父母的遗产产生继承权的情形)。被继承人的兄弟姐妹先于被继承人死亡的，由被继承人的兄弟姐妹的子女代位继承。代位继承人一般只能继承被代位继承人有权继承的遗产份额。

(2)遗嘱继承

遗嘱继承，与法定继承相对而称，是指继承人依照被继承人生前设立的合法有效的遗嘱继承被继承人遗产的一种继承制度。在遗嘱继承中，继承人的范围、继承顺序和继承份额均由被继承人生前做成的遗嘱来确定，因此，遗嘱继承又称“指定继承”。设立遗嘱的被继承人称遗嘱人，由遗嘱指定的继承人为遗嘱继承人。

(3)遗赠

《民法典》第1133条规定，自然人可以依照本法规定立遗嘱处分个人财产，并可以指定遗嘱执行人。自然人可以立遗嘱将个人财产指定由法定继承人中的一人或者数人继承。自然人可以立遗嘱将个人财产赠与国家、集体或者法定继承人以外的组织、个人。自然人可以依法设立遗嘱信托。

3. 儿媳与公婆、女婿与岳父母之间的继承关系

《民法典》第1129条规定，丧偶儿媳对公婆，丧偶女婿对岳父母，尽了主要赡养义务的，作为第一顺序继承人。

9.2　中国香港特别行政区法律制度

从 1971 年 10 月 7 日《婚姻制度改革条例》实施起我国香港地区的婚姻家事法律关系发生了重大变革。封建的婚姻制度被废除，建立了统一适用于婚姻、离婚和家庭关系方面的法律制度。现行中国香港特别行政区婚姻家庭法以判例为主、兼以香港特别行政区立法局制定的单行法例，如《婚姻条例》（第 181 章）、《婚姻制度改革条例》（第 178 章）、《婚姻法律程序与财产条例》（第 192 章）、《婚姻诉讼条例》（第 179 章）、《父母与子女条例》（第 429 章）、《分居令及赡养令条例》（第 16 章）、《婚生地位条例》（第 184 章）、《领养条例》（第 290 章）、《赡养令（交互强制执行）规则》（第 188A 章）、《家庭及同居关系暴力条例》（第 189 章）、《掳拐和管养儿童条例》（第 512 章）、《未成年人监护条例》（第 13 章）、《生死登记条例》（第 174 章）、《财产恒继及收益累积条例》（第 257 章）、《财产继承（供养遗属及受养人）条例》（第 481 章）等构成。

香港家事法律程序（domestic proceedings）指主要根据以下条例或司法管辖权而进行的任何法律程序——（1）《分居令及赡养令条例》（第 16 章）；（2）《婚姻诉讼条例》（第 179 章）；（3）《家庭及同居关系暴力条例》（第 189 章）；（4）《婚姻法律程序与财产条例》（第 192 章）；（5）《领养条例》（第 290 章）；（6）《父母与子女条例》（第 429 章）；（7）原讼法庭就未成年人具有的固有司法管辖权。

我国香港地区在婚姻家庭制度方面较为复杂。1852 年和 1875 年港英当局两度颁布了香港《婚姻条例》，但只适用于西方人，绝大多数华人仍沿用清代的婚姻礼俗。1930 年中华民国南京政府颁布了中国近代史上第一部民法典，规定了一种新型的婚姻方式，被称为“新式婚姻”或“文明婚姻”，后传入中国香港地区并迅速流行起来。据港英当局统计，这一婚姻方式主要集中在 1930 年至 1960 年间。直到 1971 年 10 月 7 日《婚姻制度改革条例》（第 178 章）的实施。

本节着重介绍我国香港特别行政区现行的以婚姻和血亲（包括直系血亲、拟制血亲）为纽带的夫妻关系（见其他章节）以外的亲属之间的相互法律关系及其权利义务。

9.2.1　其他亲属的一般概念

根据相关法律指引，在我国香港特别行政区法律制度中，其他亲属的范畴依据不同的法律而内涵有所不同。如《家庭及同居关系暴力条例》（第 189 章）其他亲属的范畴包括：父亲、母亲、祖父母或外祖父母（不论是在亲生关系或领养关系之下的）；继父、继母、继祖父母或继外祖父母；配偶的父亲或配偶的母亲（包括亲生父母、领养父母或继父母）、配偶的祖父母或配偶的外祖父母（包括配偶的亲生祖父母、亲生外祖父母、领养祖父母、领养外祖父母、继祖父母或继外祖父母）；儿子、女儿、孙、孙女、外孙或外孙女（不论是在亲生关系或领养关系之下的）；继子、继女、继孙、继孙女、继外孙或继外孙女；女婿或媳妇（亲生子女、领养子女或继子女的配偶）；孙女婿、孙媳妇、外孙女婿或外孙媳妇（含该孙女婿、孙媳妇、外孙女婿或外孙媳妇的亲生孙、亲生外孙、领养孙、领养外孙、继孙或继外孙的配偶）；兄弟或姊妹（不论是全血亲、半血亲或凭借领养关系）；配偶的兄弟或姊妹（不论是全血亲、半血亲或凭借领养关系）；继兄弟或继姊妹;配偶的继兄弟或继姊妹;伯父母、叔父母、舅父母、姑丈、姑母、姨丈、姨母、侄儿、侄女、甥、甥女、表兄弟、表姊妹、堂兄弟或堂姊妹(不论是全血亲、半血亲或凭借领养关系);配偶的伯父母、叔父母、舅父母、姑丈、姑母、姨丈、姨母、侄儿、侄女、甥、甥女、表兄弟、表姊妹、堂兄弟或堂姊妹(不论是全血亲、半血亲或凭借领养关系);或其中阶段所述的任何人的配偶。

在《领养条例》(第 290 章)中则规定,亲属 (relative),就幼年人而言,指其全血亲、半血亲或姻亲关系的祖父母、外祖父母、兄弟、姐妹、伯父母、叔父母、舅父母、姑丈、姑母或姨丈、姨母,并包括以下的人——(1)在已根据本条例就该幼年人或任何人作出领养令的情况中,假若受领养人为领养人在合法婚姻中所生的子女时,任何会属本定义所指的该幼年人亲属的人;(2)在该幼年人属非婚生者的情况中,该幼年人的父亲,以及假若该幼年人为其父亲及母亲的婚生子女时,任何会属本定义所指的该幼年人亲属的人。

根据《生死登记条例》(第 174 章)规定的登记制度,所有在我国香港特别行政区出生及死亡的事实均需要政府生死登记处经登记官登记造册。其他需要登记的还包括非婚生子女父亲的登记、非婚生子女父亲的重新登记、供应配子的人获判定为父母的命令作出后的重新登记。

凡登记官接获依据《父母与子女条例》(第 429 章)第 12 条所发出就根据该条所作的一项命令的通知,而该命令是判定某人在法律上被视为婚姻双方的子女,而该人的出生在先前已予登记,则登记官须授权重新登记该人的出生。

我国香港特别行政区的《生死登记条例》(第 174 章)等登记制度,以登记的方式和内容,确立了父母子女关系及其他亲属关系。

9.2.2 家庭成员间人身关系

1. 父母子女关系概念

“子女”与“家庭子女”具不同的含义。

《婚姻法律程序与财产条例》(第 192 章)对“子女”(child)的定义为:就婚姻的一方或双方而言,包括该一方或双方的非婚生子女或领养子女。家庭子女(child of the family)就婚姻的双方而言,指该双方的子女及被该双方视为其家庭子女的任何其他子女。

《领养条例》(第 290 章)在诠释父母、父或母 (parent)时指出,就任何非婚生子女而言,指其母亲,以及凭借法院根据《未成年人监护条例》(第 13 章)第 3(1)(d)条所作命令而有权对该子女行使任何权利或权限的父亲。父亲 (father),就非婚生幼年人而言,指其生父。由此可见,非婚生子的父亲身份是需要经法院确认的。

《父母与子女条例》(第 429 章)旨在减少因非婚生地位而在法律上引起的无行为能力,综合及修订关于父亲身份、婚生地位及确立婚生地位的某些法律规定,就凭医疗助孕服务而怀孕或出生的个案中有关子女的父母身份断定订定条文,就在诉讼中使用科学测试方式以断定父母身份的事宜订定条文,并就相关事宜作出规定。

任何人均可向法院申请由法院宣告下列事项——(1)申请书内指明的人在法律上是或曾经是申请人的父母;(2)申请人是其父母的婚生子女;(3)申请人已经成为或未有成为获确立

婚生地位人士。

父母子女关系包括婚生子女关系、非婚生子女关系、收养父母子女关系、继父母子女关系及其他父母子女关系等。

2. 婚生子女的确定

任何在以下婚姻或结合情况下出生的人士，即为该宗婚姻或结合下的婚生子女，并在任何情况下，均须当作具备婚生地位——(1)《婚姻制度改革条例》(第178章)认可的新式婚姻；(2)《婚姻制度改革条例》(第178章)宣布有效的旧式婚姻；(3)夫妾关系；(4)在《婚姻制度改革条例》(第178章)所指定日期前，按照当时在香港适用的中国法律及习俗而缔结的兼祧婚姻。

上述条文中，夫妾关系，指男方与女方在1971年10月7日前缔结的夫妾关系，而在该关系下，女方于男方在世时已被其妻子接纳为男方之妾，而男方家人亦普遍承认如此。

3. 非婚生子女

除上述被认定为法律认可的婚姻内出生的子女为婚生子女以外，其他女方在没有合法婚姻基础上所生子女为非婚生子女。非婚生子女的父亲身份需要经法院以命令方式予以确认。

根据我国香港特别行政区《婚生地位条例》(第184章)的规定，非婚生子女在以下情形下，可获得婚生子女地位：

①根据《婚生地位条例》(第184章)第8条，关于外籍外来法律而确立婚生地位的个人权利和义务。凡非婚生人士的父母在本条例生效之前或之后彼此结婚或已彼此结婚，而其父亲在结婚当日以香港为其居籍，或在当日已经与香港有密切联系，则该宗婚姻会确立该人士(如仍在世的话)的婚生地位，其生效日期以本条例生效日期或该结婚日期中较迟者为准。

②根据《婚生地位条例》(第184章)第11条第1款的规定，无效婚姻的子女，不论是在本条例生效之前或之后出生，如在其母亲是次受孕时(或后来举行婚礼者，则以婚礼举行时为准)，婚姻双方或其中一方合理地相信该宗婚姻是有效的，则该名无效婚姻的子女须视作其父母所生的婚生地位子女。

③根据《婚生地位条例》(第184章)第7条，在维持及供养本身或他人生活方面，获确立婚生地位人士的权利和义务，犹如其出生时即具备一样。

4. 继父母与继子女关系

继父母子女之间的关系属于其他亲属范畴。其权利义务关系与婚生子女关系有所不同，尤其在继承权方面存在差异。但继父或继母可成为养父或养母。一旦法院批出领养令，该被领养人如同合法婚姻所生子女享有同等权利。

5. 养父母与养子女关系

养父母与养子女关系基于法院的领养令而确认，并办理领养登记后即生成父母子女关系。养父母子女的在遗产继承方面的权利义务犹如受领养人是领养人在合法婚姻中所生的子女。

6. 其他父母子女关系及身份断定

《父母与子女条例》(第429章)第9、10、12、13、14条规定了相关内容。

①借医疗怀孕或出生的个案中有关子女的父母身份如何断定

对母亲的定义为:任何正在或曾经怀有子女的女子,若是因胚胎或精子和卵子被放置其体内而怀孕的,则除她以外,别无其他女子被视为该子女的母亲。

对父亲的定义为:对于借医疗怀孕或出生的个案中的有关子女,若一女子在胚胎或精子和卵子被放置该女子体内时,或她接受人工受精时,她是婚姻的一方;及她所怀的胚胎,并不是由于该婚姻另一方的精子而产生的,则除非下述情形或除非能证明该婚姻的另一方不同意将胚胎或精子和卵子放置她体内或不同意她接受人工受精,该婚姻另一方须被视为该子女的父亲。除非任何子女凭借任何条例或其他法律规定而视为婚姻双方的子女。

若任何子女因被领养而视为只属其领养父母的子女,则在此程度上,上述条款对该子女不适用。

若一名男子的精子是在他死后才被使用;或使用一名男子的精子而产生的胚胎,是在该男子死后才被使用的,则该男子不被视为该子女的父亲。

②供应配子的人可获判定为父母的命令

在满足一定条件下,法院可发出命令,判一名子女在法律上被视为婚姻双方的子女(婚姻双方被称为丈夫及妻子),但丈夫及妻子必须在该子女出生后6个月内申请命令。

③法院可发出指令使用科学测试断定父母子女关系

在任何民事诉讼中,如须断定谁是某人的父母,法院可自行或应诉讼任何一方的申请发出指令——(a)指令使用科学测试以显示诉讼一方是否该人的父亲或母亲;及(b)指令从该人或诉讼任何一方身上抽取身体样本,法院并可在任何时间撤销或变更根据本款发出的指令。

凡因执行法院发出的指令,而须从某人身上抽取身体样本,必须取得该人同意,否则不得抽取。

年满16岁的未成年人若同意从他身上抽取身体样本,其同意所具的效力,犹如他已成年时作出的同意所具的效力一样;凡一名未成年人根据本款同意从其身上抽取身体样本而其同意是有效的,则无须向任何其他人士取得同意。

对于一名16岁以下人士以及精神错乱、不能够明白科学测试的目的和性质的人,可在取得该人的照顾及看管者的同意,及证明抽取身体样本不会影响该人的适当照顾及治疗的情况下,从该人身上抽取身体样本。

9.2.3　家庭成员关系中主要权利义务关系

1. 赡养

根据《赡养令(交互强制执行)条例》(第188章),付款人(payer),就赡养令而言,指根据赡养令有法律责任付款的人;受款人(payee),就赡养令而言,指有权获付赡养令所规定的付款的人。在该条例中,凡提述付款以赡养某名子女时,须解释为包括提述付款以作该名子女的教育用途。

在香港作出的赡养令可以更改与撤销。赡养令可获另一交互执行国家和地区法院确认与执行此等赡养令。

法院可命令赡养费支付人提交经济能力陈述书,作为法院对赡养费支付人入息作出扣押入息令的依据。

2. 教育和保护

在《婚姻法律程序与财产条例》中,教育(education)包括训练。管养、管养权(custody),就任何子女而言,包括对该子女的探视。

3. 对未成年的家庭保护责任

根据《家庭及同居关系暴力条例》,法院可更改或暂停执行管养令或探视令,法院作出更改或暂停执行法庭命令时——须以有关的未成年人的福利为首要考虑事项,并充分考虑有关的未成年人的意愿(如在顾及该未成年人的年龄及理解力以及有关个案的情况下,考虑其意愿属切实可行者)。

4. 相互继承权

(1)如果无遗嘱者死亡时没有遗下配偶或妾或子女,只留有父母在世的,其遗产由父母继承,其份额相等,但继父母没有继承权。

(2)若无遗嘱者是非婚生子女,其死亡时无生存配偶及子女,只遗下亲生父母的,遗产全部由生母继承。

(3)我国香港特别行政区法律根据不同的情形对继子女的相互继承权作了规定:如男性再婚,他与前妻所生子女有权继承现任妻子(继母)的遗产;如女性离婚再嫁,他与前夫所生的子女则无权继承其母现任丈夫(继父)的遗产。

(4)根据《领养条例》作出的领养令而产生的父母子女继承权,视同婚生子女。

(5)任何人去世时尚属腹中胎儿的子女或后嗣视同具备子女的地位,具有相关的权利义务。

在《财产继承(供养遗属及受养人)条例》中,"子女(child)包括——(a)在其父母并无婚姻关系时出生的子女;(b)在死者去世时尚在其母腹中的子女;(c)夫妾关系中的子女;(d)在1973年1月1日前按照中国法律及习俗在香港领养的子女"。

5. 申请经济给养权

死者的幼年子女,或死者的因精神或身体不健全而无能力维生的子女,死者的成年子女,而在死者去世前,该子女是完全或主要靠死者赡养的,该等子女可向法院申请作出命令:依照死者遗嘱或关于无遗嘱继承的法律,或综合死者遗嘱及该等法律而作出的遗产处置,在没有为申请人提供合理经济给养的情形下,可命令为申请人提供合理经济给养。除经法院准许外,要求作出经济给养的命令的申请不得在自最初取得死者遗产的承办之日起计6个月届满后提出。

6. 离婚对子女的安排

《婚姻法律程序与财产条例》在离婚等案件中对家庭子女的经济给养作出规定。

在关于离婚、婚姻无效或裁判分居的法律程序中,法庭可命令婚姻的一方按命令所指明的期间,向家庭子女或为该子女的利益而向命令所指明的人,作出命令所指明的定期付款或提供足令法庭满意的保证,或命令婚姻的一方向该子女或为该子女的利益而向命令所指明的人,缴付命令所指明的整笔款额。

法庭在决定行使权力以及若行使该等权力则应采取何种方式时,有责任顾及案件的所有情况,包括顾及下列事宜——“(a)该子女的经济需要;(b)该子女的收入、谋生能力(如有的话)、财产及其他经济来源;(c)该子女在身体上或精神上的无能力;(d)该家庭在婚姻破裂前所享有的生活水平;(e)该子女当时所受到的和婚姻双方期望该子女所受到的教育方式”。

7. 其他亲属可申请法院强制令

区域法院应任何人提出的申请,而信纳申请人的以上亲属曾经骚扰申请人,可发出针对该亲属的强制令。

任何未成年人如申请强制令,须经由其起诉监护人提出申请。

强制令的内容,可包括禁止答辩人骚扰申请人、禁止答辩人进入或留在申请人的居所或申请人的居所的指明部分;或一处指明的地方(无论申请人的居所是否位于该地方内),不论该居所是否申请人与答辩人的共同居所。如申请人与答辩人居于同一处,则规定答辩人必须准许申请人进入及留在申请人与答辩人的共同居所;或该共同居所的指明部分。

9.2.4 家庭财产关系

1. 财产继承关系

我国香港特别行政区有《遗嘱条例》和《无遗嘱者遗产条例》,分别对应遗嘱继承与法定继承。

(1)遗嘱继承

任何人可借按照《遗嘱条例》规定而签立的遗嘱处置其去世时享有实益、而去世后则转予其遗产代理人的所有财产。一般遗嘱以书面形式订立,并由立遗嘱人签署,或由其他人在立遗嘱人面前并依其指示签署。

(2)法定继承

无遗嘱者遗产分配事宜需按照《无遗嘱者遗产条例》所述方式分配。由于继承开始后,法定继承人的种类很多,继承人与无遗嘱者之间的亲疏远近关系各不相同,并不是所有享有继承权的人都能实际分得遗产,而是取决于其继承顺序的先后,有些须按法律规定的信托方式持有。无遗嘱者的祖父母、外祖父母、叔、姑、伯、舅、姨也可是法定继承人。

①如该无遗嘱者遗下丈夫或妻子,但无遗下后嗣及父母或全血亲兄弟姊妹或其后嗣,则须为该尚存丈夫或妻子的绝对权益而以信托形式持有该剩余遗产。

②如该无遗嘱者遗下丈夫或妻子以及后嗣,则无论其父母或全血亲兄弟姊妹或其后嗣是否亦尚存,该尚存丈夫或妻子须享有取得非土地实产的绝对权益;其中一半为该尚存丈夫或妻子的绝对权益而以信托形式持有;及其余一半则为该无遗嘱者的后嗣而以法定信托形式持有。

③如该无遗嘱者并无遗下后嗣,但遗下丈夫或妻子,以及下述人士中一人或多人,即父母、全血亲兄弟姊妹或全血亲兄弟姊妹的后嗣,则该尚存丈夫或妻子须享有取得非土地实产的绝对权益;其中一半为该尚存丈夫或妻子的绝对权益而以信托形式持有;及其余一半则按以下

规定持有——如该无遗嘱者遗下父母其中一人或父母二人(不论该无遗嘱者的兄弟姊妹或其兄弟姊妹的后嗣是否亦尚存),则为该父或母或父母二人(视属何情况而定)的绝对权益而以信托形式持有,而在后述情况下,父母二人各得相等的份额;或如该无遗嘱者并无遗下父母,则为该无遗嘱者的全血亲兄弟姊妹以法定信托形式持有。

④如该无遗嘱者遗下后嗣,但无遗下丈夫或妻子,则须为该无遗嘱者的后嗣以法定信托形式持有该无遗嘱者的剩余遗产。

⑤如该无遗嘱者并无遗下丈夫或妻子,亦无遗下后嗣,但遗下父母二人,则须为该父母二人的绝对权益而以信托形式持有该无遗嘱者的剩余遗产,而父母二人各得相等的份额。

⑥如该无遗嘱者并无遗下丈夫或妻子,亦无遗下后嗣,但遗下父母其中一人,则须为该尚存的父或母的绝对权益而以信托形式持有该无遗嘱者的剩余遗产。

⑦如该无遗嘱者并无遗下丈夫或妻子,亦无遗下后嗣与父母,则须为该无遗嘱者去世时仍活着的以下人士以信托形式持有该无遗嘱者的剩余遗产,而次序及方式如下——其一,为该无遗嘱者的全血亲兄弟姊妹以法定信托形式持有;但如无人根据该等信托享有绝对既得权益。其二,为该无遗嘱者的半血亲兄弟姊妹以法定信托形式持有;但如无人根据该等信托享有绝对既得权益。其三,为该无遗嘱者的祖父母或外祖父母持有,但如他们在该无遗嘱者去世时仍尚存的超过一人,则每人得相等的份额;但如无此类别的成员。其四,为该无遗嘱者的伯父、叔父、舅父、姑母及姨母而属于该无遗嘱者的父或母的全血亲兄弟姊妹者,以法定信托形式持有;但如无人根据该等信托享有绝对既得权益。其五,为该无遗嘱者的伯父、叔父、舅父、姑母及姨母而属于该无遗嘱者的父或母的半血亲兄弟姊妹者,以法定信托形式持有。

如根据上述条文,无人享有绝对权益,该无遗嘱者的剩余遗产即成为无主财物,属于政府所有。

2. 经济给养权

我国香港特别行政区《财产继承(供养遗属及受养人)条例》赋予法院权利,使法院有权命令拨出死者遗产以供养死者的某些遗属及死者的受养人。

死者的半血亲或全血亲兄弟姊妹,而在紧接死者去世前,该兄弟或姊妹是完全或主要靠死者赡养的,可向法院申请作出命令:依照死者遗嘱或关于无遗嘱继承的法律,或综合死者遗嘱及该等法律而作出的遗产处置,在没有为申请人提供合理经济给养的情形下,可命令为申请人提供合理经济给养。除经法院准许外,要求作出经济给养的命令的申请不得在自最初取得死者遗产的承办之日起计 6 个月届满后提出。

9.3　中国澳门特别行政区法律制度

9.3.1　其他家庭各成员关系的一般概念及基本原则

在我国澳门特别行政区《澳门民法典》第 4 卷《亲属法》的亲属法律关系中规定,结婚、血亲关系、姻亲关系及收养均为亲属法律关系之渊源。

血亲关系是指两人间基于一人为另一人之后裔,或两人有共同祖先而存有之联系。

在有血亲关系之两人中一人为另一人之后裔者,称为直系血亲;在有血亲关系之两人中一人并非另一人之后裔,但两人有共同祖先者,称为旁系血亲。直系血亲有直系血亲卑亲属及直系血亲尊亲属,从己身所出者称为直系血亲卑亲属,而己身之从出者称为直系血亲尊亲属。

直系任何亲等及旁系四亲等内之血亲关系均产生法律效果,但法律另有规定者除外。

9.3.2 家庭成员之间人身关系

1. 亲子关系的确立

(1)亲子关系概述

《澳门民法典》第1649条规定了亲子关系的平等原则:无论子女在什么情况下受孕或者出生,每名子女在亲子关系中都享有同样的权利和义务。根据此规定,婚生子女与非婚生子女在亲子关系上的权利是平等的,甚至非自愿受孕(如强奸)所产生的亲子关系,只要能顺利出生(据我国澳门特别行政区刑法规定,堕胎可构成犯罪,但法律允许强奸受孕的在孕早期合法堕胎),子女在法律上的权利也是平等的。

亲子关系的承认,必须经过法定程序。确立亲子关系的程序,一般分为两种。最常见的一种方式是通过行政程序确立,依照《民事登记法典》的规定在新生儿出生后进行登记。另一种方式就是司法程序,一般是在亲子关系有待调查的情况下,通过母亲身份调查之诉或者父亲身份调查之诉来确立亲子关系。

证明亲子关系的凭证是民事登记局依据《民事登记法典》所签发的证明书(《澳门民法典》第1652条)。《民事登记法典》第3条及第4条规定:民事登记局依据该法所作的证明是证明亲子关系的唯一合法的证明方式。如果民事登记的事实有误,则必须通过诉讼来推翻。

(2)母亲身份的确立

①母亲身份之声明

母亲与子女之间的亲子关系建基于婴儿出生的事实。在孩子出生以后,母亲可以在出生登记的文件中声明自己是孩子的母亲,从而确立亲子关系。如果孩子的母亲不具备作出《母亲身份之声明》的自然能力,则由具有此能力的第三人作出。如果缺乏上述自然能力的人基于误解或者胁迫作出了《母亲身份之声明》,声明人本人或者无行为能力声明人的父母及监护人均可在知悉该错误声明之日起1年内提起撤销之诉。

如果作出《母亲身份之声明》的时间孩子出生尚不满1年,则亲子关系立即确立。如果《母亲身份之声明》由其丈夫以外的第三人代为作出,登记机关应当将相关登记告知新生儿的母亲本人,以防止第三人的声明有误,确保被登记为母亲之人有机会提出反对(《澳门民法典》第1659条)。现实中办理出生登记非常便捷,因为民事登记局在医院设有登记站,孩子出生以后就可以立即办理。

如果孩子出生已经超过1年,则《母亲身份之声明》必须由母亲本人亲自前往登记机关完成登记行为,又或者由母亲通过特别授权(需要公证员的见证)代理人亲自去登记机关办理(《澳门民法典》第1660条)。

只要在民事登记中某人的母亲身份仍然空缺,尚未登记母亲身份,则其母亲便可随时作出《母亲身份之声明》，即使该名子女已经死亡（《澳门民法典》第1661条第1款）。

如果《母亲身份之声明》不是在民事登记机关作出的，而且民事登记中所记载的母亲是另一人，只要这份《母亲身份之声明》是以任何具有公信力的形式（遗嘱、公证书、法庭笔录）作出的，也可以成为确立亲子关系的依据，用以更正民事登记（《澳门民法典》第1661条第3款）。

《母亲身份之声明》的作用只是确定亲子关系，声明人不得在声明中设定变更或者限制亲子关系法定权利和义务的条款，该等条款不导致《母亲身份之声明》无效，但该等条款会被视为不存在（《澳门民法典》第1662条）。因此，母亲如果试图通过《母亲身份之声明》缩减其作为母亲的义务，或者扩大母亲亲权的权利范围，均属无效。

《母亲身份之声明》不可废止，即使是以遗嘱的方式作出，废止遗嘱也无法废止《母亲身份之声明》（《澳门民法典》第1664条）。即使是当时的声明有误，声明人也只有通过母亲身份争议之诉来推翻登记，而不能轻易地通过废止原先的声明来更正。

②母亲身份之争议

如果有人认为民事登记的母亲身份有误，则下列人士有权向法院提起母亲身份争议之诉：（a）被争议的母亲；（b）该子女本人；（c）认为自己是母亲的人；（d）该子女的父亲；（e）因变更母亲身份能在精神上或财产上得利的人；（f）检察院。

母亲身份争议之诉可以随时提起，即使在该子女死亡之后仍然可以。虽然法律允许异议者随时提起母亲身份争议之诉，但是法律也保障存在身份占有的母子双方的真实意愿。身份占有，是指——已被登记为母子的两人，已经稳定地如母子一般相处相当长一段时间，且在家庭和社会中均被视为母子。

母子关系的身份占有已经持续满15年以后，即使登记的母子关系与生物学意义上的真相不符，只要已登记的母亲与子女双方坚持维持母子关系，法院也不得强行变更亲子关系，除非他们其中的一方希望更正（《澳门民法典》第1665条）。

在母亲身份争议之诉中，原登记中的母亲、子女以及被推定为该子女父亲之人，如果任何一人不是原告，就必须被列为被告。这样的规定，是为了确保此亲子关系中最利益攸关的三人必须参与诉讼，以确保他们的在诉讼中的权利。

（3）父亲身份的确立

①法律推定的父亲

孩子受孕或者出生时，母亲在婚姻关系存续期内的话，法律推定母亲的丈夫为孩子的父亲。婚姻存续期的认定，以离婚判决生效或者撤销婚姻生效之日为准（《澳门民法典》第1685条）。

如果孩子出生的时间在父母终止同居的300日之后，则不适用父亲身份的法律推定（《澳门民法典》第1688条）。

如果孩子的母亲有两段婚姻，孩子在第二段婚姻存续期内出生，且孩子出生时其母亲的第一段婚姻尚未解除（重婚、第一段婚姻的撤销诉讼尚未审结等情况），又或者第一段婚姻解销不足300日，则法律推定其第二任丈夫为孩子的父亲。如果通过父亲身份争议之诉推翻了第二任丈夫的父亲身份，则立即转而推定母亲的第一任丈夫为孩子的父亲（《澳门民法典》第

1693 条)。

如果孩子在婚前受孕,而且孩子出生的时间在婚后的 180 日之内,则在办理出生登记时,孩子的母亲及其丈夫均可通过声明推翻父亲身份的推定。

如果属于事后补办出生登记的情况,而且子女和母亲的丈夫已经维持了超过 15 年的身份占有,则母亲不得在违背父子两人意愿的情况下通过声明推翻父亲的身份(《澳门民法典》第 1687 条)。

②认领

非婚生子女包括未婚生子、离婚后生子、母亲与丈夫以外的第三人生育子女等情况,母亲没有丈夫,或者法律所推定父亲身份明显与事实不符,无法适用父亲推定的规则,则必须通过认领的制度来确立父亲身份。

认领是一项具有人身性质的声明,是一个人声明自己为孩子父亲的行为。认领可以亲身作出,也可以通过具有特别授权(需要公证)的代理人作出。

认领人只要年满 16 岁(无须父母同意)且没有明显的精神错乱,就具有认领的能力。如果认领人是未满 16 岁的未成年人或者无民事行为能力人,则需要父母或者监护人代其作出认领。

认领人在作出认领声明时,不必考虑民事登记中是否已经登记母亲身份。换言之,即使母亲身份尚不明确,父亲也可以自行作出认领,先行确立父亲身份。

法律允许的认领方式有四种:(a)在民事登记机关声明;(b)遗嘱;(c)公证书;(d)法庭笔录。

认领没有明确的时间限制,在子女受孕以后即可作出(须指出母亲身份),即使子女死亡以后仍然可以作出。

认领行为可以通过诉讼予以争议,如果有人发现认领的行为与生物学上的真相不符,便可提起争议之诉。有权提起该诉讼的人有:(a)认领人;(b)被认领人;(c)认为自己是孩子父亲之人;(d)母亲;(e)因变更父亲身份能在精神上或财产上得利的人;(f)检察院。

基于胁迫或者误解所作的认领行为,认领人可以在误解或者胁迫解除以后 1 年之内提起撤销之诉。如果认领人是未成年人,则此 1 年的除斥期间从认领人成年之日开始计算(《澳门民法典》第 1712 条)。

如果认领人在法律上缺乏作出认领意思表示的能力,认领人的父母或者监护人也有权请求撤销认领。

③父亲身份之争议

如果有人认为民事登记的父亲身份有误,则下列人士有权向法院提起父亲身份争议之诉:(a)被推定的父亲;(b)该子女本人;(c)该子女的母亲;(d)认为自己是孩子父亲之人;(e)因变更父亲身份能在精神上或财产上得利的人;(f)检察院。

父亲身份争议之诉可以随时提起,即使在该子女死亡之后仍然可以。虽然法律允许异议者随时提起父亲身份争议之诉,但是法律也保障存在身份占有的父子双方的真实意愿。身份占有,是指已被登记为父子的两人如父子一般相处,且在家庭和社会中被视为父子。

父亲身份争议之诉同样保障身份占有超过 15 年的父子关系。父亲身份争议之诉同样要求被争议的父亲、子女和母亲三方均参与诉讼。

在父亲身份争议之诉中，原告负有举证责任，应当提供足以否定母亲的丈夫的父亲身份的证据。如果孩子在婚后 180 日之内出生（婚前受孕），母亲或丈夫（作为原告）提起父亲身份争议之诉，且丈夫在婚前不知道妻子怀孕，也没有在孩子出生以后以任何方式正式承认自己的父亲身份，则原告的举证责任可被免除，法院可以通过原告的陈述推翻母亲丈夫的父亲身份。

关于父亲身份争议之诉的主体适格问题（我国澳门特别行政区法律称之为正当性）以及亲子关系身份占有的效力，父亲身份争议之诉与母亲身份争议之诉适用同样的规则，在此不再赘述。

对于推定的父亲身份的争议，也可以在母亲身份争议之诉中一并提出（《澳门民法典》第 1682 条）。

（4）司法确认

①依职权调查母亲/父亲身份

依职权行为，是指在法律有所规定的前提下，不必由任何当事人提起诉讼，司法机关即可启动的司法行为。依职权行为有别于一般的被动司法行为，使司法机关从被动的角色变为主动的一方。

民事登记机关在完成出生登记以后，如果发现登记中没有记载母亲或父亲的身份，登记局的公务员就有义务将母亲或父亲身份缺失一事报告给法院，并且将出生登记的相关文件以证明书的形式转交给法院，以便法院依职权展开调查。

法院收到民事登记局的资料以后，应当先自行展开调查，尝试调查母亲/父亲的身份，并且在获悉母亲/父亲身份之后听取假定母亲/父亲的声明，并且制成笔录。如果假定母亲/父亲确认了其母亲/父亲身份，法院便可制作笔录，然后交还予民事登记局登记。当法院无法调查到母亲/父亲的身份，但认为如果展开更深入的调查有可能查明母亲/父亲身份时，法院可将卷宗转交给检察院，以便检察院提起母亲/父亲身份调查之诉。

依职权调查母亲/父亲身份之诉必须在子女出生以后的两年之内提起。依职权调查的诉讼理由被法院判定不成立，也不产生既判案的效果。日后如果有任何具有正当性（适格）的当事人提起身份调查之诉，哪怕所依据的事实相同，法院仍然应当受理。

②母亲/父亲身份调查之诉

如果通过依职权调查未能确认母亲或父亲身份，则子女仍然可以提起母亲/父亲身份调查之诉，具有正当性（适格）的原告是子女本人，具有正当性（适格）的被告是诉讼中的假定母亲/父亲。

在母亲身份调查之诉中，即使子女的父亲是未成年人，该未成年人也可以在未经父母许可的情况下代理自己的子女提起母亲身份调查之诉，但法院在受理诉讼之后要为此未成年父亲委任一名特别保佐人，以辅助其顺利完成诉讼。

母亲身份调查之诉的目的是为母亲身份不明的子女确认母亲身份，不适用于推翻出生登记中所记载的母亲身份，如果有此需求，原告应当向法院提起母亲身份争议之诉（《澳门民法典》第1675条及第1665条）。

在母亲/父亲身份调查之诉中，提出诉讼的原告（子女）负有证明义务，需要提供证据证明假定母亲/父亲的母亲/父亲身份。

法律对于可以接纳的证据作出了特殊说明。

如果符合下列两种情况，则推定母亲的身份成立：（a）假定母亲与在称呼中表露了其母亲身份，且他们的母子身份在大众眼中获得承认；（b）假定母亲曾在信件或者其他书面文件中承认自己的母亲身份。

如果符合下列四种情况，则推定父亲的身份成立：（a）假定父亲与在称呼中表露了其父亲身份，且他们的父子身份在大众眼中获得承认。（b）假定父亲曾在信件或者其他书面文件中承认自己的父亲身份。（c）在法定受孕期间，假定父亲曾与母亲保持事实婚关系或者存在长期性伴侣关系。（d）在法定受孕期间内，假定父亲曾引诱母亲与之发生性行为，且引诱过程中伴有下列情节：母亲当时为未成年处女；假定父亲许诺与其结婚；假定父亲滥用母亲对他的信任；假定父亲在母亲面前滥用其权力。

从上述内容可知，《澳门民法典》所规定的母亲/父亲身份调查之诉规则非常细致，用于认定亲子关系的证据主要是父母亲的个人声明、生活中的表现、婚姻关系的存续、同居史等间接证据，通过这些以推定和猜测为主要方法的规则，基本上与《葡萄牙民法典》规则共通，这些规定显然是在分子生物学技术尚未成熟的年代通过诸多经验累积所得。

（5）辅助生育

随着生殖医学技术的发展，通过体外受精培育胚胎来辅助生育的技术已经非常成熟，很多无法通过自然受孕的夫妇会选择此类辅助生育手段。

如果辅助生育所利用的生殖细胞（精子或卵子）来自第三人，法律明确规定，提供生殖细胞的人与孩子之间不构成法律上的亲子关系（《澳门民法典》第1723条）。提供生殖细胞之人的身份资料具有保密性，如无合理理由不得外泄。当有必要知悉生殖细胞提供者姓名资料以确保孩子生命健康时，才可以要求法院解除保密，被解除保密的资料也只能用保密的方式告知医疗当局（《澳门民法典》第1727条）。

通过辅助生育而出生的孩子，无论生殖细胞是否来自第三人，孩子的亲子关系不能因为生育手段而受到争议。分娩胎儿的女性为孩子的母亲，该母亲的丈夫则依照一般规则被推定为孩子的父亲。孩子在夫妻婚姻存续期内受孕或者出生，如果该辅助生育手段未曾取得母亲丈夫的同意，则丈夫有权对其父亲身份提出争议（《澳门民法典》第1724条）。如果母亲处于事实婚关系之中，不论该事实婚关系是否已满两年，同意女伴侣采用辅助生育手段的事实婚伴侣即被视为孩子的父亲（《澳门民法典》第1725条）。

我国澳门特别行政区法律禁止代孕，通过协议为第三人生育的协议无效（《澳门民法典》第1726条）。辅助生育所利用的遗传物质如果来自已经死亡之人，出生的孩子与遗传物质的供给者不构成亲子关系（《澳门民法典》第1728条）。

2. 其他家庭成员之间的关系

(1)兄弟姐妹之间的关系

《澳门民法典》中的亲属法部分,对于兄弟姐妹之间的权利和义务没有过多的规定,真正属于兄弟姐妹之间可能负有的义务只有一项,就是扶养义务。《澳门民法典》第1850条规定,扶养义务人共分为五类,按照次序承担扶养义务:①配偶或前配偶;②子女;③父母;④继父或继母(仅限于夫妻共同生活状态下其配偶有义务照顾的未成年人,或者是配偶死亡时遗留的未成年人);⑤兄弟姐妹(仅限于未成年的被扶养人)。兄弟姐妹所负有的扶养义务的顺位是最后顺位,而且仅对未成年人的兄弟姐妹负有扶养义务。

在《澳门民法典》中其他涉及兄弟姐妹的内容,主要集中在权利人死亡、患病或者丧失行为能力时,兄弟姐妹可以代为行使的诉讼权利或者监督权。

(2)继父母与继子女之间的关系

在我国澳门特别行政区民法中,继父母与继子女之间不存在亲子关系,除非继父母通过收养程序将继子女收养。然而,如果完成了收养,他们的关系就不再是单纯的继父母与继子女的关系,而是正式的亲子关系。

一般情况下,继父母与继子女相互之间不存在扶养义务,对继子女有扶养义务的人应该是继子女的亲生父母。在法定继承方面,继子女无论是否与继父母共同生活,都无权在继父母去世之后继承继父母的遗产。

法律规定继父母对继子女的义务只有一项,就是特定情况下的扶养义务(《澳门民法典》第1850条)。在下列两种情况下,继父母才对未成年的继子女负扶养义务:①继父母与其配偶没有事实分居,且配偶有义务负责未成年人的生活;②继父母的配偶已死亡,其死亡时有义务负责未成年人的生活。

9.3.3 家庭成员身份关系中的权利与义务

1. 亲权的一般原则

在亲子关系中,父母亲与子女之间负有相互尊重、帮助及扶持的义务。扶持义务包含扶养义务(提供基本生活所需),父母和子女在共同生活期间,应当按照各自的经济能力共同承担家庭开支(《澳门民法典》第1733条)。除了子女依法被他人收养的情形,父母对子女的亲权不可放弃,因为亲权既是权利,也是义务(《澳门民法典》第1737条)。

在父母与子女的关系中,不但父母有义务扶养未成年子女,而且成年子女也有义务在必要时扶养父母,详细内容笔者将在扶养的章节展开讨论。

子女的姓名,必须使用父亲或者母亲至少一方的姓氏。父亲与母亲应当协商决定子女的姓名,如果无法协商一致,可以要求法院以子女的利益作出裁判。如果子女的姓名在父亲或母亲身份确立之前已经确定,新确立的父亲或母亲有权基于此更改子女的姓氏(《澳门民法典》第1730条)。

关于亲权人的权利和义务,《澳门民法典》规定,父母有义务为子女的利益关注子女的安全及健康、为子女提供生活所需、妥善安排子女的教育、在生活中担任子女的代理人,并且管理子女的财产。

子女则应当服从父母。父母应当根据子女的成熟程度在不同时期以合理的程度听取子女的意见，并且在其能力范围之内承认其自主安排自己生活的权利（《澳门民法典》第 1733 条）。

父母作为亲权人，有义务承担子女的各项开支，如安全、健康、教育上的开支。父母的义务以其个人收入和能力范围为限，也可以随着子女个人的收入能力提升而适度解除。父母对子女的扶养义务并不一定随着子女成年而立即完全解除，如果成年的子女仍然还在接受教育或者职业培训，父母仍然有义务在学业完成之前继续承担适当的扶养义务（《澳门民法典》第 1734 条、第 1735 条）。

父母作为亲权人，要在子女成年以前代理子女处理其一切权利和义务，但要尊重子女处理其纯人身性质的事务的权利，也要尊重子女在其能力范围之内管理自己财产的权利（例如，未成年人以自己能力赚取的收入）。当涉及父母无权管理的子女财产时，或者在某些法律行为中父母与子女存在利益冲突时（例如，在继承程序中，父母与子女均为继承人，父母可能与子女的利益存在利益冲突），父母的代理权会受到限制，法律会要求父母在作出某些特定行为时取得法院的同意。此外，法院会在必要时为未成年人指定一名保佐人，并听取检察院以未成年人的利益为基础所发表的意见（《澳门民法典》第 1736 条）。

法律对于夫妻一方违反忠诚义务而生的非婚生子女的与父母生活的权利有所限制，如果夫妻一方在婚姻存续期内与第三人怀孕生子，则配偶有权拒绝此子女进入夫妻的家庭共同生活，此子女的亲生父母一方需要另行妥善安置此非婚生子女的居所（《澳门民法典》第 1738 条）。

2. 涉及人身权利的亲权

《澳门民法典》重点规范了子女四个方面的人身权利：教育、宗教教育、家庭居所及与近亲属共处的权利。

法律要求父母尽可能促进子女在身体、智力及道德上的发展，尽力确保子女身体健康，使其接受良好的教育，掌握适应社会的必要知识，并且确保子女接受正确的道德观。如果子女在身体或智力上存在缺陷，父母也应当尽可能根据子女的能力及兴趣，为其提供一般的教育及职业培训（《澳门民法典》第 1739 条）。

宗教信仰自由是我国澳门特别行政区社会的基本共识，对于未成年子女而言，宗教教育很大程度上会影响子女成年后的宗教信仰选择，立法者认为最适合为子女选择宗教教育的人是父母，所以法律将子女成年以前的宗教教育的选择权赋予了父母，由父母根据自身的家庭情况决定宗教方面的教育。宗教教育的选择权并不代表父母可以完全支配子女的宗教信仰选择权，子女仍然可以根据自己对世界的理解，自行决定自己的宗教信仰（《澳门民法典》第 1740 条）。

子女有权利获得父母提供的家庭居所，父母不得驱赶子女离开，未成年人则不得随意离弃家庭居所。如果子女离家出走，父母有权要求子女返回居所，并且寻求公权力的协助。在紧急情况下，受父母委托照顾子女的人也有权要求擅自离开居所的子女返回（《澳门民法典》第

1741 条)。

子女有权利和自己的兄弟姐妹、祖父母、外祖父母及自己的子女共同相处,父母不得无理剥夺子女与这些亲人相处的权利。

3. 涉及财产权利的亲权

一般而言,子女的财产由父母代为管理,但法律对于父母的管理权限作出了明确的排除和限制。

《澳门民法典》第 1743 条规定了 4 种排除父母管理权的财产:

(1)因父母丧失继承资格而导致子女代位继承的资产。继承人作出某些法定的伤害被继承人的事情以后,会因而丧失继承资格,从而导致其继承资格被其子女代位取得,这种情况下,由于父母与子女之间存在利益冲突,所以法律禁止父母代为管理子女的这些遗产。例如,父亲因为谋害爷爷被判有罪,从而丧失了继承爷爷遗产的资格,导致子女继承了爷爷的这部分(原本应该被父亲继承)遗产,这些遗产便不可以交由丧失继承资格的父母代其子女管理。

(2)子女在违背父母意愿的情况下接受的赠与或遗产。未成年子女在接受赠与或遗产时,需要取得父母或者法院的同意。如果子女在父母不同意的情况下,经法院批准接受了赠与或者遗产,则其父母无权代为管理相关财产。

(3)赠与人或者被继承人拒绝未成年人父母管理的财产。子女通过继承、遗赠或者受赠与取得财产时,父母的管理权已经事先被给予财产之人排除,则父母不得管理相关财产。

(4)年满 16 岁的子女以自己的劳动取得的财产。

此外,法律限制父母代替未成年人作出对未成年人的财产利益有所损害或者伴有风险的行为,为了确保未成年人的利益,父母作出该等行为时需要取得法院的许可,《澳门民法典》第 1744 条对于此类行为进行了详细的列举。

对于子女纯收益的行为,如接受无负担的赠与、遗赠、遗产等,父母应当同意。如果按照法律规定,基于某些风险或者负担,父母无权自行代子女接受赠与、遗赠、遗产等,则父母应当在 30 日之内向法院申请许可,由法院基于未成年人的利益来衡量应否接受。如果父母在 30 日之内不向法院提出申请,子女的任何血亲、检察院、赠与人及任何利害关系人均可要求法院通知父母,以便父母表示同意。父母收到法院通知以后,如果在法定期间内不作任何表示,则视为同意,除非法院认为应当拒绝(《澳门民法典》第 1745 条)。

父母在管理未成年子女的财产时,未经法院许可,不得通过交易取得子女的财产。因为父母通过交易的行为取得子女的财产,意思表示的双方都是父母本人,存在危害未成年人利益的风险,所以需要法院从中监督。

父母作为亲权人,在管理子女财产时如果违反了相关限制,子女可以在成年以后 1 年之内撤销相关法律行为。如果相关行为确有合理性,父母也可以在作出该等行为之后请求法院确认(《澳门民法典》第 1748 ~ 1749 条)。

未成年子女,在其与父母共同生活期间,以父母的资源或者资金为基础,通过向父母提供劳动而赚取了财产,所赚取的财产属于父母所有。在这种情况下,父母应当将所赚取的财产适当分给子女一些,或者以其他方式作出补偿。

行使亲权的父母,可以使用属于子女的财产所获取的收益(如子女房产的租金、子女股权的分红等)来支付子女的各项开支,如生活所需、安全开支、健康开支、教育开支等,也可以在合理限度内用于支付家庭开支(《澳门民法典》第1751条)。

父母管理子女财产,有义务以谨慎的态度来管理,但一般情况下不需要向子女提供担保,也无须提交财产管理报告,除非父母作出了不称职的行为或者因为管理不善使子女的财产有所损失,则法院可以在必要时依据财产的价值要求父母为子女提供担保(《澳门民法典》第1752~1754条)。

父母对子女财产的管理权随着亲权的终止而终止。如果是因为子女年满18岁,或者父母同意年满16岁的子女结婚,那么父母应当将其所管理的财产交还给子女;如果亲权或者管理权因为其他原因而终止,那么父母应当将财产转交给继任的法定代理人或者财产管理人。父母所管理的动产应当按照原样返还或移交,如果相关动产已经不存在,那么应当支付相应的价额。如果动产不存在的原因是与子女共同消耗,或者是在父母无过错的情况下灭失,那么父母无须返还或移交(《澳门民法典》第1755条)。

4. 亲权的行使

在父母的婚姻关系存续期内,子女亲权由父母双方共同行使。如果父母双方在某些重大问题无法达成协议,可以通过法院试行调解;如果调解不可行,则法院可以通过判决决定,但必须听取年满12岁的未成年人的意见,除非不宜听取(对未成年人造成伤害、未成年人对该等事宜缺乏理解能力等情况)(《澳门民法典》第1756条)。

父母一方代理未成年人作出法律行为时,法律推定另一方同意,父母一方也不得以欠缺配偶同意来对抗善意第三人。例如,父亲一人代子女订购一件玩具,玩具销售商可以推定孩子的母亲也同意此项交易,货到以后父亲不得以其配偶不同意购买为由拒绝付款。

如果父母一方作出的行为属于明显需要夫妻双方的同意重大决定,通过一般经验推定此行为必须父母双方协商一致,则行为相对人有义务拒绝配合(《澳门民法典》第1757条)。

如果父母一方失踪、暂时无法处理事务、无行为能力或者受制于其他障碍无法行使亲权,则亲权由父母另一方行使。如果夫妻一方因死亡而解除婚姻关系,则亲权归属于仍然生存的一方。

父母在离婚、分居或者婚姻被撤销的情况下,无法继续共同生活时,需要通过协议商定如何行使子女的亲权。父母双方可以约定子女的亲权交托给其中一方行使,可以通过亲权协议约定好如何在分居的情况下以类似同居时的模式共同行使亲权,也可以约定一方负责照顾子女生活而另一方负责管理子女财产。父母双方的协议必须得到法院的认可,如果相关协议不符合未成年人的利益,法院有权拒绝认可,并且通过判决决定亲权应当由哪一方行使,又或者将未成年人交托予第三人或者适当的机构照顾。法院应当同时订立探访制度,以确保不获交托的父亲或者母亲的探访权,但有必要禁止其探访者除外。不行使亲权的一方,仍然有权监督子女的教育及生活状况(《澳门民法典》第1760~1761条)。

如果父母一方可能作出危害子女的行为,法院应当将亲权交托给能够安全照顾子女的一方行使,即使能安全照顾子女的一方死亡,法院也不应将子女交托给可能危害子女的那一方,而是应当指定适宜临时照顾该未成年子女的人(《澳门民法典》第 1763 条)。

如果子女的母亲或父亲有一方身份不明,仅和其中一方设立了亲子关系,则亲权由此方行使(《澳门民法典》第 1764 条)。

如果子女的父母没有婚姻关系,各自生活,且在子女出生以后两人仍然各自生活,那么子女的亲权由惯常照顾子女的一方行使。如果子女的父母虽然没有结婚,但是存在事实婚关系,那么不论事实婚关系的存续长短,只要父母双方愿意共同行使亲权,便可以共同行使(《澳门民法典》第 1765 条)。

5. 亲权行使的禁止与限制

父母在下列情况下被法律完全禁止行使亲权:(1)触犯了被禁止行使亲权的犯罪而被判处罪名成立;(2)因为精神失常被宣告为禁治产人或者准禁治产人(完全或部分丧失行为能力);(3)因为失踪或者疾病而无力照顾自己,从而需要他人保佐;(4)父母自身尚未取得完全行为能力(《澳门民法典》第 1767 条)。

被法律完全禁止行使亲权的人,只有在禁止行使亲权的法定前提消失的情况下才可以解禁,如:刑事判决禁止行使亲权的年限届满、恢复精神状态、恢复自理能力、未成年人成年等(《澳门民法典》第 1768 条)。

父母在下列情况可能被法院宣告禁止行使亲权:(1)在存有过错的情况下违反父母对子女的义务,导致子女严重受损;(2)缺乏经验、患病或无法陪伴未成年人,从而显示其无法履行亲权人的对子女的义务。

遇到需要申请禁止父母行使亲权的情况,检察院或者未成年人的任何血亲均可提起该司法程序。法院可以根据实际情况,禁止父母双方行使亲权,也可以仅禁止一方;禁止的权限可以仅限于代理权或者财产管理权,也可以完全禁止;所禁止的亲权可以仅适用于部分子女,也可以适用于全部子女。如果禁止行使全部子女的亲权,该判决也适用于判决之后出生的孩子的亲权。

被法院宣告禁止行使亲权的人,如果禁止的理由已经终止,可以向法院申请解除禁止。终止禁止,需要法院宣告。如果禁止行使亲权的理由已经不存在,检察院可以随时申请终止禁令。如果申请人是父母任何一方,则必须在判决(或维持)禁止行使亲权的判决生效已经满 1 年以后才可以提出申请(《澳门民法典》第 1770 条)。

禁止行使亲权,只是剥夺父母的法定代理权和财产管理权,并不解除父母抚养子女的义务。即使父母被禁止行使亲权,子女的一切食宿、生活、教育等开支仍然应当由父母承担(《澳门民法典》第 1771 条)。

为了保护未成年人的利益,法院除了可以全部或部分禁止父母行使亲权,也可以通过某些特定手段来限制父母行使亲权。

如果父母无法给子女提供安全、健康、有利于道德培养和教育的成长环境(如以乞讨为生、露宿街头、与违法群体为伍等),法院可以将子女交托给第三人照顾,或者交托给机构照顾,从而使未成年人脱离不良环境。子女被交托给他人照顾以后,父母仍然可以在未被限制的范畴内行使亲权,并且依照法院指定的探视制度探视子女(《澳门民法典》第 1772 ~ 1773 条)。

如果父母在日常生活和教育方面能够妥善照顾子女，但是仅在管理子女的财产方面使子女的财产有受损（如侵占子女财产、无法妥善管理子女财产）的风险，则检察院或者子女的任何血亲均可要求法院限制父母代子女管理财产的权力。法院可以通过判决要求父母定期向法院提供财产管理报告，也可以在必要时要求被限制的父母提供担保，以确保其不会损害子女的财产利益（《澳门民法典》第1774条）。

法院对于父母亲权方面的限制，无论是将子女交托第三方照顾，还是要求父母提供财产管理报告和担保，都可以由法院根据实际情况随时废止或者变更（《澳门民法典》第1775条）。

6. 亲权判决的登记

关于亲权行使的判决，包括规范亲权行使的判决、认可亲权协议的判决、父母恢复同居而终止亲权协议的判决、禁止行使亲权的判决、暂时中止行使亲权的判决、限制亲权的判决，都需要在民事登记局进行登记，只有完成了登记手续的判决，才可以对抗善意第三人（《澳门民法典》第1776～1777条）。

9.3.4　家庭财产继承

我国澳门特别行政区的继承实体法律制度主要体现在《澳门民法典》第5卷“继承法”中，共4编、297个条文，规定得非常详尽。

（1）法定继承

死者对可作死因处分之财产之全部或部分未作出有效处分或其处分不产生效力者，其法定继承人即被赋权继承该全部或部分财产（《澳门民法典》第1971条）。

“可继承遗产之人依下列顺序而被赋权继承：a）配偶及直系血亲卑亲属；b）配偶及直系血亲尊亲属；c）与死者有事实婚关系之人；d）兄弟姊妹及其直系血亲卑亲属；e）四亲等内之其他旁系血亲；f）澳门地区。”（《澳门民法典》第1973条第1款）

从上述规定可以看出，我国澳门特别行政区继承法规定继承人范围远远大于我国内地的规定，其继承顺序有6个，并且澳门特别行政区政府作为最后继承人，可以继承在澳门的无人继承的财产。

（2）遗嘱继承

遗嘱行为系指一人为对其全部或部分财产作出死因处分而作出之单方及可废止之行为。就法律容许纳入遗嘱内之非财产性质之处分，如该等处分属某一以遗嘱方式作出之行为之一部分，则属有效，即使在该行为中并无任何具有财产性质之处分亦然（《澳门民法典》第2016条）。

（3）特留份继承

我国澳门特别行政区继承法明确了特留份的概念，《澳门民法典》第5卷“继承法”用一编、共两章的内容规定了特留份的问题，即第3编“特留份继承”，其第1994条规定，“依法须留给特留份继承人，以致遗嘱人不得处分之财产部分，称为特留份”。第1995条规定，“特留份继承人为配偶、直系血亲卑亲属及直系血亲尊亲属，且按照为法定继承所定之顺序及规则而继承”。

(4)遗赠

有关接受及抛弃遗产之规定中可适用于遗赠之部分规定，经作出必要配合后，适用于遗赠(《澳门民法典》第2079条)。

9.4　三法域规定列举(见表2－9－1)

表2－9－1　三法域规定列举

家庭成员相关概念	
中国内地	“亲属”包括配偶、血亲和姻亲。“近亲属”包括配偶、父母、子女、兄弟姐妹、祖父母、外祖父母、孙子女、外孙子女。家庭成员包括配偶、父母、子女和其他共同生活的近亲属
中国香港特别行政区	在中国香港特别行政区法律制度中，其他亲属的范畴依据不同的法律而内涵有所不同。在《家庭及同居关系暴力条例》《领养条例》等不同的单行法例中各有详尽的罗列
中国澳门特别行政区	《澳门民法典》在亲属法律关系中规定，结婚、血亲关系、姻亲关系及收养均为亲属法律关系之渊源
婚生子女与非婚生子女	
中国内地	婚生子女是指婚姻关系存续期间妻子所生育的子女。而在婚姻关系以外所生的子女为非婚生子女。非婚生子女享有与婚生子女同等的权利
中国香港特别行政区	任何在法律认可的婚姻关系或结合情况下出生的人士，即为该宗婚姻或结合下的婚生子女，并在任何情况下，均须当作具备婚生地位；非婚生子女的父亲身份需要经法院以命令方式确认，在符合一定条件下，可获得婚生子女地位
中国澳门特别行政区	无论子女在什么情况下受孕或者出生，每名子女在亲子关系中都享有同样的权利和义务。婚生子女与非婚生子女在亲子关系上的权利是平等的
继父母与继子女	
中国内地	继父或者继母和受其抚养教育的继子女间的权利义务关系，适用《民法典》关于父母子女关系的规定。生父与继母离婚或者生母与继父离婚时，对曾受其抚养教育的继子女，继父或者继母不同意继续抚养的，仍应由生父或者生母抚养
中国香港特别行政区	继父母子女之间的关系属于其他亲属范畴。其权利义务关系与婚生子女关系有所不同，尤其在继承权方面存在差异。但继父或继母可成为养父或养母。一旦法院批出领养令，该被领养人即如同合法婚姻所生子女享有同等权利
中国澳门特别行政区	继父母与继子女之间不存在亲子关系，除非继父母通过收养程序将继子女收养。如果完成了收养，他们的关系就不再是单纯的继父母与继子女的关系，而是正式的亲子关系。一般情况下，继父母与继子女相互之间不存在扶养义务(特定情况见《澳门民法典》第1850条)。在法定继承方面，继子女无权在继父母去世之后继承继父母的遗产

续表

养父母与养子女	
中国内地	自收养关系成立之日起,养父母与养子女间的权利义务关系,适用《民法典》关于父母子女关系的规定。养子女与生父母以及其他近亲属间的权利义务关系,因收养关系的成立而消除
中国香港特别行政区	养父母与养子女关系基于法院的领养令而确认,并在办理领养登记后即生成父母子女关系。养父母子女的在遗产继承方面的权利义务犹如受领养人是领养人在合法婚姻中所生的子女
中国澳门特别行政区	收养关系须通过法院判决而设定。通过收养,被收养人取得收养人子女之地位,其本人及其直系血亲卑亲属均成为收养人家庭之一分子,而在被收养人与其直系之自然血亲尊亲属及旁系之自然血亲间之亲属关系即告消灭
人工授精所生子女	
中国内地	婚姻关系存续期间,夫妻双方一致同意进行人工授精,所生子女应视为婚生子女,父母子女间的权利义务关系适用《民法典》的有关规定。在我国内地代孕行为不合法
中国香港特别行政区	中国香港特别行政区《父母与子女条例》也对包括代孕在内的人工生殖中的亲子关系进行了明确规定。依据这些规定,怀孕并生产的女性为孩子的亲生母亲,而与该女性有婚姻关系的男性则为孩子的法定父亲。但同时,如该孩子被领养,则不适用这些规定
中国澳门特别行政区	通过辅助生育而出生的孩子,无论生殖细胞是否来自第三人,孩子的亲子关系不能因为生育手段而受到争议。分娩胎儿的女性为孩子的母亲,该母亲的丈夫则依照一般规则被推定为孩子的父亲
亲子关系的承认及否认	
中国内地	对亲子关系有异议且有正当理由的,父或者母可以向人民法院提起诉讼,请求确认或者否认亲子关系
中国香港特别行政区	任何人均可向法院申请由法院宣告下列事项—— (1)申请书内指明的人在法律上是或曾经是申请人的父母; (2)申请人是其父母的婚生子女; (3)申请人已经成为或未有成为获确立婚生地位人士
中国澳门特别行政区	亲子关系的承认,必须经过法定程序。最常见的一种方式是通过行政程序确立,另一种方式就是司法程序,一般是在亲子关系有待调查的情况下,通过母亲身份调查之诉或者父亲身份调查之诉来确立亲子关系。如果民事登记的事实有误,则必须通过诉讼来推翻
祖父母、外祖父母与未成年孙子女、外孙子女的关系	
中国内地	有负担能力的祖父母、外祖父母,对于父母已经死亡或者父母无力抚养的未成年孙子女、外孙子女,有抚养的义务。有负担能力的孙子女、外孙子女,对于子女已经死亡或者子女无力赡养的祖父母、外祖父母,有赡养的义务

续表

祖父母、外祖父母与未成年孙子女、外孙子女的关系	
中国香港特别行政区	法律没有明确地规定祖父母、外祖父母与未成年孙子女、外孙子女的关系之间有抚养与赡养的义务，但祖父母、外祖父母可以依法申请成为未成年孙子女、外孙子女的监护人，行使监护人的相关权利与义务
中国澳门特别行政区	子女有权利和自己的兄弟姐妹、祖父母、外祖父母及自己的子女共同相处，父母不得无理剥夺子女与这些亲人相处的权利
兄弟姐妹关系	
中国内地	有负担能力的兄、姐，对于父母已经死亡或者父母无力抚养的未成年弟、妹，有扶养的义务。由兄、姐扶养长大的有负担能力的弟、妹，对于缺乏劳动能力又缺乏生活来源的兄、姐，有扶养的义务
中国香港特别行政区	在中国香港特别行政区，兄弟姐妹之间没有法定的扶养义务
中国澳门特别行政区	兄弟姐妹所负有的扶养义务的顺位是最后顺位，而且仅对未成年人的兄弟姐妹负有扶养义务。权利人死亡、患病或者丧失行为能力时，兄弟姐妹可以代为行使诉讼权利或者监督权
抚养与赡养义务	
中国内地	父母对未成年子女或者不能独立生活的成年子女有抚养义务；成年子女对缺乏劳动能力或者生活困难的父母有赡养义务。上述义务不因婚姻关系变化而终止
中国香港特别行政区	法院发出赡养令，付款人根据赡养令有法律责任付款，受款人有权获付赡养令所规定的付款。赡养令可以更改与撤销，可获另一交互执行国家和地区法院确认与执行
中国澳门特别行政区	父母亲与子女之间负有相互尊重、帮助及扶持的义务。扶持义务包含扶养义务（提供基本生活所需），父母和子女在共同生活期间，应当按照各自的经济能力共同承担家庭开支
教育和保护义务	
中国内地	父母有教育、保护未成年子女的权利和义务。未成年子女造成他人损害的，父母应当依法承担民事责任
中国香港特别行政区	教育包括训练、管养、管养权，就任何子女而言，包括对该子女的探视
中国澳门特别行政区	父母有义务为子女的利益关注子女的安全及健康、为子女提供生活所需、妥善安排子女的教育、在生活中担任子女的代理人，并且管理子女的财产
对未成年人的保护	
中国内地	坚持最有利于未成年人的原则。未成年人的家庭承担对未成年人的保护责任
中国香港特别行政区	法院可更改或暂停执行管养令或探视令，法院作出更改或暂停执行法庭命令时须以有关的未成年人的福利为首要考虑事项，并充分考虑有关的未成年人的意愿

续表

对未成年人的保护	
中国澳门特别行政区	父母作为亲权人,要在子女成年以前代理子女处理其一切权利和义务,但要尊重子女处理其纯人身性质的事务的权利,也要尊重子女在其能力范围之内管理自己财产的权利。当涉及父母无权管理的子女财产时,或者在某些法律行为中父母与子女存在利益冲突时,父母的代理权会受到限制
家庭共有财产关系	
中国内地	家庭共有财产是指在家庭中,全部或部分家庭成员共同所有的财产。对于父母子女之间以共同的收入共同生活的,该等财产关系应当按照实际情况适用《民法典》第 297 条有关"共有"的规定处理。夫妻财产的约定,采用默认共同财产制和约定分别财产制的规则
中国香港特别行政区	一般采用夫妻分别财产制。夫妻双方对某项财产也可拥有共有权,且共有数额不一定双方均等
中国澳门特别行政区	无一般而言,子女的财产由父母代为管理,但法律对于父母的管理权限作出了明确的排除和限制,其他家庭财产关系的规定主要体现在继承法中

第十章　收　　养

10.1　中国内地法律制度

10.1.1　收养的一般概念与基本原则

收养，是指自然人领养他人的子女为自己的子女，依法创设拟制血亲亲子关系的身份法律行为。依收养身份法律行为创设的收养关系，就是拟制血亲的亲子关系，是基于收养行为的法律效力而发生的身份法律关系。这种拟制血亲的亲子关系，具有与自然血亲同样内容的权利义务关系。

建立收养制度的目的之一是有效贯彻与落实保护未成年人合法权益原则，保护未成年人的健康成长。我国《民法典》第1044条第1款规定了收养的基本原则，“收养应当遵循最有利于被收养人的原则，保障被收养人和收养人的合法权益”。

10.1.2　收养关系的成立及主要内容

我国现行的相关法律法规、司法解释对被收养人、送养人和收养人的主体范围均作出了明确规定，只有同时符合，才能送养、收养。我国《民法典》第1105条第1～2款规定，收养应当向县级以上人民政府民政部门登记。收养关系自登记之日起成立。收养查找不到生父母的未成年人的，办理登记的民政部门应当在登记前予以公告。

1. 收养关系的成立

我国收养、送养采用自愿原则。收养人收养与送养人送养，应当双方自愿。《民法典》第1105条第3～5款规定，收养关系当事人愿意签订收养协议的，可以签订收养协议。收养关系当事人各方或者一方要求办理收养公证的，应当办理收养公证。县级以上人民政府民政部门应当依法进行收养评估。

收养关系登记成立后，公安机关应当按照国家有关规定为被收养人办理户口登记。收养人、送养人要求保守收养秘密的，其他人应当尊重其意愿，不得泄露。

2. 收养关系主体及相关规定

（1）送养人，是指依法将被收养人送养的人，即被收养人的生父母、监护人、社会福利机构等。

《民法典》第1094条规定，下列个人、组织可以作送养人：孤儿的监护人；儿童福利机构；有特殊困难无力抚养子女的生父母。其中生父母有特殊困难无力抚养子女的情况是指：未成年人的父母均不具备完全民事行为能力且可能严重危害该未成年人的，该未成年人的监护人可以将其送养。

生父母送养子女，应当双方共同送养。生父母一方不明或者查找不到的，可以单方送养。监护人送养孤儿的，应当征得有抚养义务的人同意。有抚养义务的人不同意送养、监护人不愿意继续履行监护职责的，应当另行确定监护人。

（2）被收养人，是指由于各种原因失去亲生父母、被亲生父母遗弃或亲生父母无抚养能力的婴幼儿童，被有条件满足其健康成长的需要和有一定教育能力的人收为养子女。养子女就是指被人收养的子女。养父母和养子女之间的权利义务因收养行为而产生。

《民法典》第1093条规定，被收养人的范围包括下列未成年人：丧失父母的孤儿；查找不到生父母的未成年人；生父母有特殊困难无力抚养的子女。收养8周岁以上未成年人的，应当征得被收养人的同意。

（3）收养人，收养人需要具备一定的条件才可以收养被收养人。其中的关系，主要有在收养人和被收养人之间产生法定的父母子女关系，同时对被收养人及其生父母之间的父母子女关系以及基于此的其他亲属关系同时消灭。

收养的条件主要包括以下几点。

一是收养人须具备法定条件才能实施收养行为。根据《民法典》第1098条规定，收养人应当同时具备下列条件：①无子女或者只有一名子女；②有抚养、教育和保护被收养人的能力；③未患有在医学上认为不应当收养子女的疾病；④无不利于被收养人健康成长的违法犯罪记录；⑤年满30周岁。

二是无子女的收养人可以收养两名子女；有子女的收养人只能收养一名子女。收养孤儿、残疾未成年人或者儿童福利机构抚养的查找不到生父母的未成年人，可以不受收养人无子女和收养一名的限制。

收养三代以内旁系同辈血亲的子女，可以不受生父母有特殊困难无力抚养的子女及无配偶者收养异性子女的，收养人与被收养人的年龄应当相差40周岁以上的限制。

三是无配偶者收养异性的特殊规定。为维护社会公德，保障被收养人的人身权利不受侵害，《民法典》第1101、1102条规定，有配偶者收养子女，应当夫妻共同收养。无配偶者收养异性子女的，收养人与被收养人的年龄应当相差40周岁以上。收养三代以内同辈旁系血亲的子女，可以不受该条的限制。如收养13周岁的女孩，收养她的单身男性，要比她大40周岁以上，即应满足53周岁以上的条件，而有血缘关系的大伯收养她时，就不受该条的限制。

四是有配偶者收养子女，须夫妻共同收养。配偶一方死亡，另一方送养未成年子女的，死亡一方的父母有优先抚养的权利。

继父或者继母经继子女的生父母同意，可以收养继子女，并可以不受生父母有特殊困难无力抚养的子女的情况及收养人的法定条件及收养子女的人数的特别限制。

10.1.3　涉外收养

《民法典》第1109条第1~2款规定，外国人依法可以在中华人民共和国收养子女。外国人在中华人民共和国收养子女，应当经其所在国主管机关依照该国法律审查同意。收养人应当提供由其所在国有权机构出具的有关其年龄、婚姻、职业、财产、健康、有无受过刑事处罚等状况的证明材料，并与送养人签订书面协议，亲自向省、自治区、直辖市人民政府民政部门登记。

华侨收养三代以内旁系同辈血亲的子女，可以不受收养人无子女和收养一名的限制。

10.1.4 养父母子女关系

《民法典》第1111条规定："自收养关系成立之日起，养父母与养子女间的权利义务关系，适用本法关于父母子女关系的规定；养子女与养父母的近亲属间的权利义务关系，适用本法关于子女与父母的近亲属关系的规定。养子女与生父母以及其他近亲属间的权利义务关系，因收养关系的成立而消除。"《民法典》第1112条规定，养子女可以随养父或者养母的姓氏，经当事人协商一致，也可以保留原姓氏。

10.1.5 收养关系的解除及后果

收养关系的有效成立，需要由符合法律规定收养条件的收养人和送养人签署收养协议，并依法办理收养登记手续。收养协议是由收养人和送养人之间签署，被收养的孩子属于《民法典》规定的养子女，收养关系能否解除要分情况讨论。

1. 收养行为无效

有《民法典》第一编关于民事法律行为无效规定情形或者违反《民法典》第五编规定的收养行为无效。无效的收养行为自始没有法律约束力。

《民法典》第一编关于民事法律行为无效规定情形是指：无民事行为能力实施的民事法律行为；行为人与相对人以虚假的意思表示实施的民事法律行为；违反法律、行政法规的强制性规定的民事法律行为；行为人与相对人恶意串通，损害他人合法权益的民事法律行为。

2. 收养关系的解除

（1）协议解除。《民法典》第1114条规定，收养人在被收养人成年以前，不得解除收养关系，但是收养人、送养人双方协议解除的除外。养子女8周岁以上的，应当征得本人同意。《民法典》第1116条规定，当事人协议解除收养关系的，应当到民政部门办理解除收养关系登记。

（2）因违法行为而解除。收养人不履行抚养义务，有虐待、遗弃等侵害未成年养子女合法权益行为的，送养人有权要求解除养父母与养子女间的收养关系。送养人、收养人不能达成解除收养关系协议的，可以向人民法院提起诉讼。

（3）成年养子女关系的解除。《民法典》第1115条规定，养父母与成年养子女关系恶化、无法共同生活的，可以协议解除收养关系。不能达成协议的，可以向人民法院提起诉讼。

（4）《民法典》第52条规定，被宣告死亡的人在被宣告死亡期间，其子女被他人依法收养的，在死亡宣告被撤销后，不得以未经本人同意为由主张收养行为无效。

3. 解除收养关系的效力及后果

收养关系解除后，养子女与养父母以及其他近亲属间的权利义务关系即行消除，与生父母以及其他近亲属间的权利义务关系自行恢复。但是,成年养子女与生父母以及其他近亲属间的权利义务关系是否恢复,可以协商确定。

《民法典》第1118条第1款规定,收养关系解除后,经养父母抚养的成年养子女,对缺乏劳动能力又缺乏生活来源的养父母,应当给付生活费。因养子女成年后虐待、遗弃养父母而解除收养关系的,养父母可以要求养子女补偿收养期间支出的抚养费。

《民法典》第1118条第2款规定,生父母要求解除收养关系的,养父母可以要求生父母适当补偿收养期间支出的抚养费;但是,因养父母虐待、遗弃养子女而解除收养关系的除外。

10.1.6 收养关系中的家庭财产继承

已经办理了收养关系的养子女是可以继承养父母的遗产的,继承顺位与自然血亲一致,《最高人民法院关于适用〈中华人民共和国民法典〉继承编的解释(一)》(以下简称《民法典继承编解释(一)》)第10条规定,被收养人对养父母尽了赡养义务,同时又对生父母扶养较多的,除可以依照《民法典》第1127条的规定继承养父母的遗产外,还可以依照《民法典》第1131条的规定分得生父母适当的遗产。

《民法典继承编解释(一)》第12条规定,养子女与生子女之间、养子女与养子女之间,系养兄弟姐妹,可以互为第二顺序继承人。被收养人与其亲兄弟姐妹之间的权利义务关系,因收养关系的成立而消除,不能互为第二顺序继承人。

10.2 中国香港特别行政区法律制度

在我国香港特别行政区,法律对于儿童领养的规定十分严格,特别行政区政府和法院需要对申请领养的人士作出全面严格的评估,申请人也要依照《领养条例》规定的法律程序收养。我国香港特别行政区法律规定,不容许"私自领养儿童"。根据《香港法例》第290章《领养条例》第23A条的规定,只有特别行政区社会福利署署长、获领养认可的机构或根据法院命令行事的人,才可以处理非亲属领养的申请,以及为"幼年人"(指儿童)接受领养作出安排。除了上述人士和机构外,任何人或机构都不得为"幼年人"接受领养而作出安排,也不得为领养的目的而交托"幼年人",违反法例者,可被判处监禁,并处以罚款。

《领养条例》(第290章)旨在为领养儿童事宜订立条文,并使《关于跨国领养的保护儿童及合作公约》在中国香港特别行政区生效,以及就附带及相关的事宜作出规定。

10.2.1 领养的一般概念与收养关系的成立

在《领养条例》条文的规限下,法院可应任何按订明方式提出的申请而作出命令,授权——

(a)单一的申请人;或

(b)以一对配偶的身份共同提出申请的申请人,领养某幼年人。

1. 申请准则

领养申请须在区域法院展开。申请可应有关的法律程序中任何一方的要求或区域法院法官主动提出,由区域法院转往原讼法庭。有关规则可就申请转往原讼法庭及由原讼法庭转回区域法院的事宜订定有关程序。要求作出公约领养令的申请须于法院展开。除非申请人及幼年人均居于我国香港特别行政区境内,否则法院不得就幼年人作出领养令[《领养条例》第4A、20C(3)、5(6)条]。

法院可应任何按订明方式提出的申请而作出命令,授权单一的申请人或以一对配偶的身份共同提出申请的申请人,领养某幼年人。幼年人指18岁以下的人,但不包括已婚或曾结婚的人。除非有关申请人——(1)是幼年人的父亲或母亲;(2)是幼年人的亲属,并年满21岁;(3)与该幼年人的父或母有婚姻关系;(4)年满25岁,否则法院不得作出领养令授权单一的申请人领养该幼年人。另外,除非其中一名申请人是幼年人的父亲或母亲,或符合第(1)(b)或(d)款所列的条件,而另一申请人年满21岁,否则法院不得作出领养令授权以一对配偶的身份共同提出申请的申请人领养该幼年人。法院亦不得批准单一的男性申请人所提出的申请而就女性幼年人作出领养令,除非法院信纳有特殊情况,可以之作为例外作出领养令的论据(《领养条例》第2、4、5条)。

2. 评估申请

任何居于我国香港特别行政区的人如拟领养任何幼年人,而该人并非该幼年人的父母或亲属,亦非与该幼年人的父或母有婚姻关系的人,则该人须申请要求评估他是否适合作为领养父母。任何惯常居于我国香港特别行政区的人如拟申请公约领养,须要求评估他是否适合作为领养父母。申请须符合署长所指明的格式,如属本地领养,应呈交予署长或为该目的而获认可的获认可机构;如属海外儿童领养或公约领养,须呈交予署长或署长为此而授权的获认可机构。申请须连同以下各项一并呈交:署长或获认可机构所合理要求的资料;申请人致予警务处处长的授权书,授权警务处处长告知署长申请人曾否在任何时候在中国香港特别行政区或其他地方被定罪;如申请人以前曾被定罪,须向署长发放有关定罪的详情。

如属本地领养而申请是向某获认可机构呈交的,申请人可在授权书中指定该获认可机构,以代替署长。署长或有关获认可机构在考虑就本地领养提出的申请后,可决定有关申请人适合或不适合作为领养父母。署长在考虑就海外儿童领养或公约领养而提出的申请后,可决定有关申请人适合或不适合作为领养父母。就为海外儿童领养或公约领养而提出的申请而言,署长可指定任何获认可机构收集为使署长能作出评估而合理地要求的资料;在作出评估时,可考虑该机构基于上述资料而提出的任何建议。

如署长决定获评估为适合作为领养父母的某名申请人,适合作为某幼年人的领养父母;以及为领养的目的而将该幼年人交托给该申请人,会符合该幼年人的最佳利益,则署长可进行该项交托,或授权一间获认可机构进行该项交托。如署长已就某幼年人接受某准领养人领养进行或授权一间获认可机构进行该幼年人的交托工作,而在其后的任何时间,署长认为继续该项交托不会符合该幼年人的最佳利益,则署长可终止该项交托,或指示该获认可机构终止该项交托(《领养条例》第5AA、27、27A、28、29、29A、29B、29C、29D条)。

3. 有关人士的同意

在任何个案中,除非取得身为幼年人的父母或监护人或因任何命令或协议而有责任分担该幼年人的赡养费的每一人的同意;或在由一对配偶的其中一人提出申请的个案中,除非取得另一配偶的同意,否则法院不得作出领养令。凡任何父母以一般同意书的形式给予同意,该父母即由签立同意书起不再就该幼年人具有父母的任何权利、职责、义务或法律责任。以订明的一般同意书对领养令给予同意的父母,可于签立同意书表格日期起计3个月内,向署长发出撤销同意通知书而将同意撤销,但除符合第(5D)及(5E)款的规定以及除以上所述者外,该项同意不得撤销。尽管有规定,以订明的一般同意书对领养令给予同意的父母,在该款所提述的3个月期间届满后及领养令作出之前,可随时以其希望恢复父母的权利、职责、义务及法律责任为理由,向法院申请作出命令,以撤销该项同意,而当该项申请尚在待决期间,法院不得就该项同意所关乎的儿童作出任何领养令。

在符合有关规定的情形下,凡署长提出申请,而法院信纳所规定要取得的同意应予免除,则法院可作出命令,宣布某幼年人可无须该项同意而接受领养。法院在作出命令前,须将申请通知所能找到的每一个行将免除其同意的人(无行为能力给予同意的人除外),并须让其有机会陈词。在法院作出命令时幼年人的父母或监护人的一切权利、职责、义务及法律责任,须转归于署长,犹如该命令乃领养令而署长为领养人一样;署长或获认可机构可为领养的目的而将幼年人交托。法院如信纳以下情况,可免除规定需要取得的同意:(1)在涉及幼年人的父母或监护人的个案中,该父母或监护人曾遗弃、疏忽照顾或持续虐待该幼年人;(2)在涉及因一项命令或协议而有责任分担该幼年人的赡养费的人的个案中,该人曾持续忽略或拒绝分担;(3)在任何个案中,需要取得其同意的人不能找到,或该人无行为能力给予同意,或该人不合理地不给予同意,或如法院有鉴于有关个案的所有情况,认为此项同意应予免除。

在需要领养令申请人的配偶作同意的个案中,法院如信纳不能找到申请人的配偶或申请人的配偶无行为能力给予同意,或该对配偶已分居并正分开居住,而分居相当可能属永久者,又或法院有鉴于该个案的所有情况,认为此项同意应予免除,则法院可免除该申请人的配偶的同意。同意可在不知道领养令申请人身份的情况下给予;凡如此给予同意的人其后又仅以不知道申请人身份为理由而撤回同意者,则须当作该人不合理地不给予同意。当就一幼年人提出的领养令申请尚在法院待决时,该幼年人的父母或监护人倘已表示同意依据申请作出领养令,则除非获得法院许可,否则无权将该幼年人从申请人的照顾及管有之下带走;而法院在考虑授予或拒绝授予该许可时,须顾及该幼年人的最佳利益(《领养条例》第5、5A、6条)。

法院在作出领养令前,须信纳:(1)根据《领养条例》需要取得其同意而其同意未被免除的每一人,已同意所申请作出的领养令,并明白该令的性质及效力,尤其是身为父母者,明白领养令的效力是会永久地剥夺其作为父母的权利;(2)如作出领养令是为幼年人的最佳利益着想,而在顾及其年龄及理解能力后,已为此目的而妥为考虑幼年人的意愿和意见;(3)申请人并未因领养而曾收取或同意收取任何款项或其他报酬,亦无人因领养而曾给予或同意给予申请人任何款项或其他报酬。法院在作出领养令时,须考虑向幼年人披露其原来的身份是否符合其利益,而考虑时须顾及准领养人的观点、署长的意见以及幼年人的年龄及理解能力。法院可在作出的领养令内施加其认为适宜的条款及条件,尤其可要求领养人以保证书或其他形式答应为幼年人提供法院认为对幼年人公平而适当的供养安排(《领养条例》第 8 条)。

4. 收养关系成立

领养令一经作出,有关幼年人的父母或监护人所具有的关于该幼年人日后的管养、赡养和教育方面的一切权利、职责、义务和法律责任,包括委任监护人以便对婚姻表示同意或发出反对通知的一切权利,均告终绝;一切有关事项即归属领养人,可由领养人行使及针对领养人而强制执行,并犹如该幼年人是领养人及该条所述的父或母在合法婚姻中所生的子女一样或在其他情况下,犹如该幼年人是领养人在合法婚姻中所生的子女一样。凡在作出领养令之后的任何时间,领养人、受领养人或其他人去世而就任何财产并未立下遗嘱,则该财产在所有方面均在犹如受领养人是领养人在合法婚姻中所生的子女而并非其他人的子女的情况下转予;及该财产在所有方面均在犹如受领养人是领养人及该条所提述的父或母在合法婚姻中所生的子女而并非其他人的子女的情况下转予(《领养条例》第 13、15、16 条)。

10.2.2　涉外收养

1. 在中国香港特别行政区以外地方领养的效力

《领养条例》第 17 条第 1 款规定:凡某人在本条实施之前或之后,在中国香港特别行政区以外的任何地方,按照当地的法律被领养,而本条的规定又适用于该项领养者,则就本条例及一切其他中国香港特别行政区的成文法则而言,该项领养即与根据本条例有效地作出的领养令具相同效力,而别无其他效力。

2. 公约领养

公约(the Convention)指于 1993 年 5 月 29 日在海牙签订的《关于跨国领养的保护儿童及合作公约》(以下简称《公约》)或经修订并适用于中国香港特别行政区的《公约》;公约领养(Convention adoption)指凭借在与《公约》第 3 条一并理解的《公约》第 2 条而属《公约》适用的领养,而且《领养条例》第 20A 条规定,(a)就该领养而言,中国香港特别行政区是作为原住地或收养地的,但(b)段另有规定者除外;(b)(就第 20F 条而言)不论中国香港特别行政区是否就该领养作为原住地或收养地,但不包括根据第 20J 条作出的命令宣布为不在公约领养含义之内的领养。

《公约》在中国香港特别行政区具有法律效力在《领养条例》的规限下,附表 3 所列明的《公约》条文在中国香港特别行政区具有法律的效力。

10.2.3　领养关系中的家庭财产继承

1. 无遗嘱而去世,遗嘱及授产安排

《领养条例》第 15 条对此作出规定:

(1)凡在作出领养令之后的任何时间,领养人、受领养人或其他人去世而就任何财产并无立下遗嘱,则——

(a)除(b)段另有规定外,该财产在所有方面均在犹如受领养人是领养人在

合法婚姻中所生的子女而并非其他人的子女的情况下转予;及

(b)在领养令是根据第5(1)(c)条作出的情况下,该财产在所有方面均在犹如受领养人是领养人及该条所提述的父或母在合法婚姻中所生的子女而并非其他人的子女的情况下转予。(由2004年第28号第19条代替)

(2)在作出领养令的日期后进行的任何财产处置中,无论是藉生者之间作出的文书或是藉遗嘱(包括遗嘱更改附件)进行——

(a)对领养人的一名或多名子女的提述(无论是明示的或默示的),除非显示有相反意愿,否则须解作为提述受领养人或解作包括对受领养人的提述;

(b)除第(3)款另有规定外,对受领养人的亲生父母(双亲或其中一人)的一名或多名子女的提述(无论是明示的或默示的),除非显示有相反意愿,否则不得解作为提述受领养人或包括对受领养人的提述;及

(c)对任何与受领养人具某亲等关系的人的提述(无论是明示的或默示的),除非显示有相反意愿,否则——(由2004年第28号第19条修订)

(i)除第(ii)节另有规定外,须解释为对假使受领养人是领养人在合法婚姻中所生的子女而并非其他人的子女便会与受领养人有该种亲等关系的人的提述;

(ii)在领养令是根据第5(1)(c)条作出的情况下,须解释为对假使受领养人是领养人及该条所提述的父或母在合法婚姻中所生的子女而并非其他人的子女便会与受领养人有该种亲等关系的人的提述。(由2004年第28号第19条修订)

(3)凡有关领养令是根据第5(1)(c)条作出的,第(2)(b)款不得就该条所提述的父或母而适用。(由2004年第28号第19条增补)

2. 补充条款(《领养条例》第16条)

(1)尽管有任何法律规则,在作出领养令的日期之前借经签立的遗嘱或遗嘱更改附件而作出的财产处置,就第15条的施行而言,不得仅由于该遗嘱或遗嘱更改附件经由一份在该日期之后签立的遗嘱更改附件所确认,而视为在该日期之后作出。

(2)尽管第15条有任何规定,受托人或遗产代理人仍可将任何财产转易或分配予有权享有该财产的人,而无须先行确定是否有领养令作出而致有人借此或可能借此而享有该财产的任何权益,受托人或遗产代理人亦无须因为该等人在财产转易或分配时不为其知悉的申索权利而向他们负上法律责任;但本款的条文不影响任何该等人向可能已收受该财产的人(购买者除外)就后者手上的该财产或代表该财产的财产作出追索的权利。

(3)凡有领养令就一名以前曾被领养的人作出,而为施行第15条的规定,如某人在后来的领养令作出的日期后去世而无遗嘱,则就该人去世时的财产转予以及在该日期后所进行的财产处置而言,均无须理会先前所作的领养。

10.3 中国澳门特别行政区法律制度

10.3.1 收养关系的设定

1. 收养程序的管辖权

《澳门民法典》第1825条规定,收养关系的设定,必须通过法院以判决的方式作出。

根据65/99/M号法令《未成年人司法管辖范围内之教育制度及社会保护制度》及第9/1999号法律《司法组织纲要法》第29–D条的规定,收养程序由澳门初级法院的家庭及未成年人法庭管辖。

2. 参与收养程序的主体

(1)收养人

收养的方式分为共同收养和个人收养。

①共同收养人

共同收养的主体必须是夫妻,或者以事实婚方式共同生活的男女二人。

共同收养的夫妻,结婚必须满3年,而且没有事实分居。事实婚状态下的男女,如果希望收养他人,收养人的事实婚状态必须持续满5年。如果夫妻在结婚前曾经以事实婚状态共同生活过一段时间,这段时间也可以与婚后的婚姻存续期间合并计算。

在年龄上,收养人二人的年龄下限是25岁,年龄上限是60岁,以收养人接收被收养人的时间为准。年满60岁的收养人也是可以向法院申请收养的,但他必须在60岁以前就已经开始照顾被收养人(《澳门民法典》第1828条)。

②个人收养人

个人收养人存在两种情况:一种是收养人既没有结婚,也没有事实婚伴侣,独自生活,收养人独自收养被收养人;另一种是继父母收养继子女,收养人已婚或者处于事实婚状态,被收养人是自己的配偶或者事实婚伴侣的子女,收养人的伴侣与被收养人之间已经存在亲子关系,被收养人会与收养人夫妇共同生活,所以收养行为仅需夫妻(事实婚伴侣)一方作出即可,也属于个人收养。

独自收养的情况中,收养人必须年满28岁。收养配偶的子女,收养人必须年满25岁。收养事实婚伴侣的子女,收养人必须年满25岁,且事实婚关系存续满3年。个人收养人的年龄上限与共同收养人一样,也不得超过60岁,除非有合理理由(《澳门民法典》第1828条第2款)。

(2)被收养人

可以被收养的人分为三种:未成年人、配偶或事实婚伴侣的子女、精神失常的禁治产人。在这三类人中,后两种可以是成年人,但是法律另外要求被收养人在满16岁以前已经实际上由收养人照顾,如果属于两人共同收养的情况,则至少曾被其中一名收养人照顾(《澳门民法典》第1830条)。

未成年人和精神失常的禁治产人都属于无行为能力人,需要有亲权人或者监护人照顾。

配偶或事实婚伴侣的子女，即使成年以后，仍然是可以被收养的。本书认为，法律允许此类收养的目的是——在法律层面上给予实际共同生活的家庭与血亲家庭一样的亲属关系，让继父或继母变成更亲近的人（《澳门民法典》第1830条）。

（3）收养人与被收养人的年龄差距

收养人与被收养人的年龄差距至少应当是18岁以上，且不得超过50岁。此项规定并不是完全刚性的，如果收养人能够提供合理的收养理由，法院仍然可以批准收养。

（4）待被收养人所处的状况

待被收养人必须处于五种情况中的任何一种情况才可以被收养：①父母身份不明或者父母双亡；②生父母事先同意收养；③被收养人遭父母遗弃；④父母严重不称职，主动伤害子女，或者在应当作为时不作为，置子女安全、健康、道德培养或教育于不顾，以致于足以严重损害亲子双方的亲子感情；⑤被收养人已经实际上被其他个人或机构照顾超过6个月，且父母对此漠不关心。

除了上述第二种情况，只满足什么人可以收养他人以及什么人可以被收养的一般条件，还不足以顺利完成收养。还需要核实待被收养人是否正在被下列人士照顾：①直系血亲尊亲属（祖父母、外祖父母）；②三亲等之内的旁系血亲（伯父、叔叔、姑姑、舅舅、姨母，以下简称“近亲属”）；③法院指定的监护人。如果待被收养人已经获得了上述人士的照顾，仍然不可以被收养，除非法院认为这些人的照顾不足以确保待被收养人的利益（例如，这些人自身年迈体弱或经济能力不足，又或者虐待或伤害待被继承人）（《澳门民法典》第1831条）。

（5）对收养的同意

在收养程序中，收养人与被收养人都符合法律要求的资格以后，法院是否批准收养，还要考虑法律规定的某些人的同意，分别是：①年满12岁的被收养人的同意；②与收养人共同生活的配偶的同意；③被收养人的父母的同意，即使此人已经不再行使被收养人的亲权（例如，离婚后不行使未成年人亲权的一方），但如果未成年人被遗弃、父母不称职、未成年人已经被他人实际照顾的情况，又或者此前法院已经通过司法裁判将未成年人交托予他人照顾时，则不需要父母同意；④实际照顾未成年人的近亲属的同意（《澳门民法典》第1833条）。

法律对同意收养的方式有严格要求，同意的意思表示必须在法官面前作出，并且法官要确保同意人知道同意的意义及效力。从诉讼程序上而言，法院可以在收养程序正式提起之前，专门安排法官听取相关人士的同意，以确保之后提起的收养程序顺利进行。预先作出的同意，可以在2个月之内废止。如果2个月期间届满，被收养人还没有交托予待收养人照顾，同意人也可以废止。对于废止同意的形式，可以在法官面前以笔录的形式作出，也可以通过公文书或者经过公证员认定的私文书的形式作出（《澳门民法典》第1833及第1834条）。

如果存在下列情况，法院可以免除上述人士的同意，批准收养：①应当给予同意的人神志不清，或者没有表达能力；②被收养人的父母、亲属或监护人对被收养人的照顾严重不称职，使其在安全、健康、道德培育或教育上受到严重威胁，又或者不足以确保被收养人的利益。

（6）社会工作官方机关的意见

收养的核心目的是保护被收养人的利益，让缺乏父母关爱的孩子找到一个新家，或者让重组家庭的成员建立更紧密联系。但是,如果收养程序不够谨慎,也很有可能给被收养人带来伤害,所以法律规定了社会工作官方机构的参与。

社会工作官方机构指的是中国澳门特别行政区的社会工作局,社会工作局的主要职能是服务各类弱势群体,以减少弱势群体相关的社会问题。长者、长期病患者、残疾人士、儿童、青少年、妇女、戒毒者、戒赌者等各类人士都是社会工作局的服务对象。在涉及未成年扶养权及收养等程序时,社会工作局的工作人员会应法院的要求与未成年人及相关人士进行访问沟通,并且编制报告,以协助法院作出正确的决定。

社会工作局的介入具有强制性。我国澳门特别行政区第 65/99/M 号法令第 138 条规定,没有社会工作局的参与,收养人得不收养他人。社会工作局知道收养人的通知后,需要在 3 个月内完成收养个案的研究,考察被收养人的人格及健康状况,并且考察收养人照顾及教育未成年人的能力,最终向法院出具报告。

对于社会工作局拒绝收养的决定,申请人可以向初级法院家事及未成年人法庭提出上诉。上诉的请求书由社会工作局负责递交法院,社会工作局在递交法院之前可以主动更正原决定。如社会工作局拒绝更正原决定,便必须将上诉请求书递交至法院,法院还会在收到卷宗之后,听取检察院的意见,然后在 15 日内作出决定。

由此可知,社会工作局的意见,对于收养程序是至关重要的。社会工作局在处理儿童及家庭问题上拥有更多的专业知识和经验,有能力更深入地了解相关人士和家庭的实际情况。

社会工作局得悉收养申请人的收养意愿之后,如果能够取得被收养人的法定代理人或者实际照顾人的同意,可以"行政交托"的方式,自行决定将未成年人交托给收养申请人。如果未能取得收养人法定代理人或实际照顾人的同意,则收养申请人必须向司法机关申请"司法交托",由法院决定批准未成年人的交托。无论是"行政交托",还是"司法交托",社会工作局的意见都非常重要。

在被收养人通过"行政交托"或"司法交托"被交托给了收养申请人,收养程序将进入正式收养前的试养阶段。社会工作局要在试养开始的 1 年之内,持续跟进受托人对被收养人的照顾是否称职,并且编制《澳门民法典》第 1825 条第 2 款所要求的报告。

收养申请人在取得了上述报告之后,才可以正式向法院提出收养的申请,否则法院会依职权要求社会工作局提交报告。

(7)检察院的参与

检察院在众多民事程序中具有候补代理人的角色,在涉及未成年人的诸多诉讼中,检察院经常以监督人或者代理人的角色出现,以确保无人照顾的未成年人的权利不受侵害,或者监督未成年人的合法权利不被其父母或者监护人侵害。

因此,在收养程序的司法交托程序及收养判决阶段,检察院均会被通知参与诉讼程序,以确保待被收养未成年人的合法利益。

法院在收到赞同收养的社会报告之后,会适时听取法律规定需要同意之人的意见,或者裁定免除特定人之同意,并且听取检察院及未成年人的意见,然后作出判决。

(8)批准收养的原则

法院批准收养的原则,是收养能够给被收养人带来实际的好处。收养制度的目的是改善被收养人的处境,让未成年人能够改善原生家庭的不足状况,或者是让那些在未成年时期已经融入另一个家庭的成年人能够正式成为新家庭的成员。

此外,法律还要考虑收养行为会不会对收养人的子女,以及被收养人的子女造成不公平。如果收养人在收养以后,无力抚养过多的子女,法律也可能不批准收养。又或者在成年被收养人有子女的情况下,会导致被收养人的子女遭受不公平的牺牲,也可能不批准收养。

10.3.2 收养的效力

收养一旦生效,便不可废止,除非收养程序因为程序瑕疵而被再审程序推翻。收养将切断被收养人与其亲生父母的亲子关系,使原有的亲子关系消灭,同时在收养人与被收养人之间建立起新的亲子关系。如果被收养人的父母身份不明,一旦成功收养,日后即使查明了亲生父母的身份,也不能再与亲生父母重新建立亲子关系。

收养成立以后,被收养人将会丧失原有的姓氏,而采用最新的父亲或母亲的姓氏。

10.4 三法域规定列举(见表2-10-1)

表2-10-1 三法域规定列举

收养的概念	
中国内地	自然人领养他人的子女为自己的子女,依法创设拟制血亲亲子关系的身份法律行为。这种拟制血亲的亲子关系,具有与自然血亲同样内容的权利义务关系
中国香港特别行政区	指依据领养令而作出的领养,该领养令是根据于任何时候在中国香港特别行政区施行的有关子女领养的成文法则而发出的
中国澳门特别行政区	收养关系须通过法院判决而设定。仅在收养会对待被收养人带来实际好处,且收养系基于正当理由及收养对收养人之其他子女或对待被收养人之子女未造成不公平,并能合理推测收养人与待被收养人之间将建立一种类似亲子关系之关系时,方作出收养宣告
收养的基本原则	
中国内地	收养应当遵循最有利于被收养人的原则,保障被收养人和收养人的合法权益
中国香港特别行政区	法院在作出领养令时,为幼年人的最佳利益着想,而在顾及其年龄及理解能力后,已为此目的而妥为考虑幼年人的意愿和意见,须考虑向幼年人披露其原来的身份是否符合其利益,而考虑时须顾及准领养人的观点、署长的意见,以及幼年人的年龄及理解能力
中国澳门特别行政区	法院批准收养的原则,是收养能够给被收养人带来实际的好处。收养制度的目的是改善被收养人的处境,让未成年人能够改善原生家庭的不足状况,或者是让那些在未成年时期已经融入另一个家庭的成年人能够正式成为新家庭的成员

续表

收养关系成立	
中国内地	收养应当向县级以上人民政府民政部门登记。收养关系自登记之日起成立。收养查找不到生父母的未成年人的,办理登记的民政部门应当在登记前予以公告。收养关系当事人愿意签订收养协议的,可以签订收养协议。收养关系当事人各方或者一方要求办理收养公证的,应当办理收养公证
中国香港特别行政区	任何有意申请领养幼童的中国香港特别行政区居民(该幼童的父母或亲属,或该幼童父/母之配偶除外),都必须填写社会福利署指定的表格。 法院可应任何按订明方式提出的申请而作出领养命令。获得领养令后,须办理领养登记
中国澳门特别行政区	收养关系的设定,必须通过法院以判决的方式作出。收养程序由澳门初级法院的家庭及未成年人法庭管辖。在收养程序中,收养人与被收养人都符合法律要求的资格以后,法院是否批准收养,还要考虑法律规定的某些人的同意,及社会工作官方机关的意见
送养人	
中国内地	孤儿的监护人;儿童福利机构;有特殊困难无力抚养子女的生父母。其中有特殊困难无力抚养子女的情况是指:未成年人的父母均不具备完全民事行为能力且可能严重危害该未成年人的,该未成年人的监护人可以将其送养
中国香港特别行政区	不容许"私自领养儿童"。只有中国香港特别行政区社会福利署署长、获领养认可的机构或根据法院命令行事的人,才可以处理非亲属领养的申请,以及为"幼年人"(指儿童)接受领养作出安排
中国澳门特别行政区	在中国澳门特别行政区,可被收养的未成年人大多数在出生后,由于种种原因而导致父母不能照顾,少部分是被遗弃的儿童。他们被收养前会先被安排入住儿青院舍生活,待社会工作局为未成年人进行配对以后便会离开院舍,交由获配对的收养申请夫妇进行试养
被收养人	
中国内地	丧失父母的孤儿;查找不到生父母的未成年人;生父母有特殊困难无力抚养的子女。收养8周岁以上未成年人的,应当征得被收养人的同意
中国香港特别行政区	居于中国香港特别行政区内的幼年人。幼年人指18岁以下的人,但不包括已婚或曾结婚的人
中国澳门特别行政区	可以被收养的人分为三种:未成年人、配偶或事实婚伴侣的子女、精神失常的禁治产人。在这三类人中,后两种可以是成年人,但是法律另外要求被收养人在满16岁以前已经实际上由收养人照顾

续表

收养人(申请人)	
中国内地	(1)收养人须具备法定条件才能实施收养行为。(2)无子女的收养人可以收养两名子女;有子女的收养人只能收养一名子女(收养孤儿、残疾儿童或者社会福利机构抚养的查找不到生父母的弃婴和儿童不受此限)。(3)有配偶者收养子女,应当夫妻共同收养。无配偶者收养异性子女的,收养人与被收养人的年龄应当相差40周岁以上(收养三代以内同辈旁系血亲子女除外)。(4)继父或者继母经继子女的生父母同意,可以收养继子女,并可以不受生父母有特殊困难无力抚养的子女的情况及收养人的法定条件及收养子女的人数的特别限制
中国香港特别行政区	申请领养人是否能成为适合的领养父母需要经过评估。(1)授权单一申请人领养的条件:①是幼年人的父亲或母亲;②是幼年人的亲属,并年满21岁;③与该幼年人的父或母有婚姻关系;或④年满25岁。(2)授权以一对配偶的身份共同提出申请的申请人领养幼年人的条件:①是幼年人的父亲或母亲;②是幼年人的亲属,并年满21岁,而另一申请人年满21岁。(3)一般不得批准单一的男性申请人所提出的申请而就女性幼年人作出领养令。(4)一般须取得幼年人赡养费负担者同意;在由一对配偶的其中一人提出申请的个案中,须取得另一配偶的同意
中国澳门特别行政区	收养的方式分为共同收养和个人收养。共同收养的主体必须是夫妻,或者以事实婚方式共同生活的男女二人。个人收养人存在两种情况:一种是收养人既没有结婚,也没有事实婚伴侣,独自生活,收养人独自收养被收养人;另一种是继父母收养继子女
涉外收养(跨境领养)	
中国内地	外国人依法可以在中华人民共和国收养子女。外国人在中华人民共和国收养子女,应当经其所在国主管机关依照该国法律审查同意。华侨收养三代以内旁系同辈血亲的子女,可以不受收养人无子女和收养一名的限制
中国香港特别行政区	(1)在中国香港特别行政区以外地方按照当地的法律领养,符合一定法定情形时,该项领养即与根据中国香港特别行政区法律有效地作出的领养令具相同效力;(2)公约领养指凭借《关于跨国领养的保护儿童及合作公约》承认在中国香港特别行政区以外地方作出的公约领养。法院可应申请而就公约领养令发出公约领养证书
中国澳门特别行政区	申请应附同能证明符合下列要求的文件:按照中国澳门特别行政区法律的规定,有关收养已获待被收养人的父母、年满12岁的待被收养人等的同意或已符合应免除同意的条件;有权限部门已按照当地法律确认该收养申请人是适当的收养人,以及确认其可以在海外收养未成年人;当地的法律应有让未成年人与申请人之间共同生活的充分期间,以判断是否适宜建立收养关系;收养对待被收养人将带来实际好处,且收养是基于正当理由,以及能合理推测收养双方将建立一种类似亲子关系的关系;按照当地法律,该收养能产生与澳门法律相同的收养效果
养父母子女关系	
中国内地	自收养关系成立之日起,养父母与养子女间的权利义务关系,适用《民法典》关于父母子女关系的规定;养子女与养父母的近亲属间的权利义务关系,适用《民法典》关于子女与父母的近亲属关系的规定。养子女与生父母以及其他近亲属间的权利义务关系,因收养关系的成立而消除

续表

养父母子女关系	
中国香港特别行政区	领养令的效力是会永久地剥夺原父母的权利。领养令发出后,该幼年人一切有关事项即归属领养人,犹如该幼年人是领养人在合法婚姻中所生的子女一样
中国澳门特别行政区	收养将切断被收养人与其亲生父母的亲子关系,使原有的亲子关系消灭,同时在收养人与被收养人之间建立起新的亲子关系。如果被收养人的父母身份不明,一旦成功收养,日后即使查明了亲生父母的身份,也不能再与亲生父母重新建立亲子关系
收养关系的无效	
中国内地	有《民法典》第一编关于民事法律行为无效规定情形或者违反第五编规定的收养行为无效。无效的收养行为自始没有法律约束力
中国香港特别行政区	在中国香港特别行政区,由于法院一开始就对收养成立的各项要件进行严格监管,又设有“试收养”制度,因此不符合要件的收养根本就无法让法院作出领养令。如果是在登记中存在一定的错误,那么由法院应领养人或受领养人的申请,对领养令进行修订,故中国香港特别行政区不承认收养关系的解除
中国澳门特别行政区	在中国澳门特别行政区,对收养关系是否可以终止持否定态度,《澳门民法典》第1841条规定,收养不可废止,即使收养人与被收养人达成协议亦然
收养关系的解除	
中国内地	收养关系可能因协议、违法行为而解除;养父母与成年养子女关系恶化无法共同生活的,可以协议解除或向法院起诉解除。收养关系解除后,养子女与养父母以及其他近亲属间的权利义务关系即行消除,与生父母以及其他近亲属间的权利义务关系自行恢复。但是,成年养子女与生父母以及其他近亲属间的权利义务关系是否恢复,可以协商确定
中国香港特别行政区	法律没有关于收养解除的规定。养父母与养子女关系基于法院的领养令而确认,并在办理领养登记后即生成父母子女关系。养父母不依法赡养未成年人属违法行为,涉嫌违反《保护儿童及少年条例》《保护儿童免受虐待——多专业合作程序指引》等法律规定,将承担相应责任
中国澳门特别行政区	收养一旦生效,便不可废止,除非收养程序因为程序瑕疵而被再审程序推翻

第十一章　监　　护

11.1　中国内地法律制度

11.1.1　监护的一般概念及基本原则

监护,是指对无民事行为能力人和限制民事行为能力人的人身、财产及其他合法民事权益,进行监督和保护的法律制度。履行监护职责的人为监护人,受到监督和保护的人为被监护人。监护制度由保护监护人的观念发展为保护被监护人的观念,监护职务虽然有权利的内容,但更主要的是监护人对被监护人的义务。我国内地的监护制度分为对未成年人的监护和对无民事行为能力或限制民事行为能力的成年人的监护两种情况,设定监护人主要有法定和指定两种形式。

11.1.2　监护的对象、监护人及监护人的确定

1. 监护的对象,包括对未成年人的监护和对无民事行为能力或限制民事行为能力的成年人的监护

我国《民法典》第一编第二章对自然人的民事行为能力作了明确的界定。8 周岁以下的未成年人为无行为能力人。8 周岁以上的未成年人为限制行为能力人。不能辨认自己行为能力的成年人为无行为能力人。不能完全辨认自己行为的成年人为限制行为能力人。不能辨认或者不能完全辨认自己行为的成年人,其利害关系人或者有关组织,可以向人民法院申请认定该成年人为无民事行为能力人或者限制民事行为能力人。

2. 监护人的确定

(1)法定监护,即无民事行为能力人、限制民事行为能力人的监护人是其法定代理人。《民法典》第 27 条规定,父母是未成年子女的监护人。未成年人的父母已经死亡或者没有监护能力的,由有监护能力祖父母、外祖父母,兄、姐,其他愿意担任监护人的个人或者组织,按顺序担任监护人。除上述监护人以外的其他愿意担任监护人的个人或者组织的,须经未成年人住所地的居民委员会、村民委员会或者民政部门同意。

无民事行为能力或者限制民事行为能力的成年人,由其有监护能力的配偶、父母、子女其他近亲属按顺序担任监护人,除上述监护人以外的其他愿意担任监护人的个人或者组织的,须经被监护人住所地的居民委员会、村民委员会或者民政部门同意。

《民法典》第 32 条规定,没有依法具有监护资格的人的,监护人由民政部门担任,也可以

由具备履行监护职责条件的被监护人住所地的居民委员会、村民委员会担任。

(2)指定监护。被监护人的父母担任监护人的,可以通过遗嘱指定监护人。

《民法典》第31条规定,对监护人的确定有争议的,由被监护人住所地的居民委员会、村民委员会或者民政部门指定监护人,有关当事人对指定不服的,可以向人民法院申请指定监护人;有关当事人也可以直接向人民法院申请指定监护人。居民委员会、村民委员会、民政部门或者人民法院应当尊重被监护人的真实意愿,按照最有利于被监护人的原则在依法具有监护资格的人中指定监护人。监护人被指定后,不得擅自变更;擅自变更的,不免除被指定的监护人的责任。

(3)协议监护。依法具有监护资格的人之间可以协议确定监护人。协议确定监护人应当尊重被监护人的真实意愿。

《民法典》第33条规定,具有完全民事行为能力的成年人,可以与其近亲属、其他愿意担任监护人的个人或者组织事先协商,以书面形式确定自己的监护人,在自己丧失或者部分丧失民事行为能力时,由该监护人履行监护职责。协议监护又被称为意定监护,具有普遍保护完全丧失或者部分丧失民事行为能力的成年人的重大意义。

(4)临时监护。指定监护人前,被监护人的人身权利、财产权利以及其他合法权益处于无人保护状态的,由被监护人住所地的居民委员会、村民委员会、法律规定的有关组织或者民政部门担任临时监护人。

3. 针对未成年人的国家监护

保障未成年人健康成长,是家庭监护的重中之重,国家监护是除家庭之外的重要一环。2020年修订的《中华人民共和国未成年人保护法》(以下简称《未成年人保护法》)明确各级政府应当建立未成年人保护工作协调机制,细化政府及其有关部门的职责,并对国家监护制度作出详细规定。父母或者其他监护人是监护的第一责任人,当其无法或者不能履行监护职责时,由国家介入和补位。

《未成年人保护法》第92条规定,具有下列情形之一的,民政部门应当依法对未成年人进行临时监护:(1)未成年人流浪乞讨或者身份不明,暂时查找不到父母或者其他监护人;(2)监护人下落不明且无其他人可以担任监护人;(3)监护人因自身客观原因或者因发生自然灾害、事故灾难、公共卫生事件等突发事件不能履行监护职责,导致未成年人监护缺失;(4)监护人拒绝或者怠于履行监护职责,导致未成年人处于无人照料的状态;(5)监护人教唆、利用未成年人实施违法犯罪行为,未成年人需要被带离安置;(6)未成年人遭受监护人严重伤害或者面临人身安全威胁,需要被紧急安置;(7)法律规定的其他情形。

11.1.3 监护人的职责

监护人的职责是代理被监护人实施民事法律行为,保护被监护人的人身权利、财产权利以及其他合法权益等。监护人依法履行监护职责产生的权利,受法律保护。监护人不履行监护职责或者侵害被监护人合法权益的,应当承担法律责任。

《民法典》第26条规定,父母对未成年子女负有抚养、教育和保护的义务。成年子女对父母负有赡养、扶助和保护的义务。

监护人应当按照最有利于被监护人的原则履行监护职责。监护人除为维护被监护人利益外,不得处分被监护人的财产。

《民法典》第35条第3款规定,成年人的监护人履行监护职责,应当最大程度地尊重被监护人的真实意愿,保障并协助被监护人实施与其智力、精神健康状况相适应的民事法律行为。对被监护人有能力独立处理的事务,监护人不得干涉。

11.1.4 监护资格的撤销、恢复与终止

监护资格的撤销、恢复与终止是法律设置的一道防护网,旨在维护被监护人的合法权益,并通过一些方式来切实保障被监护人合法权益。

1. 监护的撤销

基于保障被监护人的合法权益,《民法典》《未成年人保护法》等法律法规对监护资格的撤销作了明确规定。

(1)《民法典》第36条规定,监护人有下列情形之一的,人民法院根据有关个人或者组织的申请,撤销其监护人资格,安排必要的临时监护措施,并按照最有利于被监护人的原则依法指定监护人:①实施严重损害被监护人身心健康的行为;②怠于履行监护职责,或者无法履行监护职责且拒绝将监护职责部分或者全部委托给他人,导致被监护人处于危困状态;③实施严重侵害被监护人合法权益的其他行为。其中,有关个人、组织包括:其他依法具有监护资格的人,居民委员会、村民委员会、学校、医疗机构、妇女联合会、残疾人联合会、未成年人保护组织、依法设立的老年人组织、民政部门等。个人和民政部门以外的组织未及时向人民法院申请撤销监护人资格的,民政部门应当向人民法院申请。

依法负担被监护人抚养费、赡养费、扶养费的父母、子女、配偶等,被人民法院撤销监护人资格后,应当继续履行负担的义务。

(2)《未成年人保护法》第108条规定:未成年人的父母或者其他监护人不依法履行监护职责或者严重侵犯被监护的未成年人合法权益的,人民法院可以根据有关人员或者单位的申请,依法作出人身安全保护令或者撤销监护人资格。被撤销监护人资格的父母或者其他监护人应当依法继续负担抚养费用。

2. 监护权的恢复

《民法典》设立了监护人资格的恢复制度,同时,对监护人资格恢复的条件作了较为严格的限制。一方面,将有权申请恢复监护人资格的主体范围限定为被监护人的父母或子女;另一方面,还设置了诸多前置条件,以确保被监护人不会受到二次伤害。

《民法典》第38条规定,被监护人的父母或者子女被人民法院撤销监护人资格后,除对被监护人实施故意犯罪的外,确有悔改表现的,经其申请,人民法院可以在尊重被监护人真实意愿的前提下,视情况恢复其监护人资格,人民法院指定的监护人与被监护人的监护关系同时终止。

3. 监护权的终止

《民法典》第39条规定,有下列情形之一的,监护关系终止:(1)被监护人取得或者恢复完

全民事行为能力;(2)监护人丧失监护能力;(3)被监护人或者监护人死亡;(4)人民法院认定监护关系终止的其他情形。监护关系终止后,被监护人仍然需要监护的,应当依法另行确定监护人。

11.2　中国香港特别行政区法律制度

我国香港特别行政区有关未成年监护的法律制度主要见于《未成年人监护条例》(第 13 章)。

对精神上无行为能力的人的照顾及监管的有关法律则详见《精神健康条例》,主要监管精神上无行为能力的人的财产及事务的处理,包括人身守护和财产守护,《受托人条例》《持久授权书条例》《社会福利署署长法团条例》是辅助规定。

11.2.1　未成年监管的主要内容及基本原则

1. 主要内容及基本原则

《未成年人监护条例》监护的主要内容涉及有关未成年人的管养或教养问题,以及有关属于未成年人或代未成年人托管的财产的管理问题,或从该等财产所获收益的运用问题。须以未成年人的最佳利益为首要考虑事项,包括:(1)未成年人的意愿(如在顾及未成年人的年龄及理解力,以及有关个案的情况后,考虑其意愿乃属切实可行者);(2)任何关键性资料,包括聆讯进行时社会福利署署长备呈法院的任何报告。

2. 放弃父母权利的协议不能执行

任何未成年人的父亲或母亲如在任何影响该未成年人福利的问题上意见分歧,其中一方即可向法院申请发出指示;法院可就意见分歧的事项,发出其认为适当的命令。法院发出该命令后,如父母其中一方提出申请,或父母其中一方去世后任何监护人提出申请,或对有关未成年人拥有管养权的任何其他人士(于父母其中一方去世之前或之后)提出申请,法院可另行发出一项命令,将上述命令更改、解除、暂时撤销或于暂时撤销后予以恢复。

11.2.2　监护人及监护人的委任、罢免及权力

1. 尚存的父母的监护权利

除《婚姻法律程序与财产条例》(第 192 章)第 19(4)条另有规定或任何法院命令另有相反规定外,在未成年人的父母其中一方去世时,尚存的一方(如有的话)即单独或连同根据本部委任的监护人充任未成年人的监护人。

2. 父母及监护人委任监护人的规定

(1)未成年人的父或母可委任任何人于其去世后充任该未成年人的监护人。

(2)未成年人的监护人可委任任何人于其去世后充任该未成年人的监护人。委任须以书面作出,并须注明日期同时应该满足以下条件:①由作出委任的人签署,或由另一人按作出委任的人的指示,在作出委任的人面前签署;②由 2 名见证人见证。

(3)父或母或监护人可借按照《遗嘱条例》(第 30 章)第 5 条签立的遗嘱,委任监护人。

(4)未成年人的父或母或监护人在为该未成年人委任监护人时,须在顾及该未成年人的年龄及理解力下,在切实可行的范围内尽量考虑其意愿。

(5)除非获委任的人明示接受该项委任,或以行为默示接受该项委任,否则该项委任并无效力。

(6)委任,可由2名或多于2名的人共同作出。

(7)在以下情况下,由父或母或监护人根据上述规定委任为某未成年人的监护人的人,可在作出该项委任的父或母或监护人(视属何情况而定)去世后,自动取得该未成年人的监护权:

①作出委任的父或母或监护人在紧接其去世前,持有该未成年人的管养令,不论当其时是否有其他人持有该未成年人的管养令;或

②作出委任的父或母或监护人在紧接其去世前,与该未成年人同住,而在其去世时,该未成年人没有任何尚存的父母,亦没有任何尚存的监护人。

3. 取得该未成年人的监护权尚需通过申请取得

由父或母或监护人委任为未成年人的监护人的人,在作出该项委任的父或母或监护人去世后,可向法院提出申请,要求取得该未成年人的监护权,而法院可命令——

(1)该人与尚存的父母或尚存的监护人共同行事;

(2)该人待该未成年人再没有任何父母及监护人之后,充任该未成年人的监护人;

(3)该人在法院指明的时间,或在法院指明的事件发生后,充任该未成年人的监护人;

(4)罢免该人为监护人;

(5)在摒除该未成年人尚存的父母或尚存的监护人的情况下,由该人充任该未成年人的监护人。

4. 撤销监护人的委任

(1)委任监护可以撤销(包括在遗嘱中作出的委任)。

(2)撤销委任由作出委任的人以注明日期并符合以下规定的书面文件撤销——①由作出委任的人签署,或由另一人依作出委任的人的指示,在作出委任的人面前签署;②由2名见证人见证。

(3)凡任何人借某文件作出委任(以遗嘱作出的委任除外),如该人出于撤销该项委任的意图而——①销毁该文件;②指示其他人在其面前销毁该文件,该项委任即被撤销。

(4)如某项委任是由2名或多于2名的人共同作出的,则该项委任可由他们任何一人按照规定要式撤销;撤销该项委任的人须将该项撤销通知所有与其共同作出该项委任的人。

(5)凡作出的委任是以遗嘱作出的,如该遗嘱被撤销,则该项委任亦被撤销。

5. 监护人可卸弃委任

(1)监护人如欲卸弃委任,须将其卸弃委任一事通知作出委任的父或母或作出委任的监护人,以卸弃该项委任。

(2)如作出委任的父或母或作出委任的监护人已经去世,而获委任的监护人并未依法取得监护权,并欲卸弃委任,该获委任的监护人须借注明日期并经其签署的书面文件,卸弃该项

委任。

(3)上述卸弃委任,须待监护人将其卸弃委任一事通知以下的人后始生效——①《遗嘱认证及遗产管理条例》(第10章)所指的作出委任的父或母或作出委任的监护人的遗嘱执行人或遗产管理人;②尚存的父母;③其他监护人。

(4)如并无上述的人,或其下落不明,则有关监护人须将其卸弃委任一事通知社会福利署署长。

6. 法院为未成年人委任监护人的权力

(1)在以下情况下,在某未成年人的父母其中一方或监护人去世后,法院如认为合适,可委任任何人为该未成年人的监护人——

①已去世的父母或已去世的监护人未有委任监护人;

②已去世的父母或已去世的监护人委任的监护人去世,或法院根据委任的监护人去世;

③已去世的父母或已去世的监护人的监护人卸弃委任。

(2)在以下情况下,法院如认为合适,可应任何人的申请,委任该人为某未成年人的监护人——

①持有该未成年人的管养令的父或母或监护人去世;

②该未成年人没有父母、监护人及其他对其拥有父母的权利的人。

(3)如法院认为即使没有人提出申请,亦应该作出委任,则法院可在任何家事法律程序中,行使所授予的委任权力。

7. 罢免监护人

法院信纳符合有关未成年人的最佳利益前提下,法院可酌情罢免任何监护人,或委任另一人代替该名被罢免的监护人。

8. 监护人的报酬

如未成年人的监护人并非该未成年人的父母,法院可授权该监护人就其提供的监护服务,收取法院认为合适的报酬。

11.2.3 监护人拥有父母的权利及权能

获委任为某未成年人的监护人的人,在取得监护权时,即对该未成年人拥有父母的权利及权能。

根据《未成年人监护条例》所委任的监护人,除充任有关未成年人的人身监护人外,更有监护该未成年人产业的监护人的一切权利、权力及职责,尤其有权以其个人名义,为该未成年人的利益而接收及追讨该未成年人有权接收或追讨的财产,不论该等财产属何性质或位于何处。

11.2.4 管养及赡养令

1. 父母其中一方可申请发出管养及赡养令

(1)未成年人的父母其中一方或社会福利署署长如提出申请(父母可在无起诉监护人的

情况下申请),法院在顾及未成年人的最佳利益及父母双方的行为和意愿后,可就下述事宜发出其认为适当的命令——

(a)未成年人的管养;

(b)父母其中一方探视未成年人的权利。

(2)就某一未成年人而言,不论凭借根据第(1)款的命令或其他事情而在法律上对该未成年人有管养权的人如提出申请,法院可就该未成年人发出以下任何一项或多于一项命令——

(a)规定该未成年人的父亲或母亲向该申请人支付一笔款项的命令;该笔款项(不论是整笔或分期支付)乃用以应付该未成年人的当前及非经常需要,或用以应付此项命令发出前因赡养该未成年人而合理招致的债务或支出,或用以应付上述两者,款额为法院于顾及该名父亲或母亲的经济状况后认为合理者;

(b)规定该名未成年人的父亲或母亲定期向该申请人支付款项的命令;该款项乃用于该未成年人的赡养,款额为法院于顾及该名父亲或母亲的经济状况后认为合理者;

(c)规定该名未成年人的父亲或母亲向该申请人保证(以令法院满意为准)定期支付款项的命令;该款项乃用于该未成年人的赡养,款额为法院于顾及该名父亲或母亲的经济状况后认为合理者;

(d)规定该名父亲或母亲将某项财产移转予该未成年人或为该未成年人的利益而移转予该申请人的命令;该项财产须属该名父亲或母亲有权享有(不论是管有中的财产或复归财产),且是法院于顾及该名父亲或母亲的经济状况后认为合理者;

(e)规定该名父亲或母亲为该未成年人的利益作出授产安排(以令法院满意为准)的命令;该项财产须属该名父亲或母亲如此有权享有,且是法院于顾及该名父亲或母亲的经济状况后认为合理者。

(3)即使该未成年人的父母当时一同居住,法院仍可根据第(1)或(2)款发出命令,但——

(a)在父母一同居住期间,该项命令不能执行,亦无人须承担命令所规定的法律责任;

(b)父母如于该项命令发出后3个月内仍继续一同居住,该项命令即停止生效。

但命令如规定由父母以外的人管养未成年人,或命令乃与交由父母以外的人看管的未成年人有关,则(a)及(b)段皆不适用于该等命令的任何规定,除非法院在发出该等命令时另有指示。

(4)法院根据第(1)款发出命令或根据第(2)款发出命令后(规定支付整笔款项的命令,分期支付一笔款项的命令而该等分期支付的款项已悉数支付者,或移转财产的命令除外),如父母其中一方提出申请,或父母其中一方去世后任何本条例所订监护人提出申请,或凭借法院根据第(1)款发出的命令对有关未成年人拥有管养权的任何其他人(于父母其中一方去世之前或之后)提出申请,法院可另行发出的一项命令,将上述命令更改、解除、暂时撤销或于暂时撤销后予以恢复。

2. 尚存的父母未获监护权而由他人充任监护人时法院发出的管养及赡养令

(1)凡法院发出命令,指定在摒除某未成年人尚存的父母的情况下,某人充任该未成年人的监护人,法院可——

(a)在顾及该未成年人的最佳利益后,就下述事宜发出其认为适当的命令——(i)未成年人的管养;及(ii)尚存的父母探视该未成年人的权利;及

(b)发出以下一项或多项命令,即——(i)规定尚存的父母向该监护人支付一笔款项的命令;该笔款项(不论整笔或分期支付)乃用以应付该未成年人的当前及非经常需要,或用以应付此项命令发出前因赡养该未成年人而合理招致的债务或支出,或用以应付上述两者,款额为法院于顾及该尚存的父母的经济状况后认为合理者。(ii)规定尚存的父母定期向该监护人支付一笔款项的命令;该笔款项乃用于该未成年人的赡养方面,款额为法院于顾及该尚存的父母的经济状况后认为合理者。(iii)规定尚存的父母向该监护人保证(以令法院满意为准)定期支付一笔款项的命令;该笔款项乃用于该未成年人的赡养方面,款额为法院于顾及该名尚存的父母的经济状况后认为合理者。(iv)规定尚存的父母将某项财产移转予该未成年人或为该未成年人的利益而移转予该监护人的命令;该项财产须属该名尚存的父母有权享有(不论是管有中的财产或复归财产),且是法院于顾及该名尚存的父母的经济状况后认为合理者。(v)规定尚存的父母为该未成年人的利益作出授产安排(以令法院满意为准)的命令;该项财产须属该名尚存的父母如此有权享有,且是法院于顾及该名尚存的父母的经济状况后认为合理者。

(2)第(1)款所赋予的权力可随时行使,该等权力并包括将法院前此根据该款发出的命令(规定支付整笔款项的命令,分期支付一笔款项的命令而该等分期支付的款项已悉数支付者,或移转财产的命令除外)更改、解除、暂时撤销或于暂时撤销后予以恢复的权力。

11.2.5 社会福利署署长监管

如法院在接获管养申请后发出命令,将该未成年人交由某人管养,但又觉得由于情况特殊,该未成年人适宜由一名独立人士监管,则法院可下令该未成年人转由社会福利署署长监管。

法院可规定父母其中一方于社会福利署署长照顾该未成年人的期间向该署长支付一笔款项的命令;该笔款项(不论整笔或分期支付)乃用以应付该未成年人的当前及非经常需要、该未成年人的赡养方面或用以应付此项命令发出前因赡养该未成年人而合理招致的债务或支出,或用以应付上述两者款额为法院于顾及该名父亲或母亲的经济状况后认为合理者。

监管令发出后,如父母其中一方提出申请,或父母其中一方去世后监护人提出申请,或凭借法院发出的命令对有关未成年人拥有管养权的任何其他人(于父母其中一方去世之前或之后)提出申请,或凭借该监管令负责监管有关未成年人的社会福利署署长提出申请,法院可另行发出一项命令,将上述监管令更改、解除、暂时撤销或于暂时撤销后予以恢复。

11.3 中国澳门特别行政区法律制度

11.3.1 亲权弥补制度

在我国澳门特别行政区民法中,“亲权”与“监护”是两个并列的概念,虽然相似,但互不包

含。"监护"一词的含义要偏窄一些，父母对于未成年人的照顾不属于监护，而属于行使亲权的范畴。

因此，未成年人的监护人必然不是其父母，而是父母以外的其他人。监护制度是在亲权无法行使时弥补亲权的补充制度。

《澳门民法典》第1778条规定，为未成年人设立监护人的前提有四种情况：(1)父母已死亡；(2)父母在管理子女人身事宜上被禁止行使亲权；(3)父母在行使亲权方面事实上受阻超过6个月；(4)父母身份不明。

此外，即使父母的亲权行使受阻期间不足6个月，只要检察院发现父母无法行使亲权，就可以促使法院为未成年人指定一名人士，以便代未成年人作出紧急的法律行为，或者代未成年人作出对其有明显利益的法律行为。

如果父母的亲权没有被完全禁止，仅仅是被排除、禁止或中止行使未成年人的财产管理权，则应当为未成年人指定一名财产管理人。又或者当未成年人的部分或全部财产管理权被有权限指定监护人的实体交予他人行使时，也应当为其指定一名财产管理人(《澳门民法典》第1779条)。

未成年人的监护权由监护人与亲属会议行使；未成年人的财产管理权则由财产管理人行使，财产管理人可以由一人担任，也可以多人担任。如果未成年人的监护制度中的代理权与财产管理权分开设置，则未成年人的财产管理权由财产管理人与亲属会议共同行使(《澳门民法典》第1781条)。

法院在设立监护制度及财产管理制度以后，有权监督监护人及财产管理人行使相关权力(《澳门民法典》第1782条)。监护人、财产管理人及亲属会议成员的职务具有强制性，无法定理由不得随意辞职(《澳门民法典》第1783条)。

11.3.2 监护的对象、监护人及监护人的确定

1. 指定监护人

如果未成年人的父母已死亡、被禁止行使亲权或者父母身份不明，监护人由法院指定。如果未成年人的父母因故无法行使亲权，监护人可以由父母指定(《澳门民法典》第1784条)。

未成年人的父母可以在预见自己死亡或者丧失行为能力的情况下，预先为未成年人指定监护人。原则上监护人应当由父母共同指定，如果在指定监护人时只有一人在单独行使亲权(父母另一方已死亡或者无法行使亲权)，则唯一能够行使亲权的父母一方便可指定监护人。

如果监护人由未成年人的父母一方指定，且指定人已死亡，但其父母另一方仍然在生，且在生一方有能力行使亲权，但在生的一方却没有废止已死亡一方所指定的监护人，则死者单方指定监护人的行为有效。

指定及废止监护人的行为，必须通过遗嘱、公证书、经认证的文书等公信力较高的方式作出，否则无效(《澳门民法典》第1785条)。

原则上，监护人由一人担任，如果被指定的监护人有数名，且没有说明各个监护人的优先顺序，则按照被指定的监护人的排序来确定每位被指定的监护人的优先级，排序靠前的优先

考虑,靠后的次之(《澳门民法典》第 1786 条)。

如果未成年人的父母没有指定监护人,或者是父母指定的监护人无法被法院确认,则法院可以在下列人等中指定监护人:(1)未成年人的血亲或姻亲;(2)曾经照顾过未成年人的人或者正在照顾未成年人的人;(3)明显爱护未成年人的人。法院在正式指定监护人时,应当先听取已经年满 12 岁的未成年人的意见(《澳门民法典》第 1787 条)。

如果待指定监护人的未成年人多于一名,为了确保兄弟姐妹能继续共同相处,法院应当尽可能指定同一名监护人担任他们的监护人(《澳门民法典》第 1788 条)。

2. 禁止担任监护人

下列人士被法律禁止担任未成年人的监护人:(1)亲权未解除的未成年人、禁治产人及准禁治产人(无行为能力人,或行为能力受限之人);(2)明显精神错乱之人,即使未被宣告为禁治产人或准禁治产人;(3)行为不检点的人,或者生活方式不明之人;(4)被禁止行使亲权或中止行使亲权的人(照顾自己子女不称职的人);(5)曾在监护他人时因不履行职务被撤职的监护人;(6)正在或五年内曾与未成年人父母有诉讼之人;(7)近亲属或事实婚伴侣正在或五年内曾与未成年人父母有诉讼之人;(8)与未成年人或其父母有敌对关系的人;(9)在未成年人父母均有权指定监护人的前提下被未成年人父母任一方排除担任监护人之人(《澳门民法典》第 1789 条)。

缺乏财管理能力的人(因挥霍被宣告准禁治产的人、破产人、无偿还能力人、在财产管理上被禁止或中止行使亲权的人)也可以担任监护人,但其监护权限仅限于照顾未成年人的生活,不得管理未成年人的财产(《澳门民法典》第 1789 条)。

3. 指定监护人推辞

被指定为监护人的人,必须在符合下列法定理由时才可以推辞监护职务:(1)担任政治职务;(2)在澳门担任司法官之人,可以推辞住所或财产在澳门的未成年人的监护职务;(3)居住地远离未成年人的财产之人,但如果职务不包括财产管理权,则不得推辞;(4)有义务照顾两名以上子女的人;(5)正在担任他人监护人或者保佐人之人;(6)年龄超过 65 岁的人;(7)与未成年人没有血亲或直系姻亲关系的人;(8)因患病、法定职务繁重、工作忙碌或经济匮乏,以至于担任监护职责将承受重大不便或损害的人。

在合法理由下成功推辞监护职务的人,如果推辞的理由不复存在,法院可以重新强制其承担监护责任(《澳门民法典》第 1790 条)。

11.3.3　监护人的权利及义务

监护人对未成年人的权利及义务与父母相同,要遵守善良家父般的注意义务。但要受到一些额外限制,具体内容(《澳门民法典》第 1791 条)在下文中详细介绍。

法律禁止监护人作出下列行为:(1)无偿处分未成年人的财产;(2)承租未成年人的不动产、以任何方式取得未成年人的财产、受让未成年人的债权(通过司法程序分割财产除外);(3)在对未成年人受教育、自立或工作以外的必要事宜以外,通过合同给受监护人设定义务;(4)在被指定为监护人至其提交的账目报告获得核准之前,接受未成年人的赠与或遗赠(《澳门民法典》第1793条)。违反上述规定的行为无效,除非未成年人在成年后对无效行为作出确认,且确认时其行为尚未被法院宣告无效(《澳门民法典》第1795条)。

监护人必须在法院的批准下才可以作出下列行为:(1)法律禁止未成年人父母未经法院许可作出的行为(详见《澳门民法典》第1744条);(2)利用未成年人的资金为未成年人取得不动产或动产;(3)代未成年人接受遗产、赠与或遗赠;(4)代未成年人作出债务设定或债务清偿行为,且相关行为与扶养未成年人或管理未成年人财产无关;(5)代未成年人提起诉讼,除非是代其追偿应得的定期金或提起不容拖延的诉讼。

法官在审批上述行为时,应当先听取亲属会议的意见(《澳门民法典》第1794条)。未经法院许可作出的上述行为可撤销。在未成年人成年以前,法院可以依职权撤销相关行为;未成年人在成年以后的4年之内,有权提起撤销之诉;如果未成年人死亡,则其继承人可以在两年之内提起撤销之诉。如果法院发现监护人未经法院许可提起诉讼,法官应当在完成传唤之后中止诉讼,直至监护人获得许可。监护人如果未经许可经营受监护人的企业,如果企业在其经营期间遭受损失,监护人应当承担赔偿责任(《澳门民法典》第1796条)。

监护人在未经法院许可作出行为之后,法院可以在听取亲属会议的意见之后,确认其行为,使其行为有效(《澳门民法典》第1797条)。

监护人有权利收取报酬,报酬以指定监护人父母所定的报酬为准,又或者由法院在听取亲属会议的建议后定出报酬。监护人的报酬在任何情况下均不得超过未成年人的财产纯收益的1/10(《澳门民法典》第1798条)。

监护人有义务在法院指定的期间内,提交未成年人的资产及负债清单。如果监护人是未成年人的债权人,则监护人不得在监护期间行使其未列入清单的债权,除非监护人能证明自己在提交清单时不知道自己享有该债权(《澳门民法典》第1799条)。

监护人在终止监护之后,有义务向法院提交管理报告,又或者在法院明确要求时,监护人也有义务提交其管理期间的报告。针对监护人提交的报告,如果受监护人已经成年,法官应当听取受监护人的意见;如果监护人仍未成年,则法官应当听取新监护人的意见(《澳门民法典》第1800条)。

监护人如果在监护期间因为故意或者过失使受监护人遭受损失,监护人有义务作出赔偿。受监护人有权收取的金额完成结算以后,只要账目被核准,便立即开始计算法定利息,除非在账目核准之前已经因为其他原因开始计算利息(《澳门民法典》第1801条)。

在监护人没有过错的情况下,监护人为受监护人所作的任何合法开支,均有权取回补偿,即使相关开支没有给受监护人带来实际利益。未成年人最早获得的收益,应当用于补偿监护人的开支。如果未成年人的收益有其他必要的紧急开支,则必须从其暂缓支付时起向监护人计算利息(《澳门民法典》第1802条)。

即使监护人提交的账目通过了法院的审核,受监护人在成年以后的两年之内,仍然有权通过司法途径对相关账目提出异议。如果受监护人在争议期间届满以前死亡,则其继承人可以在受监护人死亡后两年内提出争议(《澳门民法典》第1803条)。

11.3.4　监护人的撤职及免职

1. 监护人撤职

监护人如果没有妥善履行监护职责，又或者明显欠缺履行职务的能力，则可以被撤职。监护人就任以后，如果事后发生了阻碍其担任监护人的事实，监护人也可以被撤职（《澳门民法典》第1804条）。

如果发现任何可以被撤职的事由，检察院、未成年人的任何血亲、受托照顾未成年人的人，均可向法院提起撤职的诉讼。撤职的决定由法官作出，法官作出撤职决定前应当听取亲属会议的意见（《澳门民法典》第1805条）。

监护人在下列情况下可以向法院申请免除监护职务：（1）担任监护人之后出现了可以推辞担任监护人的原因；（2）监护人本来就可以推辞担任，但在监护人勉为其难地担任职务满3年以后，其推辞的理由仍然成立（《澳门民法典》第1806条）。

2. 亲属会议

亲属会议与监护人共同行使监护权，其职责是监督监护人履行职务（《澳门民法典》第1810条）。亲属会议由两名亲属成员及检察院人员组成，并由检察院人员主持亲属会议。亲属会议的两名亲属成员从未成年人的血亲及姻亲中甄选，甄选时所考虑的因素有：亲等的远近、感情的深浅、能力、年龄、居所地点、对未成年人的关心程度。如果在血亲或姻亲中无法选出可以指定的亲属会议成员，也可以在未成年人父母的朋友、邻居及关心未成年人的人中甄选。亲属会议成员的人选应当尽量从未成年人的父系亲属和母系亲属中各选一人。

禁止担任亲属会议成员的规则与禁止担任监护人的规则一致。被选为亲属会议人员如果有意推辞职务，推辞的理由参考监护人可以推辞的法定理由（参考《澳门民法典》第1789条及第1790条）。此外，如果被指定的成员的居所远离未成年人的常居所，也可以构成推辞任职的理由（《澳门民法典》第1809条）。

亲属会议成员应当常设一名监护监督人，监护监督人负责长期监督监护人履行职责。为了确保监护监督人的有效监督，监护监督人应当尽量与监护人来自不同的亲系（父系、母系），如果监护监督人与两个亲系的亲密程度没有区别（例如，兄弟姐妹或者兄弟姐妹的配偶），又或者根本不属于任何一个亲系，则监护监督人由法官甄选（《澳门民法典》第1811条）。

监护监督人除了需要履行监督职责以外，还需要承担下列职责：（1）与监护人合作履行监护职责；（2）在监护人临时缺位时，暂时顶替监护人的职责（此时受亲属会议的另一位成员监督）；（3）在监护人与未成年人有利益冲突时，如果法院尚未指定保佐人，则由监督人临时担任代理人，处理未成年人在法庭内外的各项事务（《澳门民法典》第1812条）。

法院或者检察院有权命令召集亲属会议。亲属会议的任一名成员、监护人、财产管理人、未成年人的任何血亲以及年龄超过14岁的未成年人本人，均可召集亲属会议。亲属会议以书面方式召集，召集书应当载明主要议题，并且至少提前8日送达亲属会议的各个成员。亲属会议召开之日，如果有人缺席，则另行指定一日召开，第二次召集后如果仍有人缺席，则检察院有权在听取已出席的成员意见以后立即作出决议。缺席亲属会议的成员，如果没有合理解释，有义务对其缺席给未成年人造成的损害负赔偿责任(《澳门民法典》第1813条)。

亲属会议的成员有义务亲自出席会议,亲属会议成员可以通过决议召开扩大会议,邀请监护人、财产管理人、未成年人的任何血亲、未成年人本人、能提供意见的非亲属人员列席会议。扩大会议中,仅有亲属会议成员有权投票,列席人员无投票权(《澳门民法典》第1814条)。

亲属会议成员的职务属于无偿性质(《澳门民法典》第1815条)。亲属会议成员的撤职及免职规则参照监护人的相应规则处理(《澳门民法典》第1816条)。

3. 监护之终止

在下列情形下监护终止:(1)受监护人成年;(2)受监护人年满16岁,在监护人或法院许可下结婚,亲权解除,获得完全民事行为能力;(3)受监护人被收养,与其养父母建立了新的亲权,无须继续监护;(4)父母不再被禁止行使亲权,由父母恢复亲权,不再需要监护;(5)父母行使亲权的障碍终止,由父母恢复亲权,不再需要监护;(6)父母身份不明的未成年人完成了母亲或父亲身份的确立,拥有了亲权人,不再需要监护(《澳门民法典》第1817条)。

如果无法找到符合条件的监护人,将受监护人交由公共机构或者私人机构照顾(一般是孤儿院或慈善机构的院舍),则由该机构领导履行监护人的职务。机构负责照顾受监护人时,无须指定监护监督人,除非有具体情况显示缺乏监督人会带来明显不便时,则应当成立亲属会议(《澳门民法典》第1818条)。

11.3.5　受监护未成年人的财产管理

在亲权人仅仅被限制行使财产管理权,或者受监护人的部分或全部财产管理权与人身权分离时,则应当设立未成年人的财产管理制度,并且指定财产管理人。财产管理人的各项规定,参照监护人的规定处理(《澳门民法典》第1819条)。

赠与人、被继承人及遗赠人,可以在处分财产时指定财产管理人,但其所指定的财产管理人仅能管理其慷慨行为所涉财产(《澳门民法典》第1820条)。

父母及法院可以为未成年人设立多名财产管理人,各自管理特定的财产(《澳门民法典》第1821条)。

法律规定禁止担任监护人的人亦被禁止担任财产管理人,此外下列人士也被禁止担任财产管理人:(1)因挥霍被宣告准禁治产的人、破产人、无偿还能力人、在财产管理上被禁止或中止行使亲权的人、被撤去财产管理职务的监护人;(2)因特定经济犯罪(盗窃、抢劫、诈骗、勒索、背信、暴利、损害债权、蓄意破产及故意侵犯他人财产犯罪)被判刑的人,此项禁止根据犯罪的严重程度,可以维持2~5年不等(《澳门民法典》第1822条)。

财产管理人在其管理的范围内,负有监护人应当承担的义务(谨慎管理义务、过错损害赔偿责任、提交报告的义务等),并且享有监护人享有的权利(收取报酬的权利、获得补偿的权利等)。财产管理人有义务用财产的收益补偿未成年人的父母、监护人扶养未成年人所支付的必要款项。当财产管理人与未成年人父母或监护人在财产管理上存在分歧时,由法院通过裁判处理,但法院应当听取亲属会议的意见(《澳门民法典》第1823条)。

财产管理人的撤职、免职及职务终止，均参照监护人的相关规定处理(《澳门民法典》第1824 条)。

11.4　三法域规定列举(见表 2-11-1)

表 2-11-1　三法域规定列举

监护的概念	
中国内地	指对无民事行为能力人和限制民事行为能力人的人身、财产及其他合法民事权益，进行监督和保护的法律制度。履行监护职责的人称为监护人，受到监督和保护的人是被监护人
中国香港特别行政区	监护的主要内容涉及有关未成年人的管养或教养问题，以及有关属于未成年人或代未成年人托管的财产的管理问题，或从该等财产所获收益的运用问题。对精神上无行为能力的人的照顾及监管的有关法律则详见《精神健康条例》
中国澳门特别行政区	“亲权”与“监护”是两个并列的概念，“监护”一词的含义要偏窄一些，父母对于未成年人的照顾不属于监护，而属于行使亲权的范畴。因此，未成年人的监护人必然不是其父母，而是父母以外的其他人。监护制度是在亲权无法行使时弥补亲权的补充制度
监护的基本原则	
中国内地	监护制度由保护监护人的观念发展为保护被监护人的观念，监护职务虽然有权利的内容，但更主要的是监护人对被监护人的义务
中国香港特别行政区	法院涉及未成年监护案件，须以未成年人的最佳利益为首要考虑事项，包括：(1) 未成年人的意愿；(2)任何关键性资料，包括聆讯进行时社会福利署署长备呈法院的任何报告
中国澳门特别行政区	监护是对父母死亡或父母不能行使亲权的未成年人和禁治产人的人身及财产权益予以保护和管理的法律制度。设立监护制度的目的是保护不在亲权保护下的未成年人或被禁治产人的人身及财产权益
监护的对象	
中国内地	包括对未成年人的监护和对无民事行为能力或限制民事行为能力的成年人的监护
中国香港特别行政区	未成年人和为无民事行为能力的成年精神病人
中国澳门特别行政区	为未成年人设立监护人的前提有四种情况：(1)父母已死亡；(2)父母在管理子女人身事宜上被禁止行使亲权；(3)父母在行使亲权方面事实上受阻超过 6 个月；(4)父母身份不明

续表

法定监护	
中国内地	(1)父母是未成年子女的监护人。未成年人的父母已经死亡或者没有监护能力的，由有监护能力祖父母、外祖父母，兄、姐，其他愿意担任监护人的个人或者组织，按顺序担任监护人； (2)无民事行为能力或者限制民事行为能力的成年人，由其有监护能力的配偶、父母、子女或其他近亲属按顺序担任监护人。除上述监护人以外的其他愿意担任监护人的个人或者组织的，须经被监护人住所地的居民委员会、村民委员会或者民政部门同意。没有依法具有监护资格的人承担监护责任的，监护人由民政部门担任，也可以由具备履行监护职责条件的被监护人住所地的居民委员会、村民委员会担任
中国香港特别行政区	除法律或法院命令另有规定外，在未成年人的父母其中一方去世时，尚存的一方(如有的话)即单独或连同委任的监护人充任未成年人的监护人
中国澳门特别行政区	对未成年人监护设立的方式分为意定监护、法院选任的监护以及法定监护。法定监护是指如果没有符合条件履行监护职务的人，那么应该将未成年人交托予适当的公共或私人机构，并由该公共或私人机构的领导人履行监护人的职务。在这种情况下，无须指定监护监督人。然而，如果属于可能并且按有关情况未显示有任何不方便的地方，则成立亲属会议，由其履行监督职责
指定(委任)监护	
中国内地	(1)被监护人的父母担任监护人的，可以通过遗嘱指定监护人； (2)对监护人的确定有争议的，由被监护人住所地的居民委员会、村民委员会或者民政部门指定监护人，也可以向人民法院申请指定监护人
中国香港特别行政区	(1)未成年人的父母或监护人可委任任何人于其去世后充任该未成年人的监护人； (2)在一些法定情况下，法院如认为合适，可委任任何人为该未成年人的监护人
中国澳门特别行政区	如果未成年人的父母已死亡、被禁止行使亲权或者父母身份不明，监护人由法院指定。如果未成年人的父母因故无法行使亲权，监护人可以由父母指定。法院可以在下列人等中指定监护人：(1)未成年人的血亲或姻亲；(2)曾经照顾过未成年人的人或者正在照顾未成年人的人；(3)明显爱护未成年人的人。法院在正式指定监护人时，应当先听取已经年满 12 岁的未成年人的意见
协议监护	
中国内地	具有完全民事行为能力的成年人，可以与其近亲属、其他愿意担任监护人的个人或者组织事先协商，以书面形式确定自己的监护人，在自己丧失或者部分丧失民事行为能力时，由该监护人履行监护职责
中国香港特别行政区	未成年人监护的设立方式分为委托监护、遗嘱监护和选任监护
中国澳门特别行政区	对未成年人监护设立的方式分为意定监护、法院选任的监护以及法定监护。对禁治产人的监护人，首先是依照法定顺序确认，如果不能依据法定顺序确认，那么由法院在听取亲属会议意见后，指定监护人

续表

临时监护	
中国内地	指定监护人前,被监护人的人身权利、财产权利以及其他合法权益处于无人保护状态的,由被监护人住所地的居民委员会、村民委员会、法律规定的有关组织或者民政部门担任临时监护人
中国香港特别行政区	监护委员会为年满18岁的精神上无行为能力的人士处于危险之中或正在或相当可能会被虐待或受人利用的紧急情况下作出监护令
中国澳门特别行政区	即使父母的亲权行使受阻期间不足6个月,只要检察院发现父母无法行使亲权,就可以促使法院为未成年人指定一名人士,以便代未成年人作出紧急的法律行为,或者代未成年人作出对其有明显利益的法律行为
国家监护	
中国内地	父母或者其他监护人是监护的第一责任人,当其无法或者不能履行监护职责时,由国家介入和补位。《未成年人保护法》规定了民政部门应当依法对未成年人进行临时监护的七种情形
中国香港特别行政区	如法院在接获管养申请后发出命令,将该未成年人交由某人管养,但又觉得由于情况特殊,该未成年人适宜由一名独立人士监管,则法院可下令该未成年人转由社会福利署署长监管。同时法院可命令该未成年人父母其中一方于社会福利署署长照顾该未成年人的期间向该署长支付一笔款项
中国澳门特别行政区	如果无法找到符合条件的监护人,将受监护人交由公共机构或者私人机构照顾(一般是孤儿院或慈善机构的院舍),那么由该机构领导履行监护人的职务
监护人权利义务	
中国内地	(1)监护人的职责是代理被监护人实施民事法律行为,保护被监护人的人身权利、财产权利以及其他合法权益等; (2)监护人应当按照最有利于被监护人的原则履行监护职责,监护人除为维护被监护人利益外,不得处分被监护人的财产; (3)成年人的监护人履行监护职责,应当最大程度地尊重被监护人的真实意愿
中国香港特别行政区	获委任为某未成年人的监护人的人,在取得监护权时,即对该未成年人拥有父母的权利及权能。除充任有关未成年人的人身监护人外,更有监护该未成年人产业的监护人的一切权利、权力及职责,尤其有权以其个人名义,为该未成年人的利益而接收及追讨该未成年人有权接收或追讨的财产。如未成年人的监护人并非该未成年人的父母,法院可授权该监护人就其提供的监护服务,收取法院认为合适的报酬
中国澳门特别行政区	监护人对未成年人的权利及义务与父母相同,要遵守善良家父般的注意义务。但要受到一些额外限制。法律禁止监护人作出某些行为;监护人必须在法院的批准下才可以作出某些行为。监护人有权利收取报酬。监护人有义务在法院指定的期间内,提交未成年人的资产及负债清单。监护人在终止监护之后,或者在法院明确要求时,有义务向法院提交管理报告。监护人如果在监护期间因为故意或者过失使受监护人遭受损失,监护人有义务作出赔偿

续表

监护资格的撤销	
中国内地	监护人有下列情形之一的，人民法院根据有关个人或者组织的申请，撤销其监护人资格，安排必要的临时监护措施，并按照最有利于被监护人的原则依法指定监护人：(1)实施严重损害被监护人身心健康的行为；(2)怠于履行监护职责，或者无法履行监护职责且拒绝将监护职责部分或者全部委托给他人，导致被监护人处于危困状态；(3)实施严重侵害被监护人合法权益的其他行为
中国香港特别行政区	(1)委任监护可通过法定形式撤销； (2)法院信纳符合有关未成年人的最佳利益前提下，法院可酌情罢免任何监护人；及委任另一人代替该名被罢免的监护人
中国澳门特别行政区	监护人如果没有妥善履行监护职责，又或者明显欠缺履行职务的能力，则可以被撤职。如果发现任何可以被撤职的事由，检察院、未成年人的任何血亲、受托照顾未成年人的人，均可向法院提起撤职的诉讼。撤职的决定由法官作出，法官作出撤职决定前应当听取亲属会议的意见。监护人在一些法定情况下可以向法院申请免除监护职务
监护权的恢复	
中国内地	被监护人的父母或者子女被人民法院撤销监护人资格后，除对被监护人实施故意犯罪的外，确有悔改表现的，经其申请，人民法院可以在尊重被监护人真实意愿的前提下，视情况恢复其监护人资格，人民法院指定的监护人与被监护人的监护关系同时终止
中国香港特别行政区	监管令发出后，经法定的相关人员提出申请，法院可另行发出一项命令，将上述监管令更改、解除、暂时撤销或于暂时撤销后予以恢复
中国澳门特别行政区	在合法理由下成功推辞监护职务的人，如果推辞的理由不复存在，法院可以重新强迫其承担监护责任
监护权终止	
中国内地	有下列情形之一的，监护关系终止：(1)被监护人取得或者恢复完全民事行为能力；(2)监护人丧失监护能力；(3)被监护人或者监护人死亡；(4)人民法院认定监护关系终止的其他情形
中国香港特别行政区	被委任的监护人可以经由法定程序卸弃委任
中国澳门特别行政区	在下列情况下监护终止：(1)受监护人成年；(2)受监护人年满16岁，在监护人或法院许可下结婚，亲权解除，获得完全民事行为能力；(3)受监护人被收养，与其养父母建立了新的亲权，无须继续监护；(4)父母不再被禁止行使亲权，由父母恢复亲权，不再需要监护；(5)父母行使亲权的障碍终止，由父母恢复亲权，不再需要监护；(6)父母身份不明的未成年人完成了母亲或父亲身份的确立，拥有了亲权人，不再需要监护

第三篇　离　婚　篇

第十二章　概　　述

12.1　中国内地法律制度

离婚,是指夫妻依照法定的条件和程序解除婚姻关系的法律行为。在我国内地,解除婚姻关系需要以合法的婚姻关系存在为前提,解除的主体必须是婚姻当事人,而且解除应当符合法定的条件和程序。婚姻关系的解除将产生一系列法律后果,如夫妻人身关系消灭、共有财产清算、子女抚养方式变更、共同债务清偿等。另外,婚姻关系的解除具有不可逆性,如离婚后男女双方自愿恢复婚姻关系的,需要到婚姻登记机关重新进行结婚登记。

离婚的方式有两种:协议离婚和诉讼离婚。协议离婚,是夫妻双方自愿离婚,签订载明双方自愿离婚的意思表示和对子女抚养、财产以及债务处理等事项协商一致的意见的书面离婚协议,并亲自到婚姻登记机关申请及办理离婚登记。相较于诉讼离婚,协议离婚有两个显著特点:第一,夫妻双方必须都同意离婚,任何一方不同意都不发生协议离婚的法律效果;第二,必须办理离婚登记方可产生解除婚姻关系的法律效果。诉讼离婚,是夫妻双方的其中一方单方面提出离婚,对方不同意离婚,或者双方虽然同意离婚,但不能就共同财产分割或子女抚养等问题达成一致意见等情况下,夫妻任何一方均可向具有管辖权的人民法院提起离婚诉讼,人民法院审查后对于符合条件的起诉申请予以立案。在离婚诉讼的申请正式受理后,人民法院一般采取两种方式解决:一种是调解,即在法院主持的调解下,离婚双方同意离婚并就财产分割和子女抚养费等问题达成一致,人民法院作出准予离婚的调解书,调解书是对双方均产生法律效力的法律文书;又或者经过人民法院的调解双方和好并撤回离婚诉讼;另一种是判决离婚,人民法院在调解无效的情况下,根据离婚案件的具体情况,依据相关法律规定,作出是否准予离婚的判决。离婚判决书亦是对双方均产生法律效力的法律文书。

离婚的法律效力主要体现在男女双方的人身关系、亲子关系以及财产关系等方面。

(1)离婚对人身关系所产生的法律效力:①离婚后,夫妻的身份以及称谓终止;②离婚后,共同生活的义务终止,离婚后任何一方不能强迫对方和自己同居,如果男方强迫女方,违背女方的意愿发生性关系的,男方构成强奸罪;③离婚后,相互间扶养的权利义务归于消灭,任何一方不能要求他方扶养自己,也不再有扶养他方的义务;④恢复再婚自由,离婚后,双方获得再婚的权利,双方皆可以随时再婚,任何一方不得非法干涉他方行使与异性交往以及再婚的权利,否则将构成侵犯他人人身自由权,若在非法干涉的过程中还采取和使用暴力手段造成他人人身伤害,达到法定程度时将构成刑事犯罪;⑤法定继承人的资格丧失;离婚后,随着配偶关系的解除,双方丧失了互为法定继承人的资格,离婚后一方死亡的,他方不能以配偶身份继承遗产;

⑥姻亲关系消灭;⑦离婚后,任何一方均不能再以配偶身份行使家务活动的代理权,任何一方因此所负债务都是个人债务;⑧离婚后,原配偶一方是无民事行为能力人或者限制民事行为能力人的,另一方监护人或法定代理人的身份亦在离婚生效时宣告消灭。

(2)离婚对财产关系所产生的效力表现在夫妻共同财产可以在离婚时也可以在离婚后进行分割。

(3)离婚对亲子关系所产生的效力:①子女与父母的身份关系不因离婚而解除;②离婚后产生子女抚养权及探望权。

在我国内地,离婚有相关特别规定:①对于军婚有特别规定,除了军人有重大过错的情形,现役军人的配偶要求离婚的,需要征得军人同意,军人不同意就不能离婚;②对于女性在特殊时期的离婚有特别规定,即女性在怀孕期间、分娩后 1 年内或者终止妊娠后 6 个月内,男方不得提出离婚;但是,女方提出离婚或者人民法院认为确有必要受理男方离婚请求的除外。

12.2　中国香港特别行政区法律制度

12.2.1　中国香港特别行政区婚姻

由于我国香港地区在开埠期间,并没有制定婚姻法,香港居民都是以中国传统仪式进行婚嫁(“旧式婚姻”)。在 1930 年民国政府以《中华民国民法亲属编》第 985 条确认一夫一妻制,并于第 982 条规定男女双方自愿在公开场合进行婚礼便是一个合法的结婚形式,这便是“新式婚姻”。根据《婚姻制度改革条例》第 178 章第Ⅲ部,旧式婚姻和新式婚姻都受到法律认可。

在 1852 年我国香港地区通过了第一部婚姻法《婚姻条例》。这部条例大多为来港的外地人定立。直至 1875 年这部《婚姻条例》才把华人也包括在内。在 1970 年 7 月 10 日,《婚姻制度改革条例》公布并规定 1971 年 10 月 7 日(“指定日期”)起正式实行一妻一夫婚姻制度,并取消“旧式婚姻”和“新式婚姻”制度。

有关境外的婚姻,如果结婚的地方法律接纳该段婚姻为合法婚姻,我国香港特别行政区承认该婚姻。但是,我国香港特别行政区法庭并不拥有司法权处理所有外地合法的婚姻。

12.2.2　离婚的申请

根据《婚姻诉讼条例》(第 179 章)第 11 条的规定,在我国香港特别行政区申请离婚分别有 2 种方式:

1. 呈请离婚:在婚姻中的任何一方可以向法庭呈请离婚,并不需要得到对方同意或事先通知对方。

2. 申请离婚:这是婚姻双方共同以申请法庭要求解决婚姻。

12.2.3　法院的司法管辖权

无论婚姻双方是否在我国香港特别行政区结婚,如果法庭具有司法管辖权,任何一方可以在我国香港特别行政区申请离婚。根据《婚姻诉讼条例》第3条的规定,任何人如果属以下情况法庭便具有司法权处理有关离婚:(1)在呈请或申请提出当日,婚姻的任何一方以我国香港特别行政区为居籍;(2)在紧接呈请或申请提出当日之前的3年期间内,婚姻的任何一方惯常居于我国香港特别行政区;(3)在呈请或申请提出当日,婚姻的任何一方与我国香港特别行政区有密切联系。

12.2.4 呈请离婚的限制

根据《婚姻诉讼条例》第12条的规定,双方结婚当日起1年期限内不得向法庭提出离婚呈请。明显地,这个限制是保护婚姻和给双方一些时间作出确实的决定。

根据第12(2)条的规定,法律指明有关法庭接获申请时,法官可基于呈请人蒙受异常的困苦,或基于答辩人的行为异常败坏的理由,准许在限期内提出离婚呈请。但法官在发出准许时必须考虑到家庭子女的权益和双方是否具有能达成和解的合理可能性。

关于什么是蒙受异常的困苦和异常败坏,该条例并没有给予任何定义。就我国香港特别行政区法例而言,通常会参考过往的案例。

12.2.5 离婚程序分两个阶段

根据《婚姻诉讼条例》的规定,呈请申请离婚及共同申请离婚都需要经过两个阶段。如果发现信纳任何事实的证据,法庭便批出离婚暂准判令。当法庭没有收到任何反对下和有关子女的安排已经处理而法庭根据《婚姻法律程序与财产条例》(第192章)第18(1)(b)条作出所需的子女安排声明,呈请人便可申请绝对判令。按《婚姻诉讼(绝对判令)一般命令》(第179C章),呈请人可于批出暂准判令六星期后向法庭申请把暂准判令转为绝对判令。在绝对判令批出后,婚姻双方便正式结束夫妻关系。

12.2.6 调解服务(mediation)

家事调解服务在我国香港地区起源于1988年,当时香港地区公教婚姻辅导会成立第一间婚姻调解服务中心。在1997年我国香港特别行政区家庭福利会及人际辅导中心亦设立离婚调解服务。司法机构并在2000年5月推出为期3年的家事调解试验计划。当时司法机构也在家事法庭设立了家事调解统筹主任办事处。该办事处会为离婚夫妇举办讲座,解释如何调解解决离婚后有关子女的安排、生活费及家庭资产的分配。

根据我国香港特别行政区司法机构在2012年3月28日颁发的《实务指示15.10》,任何家事法律师在诉讼之前,律师须告知当事人可以使用家事调解服务,及该项服务如何有助其法律程序,并须将该项服务的账单交予当事人。再者,《实务指示15.10》指明当律师将共同申请书或离婚呈请书存入法院时必须递交一份规定表格的《共同申请人家事调解证明书》,或如果是呈请书便是《呈请人家事调解证明书》。在诉讼中的答辩人也需要填写一份规定的《答辩人家事调解证明书》。该证明书必须在法庭存档时送达诉讼对方。

在该证明书内,有关代表律师要签署证明以及确认他已经向申请人解释《实务指示

15.10》家事调解的内容;可以就其争议使用家事调解服务以及家事调解相对于诉讼而言所需要的费用是多少;可以将家事调解服务简介单张交给当事人。当事人也需要在证明书里签署确认律师已经告知他有关上述事宜,并表达是否愿意寻求家事调解。当事人可以选择解释或不解释不寻求调解的理由。如果当事人并没有法律代表的也需要填写无律师代表有关的证明书。

当事人的法律代表同时需要根据《实务指示15.10》的第1.4段解释给当事人如果当事人没有合理解释不参与调解法庭可能会对不参与调解发出不利的讼费令。

按司法机构《实务指示15.12》的第16段和第17段,为妥善地为婚姻法律程序和家事法律程序进行案件管理,法庭在适合的情况下,并经作出必须的变通后,可把《高等法院规则》/《区域法院规则》第25号命令其中部分的理念和条文,以及任何有关案件管理而所发出的实务指示,引用在婚姻法律程序/家事法律程序中。再者,实务指示规定各方应尝试通过调解或另类排解程序来解决案中任何争议。

家事调解是一个保密的和非对抗性的过程。调解员主要是引导争执双方顺利进行谈判。如果调解结果能够达成协议,该协议便需要法庭批核并作为法庭的命令。

我国香港特别行政区司法机构自2018年5月2日起把调解信息中心和家事调解统筹主任办事处合并为综合调解办事处。这个综合调解办事处负责提供查询服务并安排讲座,以及提供调解前信息。该办事处并不会提供调解服务或法律意见。截至2020年12月31日,按已完成调解的个案数目计算,调解的成功率为64%。

12.3 中国澳门特别行政区法律制度

在我国澳门特别行政区,解销婚姻的方式包括死亡、婚姻的无效或撤销、离婚,任一种方式均会导致婚姻法律关系的消灭。我国澳门特别行政区的离婚率近年来约为40%,在2019年,我国澳门特别行政区有3724项结婚记录,离婚记录为1435个,而在2020年,则有2754项结婚记录,离婚记录为1319个。[1] 按照我国澳门特别行政区法院公布的数据,[2]2019年共分发874宗两愿离婚案件及175宗诉讼离婚案件;2020年共分发775宗两愿离婚案件及182宗诉讼离婚案件。

我国澳门特别行政区离婚的法律主要分别规范于《澳门民法典》《民事登记法典》《民事诉讼法典》。在进入我国澳门特别行政区法律所规定的离婚程序前,应事先了解是否可适用离婚的澳门特别行政区实体法、程序法,尤其是澳门特别行政区的法院是否具有管辖权。

12.3.1 离婚的实体法及程序法概述

就法律适用方面,根据《澳门民法典》第50条及第53条的规定,离婚的程序适用夫妻之间

---

〔1〕 参见澳门特别行政区统计暨普查局及澳门特别行政区社会工作局的数据,载澳门妇女数据资料库,https://www.womendb.ias.gov.mo/www/ratio/search? ratioId=6e971ca8e8914829917bbf0f30252861。

〔2〕 参见我国澳门特别行政区法院公布的数据,载澳门特别行政区法院网,https://www.court.gov.mo/zh/subpage/statisticstjb? report=2019。

双方共同常居地法律规范，当夫妻无同一常居地时，适用与家庭生活有较密切联系地法。同时，正如《澳门民法典》第30条所规定，属人法即个人之常居地法，个人实际且固定之生活中心之所在地视为个人之常居地，如个人之常居地多于一地，而其中之一为我国澳门特别行政区，则以其法律为属人法，另外推定有权领取我国澳门特别行政区居民身份证之人为澳门特别行政区之常居民。举例而言，两名澳门居民在我国内地缔结婚姻，两人持有澳门特别行政区居民身份证并在澳门特别行政区居住，该对夫妻可以在澳门特别行政区办理离婚手续并适用澳门特别行政区的实体法律。

就我国澳门特别行政区的实体法而言，离婚分为两愿离婚及诉讼离婚；但不论是哪一种方式离婚，必须以获法律认可、合法、有效所缔结的婚姻为前提。两愿离婚及诉讼离婚各自有所规定的法定要件，简单而言，结婚逾一年之夫妻方可以声请两愿离婚，而两愿离婚的程序视乎情况可以在我国澳门特别行政区民事登记局或须在澳门特别行政区的家事法庭所进行，登记局局长作出之两愿离婚决定与法院就同一事宜作出之判决之效力相同。两愿离婚适用于夫妻双方同意离婚的情况，此时双方当事人可向管辖法院声请两愿离婚，但无夫妻两人所生之未成年子女时，则亦得向澳门特别行政区民事登记局申请两愿离婚；换言之，当有夫妻两人所生之未成年子女时，必须通过澳门特别行政区法院进行两愿离婚的程序。至于诉讼离婚，是指非由夫妻双方同意下由夫妻其中一方向澳门特别行政区法院提出离婚，属于形成权，诉讼离婚须以《澳门民法典》第1635条及第1637条规定中所指者为声请理由。

就我国澳门特别行政区的程序法而言，澳门特别行政区法院的管辖权规定于《民事诉讼法典》第15~17条，澳门特别行政区法院有权审理原告或被告居于澳门特别行政区或在澳门特别行政区有住所的诉讼离婚。举例而言，澳门居民陈先生与非澳门居民李小姐在中国内地结婚，婚后夫妻于中国内地居住，即夫妻之常居地为中国内地，倘陈先生有意在澳门特别行政区提起诉讼离婚，澳门特别行政区法院对诉讼离婚具有管辖权。法庭审理的程序法适用《民事诉讼法典》，但法庭在审理离婚的实体法则适用中国内地法律。按照第9/1999号法律《司法组织纲要法》第29-D条，澳门特别行政区初级法院的家庭及未成年人法庭负责审理离婚诉讼。

无论是两愿离婚还是诉讼离婚，法官必须试行调解，如不成功才继续进行离婚的程序。澳门特别行政区的离婚程序存在可转换性，分别根据《澳门民法典》第1629条、《民事诉讼法典》第954条、第956条、第1247条的规定，在诉讼离婚中法官应尽力使夫妻双方同意两愿离婚，而在诉讼离婚的任何时刻，双方可决定转换采用两愿离婚方式。

12.3.2 由我国澳门特别行政区以外有权限机关作成之离婚判决在澳门特别行政区的适用

由我国澳门特别行政区以外有权限机关作成之离婚决定必须经过澳门特别行政区法院的确认手续后方可在澳门特别行政区产生效力，这个程序称为“对澳门特别行政区以外地方之法院或仲裁员所作裁判之审查”。

根据第9/1999号法律《司法组织纲要法》第36条第14款规定，我国澳门特别行政区中级法院为对该程序享有管辖权之法院。这项审查的程序并非要求中级法院对案件作任何实体审查，而是只要符合以下法律规定的要件，便可确认判决在澳门特别行政区产生效力。

（1）对载有有关裁判之文件之真确性及对裁判之理解并无疑问；

（2）按作出裁判地之法律，裁判已确定；

（3）作出该裁判之法院并非在法律欺诈之情况下具有管辖权，且裁判不涉及属澳门特别行政区法院专属管辖权之事宜；

（4）不能以案件已由澳门特别行政区法院审理为由提出诉讼已系属之抗辩或案件已有确定裁判之抗辩，但澳门特别行政区以外地方之法院首先行使审判权者除外；

（5）根据原审法院地之法律，已依规定传唤被告，且有关之诉讼程序中已遵守辩论原则及当事人平等原则；

（6）在有关裁判中并无包含一旦获确认将会导致产生明显与公共秩序不相容之结果之决定。

倘所审查的判决为中国内地法院的判决（包括判决、裁定、决定、调解书、支付令），则同时按照第12/2006号行政长官公告公布的《内地与澳门特别行政区关于相互认可和执行民商事判决的安排》，如经审查核实存在下列情形之一的，则裁定不予认可：

（1）根据被请求方的法律，判决所确认的事项属被请求方法院专属管辖；

（2）在被请求方法院已存在相同诉讼，该诉讼先于待认可判决的诉讼提起，且被请求方法院具有管辖权；

（3）被请求方法院已认可或者执行被请求方法院以外的法院或仲裁机构就相同诉讼作出的判决或仲裁裁决；

（4）根据判决作出地的法律规定，败诉的当事人未得到合法传唤，或者无诉讼行为能力人未依法得到代理；

（5）根据判决作出地的法律规定，申请认可和执行的判决尚未发生法律效力，或者因再审被裁定中止执行；

（6）在内地认可和执行判决将违反内地法律的基本原则或者社会公共利益；在澳门特别行政区认可和执行判决将违反澳门特别行政区法律的基本原则或者公共秩序。

一直以来，有多宗中国内地法院或香港特别行政区法院的离婚判决在澳门特别行政区申请确认的案件，只要符合上述要件，澳门特别行政区中级法院均予确认。在这些确认程序中，澳门特别行政区中级法院亦特别提及即便判决存有下列情况，亦可予以确认并使其在澳门特别行政区产生效力："由于《澳门民法典》第1628条亦允许诉讼离婚及两愿离婚，故澳门特别行政区以外的法院作出之离婚判决并不违反澳门特别行政区法律体系之基本原则，亦无侵犯澳门特别行政区之公共秩序。"[1]关于双方对位于澳门特别行政区的两个不动产的处置协议，由于不是直接订立所有权之转移，而是双方商定如何处理，故只具债权性质，并不具物权转移效力，故并无抵触《民事诉讼法典》第20条a）项之规定。

---

〔1〕 澳门特别行政区中级法院第153/2023号合议庭裁判。

由此可见,其他法院的判决在澳门特别行政区的确认受到了司法实践的肯定。

12.3.3 离婚的法律效力

离婚的法律效力分为对人身性质的效力和财产性质的效力,根据《澳门民法典》第1643条及第1644条的规定,以离婚方式解销婚姻,除法律另有规定的情况外,具有相同于因死亡而解销婚姻之法律效力。

离婚的人身性质的效力于判决确定或有关决定成为确定性决定之日起产生,即自决定不可再提起平常上诉时,夫妻间的人身性质的关系解销,而姻亲关系亦随离婚而终止。

一些人士会选择在结婚时修改自身的姓名,将配偶的姓氏加到原来的姓名上。在离婚的程序中或离婚后,如经前配偶同意,或经法院考虑其所提出之理由后作出批准,则可保留已使用之对方姓氏。然而,如日后出现保留使用姓氏的一方对名称的使用严重损害前配偶或其家庭之精神利益,则前配偶可向法院声请剥夺保留使用一方继续使用姓氏之权利。

就离婚的财产性质的效力,对夫妻内部及对第三人而言,产生效力的时间点有所不同。针对夫妻间之财产内部关系,离婚效力追溯至申请离婚程序开始之日,又或如在有关程序中证实夫妻已不同居,则任一方均得要求将离婚之效力追溯至完全或主要因他方之过错而造成终止同居之日,而该日期应在判决中确定。就第三人对于夫妻间之财产上之效力,仅自有关判决或决定被登记之日起,方得对抗第三人。确定离婚产生财产性效力的时点非常重要,如双方不再是互相的法定继承人,又如夫妻采用取得共同财产制,自该离婚产生财产效力时刻起,任一方再取得的财产将不再纳入共同财产的范围。

因结婚而作之赠与及夫妻间之赠与,亦可因离婚的决定产生法律上的影响。针对因结婚而作之赠与,无论是夫妻之间还是来自第三人之赠与,如受赠人在离婚判决中被界定为、被视为唯一或主要过错方,则因结婚而作之赠与失效。同样,就夫妻间之赠与,如受赠人在离婚判决中被界定为、被视为唯一或主要过错方,则夫妻间之赠与亦失效。

必须注意的是,离婚的效力不包括处理夫妻在婚姻期间的财产归属、分割等问题,这些问题需要经过公证的分割协议或根据《民事诉讼法典》的规定另向法院提起财产清册案件的程序。

第十三章　协议离婚

13.1　中国内地法律制度

协议离婚是主流的婚姻解除方式,《2020年民政事业发展统计公报》显示,2020年,全国(不包括我国香港特别行政区、澳门特别行政区和台湾地区)办理离婚手续433.9万对,其中民政部门登记离婚373.6万对,法院判决、调解离婚60.3万对。

广义的协议离婚,除了包括婚姻当事人在婚姻登记机关(民政部门)的登记离婚,还包括经人民法院调解达成的离婚。通常所称的协议离婚仅指前者,即登记离婚,本章介绍的协议离婚仅指登记离婚。

13.1.1　协议离婚的实体要件

中国内地现行的协议离婚制度充分保障了当事人的婚姻自由,对于协议离婚没有其他国家或地区通常要求的结婚年限、有无子女、婚姻状况好坏等限制,只要当事人自愿达成离婚协议,即可到婚姻登记机关申请离婚登记。

登记离婚的实体要件为:

1. 主体适格

主体须是具有合法的夫妻身份、具有完全民事行为能力的当事人。在中国内地具有合法夫妻身份须持有中国内地婚姻登记机关或者中国驻外使(领)馆颁发的结婚证。

2. 意思表示具有自愿离婚的合意

协议离婚的夫妻双方须明确表示自愿离婚,须共同向婚姻登记机关提起离婚登记申请,在离婚协议中明确载明自愿离婚的意思表示。

3. 离婚协议符合规定

登记离婚要求夫妻双方对离婚后子女抚养、财产以及债务处理等事项达成一致意见。其中,子女抚养问题的处理主要指妥当安排未成年子女和不具备独立生活能力的子女的所有问题,包括但不限于子女由哪一方直接抚养、子女的抚养费用和教育费用如何负担、未直接抚养子女一方对子女探视权的行使等。财产问题的处理主要指双方对夫妻共同财产进行合理分割,并就一方是否对有生活困难的一方给予经济帮助或对因抚养子女、照顾老人等家庭事务付出较多的一方给予一定的补偿、隐匿财产如何处理等内容作出安排。债务问题的处理主要指夫妻双方对婚姻关系存续期间夫妻共同债务、个人债务予以明确,并就如何清偿作出安排。

需要注意的是,以下三种情形不能办理离婚登记:第一种是未达成离婚协议的,为意思表示实体要件的反向规定;第二种是属于无民事行为能力人或者限制民事行为能力人的,为主体不适格;第三种是其结婚登记不是在中国内地办理的,属于管辖地的不适格。

13.1.2　协议离婚的程序要件

协议离婚登记的程序须经申请—受理—冷静期—审查—登记(发证)五个环节。

1. 申请

夫妻双方应当签订书面离婚协议,共同亲自到有管辖权的婚姻登记机关提出申请,并提供中国内地婚姻登记机关或者中国驻外使(领)馆颁发的结婚证、有效身份证件,并在婚姻登记机关现场填写《离婚登记申请书》。

婚姻登记管辖按照行政区域划分。其中,县、不设区的市、市辖区人民政府民政部门办理双方或者一方常住户口在本行政区域内的中国内地居民之间的婚姻登记;省级人民政府可以根据实际情况,规定乡(镇)人民政府办理双方或者一方常住户口在本乡(镇)的中国内地居民之间的婚姻登记;省级人民政府民政部门或者其确定的民政部门,办理一方常住户口在辖区内的涉外和涉我国香港居民、澳门居民、台湾居民以及华侨的婚姻登记;办理经济技术开发区、高新技术开发区等特别区域内居民婚姻登记的机关由省级人民政府民政部门提出意见报同级人民政府确定;现役军人由部队驻地、入伍前常住户口所在地或另一方当事人常住户口所在地婚姻登记机关办理婚姻登记。

2. 受理

婚姻登记员按照《婚姻登记工作规范》有关规定对当事人提交的上述材料进行初审。婚姻登记员对当事人提交的证件和证明材料初审无误后,发给《离婚登记申请受理回执单》。不符合离婚登记申请条件的,不予受理。

3. 冷静期

冷静期制度是为了解决当前轻率离婚过多、离婚率攀升导致的婚姻家庭不稳定问题,在2021年1月1日起施行的《民法典》中新增的规定。

夫妻双方自婚姻登记机关收到离婚登记申请并向当事人发放《离婚登记申请受理回执单》之日起30日内,任何一方不愿意离婚的,可以持本人有效身份证件和《离婚登记申请受理回执单》(遗失的可不提供,但须书面说明情况),向受理离婚登记申请的婚姻登记机关撤回离婚登记申请,并亲自填写《撤回离婚登记申请书》。经婚姻登记机关核实无误后,发给《撤回离婚登记申请确认单》。自离婚冷静期届满后30日内,双方未共同到婚姻登记机关申请发给离婚证的,视为撤回离婚登记申请。

4. 审查

自离婚冷静期届满后30日内(期间届满的最后一日是节假日的,以节假日后的第一日为期限届满的日期),双方当事人应当持离婚协议书、结婚证、每人2张2寸单人近期半身免冠照片、有效身份证件等证件和材料,共同到婚姻登记机关申请发给离婚证。

婚姻登记机关的婚姻登记员受理离婚登记申请后,应当按照下列程序进行:

(1)分开询问夫妻双方的离婚意愿,以及对离婚协议内容的意愿,并进行笔录,笔录当事人阅后签名。

(2)查验夫妻双方提交的证件和材料。申请办理离婚登记的夫妻双方有一本结婚证丢失的,应当书面声明遗失,婚姻登记机关可以根据另一本结婚证办理离婚登记;申请办理离婚登记的夫妻两本结婚证都丢失的,当事人应当书面声明结婚证遗失并提供加盖查档专用章的结婚登记档案复印件,婚姻登记机关可根据双方提供的上述材料办理离婚登记。

(3)双方自愿离婚且对子女抚养、财产及债务处理等事项协商一致的,双方填写《申请离婚登记声明书》;《申请离婚登记声明书》中"声明人"一栏的签名必须由声明人在监督人面前完成并按指纹;婚姻登记员作监督人并在监督人一栏签名。

(4)夫妻双方应当在离婚协议上现场签名;离婚协议书一式3份,男女双方各1份并自行保存,婚姻登记处存档1份。婚姻登记员在当事人持有的2份离婚协议书上加盖"此件与存档件一致,涂改无效。××××婚姻登记处××年××月××日"的长方形红色印章并填写日期。多页离婚协议书同时在骑缝处加盖此印章,骑缝处不填写日期。夫妻双方亲自签订的离婚协议书原件存档。婚姻登记处在存档的离婚协议书加盖"××××登记处存档件××年××月××日"的长方形红色印章并填写日期。双方因离婚协议书遗失等原因,要求婚姻登记机关复印其离婚协议书的,按照《婚姻登记档案管理办法》的规定查阅婚姻登记档案。离婚登记完成后,任何一方要求更换离婚协议书或变更离婚协议内容的,婚姻登记机关不予受理。

婚姻登记员对夫妻双方提交的证件、《申请离婚登记声明书》、离婚协议书进行审查,符合离婚条件的,填写《离婚登记审查处理表》和离婚证。

婚姻登记机关对不符合离婚登记条件的,不予受理。

5. 登记(发证)

婚姻登记机关颁发离婚证,应当在当事人双方均在场时按照下列步骤进行:

(1)向当事人双方询问核对姓名、出生日期、离婚意愿。

(2)见证当事人本人亲自在《离婚登记审查处理表》"当事人领证签名并按指纹"一栏中签名并按指纹;"当事人领证签名并按指纹"一栏不得空白,不得由他人代为填写、代按指纹。

(3)在当事人的结婚证上加盖条型印章,其中注明"双方离婚,证件失效。××婚姻登记处"。注销后的结婚证复印存档,原件退还当事人。

(4)将离婚证颁发给离婚当事人。

按上述程序完成离婚登记,即解除婚姻关系。

13.1.3 离婚协议书

离婚协议书属于身份关系协议,是意思自治原则在婚姻家庭法律领域的具体表现,是登记离婚所必需的实质性文件,对当事人具有法律约束力。

1. 离婚协议书的内容

离婚协议书应当载明双方自愿离婚的意思表示和对子女抚养、财产以及债务处理等事项协商一致的意见。一般应包含以下内容:

(1)写明双方当事人的姓名、性别、身份证号码、结婚登记时间、结婚登记机关、离婚原因。

(2)写明双方系自愿离婚,登记离婚是双方当事人的真实意思表示。

(3)约定子女的抚养问题,写明子女姓名、性别、出生日期,约定离婚后子女由哪一方抚养,另一方是否负担抚养费,抚养费金额、支付方式及期限,还可约定不直接抚养子女一方行使探望权的方式、时间等。无共同子女且不对对方子女进行抚养的,写明"双方无共同子女"。

(4)约定双方共同财产分割问题,可以约定共同财产均由一方所有或者进行分割,也可以约定财产由双方之外的第三人如子女所有,可以对个人财产进行处置。无财产分割的,写明"双方无共同财产"。

(5)约定双方债权债务处理,可以约定债权债务由一方享有/负担或者双方分享/分担,无债权债务处理的,写明"双方无债权债务"。

(6)可以约定对婚姻期间负担较多义务一方给予补偿,对生活困难一方给予适当帮助,对无过错方给予损害赔偿等内容。

(7)其他需要在协议中明确的事项。

(8)双方当事人的签名(盖章或手印)以及离婚协议书签订的时间。

2. 离婚协议书的效力

离婚协议书本质是民事协议,主流观点认为,离婚协议书是附条件生效合同,离婚协议需要离婚登记完成才生效。在离婚登记之前,离婚协议未生效,对双方不产生约束力,如一方另行起诉离婚的,法院也不能以此为处理夫妻双方财产或者关系的依据,而应适用诉讼离婚的一般规则。

夫妻双方达成的以协议离婚或者到人民法院调解离婚为条件的财产以及债务处理协议,如果双方离婚未成,一方在离婚诉讼中反悔的,人民法院则认定该财产以及债务处理协议没有生效,并根据实际情况依照相关规定判决。

离婚协议经当事人到婚姻登记机关办理离婚登记后生效,对双方具有法律约束力,一方不履行协议的,另一方可以向法院提起诉讼要求其履行。

(1)离婚协议对子女抚养问题已作出处理,离婚后父母一方要求变更子女抚养关系的,或者子女要求增加抚养费的,应当另行提起诉讼,只有符合法律规定的条件才能变更。

(2)离婚协议对夫妻财产分割问题已作出处理,如离婚后当事人就财产分割问题反悔,请求撤销财产分割协议的,可以向法院起诉。但法院审理后,未发现订立财产分割协议时存在欺诈、胁迫等情形的,应当依法驳回当事人的诉讼请求。

(3)离婚协议对债务问题已作出处理,债权人仍有权就夫妻共同债务向男女双方主张权利,一方就夫妻共同债务承担清偿责任后,主张由另一方按照离婚协议承担相应债务的,法院应予支持。

(4)离婚协议如当事人明确表示放弃损害赔偿,离婚后又向法院提出损害赔偿请求的,法院不予支持。

13.2 中国香港特别行政区法律制度

13.2.1 解除旧式婚姻和新式婚姻

解除旧式婚姻,丈夫可以单方面根据“七出之条”与妻子离婚。按《婚姻制度改革条例》第14条的规定,新式婚姻可以在指定日期前以同意方式离婚。双方在两名见证人在场下签署协议书或备忘录均可以解除婚姻。如果在指定日期后要解除旧式婚姻或新式婚姻,若婚姻至少有一方与我国香港特别行政区有密切联系,双方可以按照《婚姻诉讼条例》(第179章)的规定或根据《婚姻制度改革条例》第V部双方以同意程序解除。

如婚姻是在1931年5月4日之后或1950年5月1日之前成立,在中国内地根据及按照当时有效的法律而举行婚姻的婚姻双方可以根据《婚姻制度改革条例》第VA部解除婚姻。根据该部分,如果双方在指定日期之前宣称解除婚姻并以婚姻双方在两名见证人见证下签署协议书或备忘录则该婚姻可以在签署当日彻底及完全解除。但根据该条例婚姻双方需要在签立当日必须是双方均在香港定居或其中一方当时与香港有密切联系。

虽然以上有关解除旧式婚姻对现时社会而言并不太实际,但有关的法律对于处理遗产事宜有其用处。

13.2.2 协议申请离婚

根据《婚姻诉讼条例》第11B条的规定,婚姻双方可以共同申请离婚。双方申请人必须证实婚姻已破裂至无可挽救的事实。在第11B(2)条,法例规定双方需要证明以下一项或两项事实法庭才可以信纳婚姻破裂至无可挽救:(1)婚姻双方在紧接申请提出前,已分开居住最少连续1年;(2)在申请提出前不少于1年,法院接获一份婚姻双方签署的通知书,而该通知书并没有撤回。

在一般情况,这类共同申请离婚比较适用于在子女及家庭资产问题上没有大争议的双方。

13.3 中国澳门特别行政区法律制度

在我国澳门特别行政区的法律规定中,并无协议离婚之规定,与此接近的是两愿离婚之规定。

13.3.1 两愿离婚的要件

1.两愿离婚是指在夫妻同意离婚的情况下可采用的离婚方式,声请两愿离婚需要符合下列要求:

(1)夫妻结婚已逾1年(即使是在外地登记的);

(2)达成扶养协议;

(3)达成使用家庭居所的协议;

(4)达成对未成年子女行使亲权协议(仅适用于夫妇有未成年子女的情况)。

2. 当有夫妻两人所生之未成年子女时,必须通过我国澳门特别行政区法院进行两愿离婚的程序,如双方没有未成年子女,而夫妻其中一方在我国澳门特别行政区居住,则可以在澳门特别行政区民事登记局办理离婚手续。

3. 在两愿离婚的程序中,夫妻无须透露离婚的理由。

4. 无论是在我国澳门特别行政区初级法院的家庭及未成年人法庭还是在民事登记局办理两愿离婚手续,澳门特别行政区法律并不强制委托律师处理,当事人可以自由决定是否委托律师。进行程序的期间倘有任一方死亡,则两愿离婚的程序终止。

13.3.2　两愿离婚中应达成之协议

开展两愿离婚的手续,需要达成的协议包括扶养协议及使用家庭居所的协议:

1. 扶养协议

关于扶养协议,两愿离婚中任一方都有权接受扶养,故扶养协议是指约定其中一方是否需要由另一方提供扶养。倘双方约定存在扶养,则须进一步确立被扶养之人,约定扶养费的具体金额、支付方式、生效日期等内容。

2. 使用家庭居所的协议

至于使用家庭居所的协议是指协议家庭居所是否由两人其中一方继续使用及居住,以及可约定由哪一方承担日后家庭居所的开支(如管理费、水费、电费、电话费)。必须注意的是,上述约定仅涉及使用家庭居所的权利,并不代表取得、变更或分割物业的所有权(业权)。倘家庭居所属承租的物业,双方可约定租赁合同中承租人的地位归其中一方拥有。如属不动产租赁权转移予承租人之配偶者的情况,不论法官或民事登记局局长是否认可有关协议,均须依职权将有关转移通知出租人。

3. 对未成年子女行使亲权的协议

如存在夫妻有未成年子女的情况,即须在我国澳门特别行政区初级法院家庭及未成年人法庭进行两愿离婚的程序,双方还需要达成对未成年子女行使亲权的协议。有关协议旨在约定与父母对未成年人的亲权行使情况,包括未成年人归父亲或母亲行使亲权,或是双方共同行使亲权;约定任一方是否须对未成年子女支付抚养费,如需要,应约定扶养的具体金额及支付方式等内容;约定关于探访未成年子女之安排;以及其他关于未成年人的情况。在提交对未成年子女行使亲权协议后,如果法官认为协议不足以保障夫妻之一方或子女之利益,法官可以采取下列措施:

(1)在须保障该等子女之利益时,经听取夫妻双方之意见后,修改对未成年子女行使亲权的协议之内容;

(2)定出期限,要求夫妻双方于该期限前修改对未成年子女行使亲权的协议之内容,如不修改,则驳回离婚请求。

13.3.3　两愿离婚的程序

1. 我国澳门特别行政区初级法院家庭及未成年人法庭

在我国澳门特别行政区初级法院家庭及未成年人法庭所进行的两愿离婚程序属于非讼事件之程序，虽然通过法院进行程序但并非以诉讼的形式离婚，而程序上要遵循《民事诉讼法典》的规定。向我国澳门特别行政区初级法院家庭及未成年人法庭提出两愿离婚声请须由配偶双方亲身在法院签署（如不亲身前往法院签署，则文件须经澳门特别行政区的公证认定）或由其受权人签署，并附同下列文件：

（1）两愿离婚申请表；[1]

（2）结婚证明书；[2]

（3）夫妻双方的身份证副本；

（4）如有未成年子女，未成年子女的出生证明书；[3]

（5）关于对未成年子女行使亲权之协议；[4]

（6）关于向需要扶养之配偶一方提供扶养之协议；

（7）倘有之婚姻协议及其登记；

（8）如有家庭居所，该物业之证明文件；[5]

（9）如有家庭居所，关于家庭居所之归属之协议。

除非另有明示声明或约定，各项协议应理解为在诉讼待决期间及在其后均适用。

在递交申请书后 10 日内，其中一方申请人须自行前来澳门特别行政区初级法院家庭及未成年人法庭办事处领取凭单缴纳预付金，在付款后，法院方正式开展程序。

如在递交声请后未出现初端驳回之依据，法官将约定第一次会议的日期并寄发信函通知双方。若配偶一方不在我国澳门特别行政区或不能出席，应由具特别权力之受权人代表出席，如有充分理由推定配偶一方不能出席会议之状况将在 30 日内终止，应押后举行会议，但押后期间不得超过 30 日。无故缺席且在 30 日内夫妻双方亦不作任何声请，则法官确认舍弃请求后，两愿离婚程序视为因舍弃请求而结束。

在首次会议上，法官将试行调解双方，并了解是否双方都具备离婚的意愿，包括是否仍有可能和好。如调解不成，基于存在未成年子女的情况，法律规定须在相隔 3 个月起至 6 个月举

---

〔1〕 申请表可参见我国澳门特别行政区法院网页，https://www.court.gov.mo/tools/attachment/1387272118lffrz.pdf。

〔2〕 如提交我国澳门特别行政区民事登记局发出之婚姻证明文件，须为正本并在提交前 3 个月内发出。如属澳门以外地方发出的证明文件，须同时出示该文件的正本及副本，交由法院职员核对。

〔3〕 如未成年子女在澳门特别行政区出生，则可为澳门特别行政区民事登记局申请发出之出生证明文件，须为正本并在提交前 3 个月内发出。如属澳门以外地方出生，即由澳门以外地方发出的出生证明文件，须同时出示该文件的正本及副本，交由法院职员核对。

〔4〕 范本可参见我国澳门特别行政区法院网页，https://www.court.gov.mo/tools/attachment/1618797429kpmms.pdf。

〔5〕 可在我国澳门特别行政区物业登记局提供物业的地址以便申请书面报告（俗称查屋纸）。

行第二次会议,以确认双方是否坚持离婚,类似于给予双方一个冷静期。

在第二次会议上,法官将再次试行调解双方,如双方坚持离婚的意愿,则会再次审查双方所达成的协议(包括扶养协议、使用家庭居所的协议、对未成年子女行使亲权的协议),并逐一确认或行使特权进行修改。完成后,法官会当场宣告双方离婚及认可协议,最后再安排进行离婚的登记。当案件结算后,双方申请人都需缴交诉讼费用。

2. 我国澳门特别行政区民事登记局

我国澳门特别行政区民事登记局所进行的两愿离婚程序,须遵循澳门特别行政区《民事登记法典》的要求,向民事登记局提出的申请[1]中须明确载明夫妻无未成年之子女,并附同下列文件:

(1)结婚登记之全文副本证明;

(2)有关对需要扶养之一方提供扶养之协议;[2]

(3)倘有之婚姻协定之证明;

(4)有关家庭居所之归属之协议。[3]

上述的各项协议无论在程序待决时或程序完成后均视为有效,但另有明确意思表示者除外。

申请可由夫妻双方本人或其各自受权人签名,若由受权人申请,须递交由公共公证员或私人公证员缮立的授权公证书(其内载明授权的范围,如出席会议、办理申请手续)。

在提交申请及文件后,民事登记局局长会安排在90日内通知双方当事人举行第一次会议的日期,程序及流程与上述在澳门特别行政区初级法院家庭及未成年人法庭所举行的第一次会议相同。在民事登记局办理的两愿离婚手续不强制存在第二次会议,除非在首次会议中双方未以明确方式表明彼此已无可能和好,则为着举行第二次会议之目的(类似于给予双方一个冷静期),登记官将即场指定召开第二次会议之日期,该日期应定在首次会议起3至6个月内举行。

倘会议中双方坚决离婚,登记官将当场宣告有关离婚,并为离婚安排登记的手续。根据我国澳门特别行政区第522/99/M号训令核准的附件《民事登记手续费表》第7条的规定,在登记局两愿离婚程序的手续费为澳门币1500元。

根据我国澳门特别行政区《民事登记法典》第207条的规定,当事人在收到上述决定后,有权向具有民事管辖权之初级法院提起上诉。

---

[1] 申请表格可参见:https://www.gov.mo/zh-hant/wp-content/uploads/sites/4/2017/07/%E5%85%A9%E9%A1%98%E9%9B%A2%E5%A9%9A%E7%94%B3%E8%AB%8B%E6%9B%B8-1.pdf。

[2] 范本可参见我国澳门特别行政区民事登记局网页,https://www.gov.mo/zh-hant/services/ps-1995/ps-1995a/。

[3] 范本可参见我国澳门特别行政区民事登记局网页,https://www.gov.mo/zh-hant/services/ps-1995/ps-1995a/。

13.4 三法域规定列举(见表3－13－1)

表3－13－1 三法域规定列举

协议离婚实体要件	
中国内地	(1)主体适格,登记离婚要求当事人双方必须具有合法夫妻关系,具有完全民事行为能力; (2)意思表示具有自愿离婚的合意。当事人双方须明示表示自愿离婚; (3)离婚协议符合规定。要求当事人双方对离婚后子女抚养、财产以及债务处理等事项达成一致意见
中国香港特别行政区	(1)旧式婚姻及认可婚姻的解除,须已登记,至少有一方与中国香港特别行政区有密切联系; (2)按婚姻条例缔结的婚姻的解除,婚姻已破裂至无可挽救:申请离婚前已分居连续1年以上
中国澳门特别行政区	(1)夫妻结婚已逾1年(即使是在外地登记的); (2)达成扶养协议; (3)达成使用家庭居所的协议; (4)达成对未成年子女行使亲权协议(仅适用于夫妇有未成年子女的情况)
申请离婚时对结婚时长的要求	
中国内地	对结婚的时长无限制
中国香港特别行政区	双方自结婚当日起计1年期限不得向法庭提出离婚呈请。对结婚后1年内提出呈请的限制: (1)法律指明有关法庭接获申请时,法官可基于呈请人蒙受异常的困苦,或基于答辩人的行为异常败坏的理由,准许在限期内提出离婚呈请; (2)但法官在发出准许时必须考虑到家庭子女的权益和双方是否能达成和解的合理可能性
中国澳门特别行政区	结婚1年以上方可申请两愿离婚
是否须本人申请	
中国内地	本人亲自签署申请
中国香港特别行政区	本人亲自签署申请
中国澳门特别行政区	申请可由夫妻双方本人或其各自受权人签名,若由受权人申请,须递交由公共公证员或私人公证员缮立的授权公证书
程序	
中国内地	(1)双方共同亲自前往婚姻登记机关申请; (2)登记机关受理后1个月为冷静期; (3)冷静期满后1个月内双方共同亲自前往婚姻登记机关确认申请; (4)登记机关审查后予以登记发给离婚证

续表

程序	
中国香港特别行政区	(1)在指定日期(1971年10月7日)前解除婚姻的,认可婚姻的双方于指定日期前的任何时间,在2名签署作见证人的人在场下签署解除婚姻的协议书或备忘录,互相同意解除婚姻,则自签立该协议书或备忘录时起该项解除生效; (2)在指定日期当日存续并按规定登记的旧式婚姻或认可婚姻解除的程序如下: ①双方签署拟解除婚姻的通知书并提交; ②双方可晤见指明公职人员; ③双方在2名签署作见证人的成年人在场下,在我国香港特别行政区签署解除婚姻协议书或备忘录; ④双方亲自或经正式授权的代理人,将该解除婚姻协议书或备忘录的详情向指明公职人员登记。登记时起生效,婚姻解除
中国澳门特别行政区	(1)向法院申请的两愿离婚: ①提交申请; ②第一次会议(必要); ③第二次会议(必要),第一次会议相隔3个月起至6个月举行,类似于给予双方一个冷静期; ④倘会议中双方坚决离婚者,登记官将即场宣告有关离婚,并为离婚安排登记的手续。 (2)向民事登记局申请的两愿离婚: ①提交申请; ②第一次会议(必要); ③第二次会议(非必要); ④倘会议中双方坚决离婚者,登记官将即场宣告有关离婚,并为离婚安排登记的手续
登记主体	
中国内地	婚姻登记机关
中国香港特别行政区	(1)旧式婚姻及认可婚姻的解除,由指定公职人员登记,并呈报民政事务总署署长安排存入解除婚姻登记册; (2)申请离婚,由婚姻双方共同向法院提出
中国澳门特别行政区	(1)两愿离婚须向法院申请; (2)如并无两人所生未成年子女可向有权限的民事登记局申请
离婚协议的内容	
中国内地	(1)写明离婚原因; (2)写明双方系自愿离婚; (3)约定子女的抚养问题; (4)约定双方共同财产分割问题; (5)约定双方债权债务处理
中国香港特别行政区	提交离婚呈请时,需要填写《离婚呈请书》: (1)表格2　离婚呈请书(根据你的情况或离婚理由而填写的表格); (2)表格2B　关于子女安排的陈述书(如适用); (3)表格E　财务报表(如适用); (4)表格3　诉讼程序通知书; (5)表格4　文件送达认收书(只须填写案件编号和双方姓名,其他项目由答辩人填写)。 如须共同申请(即双方已同意共同申请离婚),须填写: (1)表格2C　共同申请书; (2)表格2D　关于子女安排的陈述书(如适用)

续表

离婚协议的内容	
中国澳门特别行政区	(1)扶养协议; (2)使用家庭居所的协议; (3)如存在夫妻有未成年子女的情况,双方还需要达成对未成年子女行使亲权的协议
离婚协议的生效	
中国内地	离婚协议经当事人到婚姻登记机关办理离婚登记后生效
中国香港特别行政区	(1)在指定日期(1971 年 10 月 7 日)前解除婚姻的,解除婚姻的协议书或备忘录,自签署该协议书或备忘录时起生效; (2)在指定日期当日存续并按规定登记的旧式婚姻或认可婚姻按《婚姻制度改革条例》解除的,签署的解除婚姻的协议书或备忘录从指明公职人员登记时起生效
中国澳门特别行政区	离婚程序中签署的协议不论在程序待决时或程序完成后均视为有效,但另有明确意思表示者除外

第十四章　诉讼离婚

14.1　中国内地法律制度

与协议离婚相对的是诉讼离婚,诉讼离婚也被称为司法离婚,即夫妻双方中的一方向法院提起离婚诉讼,法院依据相关法律规定和双方婚姻情况进行调解或判决解除双方婚姻关系的制度。

在中国内地,当事人采用诉讼离婚方式一般是双方对离婚有分歧,包括两种情形:一是夫妻一方提出离婚而另一方不同意,双方未能就离婚达成合意;二是双方达成离婚合意但是对于财产分割、子女抚养等问题存在分歧,未能达成载明一致意见的离婚协议。

14.1.1　提起诉讼离婚的条件

提起诉讼是当事人诉权的行使,一般没有条件限制,夫妻一方要求离婚,即可以直接向法院提起离婚诉讼。但同时存在对于特殊人群的婚姻之特别规定,或存在特殊情况不能随意提起离婚诉讼的限制性规定。

1. 军婚之特别规定

军婚指的是现役军人与现役军人、现役军人与非现役军人之间的婚姻关系。

军人职业具有特殊性,军队是国泰民安的基础,为了维护国防利益,保障军人和军人家庭的幸福完整,对军婚进行了特别规定。

根据《民法典》的规定,现役军人的配偶要求离婚,应当征得军人同意,但是军人一方有重大过错的除外。

因此除非军人一方有重大过错,如重婚或者与他人同居,实施家庭暴力或者虐待、遗弃家庭成员,有赌博、吸毒等恶习屡教不改,或者有其他重大过错导致夫妻感情破裂的情形,否则现役军人的配偶须军人同意才能提起离婚诉讼。

2. 女性特殊时期之规定

女方在怀孕期间、分娩后 1 年内或者终止妊娠后 6 个月内,男方不得提出离婚;但是,女方提出离婚或者人民法院认为确有必要受理男方离婚请求的除外。

《民法典》对于女性特殊时期保护的规定旨在特殊保护妇女、胎儿、幼儿的身心健康,限制了男方在女方怀孕期间、分娩后 1 年内或者终止妊娠后 6 个月内的离婚诉权,例外是女方提出或者法院认为确有必要受理男方离婚请求,“确有必要”一般指的是女方存在重大过错,如女方怀孕的原因在于与他人通奸,男方生命、人身安全受到女方严重威胁等。

需要注意的是：

(1)男方不得提出离婚的期间有三个：女方怀孕的整个期间、分娩后1年内以及结束妊娠(如流产)后6个月内。在这三个期间内，法律剥夺男方胜诉的权利，如果男方在这三个期间内向人民法院提起离婚诉讼，法院可能会作出驳回起诉的裁定或者驳回诉讼请求的判决。上述期间届满，男方仍可以依法行使离婚诉权。

(2)该条款的设置是为了保护女性、胎儿和婴儿的身心健康，因此，该条款对离婚请求权的限制仅适用于男方，在上述的三个期间内，女性是不受限制的，女性仍然可以协议离婚或向法院提起离婚诉讼。

(3)如果法院审理后认为“确有必要”，法院有权决定接受男方的离婚请求。在司法实践中，“确有必要”的情形有：男方有离婚的正当理由，女方对离婚存在重大过错的行为，或者有重大紧急理由。比如，女方出轨并怀孕，男方坚持离婚的。但即便如此，法院在审理案件的同时也应注意保护妇女、胎儿和婴儿的身心健康。

(4)因前提条件是男方提出离婚，只适用于具有婚姻关系的当事人，而同居关系与合法婚姻关系性质不同，因此，同居关系是不适用的。

3. 滥用诉权的限制

为了防止一方无休止地提起离婚诉讼，防止诉讼权利被滥用，如果夫妻一方向法院起诉离婚，法院经审理判决不准离婚以及经调解和好的离婚案件，在没有新情况、新理由的情况下，起诉离婚的原告在6个月内又起诉的，法院则不予受理。

14.1.2　诉讼离婚的程序

离婚诉讼属于民事诉讼的范畴，其具体诉讼程序适用《民事诉讼法》相关规定，当事人参加离婚诉讼一般经历起诉、受理、审理、判决/裁定的程序。

1. 起诉

离婚诉讼的起诉是夫妻一方以对方为被告，向有管辖权的法院提出解除与对方的婚姻关系的诉讼请求，以启动离婚诉讼程序。

(1)法院管辖问题

离婚诉讼一般由被告住所地人民法院管辖；被告住所地与经常居住地不一致的，由经常居住地(公民离开住所地至起诉时已连续居住1年以上的地方，但公民住院就医的地方除外)人民法院管辖。夫妻一方离开住所地超过1年，另一方起诉离婚的案件，可以由原告住所地人民法院管辖。夫妻双方离开住所地超过1年，一方起诉离婚的案件，由被告经常居住地人民法院管辖；没有经常居住地的，由原告起诉时被告居住地人民法院管辖。双方当事人都被监禁或者被采取强制性教育措施的，由被告原住所地人民法院管辖。被告被监禁或者被采取强制性教育措施1年以上的，由被告被监禁地或者被采取强制性教育措施地人民法院管辖。在国内结婚并定居国外的华侨，如定居国法院以离婚诉讼须由婚姻缔结地法院管辖为由不予受理，当事人向人民法院提出离婚诉讼的，由婚姻缔结地或者一方在国内的最后居住地人民法院管辖。在国外结婚并定居国外的华侨，如定居国法院以离婚诉讼须由国籍所属国法院管辖为由不予受理,当事人向人民法院提出离婚诉讼的,由一方原住所地或者在国内的最后居住地人民法院管辖。中国公民一方居住在国外,另一方居住在国内,不论哪一方向人民法院提起离婚诉讼,国内一方住所地人民法院都有权管辖。国外一方在居住国法院起诉,国内一方向人民法院起诉的,受诉人民法院有权管辖。中国公民双方在国外但未定居,一方向人民法院起诉离婚的,应由原告或者被告原住所地人民法院管辖。已经离婚的中国公民,双方均定居国外,仅就国内财产分割提起诉讼的,由主要财产所在地人民法院管辖。

(2)起诉材料

原告起诉时应向法院提交起诉状、副本及相关证据。

起诉状应当列明原被告的具体身份信息、诉讼请求和所根据的事实与理由以及证据和证据来源。原告的诉讼请求除要求解除婚姻关系外,可以将子女抚养问题、财产分割问题等一并提出,也可以另行主张。原告应对自己的主张提交证据予以证明。

2. 受理

离婚诉讼的受理程序与普通民事诉讼的受理程序基本相同。人民法院对原被告明确、有具体诉讼请求和事实理由、属于人民法院管辖的起诉,除前文所述对提起诉讼离婚的条件有限制性规定外,法院必须受理。符合起诉条件的,应当在 7 日内立案,并通知当事人;不符合起诉条件的,应当在 7 日内作出裁定书,不予受理;原告对裁定不服的,可以提起上诉。

人民法院应当在立案之日起 5 日内将起诉状副本发送被告,被告应当在收到之日起 15 日内提出答辩状。人民法院应当在收到答辩状之日起 5 日内将答辩状副本发送原告。被告不提出答辩状的,不影响人民法院审理。

3. 审理

离婚诉讼具有很强的人身属性,离婚案件在审理过程中,除应遵循一般民事诉讼程序外,还需要遵从以下特别规定:

(1)应当先行调解

《民法典》规定,人民法院审理离婚案件,应当进行调解;如果感情确已破裂,调解无效的,应当准予离婚。因此,我国内地诉讼离婚须先经调解,调解包括诉前调解、庭前调解和庭审调解。调解和好的离婚案件,法院可以不制作调解书,但应当记入笔录,由双方当事人、审判人员、书记员签名或者盖章后,即具有法律效力。如果双方就解除婚姻关系、财产分割及子女抚养等有关离婚的事项达成一致,则人民法院按照该内容制作调解书,调解书在经双方当事人签收后即具有法律效力。如果双方当事人经调解无法和好,也无法就离婚的有关事项达成一致,则法院正常审理并作出裁判。

(2)不公开审理

人民法院审理民事案件,原则上应当公开进行,但离婚案件当事人申请不公开审理的,可以不公开审理。

(3)本人亲自出庭

离婚案件有很强的人身属性,人民法院在开庭审理时要求本人亲自出庭,即使有诉讼代理人的,除本人不能表达意思的外,仍应当出庭;确因特殊情况无法出庭的,必须向人民法院提交书面意见。

14.1.3　准予离婚的法定标准

以“夫妻感情确已破裂”作为诉讼离婚中准予离婚的法定条件，是我国内地法院在审理离婚诉讼时判决是否准予离婚的依据，《民法典》以列举的方式作出了具体规定。

1. 重婚或者与他人同居

重婚，是指有配偶者又与他人结婚的违法行为，包括法律上的重婚和事实上的重婚。法律上的重婚是指有配偶又与他人登记结婚；事实上的重婚是指有配偶者与他人虽未登记结婚，但以夫妻名义同居生活。与他人同居，是指有配偶的人与他人不以夫妻名义，持续、稳定地共同生活。

2. 实施家庭暴力或者虐待、遗弃家庭成员

家庭暴力和虐待，是指发生在家庭成员之间，以殴打、捆绑、残害身体、禁闭、冻饿、凌辱人格、精神恐吓、性暴虐等手段，对家庭成员从肉体上、精神上进行伤害、摧残、折磨的行为。遗弃，是指对于需要扶养的家庭成员，负有扶养义务而拒绝扶养的行为，表现为经济上不供养，生活上不照顾，使被扶养人的正常生活不能维持，甚至生命和健康得不到保障。

3. 有赌博、吸毒等恶习屡教不改

夫妻一方有赌博、吸毒等恶习屡教不改，不但容易引发家庭暴力，消耗家庭的经济积蓄，也使正常的家庭生活无法继续。因此，对于恶习难改、一贯不履行家庭义务、夫妻感情难以重建、夫妻难以共同生活的，经调解无效，应准予离婚。

4. 因感情不和分居满二年

分居，是指夫妻间不再共同生活，不再互相履行夫妻义务，包括停止同居生活，经济上不再合作，生活上不再互相关心、互相扶助等。对于因工作、学业等客观原因分居两地，或者一时怄气分开居住的，不构成法律规定的分居的离婚法定事由。

5. 其他导致夫妻感情破裂的情形

这是一个兜底性规定，导致夫妻感情破裂的原因很复杂，法律不可能对所有的情形一一列明。因此，需要人民法院本着保障离婚自由、防止轻率离婚的原则，根据立法精神和案件的具体情况，作出正确判断。当然，法律规定的认定为夫妻感情破裂的条件，并不是离婚的必要法定条件，即使没有上述情况发生，但是双方确实已经感情破裂的，人民法院也应判决准予离婚。

除上述可认定为“夫妻感情确已破裂”的情形外，《民法典》还规定了另外两种应判决准予离婚的情形。

一是一方被宣告失踪，另一方提起离婚诉讼的，应当准予离婚。被宣告失踪的条件是下落不明满 2 年，经利害关系人申请，夫妻一方被人民法院宣告失踪的，在事实上夫妻双方已经终止了夫妻共同生活满 2 年。

二是经人民法院判决不准离婚后，双方又分居满 1 年，一方再次提起离婚诉讼的，应当准予离婚。这一条款与冷静期一样也是《民法典》中新增的规定，在法院判决不准离婚后，夫妻

双方又持续分居满 1 年，互不履行夫妻义务，表明夫妻感情在前次诉讼后并没有改善，再次提起诉讼表明当事人要求解除婚姻关系的意志坚决，应认定夫妻感情破裂，准予离婚。

14.1.4　诉讼离婚的效力（法律后果）

人民法院作出的离婚判决书、离婚调解书一经生效，与完成离婚登记在解除婚姻关系上具有同等的法律效力。而且，当事人对已经发生法律效力的解除婚姻关系的判决、调解书，不得申请再审。

14.2　中国香港特别行政区法律制度

根据《婚姻诉讼条例》第 11 条的规定，无论是呈请离婚或共同申请离婚，法庭解除婚姻契约的唯一理由就是婚姻已经“破裂至无可挽救”。根据第 11 A(2) 条规定，呈请人需要证明以下列任何一项或多项事实，法院才会裁定婚姻破裂至无可挽救：

(1) 婚姻一方曾与第三者通奸，而呈请人认为无法忍受与对方继续共同生活；

(2) 婚姻一方的行为已无法合理期望呈请人与其共同生活；

(3) 婚姻双方在紧接呈请提出前，已分开居住最少连续 1 年，且另一方同意由法院批出判令；

(4) 婚姻双方在紧接呈请提出前，已分开居住最少连续 2 年；

(5) 婚姻一方在紧接呈请提出前，已遗弃呈请人最少连续 1 年。

14.2.1　有关通奸事实

有关通奸事实呈请人需要证明两个部分：(1) 对方有通奸，(2) 呈请人认为不能再与对方同住。

在法律上“通奸”是指婚姻其中一方与他人发生性行为。性行为需要男方全部或部分地进入另一方的体内。所以，人工生殖怀孕不算通奸。通奸须是自愿发生的行为。因此，妻子被强奸，丈夫不能指控她通奸。不过，丈夫强奸别人，妻子则可以指控他通奸。

要达到证实通奸，呈请人还要证明他不可以忍受与对方同居。根据《婚姻诉讼条例》第 15 A(3) 条的规定，凡呈请人知道答辩人自婚礼举行后曾与人通奸，而该宗婚姻的双方在呈请人知道该事实后的任何一段或多于一段的期间仍然共同生活总计为 6 个月或少于 6 个月，两人在该段期间或该等期间共同生活一事法庭不会作出考虑。如该段期间或该等期间总计超过 6 个月，呈请人无权以该通奸事实作为所依赖的事实。不过，如果呈请人可以证实他并无其他住所，法庭可以在特别情况下考虑处理。

14.2.2　有关无法合理期望与对方共同生活的行为事实

呈请人可以与讼人的不可以接受的行为作出离婚事实申请。有关的行为可以是家庭暴力、酗酒、经常赌博或与第三者有不可接受的行为。一些较轻微的行为如不瞅不睬、绝无爱意或无合理地不尊重另一方都可以是离婚事实的行为。有关的行为，既可以是一连串不合理的行为,亦可以只是曾经发生一次性的事件。这些行为的事实以呈请人个人主观性的考虑。法官会考虑呈请人本身的性格和品行而作出判决呈请人是否不可以接受所控诉的行为。法官会以客观的方式考虑呈请人主观的感受,以一个主观及客观的混合观点来评定呈请人提出的控诉。

根据《婚姻诉讼条例》第 15 A(4)条的规定,如果呈请人因配偶的行为而无法合理期望呈请人与其共同生活,但呈请人在最后事件发生后继续在一段时间或多于一段时间与配偶有共同生活,而该段期间或该等期间总计为 6 个月或少于 6 个月,该事实不得列入考虑。

14.2.3 有关分居一年双方同意离婚事实

分居的事实是指双方分开居住,而在存档呈请书当日分居足够 1 年时间,对方配偶也同意离婚。如果双方并没有以夫妻关系同住一屋檐下,呈请人要证实各自进食,双方各自照顾自己生活上的需要并且没有履行夫妻间的责任和义务,这样的生活在法律上也可以被接受为分居的事实。法庭在处理诉讼离婚程序期间,另一方可以在颁布暂准判令前收回同意。

根据《婚姻诉讼条例》第 15 A(5)条的规定,若双方恢复共同生活 6 个月或少于 6 个月,这同居期段不会影响法庭的判决。但是,双方共同生活这段时间并不计入婚姻双方分居期间内。

14.2.4 有关分居 2 年事实

分居 2 年事实是指双方在呈请书存档时分居足够 2 年时间。满足这项事实后并不需要另一方配偶同意离婚。按法律上的规定,分居 2 年事实也受到以上《婚姻诉讼条例》第 15 A(5)条规限。

14.2.5 有关遗弃 1 年事实

另一方配偶在无合理情况和理由下离开呈请人最少 1 年时间,而非呈请人主动提出或引致的分开,属于遗弃 1 年的事实。以遗弃事实为理由的呈请,假若婚姻双方在期间有不超过 6 个月同住的时间,这段时段法庭并不会算在 1 年之内。

14.3 中国澳门特别行政区法律制度

14.3.1 诉讼离婚的要件

诉讼离婚是指须由夫妻之一方针对他方而向法院提出声请,并以在《澳门民法典》第 1635 条及第 1637 条规定中所指者为声请理由。换言之,诉讼离婚必须说明离婚的原因,且为属法律允许及获法院所认可的理由。因此,提出理由的一方必须举证,向法庭展示出他方违反夫妻义务的人证、物证。与两愿离婚不同,诉讼离婚不要求结婚已逾 1 年,而是按照具体的离婚理由判定,以下内容为《澳门民法典》认可的诉讼离婚理由:

1. 他方在有过错下违反夫妻义务

这里所指之违反夫妻义务,即违反夫妻间五大义务中的其中一项:尊重、忠诚、同居、合作及扶持之义务。[1] 以此作为离婚的理由，必须为他方在有过错地违反义务，该违反具有严重性或重复性，导致夫妻不可能继续共同生活。法院在审查被援引事实之严重性时，尤其应对可归责于声请人之过错、夫妻双方之教育程度及道德意识等方面加以考虑。

2. 事实分居连续两年

事实分居是指双方再没有如夫妻般地共同生活，从此再没有同食、同住及同床而睡，夫妻关系已经破裂连续两年。[2] 申言之，事实分居须同时符合主观要件及客观要件：主观要件是指夫妻双方或一方具有不再共同生活之意图，如决绝地离开家庭居所、提起诉讼离婚；客观要件是指事实分居时间上连续满两年，且在物理上属分居，包括分房而睡。由此可见，单纯物理上的“分居”，如现实生活中常见的夫妻一方因往外地工作、求学或进修、接受诊治等而分居，不满足诉讼离婚中事实分居的理由。如果在程序中发现事实分居属夫妻一方或双方有过错者，法官应在判决内宣告此人为主要过错人。

3. 失踪且音讯全无满 3 年

单纯夫妻间再不联系并不属于可作为诉讼离婚理由的“失踪”，这里的失踪应为他方下落不明且音讯全无的情况，提起诉讼的一方须向法院证明此情况应附具客观证据证明，如有权限机关如警方的报告。如果在程序中发现失踪属夫妻一方或双方有过错者，法官应在判决内宣告此人为主要过错人。

4. 对方之精神能力发生变化逾 3 年

精神能力发生变化具有多样性，以此为诉讼离婚的理由应附具鉴定的证明或报告，以证明对方之精神能力在婚后发生变化已逾 3 年，且有关精神能力的变化严重，导致不可能继续共同生活。在此种情况下离婚，请求离婚之一方，应向他方弥补因解销婚姻而造成之非财产损害。

14.3.2　具有正当性提起诉讼离婚之人、丧失诉权的情况及诉权的失效

当出现上文提及的情况时，仅由法律允许的人士具有正当性提起诉讼离婚。

以他方在有过错下违反夫妻义务为由离婚，仅夫妻中之受害方具有正当性提起诉讼离婚，且受时间及条件所限制。申言之，违反义务的一方不得以自身违反夫妻义务为由提起诉讼离婚，因有权提起的一方为受害方。就时间限制方面，受害方应在知悉可作为请求离婚理由之事实起计 3 年内提起，否则诉权失效。上述该期间应就每一事实分别计算，如属连续性之事实，则该期间仅自事实终止时起计。就条件限制方面，下列情况会导致受害方丧失诉权（无权提起诉讼离婚的诉讼），如证实受害方曾唆使对方作出被其援引作为请求离婚理由之事实，或曾故意制造有利于该事实发生之状况，以及如在发生有关事实后，从受害方本身之行为，尤其通过明示或默示之原谅，表现出其不认为对方作出之事实会妨碍共同生活者。

如以事实分居连续 2 年为由提起诉讼离婚，则夫妻任一方均有权提起；如以失踪或精神能

---

[1] 有关夫妻间之义务已详述于本书第二篇第二章。

[2] 参见我国澳门特别行政区中级法院第 386/2015 号合议庭裁判。

力发生变化为由提起诉讼离婚,仅得由指出他方失踪或精神能力发生变化之一方为之。

如果在进行诉讼离婚期间任一方死亡,这时与两愿离婚完全相反,并不必然会导致诉讼离婚程序的终止。为财产的效力,尤其因宣告过错方而对财产所产生之效力[1],有关诉讼应改由原告之继承人继续进行;为相同之效力,诉讼之进行亦得针对被告之继承人。此时,须另进行确认继承人资格的程序,以便确立继承人的身份并赋予正当性继续进行程序。但这并非指离婚的请求权可以因死亡而被转移,仅为在当事人于生前已提起诉讼离婚,而在进行程序的期间出现一方死亡时的情况下发生。

14.3.3 诉讼离婚的请求

提起诉讼离婚的起诉状必须以分条缕述的形式,在说明离婚的事实及法律依据后,提出离婚的请求。在诉讼离婚的程序中,不一定仅提出离婚的请求,亦可根据情况同时提出宣告他方为唯一或主要过错方的请求、损害赔偿的请求、申请提前产生离婚财产效力之日的请求、判定待分配的家庭居所的请求等。

在诉讼离婚的程序中要求法庭宣告他方为唯一或主要过错方有着重要的法律效力,夫妻中被宣告为唯一或主要过错人之一方:在财产分割中所取得之财产,不得多于如按取得共同财产制结婚时会取得之财产;丧失因该婚姻之缔结或因该已婚状况而从他方或第三人收取或将收取之利益,且不论导致产生上述利益之订定系先于或后于结婚行为;应向他方弥补因解销婚姻而造成之非财产损害(俗称精神损害赔偿)。

申请提前产生离婚财产效力之日的请求是指按照《澳门民法典》第 1644 条的规定,如在离婚程序中证实夫妻已不同居,则任一方均得要求将离婚之效力追溯至完全或主要因他方之过错而造成终止同居之日,而该日期应在判决中确定。

判定待分配的家庭居所的请求是指基于考虑夫妻中每一方之需要、子女之利益及其他应予考虑之原因,法院可应任何一方之请求而命令将家庭居所之房屋租予该方,而不论此房屋属双方共有或属他方个人拥有。须指出,上述的规定为将房屋出租予有需要的一方,亦出租人有权收取租金(受有关作居住用途之不动产租赁规则所约束),但法院在听取夫妻双方之意见后,可定出有关合同之条件,且如嗣后发生之情况显示为合理,可应出租人之要求使该不动产租赁失效。

14.3.4 诉讼离婚的程序

我国澳门特别行政区初级法院的家庭及未成年人法庭为具有管辖权审理诉讼离婚的法院,根据《民事诉讼法典》的规定,与两愿离婚不同,诉讼离婚为特别诉讼程序,是以诉讼的方式进行离婚,且诉讼离婚必须委托律师。

在递交提起诉讼离婚的起诉状及缴交诉讼费用后,根据《民事诉讼法典》第 953 条的规定,法官应指定试行调解之日期,通知原告及传唤被告以便彼等亲自到场,如原告或被告不在

---

〔1〕 有关宣告离婚过错方所产生的法律效果详述于本书第二篇第三章和第三篇第六章。

我国澳门特别行政区，则由具特别权力之受任人代理。当日法官将尝试调解，或尽量使双方达成两愿离婚并转化为两愿离婚程序。

在调解不成功的情况下，法官则尽量使夫妻双方就扶养、如何行使对子女之亲权、在诉讼待决期间家庭居所之使用达成协议。在诉讼程序中任何时刻，如法院认为属适宜者，可主动或应任一当事人声请，就扶养、如何行使对子女之亲权及家庭居所之使用定出临时制度，并命令事先进行其认为属必需之措施。

同时由于调解不成功，诉讼需要继续进行，法官命令通知被告在30日内作答辩。由于涉及人身性质的事项，如被告不作答辩，并不等同于承认原告在诉讼离婚起诉状中所列的事实。此时，法庭将通知原告在10日内提交证人名单及声请采取其他证据措施，用以证明其提出的离婚理由属实及满足法律要求离婚的要件，原告所提出之证人数目不得超过8名。如被告提出答辩，则按通常宣告诉讼程序之步骤进行，此时被告可以提出反诉，提出同样离婚的请求，并提出其认为离婚的理由。

法官在考虑辩论及审判之听证前进行之措施可能需要之时间后，立即指定辩论及审判之听证日期，并发出通知。在辩论及审判之听证日期上，法官将听取证人证言，以及双方代表律师的结案陈词。最后，法院会作出判决，宣告双方是否符合法律规定的要件而离婚，如宣告双方离婚，视情况指出谁为过错方或主要过错方，以及对其他请求事项作出决定。

如对判决不服，当事人可向我国澳门特别行政区中级法院提起上诉。如无人上诉，在判决确定后法庭将通知当事人缴纳余下的诉讼费用，并安排登记手续。

14.4　三法域规定列举（见表3－14－1）

表3－14－1　三法域规定列举

可提起离婚诉讼的主体	
中国内地	夫妻双方任何一方均可提起
中国香港特别行政区	(1)呈请离婚，由一方提出； (2)申请离婚，由双方共同提出
中国澳门特别行政区	(1)如以他方在有过错下违反夫妻义务为由离婚，仅夫妻中之受害方具有正当性提起诉讼离婚； (2)如以事实分居连续2年为由提起诉讼离婚，则夫妻任一方均有权提起； (3)如以失踪或精神能力发生变化为由提起诉讼离婚，仅得由指出他方失踪或精神能力发生变化之一方为之
是否须本人申请（提起）离婚诉讼	
中国内地	本人亲自签署申请
中国香港特别行政区	本人亲自签署申请
中国澳门特别行政区	本人亲自签署申请

续表

限制提起离婚诉讼的情形	
中国内地	(1)现役军人离婚诉讼的限制:除非军人一方有重大过错,否则现役军人的配偶须军人同意才能提起离婚诉讼; (2)女性特殊时期的离婚诉讼的限制:女方在怀孕期间、分娩后1年内或者终止妊娠后6个月内,男方不得提出离婚;但是,女方提出离婚或者人民法院认为确有必要受理男方离婚请求的除外; (3)滥用诉权的限制,即判决不准离婚和调解和好的离婚案件,没有新情况、新理由,原告在6个月内又起诉的,不予受理
中国香港特别行政区	双方结婚当日起计1年期限内不得向法庭提出离婚呈请
中国澳门特别行政区	(1)以他方在有过错下违反夫妻义务为由离婚,仅夫妻中之受害方具有正当性提起诉讼离婚,违反义务的一方不得以自身违反夫妻义务为由提起诉讼离婚。受害方应在知悉可作为请求离婚理由之事实起计3年内提起,否则诉权失效; (2)如以失踪或精神能力发生变化为由提起诉讼离婚,仅得由指出他方失踪或精神能力发生变化之一方为之
提起离婚诉讼时可提出的诉讼请求	
中国内地	(1)离婚; (2)财产分割; (3)子女扶养; (4)损害赔偿
中国香港特别行政区	(1)解除婚姻; (2)子女管养权; (3)附属救济
中国澳门特别行政区	(1)离婚; (2)宣告他方为唯一或主要过错方; (3)损害赔偿; (4)申请提前产生离婚财产效力之日; (5)判定待分配的家庭居所
受理离婚诉讼的管辖法院	
中国内地	(1)一般由被告所在地住所地人民法院管辖;被告住所地与经常居住地不一致的,由经常居住地人民法院管辖; (2)某些特殊情况下相应由原告住所地、被告被监禁地或被采取强制性教育措施地、婚姻缔结地或者一方在国内的最后居住地或一方原住所地的人民法院管辖
中国香港特别行政区	区域法院
中国澳门特别行政区	初级法院的家庭及未成年人法庭

续表

离婚诉讼的程序	
中国内地	(1)先行调解且调解贯穿全过程; (2)离婚诉讼的程序主要包括起诉、受理、审理,判决或调解或撤诉; (3)离婚案件原则上不公开审理,并且要求本人亲自出庭,确因特殊情况无法出庭的,必须向人民法院提交书面意见
中国香港特别行政区	(1)诉讼前,双方须表达是否进行家事调解的意愿,均须提交家事调解证明书; (2)离婚暂准判令; (3)离婚绝对判令,在"绝对判令"批出后,婚姻双方便是正式结束夫妻关系
中国澳门特别行政区	(1)诉讼离婚必须委托律师; (2)调解贯穿全过程; (3)判决确定后,还需要登记
离婚诉讼的代理人	
中国内地	可以委托代理人,也可以不委托代理人。代理人可以是律师,也可以是符合《民事诉讼法》规定的其他人员
中国香港特别行政区	(1)在根据《婚姻诉讼条例》(第179章)进行的任何离婚法律程序中—— ①如法院认为适当,可指示将有关该事宜的所有必要文件送交代诉人,该代诉人须委托大律师出庭就有关该事宜的任何问题进行争辩,而此等问题是法院认为有必要或适宜详加争辩者; ②任何人可在法律程序进行期间,或暂准判令转为绝对判令之前的任何时间,就任何对该案的恰当决定具关键性的事宜,向代诉人提供资料,而代诉人即可采取其认为必要或适宜的步骤。 (2)凡代诉人在任何离婚法律程序中介入或提出因由反对暂准判令,法院可就该法律程序的其他各方支付代诉人因如此行事而招致的讼费的事宜,或就代诉人支付任何因其如此行事而令其他各方中的任何一方招致的讼费的事宜,作出公正的命令
中国澳门特别行政区	诉讼离婚必须委托律师
准予离婚的法定标准(理由)	
中国内地	"夫妻感情确已破裂"作为诉讼离婚中准予离婚的法定条件,《民法典》用列举的方式作出了具体规定: (1)重婚或者与他人同居; (2)实施家庭暴力或者虐待、遗弃家庭成员; (3)有赌博、吸毒等恶习屡教不改; (4)因感情不和分居满2年; (5)一方被宣告失踪; (6)判决不准离婚后又分居满1年,一方再次提起离婚
中国香港特别行政区	法庭解除婚姻契约的唯一理由就是婚姻已经"破裂至无可挽救",呈请人需要证明以下列任何一项或多项事实,法院才会裁定婚姻破裂至无可挽救: (1)婚姻一方曾与第三者通奸,而呈请人认为无法忍受与对方继续共同生活; (2)婚姻一方的行为已无法合理期望呈请人与其共同生活; (3)婚姻双方在紧接呈请提出前,已分开居住最少连续1年,且另一方同意由法庭批出判令; (4)婚姻双方在紧接呈请提出前,已分开居住最少连续2年

续表

准予离婚的法定标准(理由)	
中国澳门特别行政区	诉讼离婚必须说明离婚的原因,且为属法律允许及获法院所认可的理由。《澳门民法典》认可的诉讼离婚理由有: (1)他方在有过错下违反夫妻义务; (2)事实分居连续2年; (3)失踪且音讯全无满3年; (4)对方之精神能力发生变化逾3年
诉讼离婚的法律效力	
中国内地	人民法院作出的离婚判决书、离婚调解书一经生效,与完成离婚登记在解除婚姻关系上具有同等的法律效力。并且,当事人对已经发生法律效力的解除婚姻关系的判决、调解书,不得申请再审
中国香港特别行政区	在绝对判令批出后,婚姻双方便正式结束夫妻关系
中国澳门特别行政区	判决确定后,还须登记。离婚的效力不包括处理夫妻在婚姻期间的财产归属、分割等问题,这些问题需要经过公证的分割协议或根据《民事诉讼法典》规定另向法院提起财产清册案件的程序

第十五章　夫妻共同财产处理

15.1　中国内地法律制度

夫妻双方在离婚时，通常需要对婚姻存续期间所产生的共同财产进行处理，包括对共同财产进行分割以及对共同债务进行清偿。

15.1.1　离婚时夫妻共同财产的处理

离婚时，夫妻的共同财产由双方协议处理；协议不成的，由人民法院根据财产的具体情况，按照照顾子女、女方和无过错方权益的原则判决。对夫或者妻在家庭土地承包经营中享有的权益等，应当依法予以保护。

1. 夫妻共同财产的范围

夫妻在婚姻关系存续期间取得的下列财产，为夫妻共同财产，归夫妻共同所有，夫妻有平等的处理权：

(1)工资、奖金、劳务报酬。

(2)生产、经营、投资的收益。

(3)知识产权的收益。

(4)继承或者受赠的财产，但是遗嘱或者赠与合同中确定只归一方的除外。任何一方通过法定继承继承的财产均为夫妻共有财产。

(5)其他应当归共同所有的财产：

①一方以个人财产投资取得的收益；

②男女双方实际取得或者应当取得的住房补贴、住房公积金；

③男女双方实际取得或者应当取得的基本养老金、破产安置补偿费；

④夫妻一方个人财产在婚后产生的收益，除孳息和自然增值外，为夫妻共同财产；

⑤由一方婚前承租、婚后用共同财产购买的房屋，登记在一方名下的，为夫妻共同财产。

2. 夫妻共同财产的处理

(1)股票、基金等有价证券的处理

夫妻双方分割共同财产中的股票、债券、投资基金份额等有价证券以及未上市股份有限公司股份时，协商不成或者按市价分配有困难的，司法实践中，法院可以根据数量按比例分配。

(2)有限公司出资额的处理

分割夫妻共同财产中以一方名义在有限责任公司的出资额，另一方不是该公司股东的，司法实践中通常按以下情形分别处理：

①夫妻双方协商一致将出资额部分或者全部转让给该股东的配偶，其他股东过半数同意，并且其他股东均明确表示放弃优先购买权的，该股东的配偶可以成为该公司股东；

②夫妻双方就出资额转让份额和转让价格等事项协商一致后，其他股东半数以上不同意转让，但愿意以同等条件购买该出资额的，人民法院可以对转让出资所得财产进行分割。其他股东半数以上不同意转让，也不愿意以同等条件购买该出资额的，视为其同意转让，该股东的配偶可以成为该公司股东。

关于用于证明股东同意的证据，可以是股东会议材料，也可以是当事人通过其他合法途径取得的股东的书面声明材料。

(3)合伙企业中的出资的处理

分割夫妻共同财产中以一方名义在合伙企业中的出资，另一方不是该企业合伙人的，当夫妻双方协商一致，将其合伙企业中的财产份额全部或者部分转让给对方时，司法实践中通常按以下情形分别处理：

①其他合伙人一致同意的，该配偶依法取得合伙人地位；

②其他合伙人不同意转让，在同等条件下行使优先购买权的，可以对转让所得的财产进行分割；

③其他合伙人不同意转让，也不行使优先购买权，但同意该合伙人退伙或者削减部分财产份额的，可以对结算后的财产进行分割；

④其他合伙人既不同意转让，也不行使优先购买权，又不同意该合伙人退伙或者削减部分财产份额的，视为全体合伙人同意转让，该配偶依法取得合伙人地位。

(4)个人独资企业的处理

夫妻以一方名义投资设立个人独资企业的，人民法院分割夫妻在该个人独资企业中的共同财产时，按照以下情形分别处理：

①一方主张经营该企业的，对企业资产进行评估后，由取得企业资产所有权一方给予另一方相应的补偿；

②双方均主张经营该企业的，在双方竞价基础上，由取得企业资产所有权的一方给予另一方相应的补偿；

③双方均不愿意经营该企业的，按照《中华人民共和国个人独资企业法》等有关规定办理。

(5)房屋价值的处理

双方对夫妻共同财产中的房屋价值及归属无法达成协议时，按以下情形分别处理：

①双方均可主张房屋所有权并且同意竞价取得；

②一方主张房屋所有权的，由评估机构按市场价格对房屋作出评估，取得房屋所有权的一方应当给予另一方相应的补偿；

③双方均不主张房屋所有权的，根据当事人的申请拍卖、变卖房屋，就所得价款进行分割。

(6)未取得完全所有权的房屋的处理

离婚时双方对尚未取得所有权或者尚未取得完全所有权的房屋有争议且协商不成的,人民法院不宜判决房屋所有权的归属,应当根据实际情况判决由当事人使用。当事人就房屋取得完全所有权后,有争议的,可以另行向人民法院提起诉讼。

(7)不动产买卖合同的处理

夫妻一方婚前签订不动产买卖合同,以个人财产支付首付款并在银行贷款,婚后用夫妻共同财产还贷,不动产登记于首付款支付方名下的,离婚时该不动产由双方协议处理;不能达成协议的,人民法院可判决该不动产归登记一方,尚未归还的贷款为不动产登记一方的个人债务。双方婚后共同还贷支付的款项及其相对应财产增值部分,离婚时应根据财产的具体情况,按照照顾子女、女方和无过错方权益的原则,由不动产登记一方对另一方进行补偿。

(8)房改房屋的处理

婚姻关系存续期间,双方用夫妻共同财产出资购买以一方父母名义参加房改的房屋,登记在一方父母名下,离婚时另一方主张按照夫妻共同财产对该房屋进行分割的,人民法院将不予支持。购买该房屋时的出资,可以作为债权处理。

(9)基本养老金的处理

离婚时夫妻一方尚未退休、不符合领取基本养老金条件,另一方请求按照夫妻共同财产分割基本养老金的,人民法院不予支持;婚后以夫妻共同财产缴纳基本养老保险费,离婚时一方主张将养老金账户中婚姻关系存续期间个人实际缴纳部分及利息作为夫妻共同财产分割的,人民法院应予支持。

(10)继承的遗产的处理

婚姻关系存续期间,夫妻一方作为继承人依法可以继承的遗产,在继承人之间尚未实际分割,起诉离婚时另一方请求分割的,当事人可以在继承人之间实际分割遗产后另行起诉。

(11)借款协议的处理

夫妻之间订立借款协议,以夫妻共同财产出借给一方从事个人经营活动或者用于其他个人事务的,应视为双方约定处分夫妻共同财产的行为,离婚时可以按照借款协议的约定处理。

3. 离婚后的财产分割问题

(1)协议离婚后对财产分割反悔可要求撤销的情形。夫妻双方协议离婚后就财产分割问题反悔,可以向人民法院请求撤销财产分割协议。人民法院审理后,未发现订立财产分割协议时存在欺诈、胁迫等情形的,应当依法驳回当事人的诉讼请求。

(2)离婚后,一方以尚有夫妻共同财产未处理为由向人民法院起诉请求分割的,经审查该财产确属离婚时未涉及的夫妻共同财产,人民法院应依法予以分割。向人民法院提起诉讼,请求再次分割夫妻共同财产的诉讼时效期间为3年,从当事人发现之日起计算。

4. 夫妻共同财产分割的原则

《民法典》关于夫妻共同财产分割的原则旨在保障离婚双方的合法权益,维护家庭和谐稳定,促进社会公平正义。在实际操作中,夫妻双方应当遵循法律规定,通过协商、公平、合法的方式解决共同财产分割问题。具体遵循以下原则:

(1)平等原则:夫妻在婚姻关系存续期间所得的财产,应当视为夫妻共同所有。在离婚时,夫妻双方对共同财产享有平等的权益。在分割共同财产时,应当保障双方的合法权益,确保双方在财产分割中的地位平等。

(2)协商原则:夫妻在离婚时,应当通过协商的方式解决共同财产的分割问题。双方可以根据自己的实际情况和需求,自愿达成财产分割协议。协商过程中,双方应当遵循诚实信用的原则,不得隐瞒、转移、变卖或者毁损共同财产。

(3)公平原则:在分割夫妻共同财产时,应当充分考虑双方的实际贡献、经济能力、抚养子女的需要等因素,确保分割结果公平合理。对于一方因抚养子女、照顾老人等原因付出较多的情况,可以适当给予补偿。

(4)简单原则:在分割夫妻共同财产时,应当尽量简化程序,减少纠纷。对于双方都认可的价值较低的财产,可以采取直接划分的方式进行分割;对于价值较高的财产,可以采取拍卖、评估等方式进行分割。

(5)依法原则:夫妻共同财产分割应当遵循国家法律、法规的规定。在分割过程中,应当尊重合同、遗嘱等法律效力文件的约定,同时遵循物权法、合同法等相关法律规定。

(6)保护妇女儿童权益原则:在夫妻共同财产分割过程中,应当充分保护妇女、儿童的合法权益。对于离婚后生活困难的妇女、儿童,可以根据具体情况给予适当的经济帮助。

15.1.2 离婚时夫妻共同债务的清偿

1.夫妻共同债务的界定

根据《民法典》之规定,夫妻共同债务是指在婚姻关系存续期间,夫妻双方为共同生活需要,或者经双方同意,为家庭生产经营、子女教育等目的所承担的债务。具体包括以下几种情形:

(1)夫妻双方共同签字或者一方签字、另一方事后追认的债务;

(2)为家庭日常生活需要所承担的债务;

(3)为家庭生产经营所承担的债务;

(4)为子女教育所承担的债务;

(5)其他应当认定为夫妻共同债务的情形。

2.夫妻共同债务的清偿原则

夫妻离婚时,共同债务应当由夫妻双方共同承担清偿责任。具体清偿原则如下:

(1)平等清偿原则:夫妻双方对共同债务承担平等的清偿责任,即各自承担一半的清偿义务;

(2)协商一致原则:夫妻双方可以协商确定各自承担的清偿比例,但该比例不得损害债权人的利益;

(3)优先清偿原则:在夫妻双方的财产不足以清偿全部共同债务时,应当优先清偿对债权人有优先权的债务;

(4)个人财产不受侵犯原则:在清偿共同债务时,应当保护夫妻各自的个人财产不受侵犯。

3. 夫妻共同债务的清偿程序

首先，夫妻双方应当对共同债务进行清算，明确债务的性质、数额、期限等信息；

其次，夫妻双方可以根据上述清偿原则，协商确定各自承担的清偿比例和方式；

最后，夫妻双方按照协商确定的清偿方案，履行清偿义务。如果一方不履行清偿义务，另一方可以向人民法院提起诉讼，请求判令对方履行清偿义务。

《民法典》对夫妻离婚时的共同债务清偿作出的明确规定，旨在维护当事人的合法权益，保障社会经济秩序的稳定。在实际操作中，夫妻双方应当遵循法律规定，妥善处理共同债务问题。

15.2　中国香港特别行政区法律制度

15.2.1　附属济助(ancillary relief)

我国香港特别行政区处理离婚主体程序有两个阶段。法庭先颁发暂时离婚令，当子女问题解决后法庭可以颁布绝对判令。附属济助是指附属于离婚主体诉讼的济助，任何附属济助的命令都只有在法庭在作出离婚绝对判令之后才生效。

附属济助包括为任何一方及子女(如有)的赡养费事宜，以生活费及分配家庭资产事宜(如有)。

在法庭就某一方及子女的赡养(生活)费事宜作出最终命令之前，任何一方可以为自己或/及子女，申请临时赡养费命令。法庭在处理暂准离婚令后，会根据司法机构的《实务指示－15.11》的《解决财务纠纷》程序是法官以调解方式协助双方解决有关财务的问题。如在解决财务纠纷程序内未能解决问题，或被认为不适合处理相关事宜，法庭就会以正式审讯方式处理赡养费及家庭资产分配事宜。之后另一位法官在正式审讯后会作出有关另一方和子女的赡养费及家庭资产分配作出最终命令。有关暂时生活费方面，法庭会在解决财务纠纷过程中作出临时命令。

15.2.2　附属济助——财产分配的基本法律原则

法庭可根据《婚姻法律程序与财产条例》以下的法条颁布附属济助的有关命令：(1)第4条，对婚姻一方的经济给养；(2)第5条，对家庭子女的经济给养；(3)第6条，有关财产转让、授产安排和更改授产安排的命令；(4)第6A条，关于出售财产的命令。

经济给养可通过以下形式给付：(1)定期付；(2)保证定期付款；及(3)一整笔款项。

房产调整命令可以通过以下形式执行：

(1)财产转让；(2)授产安排；(3)更改授产安排；及(4)出售物业。

《婚姻法律程序与财产条例》第7条规定，法庭作出关于附属济助的命令时须要顾及下列事宜：

(1)婚姻双方各别拥有的或在可预见的将来相当可能拥有的收入、谋生能力、财产及其他

经济来源;

(2)婚姻双方各自面对的或在可预见的将来相当可能面对的经济需要、负担及责任;

(3)该家庭在婚姻破裂前所享有的生活水平;

(4)婚姻双方各别的年龄和婚姻的持续期;

(5)婚姻的任何一方在身体上或精神上的无能力;

(6)婚姻双方各别为家庭的福利而作出的贡献,包括由于照料家庭或照顾家人而作出的贡献;

(7)如属离婚或婚姻无效的法律程序,则顾及婚姻的任何一方因婚姻解除或废止而将会丧失机会获得的任何利益(如退休金)的价值。

按《婚姻法律程序与财产条例》第4、6和6A条行使的权力是法庭在作出离婚判令或其他有关婚姻的判令时或之后作出关于经济给养(以定期付款方式或以整笔款额方式)和财产调整的命令的权力。

终审法院在 *LKW v. DD-FACV* 16 *of* 2008,对《婚姻法律程序与财产条例》第7条作出了指引及解释应如何运用。在 *LKW v. DD* 一案中,终审法院要解答的一个重要法律问题是:"香港特别行政区法庭在处理《婚姻法律程序与财产条例》的第7条申请时是否需要采用 *C v. C* [1990] 2 *HKLR* 183 一案所定的'合理需要'原则。[1] 若不需要的话,法庭是否应参考英国自 *White v. White* [2001] 1 *AC* 1996 开始的一系列案例所定的'公平分配'原则"。

我国香港特别行政区终审法院常任法官李义同意上诉法庭的判决。其他四位终审法院常任法官也同意大法官李义的判决。上诉法庭一致裁定,处理第7条的酌情权时应该采用英国上议院在 *White v. White* 案及 *Miller v. Miller* 案 和 *McFarland v. McFarlane* 案 所定的"公平分配"原则。也就是说,在双方离婚后处理分配资产的问题时,除非有充分理由,一般原则是平均分割资产。

我国香港特别行政区终审法院常任法官李义在判词[2]里对分配资产的问题给了以下两点指引:

第一点是:第7条赋予法官广泛的酌情权以处理经济给养,指示法官在行使他们的权力时便要考虑案中所有情况,特别是指明的各事项。这样可以使法庭能够灵活处理各式各样的不同情况。但是,这样方法的代价无可避免是带来法律上的不明确。他继续指出:"每宗经济给养申请都有高度的案情独特性。处理这些申请的法官最终都必定是由第7条和在双方之间达至经济上公平的结果这个隐含目的所指导。"

第二点是:大多数离婚案件里是不需要讨论这些指引。一般离婚案件的经济状况可供处理的资产都不够照顾双方在婚姻终止后的需要。对于这些情况的案件法庭只需要考虑到双方的需要,并不需要超越这个考虑。因此,只有一些牵涉庞大的家庭资产而在照顾双方的需要后还有剩余资产可供分配的情况下,才可能需要考虑这些指引。所以,对于简单的案件,法庭

---

[1] LKW V. DD – FACV 16 of 2008.

[2] LKW V. DD – FACV 16 of 2008.

不需要试图运用这些指引而把案件的审理无意义地变得复杂。

李义指出当需要处理“公平分配”的案件时，法庭可以考虑四个基础原则。

(1)以公平为目的

法庭考虑第 7 条所述各事项的隐含目的是要达至在双方之间公平的资产分配。

(2)排除歧视

排斥一切性别或角色的歧视。歧视是和公平对立的。评估双方对家庭作出的贡献时，法庭不应偏袒赚钱养家的一方而对理家和照顾子女的一方有偏见。该原则对一般离婚案件都是通行的。

(3)平均分割准则

为了避免歧视和确保公平，法官就如何分配资产有初步构想时，应该以“平均分割准则”检查这些构想，必定要有充分和清楚表达的理由才应该不依从这准则。

(4)排除细致入微的审查往事

法庭不应该放太多时间调查往事。这样的审查往往徒劳无功，并且会太消耗双方的资源及法庭的时间。并且会增加双方的敌意、阻碍和解。所以法庭是应该小心处理一方争拗有多少资产，或者对家庭的福利贡献多少，或者有关双方的行为，或者是应否得到补偿等等。如果某一方声称曾作出“特殊贡献”，因此要求法庭不要平均分割，在这种情况下，除非贡献是非常特出，以致不予理会便会有违公平，否则双方不应提出“特殊贡献”的案情。另一方面，案中情况如果属于完全特殊的性质，如果不理会有关贡献便会很明显违反达至公平的目的，法庭应该考虑这方面的要求。我国香港特别行政区的法庭会采取“明显和严重 ”标准相等的标准。

终审法院常任法官李义指出，法庭应该谨记上述 4 个原则以处理第 7 条的事项。在 *LKW v. DD* 一案中，他继续讨论考虑第 7 条所述各项事时应该考虑过程的步骤。

具体为以下五个步骤：(1)确定资产；(2)评估双方的经济需要；(3)决定运用分享原则；(4)考虑有没有充分理由不作出平均分割；(5)决定结果。

步骤一：确定资产

“考虑过程的第一步是确定，截至聆讯日期计算，婚姻的每一方的经济资源。根据第 7(1)(a)条，法庭必须顾及‘双方各别拥有的或在可预见的将来相当可能拥有的收入、谋生能力、财产及其他经济来源’。目的当然是考虑到所有具关键性的负债后，计算出净经济资源。在这阶段，法庭无须试图区分婚姻财产和非婚姻财产，该步骤最佳是在考虑如何分配资产时才进行(如有必要)。”

步骤二：评估双方的经济需要

“第二步是法庭评估双方的经济需要。法庭考虑第 7 条所述各事项时，通常到这一步便停止，因为总资产可能不够使法庭进展到下一步，或者甚至不够满足双方的需要。如果是这样，便没有条件运用任何分享原则。举例来说，要照顾妻子和子女的需要可能已经立即占去多过一半总资产。在此情况下，‘需要’，就因没有任何其他选择，便成为决定性因素。如果只有少量资产，或许不可以有‘清楚了断’，而可能需要法庭作出定期付款命令。”

步骤三:决定运用分享原则

“如果照顾到双方的需要之后会有剩余资产,一般来说,下一步应该是法庭把分享原则运用于双方的总资产,而把先前考虑过的‘需要’问题按照这个原则处理[如英格兰家事分组庭庭长马克波特(Mark Potter)爵士在上文引述过的 *Charman v. Charman*(*No.* 4)案里所说]。换言之,法庭不应即刻作出分配,而应该回到‘需要’,把‘需要’和下文谈论的第四步和第五步里的所有其他重要因素一并处理。”

“法庭考虑第 7 条所述各事项进展到这第三阶段时,须决定运用分享原则,及采用这个观点,即是除非有可以表达清楚的充分理由不作出平均分割,否则总资产应该在双方之间平均分割。不过,须要强调一点,如李启新勋爵指出,法庭常常最终不会决定平均分割。”

步骤四:考虑有没有充分理由不作出平均分割

“第四步是考虑有没有充分理由不依从平均分割原则。任何程度的不依从都表示婚姻其中一方的份额会增加或减少,而相应地另一方的份额会减少或增加。法庭须解决的问题是在案件的情况里,应否把天平从平均这一点移至别的一点。这问题必然是复杂的,牵涉一连串各有不同的争论点。

那么,有什么理由可以是法庭不作出平均分割的充分理由?参考第 7 条的条文和体会隐含的目的,即分配资产要公平,就会找到答案。包含在第 7(1)条(a)段至(g)段的各事项中任何一事项都可以提供适合的理由;第 7(1)条里提及的‘双方的行为’和‘所有情况’也可以。‘所有情况’这个无所不包的类别表示在婚姻关系的背景里,对终局的经济安排是否公平有影响的任何事情都是有关联的。

有一点是重要的需要强调,就是这些因素,无论是个别一个还是合起来,都有可能导致法庭不作出平均分割,但即使法庭裁定这些因素之中有一个或多过一个适用于某案件,这并不必然表示会不作出平均分割。对这些因素给予什么分量是由法庭酌情决定的,而法庭如何酌情决定是第五步的事情,在下文讲述。必须注意的是每宗案件的考虑过程都是紧扣该案的案情,并且是酌情处理的,千万不可机械式地运用分享原则。”

就正因为法庭需要酌情处理,终审法院常任法官李义再讲述六个重要因素,并帮助这些因素对分享原则的运作可能有重要影响。考虑这些因素是考虑第 7 条所述各事项的过程中第四步的一部分。

因素一:资产的来源

“某项资产的来源可能是不把这项资产包括在分享原则里的理由,原因是它不是婚姻财产。当然,很多案件里不会出现婚姻财产和非婚姻财产之间的任何分别。但当有些资产是有可能作出这种分别的时候,第 7(1)(a)条不明言地规定法庭须要考虑第 7(1)(a)条所述的资产有没有任何部分为公平起见应该不包括在分享原则里。如果某项资产的来源显示它是婚姻其中一方单独作出的贡献,而且另一方没有作出与之相配的贡献,那么第 7(1)(f)条也可以视为规定法庭须作出上述区分。

现时的案例说明有两类资产可能以来源为理由而不把它们包括在分享原则里。第一类是其中一方在婚姻期间得到的财产,而这些财产的来源是和婚姻完全无关的,例如从馈赠得来，或继承得来。第二类是从某些业务或投资得来的资产，而这些业务或投资是由其中一方单独处理的（有时称为‘单方资产’）。”

(1)和婚姻无关的资产来源

这类资产有两个常见例子：①在婚姻期间，其中一个配偶从馈赠或继承得来，或以信托的受益人身份得来的财产，及②结婚之前得到的财产。

不过，这完全是法官考虑过案件的所有情况后运用酌情权去决定的事。然而，有另一个重要因素对上述因素有影响，这就是婚姻的持续期，即第7(1)(d)条提到的因素。

如果是一段短暂的婚姻，法庭会有可能对一方婚前所得资产或者在婚姻期间同婚姻无关的来源得到资产作为非婚姻财产。不过，如果婚姻经历了长时间，那么这些资产可以考虑是否应该作为婚姻资产一部分。

有关资产在分居之后所取得回来的法庭会运用酌情权不把这些资产作为婚姻资产的分配。但是如果需要考虑双方的经济需要而需要采用这类的资产，法庭会考虑把它作为婚姻资产。

(2)单方资产

在婚姻里有可能其中一方单独经营的业务或单独进行的投资产生的资产，即单方资产，这些资产是否视为可能不用作平均分割的财产。

因素二：行为作为考虑因素

双方在婚姻期间的行为，有时法庭是需要考虑的。第7(1)条规定法庭在行使酌情权时要考虑到双方的行为。所以，一方的行为可以导致法庭不作出平均分割。

我国香港特别行政区法庭在处理“行为”这个因素时采取“明显和严重”的原则。换句话说，如果法庭不处理这些“行为”并会视为有违公平，法庭便应该作出适当的考虑。

因素三：经济需要

在上述步骤2中已经谈论过评估双方的经济的需要。法庭也留意到婚姻财产条第7(1)条的(b)至(e)项所述的事情对双方的经济需要有影响。这些事情之中的一项或多过一项也可能是和决定应否不作出平均分割有关联的事情。如第7(1)(b)条设想的情况，婚姻的一方承受的负担或责任可能比另一方承受的远为沉重（如家庭主妇要照顾子女）。在这种情况下，其中一方再重新出外找工作或者找到工作的能力减少，在这样的情况法庭可以不作出平均分割。

因素四：婚姻持续期

另一个因素是考虑婚姻的长短。据第7(1)(d)条规定法庭行使酌情权时必须考虑婚姻的持续期。当然，如果婚姻是短暂的，一方如果是可以得到另一方的资产平均分配这样是不公平的结果。相反而言，如果婚姻是长久，但离开的一方不能够分享家庭资产的一半也是不公平的。法庭是否作出平均分割是很重要的。

因素五：为家庭福利作出的贡献

婚姻某一方是有可能对家庭福利作出比较大的贡献。在第7(1)(f)条规定法庭有责任顾及双方各自为家庭的福利作出的贡献，包括由照料家庭或照顾家人而作出的贡献。如果其中一方向法庭提出他/她对家庭福利作出“特殊”或“特出”贡献，而要求法庭不依从平均分割准则，终审法院常任法官李义觉得法庭应该以下述的基础处理“特殊”或“特出”贡献：如果能用“特殊”或“特出”贡献为理由适当地提出争论点去支持法庭不依从平均准则的情况，即使有，也是稀有和特殊的情况。

因素六：补偿

补偿这个因素是在第7(1)(g)条，这规定法庭须顾及“婚姻的任何一方因婚姻解除或废止而将会丧失机会获得的任何利益的价值”。任何案件里是否有这样的损失，基本上是事实问题。这种补偿不是关于婚姻解除引致的损失，而是关于双方在婚姻期间因他们生活上的安排而使某方身处的不利处境。

我国香港特别行政区终审法院常任法官李义认为，“‘清楚了断’案件里，不仅因为这种补偿有可能和经济需要重叠，且因为这种因‘关系引致的不利处境’而给予的补偿，和‘贡献’一样，已经被视为运用分享原则时不可缺少的一部分，而存有重复计算的危险。分享原则确认，如果配偶放弃有可能是赚钱的职业而去承担家庭里传统的角色，则这样的配偶应该和赚钱养家的配偶享有平等地位，应该从资产中得到同等的份额，除非有充分理由不这样做才作别论。这情况下，分享原则在原则上已经给予这种补偿。”

他继续解释要处理“补偿”的方法可以同处理“贡献”的方法差不多。我国香港特别行政区法庭应该在处理这个问题，就是“因关系引致的不利处境而给予的补偿”一般情况下在运用分享原则时已经被考虑在内。但在可不依从至什么程度，法庭是应该根据不利处境的性质、确定性、持久性和其他特点而定，考虑这些特点时不应囿于细节。每一个案件都受到其独特案情所支配。除非在非常特别情况下，法庭才应该考虑在内的金额之外给予多一些额外补偿。换句话说，法庭不应该当这样的论点作为一般损害赔偿申索般审理。

步骤五：决定结果

最后是法庭应该考虑是否给予各因素作出恰当的考虑。某个因素可以给予多一些份量使法庭不作出平均分割。法庭在作出判决后应该说明根据什么作此决定，因为说明理由是有助于了解法庭的决定并查看结果是否公平。

以上是对我国香港特别行政区处理家庭资产分配的法律作出一个简介。自2010年起，我国香港特别行政区法庭根据终审法院的 *KLW v. DD* 一案已经作出很多判决。由于我国香港特别行政区是以普通法为基本，所以在2010年后的判决书可以作为离婚资产分配的恰当参考。

解决财务纠纷（financial dispute resolution）

在收到附属济助申请后，解决财务纠纷程序根据《实务指示－15.11》就会展开，法庭会定出首次约见日期。在首次约见的28日之前，各方须存档经济状况陈述书（表格E），各方须完全及如实披露自己的财务状况。在首次约见14日前，各方可依照指示，存档关于另一方之表格E之问卷，以及扼要说明双方争议的陈述书和时序表，以及其他文件。如对子女安排有争议，首次约见一般会定为与关于子女的约见同一日进行。在首次约见中，解决财务纠纷的法官会就存档誓词/誓章作出指示，以及作出其他合适的命令。包括就某一方及子女（如有）的赡养费,作出临时命令。

在解决财务纠纷聆讯之前,可以有数次首次约见聆讯。法庭于处理暂准离婚令后,会根据司法机构的《实务指示 - 15. 11》的解决财务纠纷程序是法官以调解方式协助双方解决有关财务的问题。如在解决财务纠纷程序内未能解决问题,或被认为不适合处理相关事宜,法庭就会以正式审讯方式处理赡养费及家庭资产分配事宜。到时,另一位法官在正式审讯后会作出有关另一方和子女的赡养费及家庭资产分配作出最终命令。解决财务纠纷聆讯的法官,不可以处理附属济助审讯。有关暂时生活费方便,法庭会在解决财务纠纷过程中作出临时命令。

初步争论点审讯(preliminary issues hearing)

在解决财务纠纷前,法庭需要知道家庭资产的总值以找出可供分割的资产。这也是所有附属济助案件中最主要的一个环节。家庭资产可以分为婚前和婚后的家庭资产。任何一方如果对某资产是否属于家庭资产存有疑问,法庭会先进行"初步争论点审讯"来决定家庭资产总值。这些争论点可以包括有关谁是物业真正的受益人,例如,某个物业是否属于当事人的父母或其他亲属。这些争论点必定需要在初步争论点审讯时作出裁决以便决定某些物业是否婚姻资产之一。

需要注意的是,在以上程序展开之前或进行期间的任何时间,双方可以随时进行调解,解决任何争议。[1]

15.3　中国澳门特别行政区法律制度

15.3.1　离婚程序与财产分割程序的关系

我国澳门特别行政区的离婚程序分为两种:其一是诉讼离婚,其二是两愿离婚。这两类离婚程序都规定在我国澳门特别行政区《民事诉讼法典》之中。诉讼离婚程序,在诉讼程序的分类上,属于特别诉讼程序,所审理的范围仅限于婚姻的解销,以及特定条件下的损害赔偿请求,法院不得审理此范围之外的事宜。两愿离婚程序,则在程序分类上属于"非讼事件之程序",可以被理解为一种由法院负责管辖的无冲突程序(不审理纠纷,只确认双方的离婚意愿),法院的管辖范围也严格受到了程序标的的限制。

我国澳门特别行政区的两种离婚程序的审理范围,均受到了程序法的严格限制。由于夫妻财产分割均不属于这两种离婚程序的审理范围,所以,财产分割程序必然独立于离婚案件,所有财产分割的内容,都要另案处理。

换言之,我国澳门特别行政区的离婚诉讼,或者两愿离婚程序,都只负责判决离婚,不负责分割财产。虽然两愿离婚会要求双方约定家庭居所的归属,但此约定仅限于家庭居所的使用权,而不涉及家庭居所的所有权。所以,两愿离婚判决生效以后,离婚的双方仍然需要另行处理财产分割程序。

---

〔1〕 LKW V. DD - FACV 16 of 2008.

因此,在我国澳门特别行政区进行的离婚,即使是诉讼离婚,在离婚判决生效以后,离婚双方关于财产分割的一切事宜才刚刚开始。如果离婚双方的财产分割并无巨大分歧,或者不愿意再次面对旷日持久的诉讼,则他们最理性的选择是协议分割。如果离婚双方对于财产分割存在巨大分歧,或者怀疑对方可能拥有自己不知道的财产,需要通过法院调查对方的财产,以免财产分割出现遗漏,则离婚双方就需要启动“财产清册程序”,以完成夫妻共同财产的分割,或者夫妻供分享财产的分割。

15.3.2 协议分割

1. 分割协议的表现形式

夫妻共有财产(或供分享财产)的协议分割通过合同来约定,然后再由双方依照合同履行。合同的形式,分为口头、私文书及公文书。财产分割协议需要采用什么形式,取决于待分割财产的性质。

原则上,法律一般对合同应当采取的形式没有特别要求,允许当事人采取任何一种方式缔结合同,即使是口头合同,只要能够认定相关口头约定符合当事人双方的真实意思表示,便属有效(参见《澳门民法典》第 214 条)。如果待分割财产不涉及不动产的物权(参见《公证法典》第 94 条),口头约定的财产分割是具有法律效力的。但是,口头约定的最大缺陷是——事后难以证明合同内容。一旦双方对约定内容存在争议,需要主张口头合同的一方,会面临较大的举证难度。因此,离婚财产分割协议不宜采取口头约定,而是应当尽量采用书面形式。

书面形式又分为两种:其一是私文书,其二是公文书。

必须签订私文书的协议。因为一对离婚的夫妻,经过多年共同生活,需要分割的财产种类必然是多种多样的,例如,家具、电器、汽车、衣物、存款、股权、债权、保险等。这些动产的分割,通过私文书协议来约定,就已经完全符合法律的要求,完全没有必要采取成本昂贵的公文书形式。但是,在很多夫妻的离婚财产分割中,价值最高且最重要的一项财产,恰恰是夫妻共有的不动产。《公证法典》第 94 条规定,不动产的物权处分行为必须采取公文书的形式,需要公证员依照公证法典的规定撰写《不动产分割公证书》,才可以完成不动产的所有权变更。

如果离婚双方所签署的财产分割协议涉及了不动产的分割,那么,这份合同是否有效,就要分两部分来看。分割协议中,关于动产分割的部分,可以立即产生法律效力;关于不动产分割的部分,由于不符合法定要式,只能产生预约分割合同的效力。在这种情况下,离婚双方在签署了《共同财产分割协议》之后,仍然要寻求公证员的介入,依照公证法的要求,签署不动产部分的分割合同,因为只有公证分割合同才能够完成不动产所有权的变更登记。因此,在私文书的《共同财产分割协议》中,不但要约定动产的分割,也要约定不动产的归属,还要清晰约定签署《不动产分割公证书》的可操作细节,约定清楚签署公证书的期限、地点、违约责任、特定执行等履行细节。

虽然私文书形式的《共同财产分割协议》一般对不动产无法产生物权效力,不能改变不动产所有权的归属,也无法完成所有权登记,但它的存在仍然是非常必要的。预约合同的任何一方,在对方确定不履行合同时,可以向法院提起“特定执行之诉”,由法院以通过判决替代不履行一方的履约意思表示,从而完成不动产所有权的变更。换言之,夫妻离婚时,以私文书签署的不动产分割协议,虽然就不动产物权而言,协议因为不符合法定要式而无效,但是此私文书却能构成诉讼解决的必要法定依据,有利于促成约定的强制履行。

2. 分割协议的生效时间

《共同财产分割协议》的生效时间,会因为离婚双方采取的离婚程序的不同,以及协议签署时间的不同,而有所不同。协议生效时间的不同,除了协议本身约定有所不同之外,还受制于一个关键因素——离婚的财产效力。离婚判决的效力,就人身法律关系而言,只在判决转为确定时才生效;但就财产效力而言,离婚判决具有追溯效力,会在时间上有所回溯。

离婚期间的夫妻财产归属,具有一定的不确定性,原因是离婚判决的结果会影响离婚期间的财产效力。在一般情况下,离婚的财产效力,可以追溯至离婚程序开始之日,也就是一方或双方提交离婚请求之日。对于那些最终成功判决离婚的案件,离婚程序的审理期间,夫妻间的财产效力就已经可以按照离婚后的模式来处理了,夫妻在离婚期间所取得财产便不再受共同财产制度(或分享财产制度)的约束,而是属于各自的个人财产。与之相反的是,如果离婚程序的判决结果是不予离婚,则离婚程序期间仍然是婚姻财产关系的普通存续期,依旧按照相应的婚姻财产制度处理财产关系。

离婚的财产效力,不但可以追溯至离婚程序开始,还可以追溯至更早的时间。根据《澳门民法典》第 1644 条第 2 款的规定,如果证实夫妻已经分居,且分居的原因是一方负有主要过错或者完全过错,则法院可以应诉讼任何一方的要求,将财产效力追溯至夫妻分居之日。也就是说,既然夫妻的共同生活在诉讼以前就已经不存在了,法院可以应当事人的请求,将夫妻间的财产关系从实际分居的时间开始分开计算。

基于上述能够影响离婚的财产效力的种种原因,在不同时刻签署《共同财产分割协议》,存在一些不同的注意事项。

(1)两愿离婚之前签署分割协议

在夫妻双方达成离婚共识后,经常会在申请两愿离婚之前,就签署好《共同财产分割协议》。此时,协议生效的最佳日期,就是双方提起两愿离婚声请之日,因为在夫妻双方提交离婚声请之前,两人的财产关系仍然是受婚姻财产制度约束的。

当然,即使是两愿离婚,也是存在变数的。两愿离婚中,如果夫妻双方没有未成年子女,法院至少要举行一次调解会议,调解不成才判离婚;如果夫妻双方拥有未成年子女,则法院要举行两次调解会议,两次会议要间隔 3 个月至 6 个月的冷静期。确实有些夫妻会在法院的调解会议中选择放弃离婚,此时,《共同财产分割协议》便不发生效力。

(2)离婚判决生效之后签署分割协议

无论是两愿离婚,还是诉讼离婚,如果离婚双方在离婚判决生效之后,才签署《共同财产分割协议》,此时已经可以根据离婚判决的内容,清楚判断离婚判决的财产效力发生之日,继而以判决的财产效力产生之日决定协议的生效时间。如果判决没有将离婚的财产效力追溯至分居日,则离婚的财产效力生效日就是离婚诉讼开始之日。很多离婚当事人不了解离婚判决在财产上的追溯效力,可能会使自己少分财产,尤其是收入较高的一方。

(3)离婚程序进行中签署分割协议

离婚过程中签署分割协议,就意味着夫妻双方对于离婚已经达成了共识,双方都同意离婚。有可能分两种情况:其一此时是诉讼离婚期间;其二则是两愿离婚期间。

如果夫妻双方诉讼离婚过程中达成离婚协议,并且愿意签署《共同财产分割协议》,此协议的生效日期应当以诉讼离婚程序开始之日为准,因为即使诉讼离婚在后期转为了两愿离婚,这两个程序仍然存在一定的连续性。

如果夫妻双方是在两愿离婚期间签署《共同财产分割协议》,则此协议的生效日期应当以两愿离婚程序开始之日为准。但是,如果两愿离婚途中一方反悔,离婚失败,之后再另行提起离婚诉讼并成功离婚,这个离婚判决的财产效力生效之日则是后续的诉讼离婚开始之日,因为两个离婚程序是相互独立的,相互之间没有连续性。

15.3.3 分割协议的执行

夫妻离婚之后,不仅要签署《共同财产分割协议》,更重要的是切实履行协议。大部分夫妻都可以依照约定,及时履行双方在协议中约定的分割义务的,但也总是有些人并不严格恪守契约,事后反悔,或者恶意拖延履行。

一方不履行《共同财产分割协议》时,对方就只能诉诸法院来强制执行。离婚协议所约定的婚姻财产的分割方案一般是较为清晰的,只要协议符合民事诉讼法所规定的执行条件,能够清晰认定债权,即可用于提起执行之诉,无须提起宣告之诉。对于动产部分的不履行,债权方只需要先进行催告,给予债务方合理期间以后,便能够以债务方确定不履行债务为理由,提起执行之诉。

面对离婚一方不履行协议的情况,在执行层面,还有必要区分动产和不动产。

针对动产分割协议的不履行,债权方直接提起执行之诉即可。

不动产部分,如果仅仅签署了私文书协议,尚未签署公文书分割协议(公证书),由于私文书不符合处分不动产的法定要式,会导致分割协议中不动产部分无效,就只能通过一项名为"特定执行"的"宣告之诉"来解决。如果不动产分割已经签署了公文书形式的《不动产分割公证书》,则不存在特定执行问题,因为公文书一旦签署,一般都可以顺利完成登记,无须对方当事人的配合,就能变更不动产的所有权。

夫妻离婚以后,如果在财产分割上无法达成协议,就只能采用诉讼的方式分割。在我国澳门特别行政区,分割夫妻共同财产的诉讼程序是"财产清册",这个程序一般用于处理遗产和婚姻财产分割(参见《民事诉讼法典》第963条)。财产清册在葡萄牙语中叫作 Inventário,这个词的本义是"盘点",顾名思义,这个程序的目的就是查明待分割财产,清点完毕,然后依法完成财产分割。

1. 财产清册程序的启动

根据《民事诉讼法典》第1028条第1款的规定,离婚导致的财产清册程序,在离婚判决生效以后,夫妻任何一方都具有启动此程序的正当性(适格原告)。

在法院提起财产清册程序,不一定需要委托律师。原则上,我国澳门特别行政区的一般民事诉讼,只要诉讼利益值超过 10 万澳门元,依法都是强制委托律师的。但是,《民事诉讼法典》第 74 条第 3 款针对财产清册程序作出了特别的规定,只有案件中的法律问题辩论,才必须有律师参与。也就是说,如果整个案件的争议焦点都是事实问题,可以不必由律师代理,只有当案件中出现了需要争议的法律问题,法院才会要求双方委托律师。

2. 待分割财产管理人

财产清册程序的第一步,是确定待分割财产管理人。财产清册程序的耗时,少则数月,多则数年(尤其是继承关系复杂的继承案件),确定财产管理人有利于待分割财产在诉讼期间的有效管理。由于离婚的财产分割采用的程序是为遗产继承而设计的,所以待分割财产管理人的权利和义务,也参照了遗产的待分割管理人制度(参见《澳门民法典》第 1917 至 1934 条)。待分割财产管理人依法有权对待分割的财产进行日常管理、收取已经到期的债权、适时出售无法长期保存的财产或财产孳息、行使与待分割财产有关的权利。

待分割财产管理人的职责是妥善管理财产,法院会要求其在法官面前宣誓尽忠职守,并且要求其向法官如实声明自己与前配偶之间的婚姻关系、结婚及离婚时间、婚姻财产制度、两人的常居地等对于财产分割有影响的事实。

《民事诉讼法典》第 1028 条第 3 款规定,在夫妻离婚后的财产分割程序中,原则上选任两人中年龄较长的一位担任待分割财产管理人,但两人另有约定或者年长一方明显不称职除外。

待分割财产管理人的职务是无偿的,因为一般而言,待分割财产管理人是财产的共有人之一,管理好自己部分拥有的财产,是不应该再要求报酬的。待分割财产管理人如果作出了不称职的行为,法院是可以应利害关系人的要求对其进行撤职和更换的(参见《澳门民法典》第 1924 条),待分割财产管理人也可以在提出合理解释的情况下(例如,年龄过高、疾病、常居外地等)推辞职务(参见《民事诉讼法典》第 977 条)。

法院委任待分割财产管理人以后,会传唤另一方当事人,并且给予其 30 日期间对财产清册程序作出诉讼防御,提交反对或争执(《民事诉讼法典》第 980 条)。被传唤的一方,可以作出下列诉讼行为:对财产清册程序提出反对、对利害关系人的正当性(主体适格性)提出争执、指出其他利害关系人的存在、声请更换待分割财产管理人、提出延诉抗辩等。

3. 待分割财产的罗列

在待分割财产管理人宣誓履行职务以后,法官会给管理人定出一个合理的时间(一般为 30 日,法官可以根据实际情况调整),以便其提交《财产目录》。《财产目录》的内容,必须严格遵守《民事诉讼法典》第 982 条的规定,财产应当按照法定类别(①债权;②债权证券;③金钱;④外币;⑤金、银、宝石等同类物品;⑥动产;⑦不动产)分开罗列,并且逐一编号。

如果管理人不在合理期间提交《财产目录》,或者故意提交了不准确的《财产目录》,法官有权依据《民事诉讼法典》第 977 条的规定,将其撤职。

法院收到待分割财产管理人的《财产目录》以后,会通知另一方当事人,要求其对《财产目录》提交声明异议,法定的期限是 10 日,如果此通知与案件的传唤一并作出,则异议期间为 30 日,可与《民事诉讼法典》第 980 条所规定的反对于争执一并提交。

另一方当事人可以在法定期间内,作出下列异议:①对财产目录提出声明异议;②指出未有列入财产目录的财产；③申请删除财产目录中不应被分割的财产；④指出财产说明中会影响分割的任何错误。

双方除了可以在《财产目录》以及《声明异议》中指出任何应当或不应当被分割的财产，也可以向法官提出调查措施，以便法院向各个金融机构、登记机关、政府部门进行查询，以查明是否存在某些对方故意已隐瞒的，或双方都已遗忘的可分割财产。

在经过各种异议和调查以后，双方最终会对应当被列入《财产目录》的财产项目以及每项财产的价值达成共识，实在无法达成共识的，由法官居中裁定。此时，待分割财产管理人就应当根据争议和调查的结果，提交最终的《财产目录》，以便程序可以继续进行。

4. 利害关系人会议

在《财产目录》确定以后，法官会通知双方当事人参加利害关系人会议，在法官的主持之下，制定财产的分割方案（参见《民事诉讼法典》第984条及第985条）。

在待分割财产确定的情况下，财产的分配会出现两种情况：一是双方可以对分割方案协商一致；二是双方对某些财产的分配无法达成一致。

双方对分割方案达成一致时，就将相关财产按照协议划分，实际分得财产较多的一方，根据多分的财产价值向另一方支付抵偿金即可。

双方对分割方案无法达成一致时，尤其是两人均执意争夺同一项不可分割的财产时，法官可以在利害关系人会议中，要求两人采取立即竞投的方式定出该物品的最新价值，价高者得（参见《民事诉讼法典》第1001条、第1008条及第1009条）。

如果待分割财产分配完毕以后，另一方无力支付已定分配方案的抵偿金，双方也无法通过调整分配方案使价值分割达到平衡时，就只能采取变卖的方式，将争议的财产出售，由双方平等分割该财产所卖得的价款。

分割的方式，除了协商和竞投以外，还有一种双方拼运气的手法，事先把财产分批，然后采用抽签的方式决定谁能抽到哪一批财产（参见《民事诉讼法典》第990条第1款b项之规定）。这种方案一般适用于财产数量较多，但每件财产的独特性较低的情况，也适合双方对于财产的分割没有明确意见的情况。

5. 分割

在协商、竞投、抽签、拍卖等程序都完成以后，财产清册程序就要接近尾声，到了分割阶段。首先，法官会在作出分割批示之前给予双方10日时间，以便双方的律师对最终的分割方式发表意见（参见《民事诉讼法典》第1011条第1款之规定）。

法官在听取双方的意见以后，应当在随后的10日内作出批示，定出最终的分割方式。随后，法院的办事处应当按照法官的批示，在10日内编制财产分割表。分割表内应当列明下列内容：①确定资产的总额，将所有资产按照此前定出的价值相加，再减去债务和负担；②列明每一名利害关系人应得的份额，并且指明其在每一类财产中应当分得的部分；③列明每一份额的构成，并指出有关项目在财产目录中的编号（参见《民事诉讼法典》第1113条之规定）。

法院办事处编制好分割表以后，整个分割方案就会变得都会一目了然，具体哪项财产应该分配给谁，获得财产较多的应当给对方支付多少抵偿金，都会被清晰列明。利害关系人在收到分割表以后,可以在10日之内提起异议,以便更正分割表与分割批示之间的差异,以及分割表可能存在的错漏。

法院将分割表通知双方以后,如果无人对分割表提出异议,或者法官听取异议后作出了最终裁定,则法官会以判决的方式正式确定分割表所定的分割方案。判决生效以后,离婚双方就有义务按照分割表的方案执行判决。

在法院办事处编制分割表以后,直至法院以判决的形式确定分割表之前,因为少分财产而有资格收取抵偿金的一方,可以要求对方将抵偿金存放至法院。多分财产一方如果不按照法院的要求存放抵偿金,法官可以将抵偿金所对应的财产转而分给另一方,并要求另一方立即存放抵偿金(参见《民事诉讼法典》第1016条第1款及第2款之规定)。

判决确定以后,如果任何一方不自愿履行,需要另一方向法院提起执行之诉。

判决确定以后,如多分财产一方不支付抵偿金,则少分财产一方可以向法院声请,将相应的财产变卖(参见《民事诉讼法典》第1016条第3款之规定)。此外,抵偿金是法院以判决形式定出的债,从判决作出之日起,就可以计算法定利息[1](参见《民事诉讼法典》第1016条第4款之规定)。

15.4　三法域规定列举(见表3－15－1)

表3－15－1　三法域规定列举

夫妻共同财产处理方式	
中国内地	离婚时,夫妻的共同财产由双方协议处理;协议不成的,由人民法院判决
中国香港特别行政区	法庭于处理暂准离婚令后,会根据司法机构的《实务指示－15.11》的"解决财务纠纷"程序是法官以调解方式协助双方解决有关财务的问题。如在解决财务纠纷程序内未能解决问题,或被认为不适合处理相关事宜,法庭就会以正式审讯方式处理赡养费及家庭资产分配事宜
中国澳门特别行政区	双方可以协议分割,或者诉讼分割(财产清册程序)
夫妻共同财产分割的时间	
中国内地	可以离婚时分割,也可以离婚后分割,婚姻存续期间存在《民法典》第1066条情形的也可以向人民法院请求分割共同财产
中国香港特别行政区	分配家庭资产事宜属于离婚主体诉讼的附属济助,任何附属济助的命令都只有在法庭作出离婚绝对判令之后才生效
中国澳门特别行政区	财产分割不属于离婚程序的审理范围,需要在离婚判决生效之后另案处理,但离婚的财产效力可以追溯到离婚程序开始之日,甚至法院可以应任一方请求在判决中认定财产效力日期可追溯到事实分居开始之日。夫妻婚后变更婚姻财产制度,或者法院判决进行婚内分产,也可以导致共同财产分割

〔1〕　我国澳门特别行政区现在的法定利息是年息9.75%(截至2022年7月)。

续表

夫妻共同财产分割的原则	
中国内地	(1)男女平等原则; (2)照顾子女和女方利益原则; (3)有利生活、方便生活原则; (4)权利不得滥用原则; (5)夫妻一方所有的财产,在共同生活中消耗、毁损、灭失的,另一方不予补偿
中国香港特别行政区	(1)公平分配原则; (2)合理需要原则
中国澳门特别行政区	根据婚姻财产制度进行分割: (1)夫妻采用分别财产制,没有共同财产,无须分割; (2)夫妻采用共有财产制,将共同财产进行平均分割; (3)夫妻采用取得财产分享制,分割财产时首先需要计算夫妻双方婚后(或者采用此财产制度以后)财产增量的差额。这个差额的半数,就是婚后财产增量更多的一方对另一方负有的债务。该债务给付以后,就能使夫妻双方在婚后的财产增量一致
夫妻共同财产分割考虑的因素	
中国内地	(1)一方有无过错; (2)一方为家庭所作的贡献; (3)是否为婚前财产; (4)夫妻一方隐藏、转移、变卖、毁损、挥霍夫妻共同财产,或者伪造夫妻共同债务企图侵占另一方财产的,在离婚分割夫妻共同财产时,对该方可以少分或者不分
中国香港特别行政区	(1)婚姻双方各别拥有的或在可预见的将来相当可能拥有的收入、谋生能力、财产及其他经济来源; (2)婚姻双方各自面对的或在可预见的将来相当可能面对的经济需要、负担及责任; (3)该家庭在婚姻破裂前所享有的生活水平; (4)婚姻双方各别的年龄和婚姻的持续期; (5)婚姻的任何一方在身体上或精神上的无能力; (6)婚姻双方各别为家庭的福利而作出的贡献,包括由于照料家庭或照顾家人而作出的贡献; (7)如属离婚或婚姻无效的法律程序,则顾及婚姻的任何一方因婚姻解除或废止而将会丧失机会获得的任何利益(如退休金)的价值
中国澳门特别行政区	(1)婚姻关系; (2)结婚及离婚时间; (3)婚姻财产制度; (4)两人的常居地
个人财产的范围	
中国内地	(1)一方的婚前财产; (2)一方因受到人身损害获得的赔偿或者补偿; (3)遗嘱或者赠与合同中确定只归一方的财产; (4)一方专用的生活用品; (5)其他应当归一方的财产

续表

个人财产的范围	
中国香港特别行政区	(1)和婚姻无关的资产来源,如婚姻期间,其中一个配偶从馈赠或继承得来的,或以信托的受益人身份得来的财产,以及结婚之前得到的财产; (2)从某些业务或投资得来的资产,而这些业务或投资是由其中一方单独处理的(单方资产)
中国澳门特别行政区	个人财产范围,取决于夫妻选择何种婚姻财产制度
个人财产向夫妻共同财产的转化	
中国内地	夫妻一方的个人财产,不因婚姻关系的延续而转化为夫妻共同财产。但当事人另有约定的除外
中国香港特别行政区	婚姻的持续期对资产来源有影响,由法官考虑案件的所有情况后运用酌情权决定是否为婚姻财产的一部分
中国澳门特别行政区	个人财产可通过变更婚姻财产制度转化为共同财产

第十六章　子 女 抚 养

16.1　中国内地法律制度

16.1.1　离婚后的父母子女关系

夫妻离婚后,其与子女间的关系,不因父母离婚而消除。离婚后,子女无论由父或母直接抚养,仍是父母双方的子女。离婚后,父母对于子女仍有抚养、教育、保护的权利和义务。也就是说,子女与父母的关系不因父母离婚而受影响。从广泛的概念上讲,在实践中,子女与父母的关系包括婚生子女、收养子女和继子女与父母的关系,不同的关系中处理是有所区别的,具体如下:

1. 父母与婚生子女的关系,不会因父母离婚而消灭,因为他们间的关系是基于子女的出生而形成的自然血亲关系。血缘是改变不了的,不能通过法律程序来加以解除,更不能因人的意志而改变。离婚只能解除父母间的夫妻关系,不能解除父母与子女的关系。在父母离婚以后,无论子女随父或随母生活,仍是父母双方的子女,而且与父母之间的权利义务关系,在父母离婚前后也不会变化。

2. 养父母与子女的关系,也不会因为养父母的离婚而消灭。养父母和养子女间的权利和义务,适用《民法典》对父母子女关系的有关规定。也就是说养子女在养父母离婚后,仍是养父母的子女,他们之间的权利和义务不会因为养父母离婚而改变,除非有变更收养关系的事实存在。

3. 继父母与继子女的关系,在继父母离婚后,相对前两种比较复杂。首先,如果继父母与继子女间未形成抚养关系的,则在继父母离婚以后关系消灭。其次,如果继父母与继子女已形成抚养关系的,有以下几种情况:(1)未成年的继子女与继父母的关系,可因继父母离婚而消灭;(2)继子女由继父母抚养成年的,他们的关系不因继父母离婚而消灭;(3)生父与继母或生母与继父离婚时,对曾受其抚养的继子女,继母或继父不同意继续抚养的,仍应由生父或生母抚养。

16.1.2　离婚后子女抚养的原则

1. 一般原则

离婚后,不满 2 周岁的子女,以由母亲直接抚养为原则。已满 2 周岁的子女,父母双方对抚养问题协议不成可向人民法院起诉,由法院根据双方的具体情况,按照最有利于未成年子女的原则判决。子女已满 8 周岁的,则会尊重其真实意愿。

2. 父亲直接抚养

人民法院在审理离婚案件涉及未成年子女抚养的,对不满 2 周岁的子女,一般按照由母亲直接抚养的原则处理。如母亲有以下情形之一,父亲则可向法院起诉要求直接抚养:

(1)患有久治不愈的传染性疾病或者其他严重疾病,子女不宜与其共同生活;

(2)有抚养条件不尽抚养义务,而父亲要求子女随其生活;

(3)因其他原因,子女确不宜随母亲生活。

对于父母双方协议不满 2 周岁子女由父亲直接抚养,并对子女健康成长无不利影响的,法院一般会予以支持。

3. 父母均要求直接抚养

父母若均要求直接抚养已满两周岁的未成年子女,父母一方具有以下情形之一的,人民法院则予以优先考虑:

(1)已做绝育手术或者因其他原因丧失生育能力;

(2)子女随其生活时间较长,改变生活环境对子女健康成长明显不利;

(3)无其他子女,而另一方有其他子女;

(4)子女随其生活,对子女成长有利,而另一方患有久治不愈的传染性疾病或者其他严重疾病,或者有其他不利于子女身心健康的情形,不宜与子女共同生活。

父母抚养子女的条件基本相同,双方均要求直接抚养子女,但子女单独随祖父母或者外祖父母共同生活多年,且祖父母或者外祖父母要求并且有能力帮助子女照顾孙子女或者外孙子女的,可以作为父或者母直接抚养子女的优先条件予以考虑。

4. 轮流直接抚养

在有利于保护子女利益的前提下,父母双方协议轮流直接抚养子女的,人民法院会予以支持,这体现了法律在家事关系方面对当事人意愿的充分尊重。轮流抚养既有利于子女身心健康成长,使子女得到相对完整的父爱和母爱,最大限度地减少因父母离婚对子女的伤害;又可以保护离婚双方当事人的抚养子女权利,减少因抚养子女引发的矛盾。

但轮流抚养也有缺点:一是这种方式要求以父母之间高度的合作和协调意愿为前提,但由于离婚后夫妻关系已经不复存在,合作比较困难,需要父母双方均有自我牺牲意识;二是如果居住地持续频繁变化,对孩子可能形成一种心理负担,使孩子缺乏安全感;三是如果夫妻双方长期对立或者父母再婚,子女会无所适从,往往混淆孩子的价值认定。

需要注意的是,一方直接抚养既可以由双方当事人约定,也可以由法院判决决定;而轮流抚养方式,目前仅允许双方约定。双方可以签署轮流抚养协议,内容主要包括:轮流抚养的期限、抚养费的分担、抚养到期后的交接、一方抚养时另一方的探视权等。抚养过程中,在有利于保护子女利益的前提下,父母双方可以协议轮流直接抚养子女或由一方直接抚养子女;也可以向人民法院提起诉讼,请求变更子女抚养关系。

16.1.3 离婚后子女抚养费的负担

1. 抚养费的范围

抚养费包括生活费、教育费和医疗费。

对生活费而言，抚养费以必要为限。孩子购买电脑手机等数码产品的费用、外出旅游的费用、购买商业保险的费用等，只要并非生活所必需，父母可以拒绝支付。

对教育费而言，抚养费指尚在学校接受高中及以下学历教育的公立学校教育费。

对医疗费而言，子女大病及绝症的医疗费，以社会医疗保险能报销的为限，如子女因患有肾功能衰竭需要换肾的费用、子女患有白血病需要骨髓移植的费用等都不属于抚养费之列，父母只有道义上承担该费用的责任，而不存在法律上承担该费用的义务。

2. 抚养费的标准

离婚后，子女由一方直接抚养的，另一方应当负担部分或者全部抚养费。负担费用的多少和期限的长短，由双方协议；协议不成的，可以向人民法院提起诉讼，由人民法院依法判决。协议或者判决，不妨碍子女在必要时向父母任何一方提出超过协议或者判决原定数额的合理要求。

抚养费的数额，可以根据子女的实际需要、父母双方的负担能力和当地的实际生活水平确定。有固定收入的，抚养费一般可以按其月总收入的20%～30%的比例给付。负担两个以上子女抚养费的，比例可以适当提高，但一般不得超过月总收入的50%。无固定收入的，抚养费的数额可以依据当年总收入或者同行业平均收入，参照上述比例确定。有特殊情况的，可以适当提高或者降低上述比例。

3. 抚养费的给付

抚养费应当定期给付，有条件的可以一次性给付。父母一方无经济收入或者下落不明，可以用其财物折抵抚养费。

父母双方可以协议由一方直接抚养子女并由直接抚养方负担子女全部抚养费。但是，直接抚养方的抚养能力明显不能保障子女所需费用，影响子女健康成长的，法院则不会支持。

抚养费的给付期限，一般至子女18周岁为止。16周岁以上不满18周岁，以其劳动收入为主要生活来源，并能维持当地一般生活水平的，父母可以停止给付抚养费。

父母不得因子女变更姓氏而拒付子女抚养费。父或者母擅自将子女姓氏改为继母或继父姓氏而引起纠纷起诉至法院的，法院将责令恢复原姓氏。

4. 抚养费的增加

离婚后，父母一方要求变更子女抚养关系的，或者子女要求增加抚养费的，应当另行向法院提起诉讼。

子女可向人民法院起诉，要求有负担能力的父或者母增加抚养费，如具有以下情形，人民法院将予以支持：

(1)原定抚养费数额不足以维持当地实际生活水平；

(2)因子女患病、上学，实际需要已超过原定数额；

(3)有其他正当理由应当增加。

5. 抚养费的减免

相对应子女可因特殊原因要求支付超过原定数额的抚养费,有给付抚养费义务的父母,在具备以下情形时,亦可以要求减少或免除支付抚养费:

(1)由于长期患病或丧失劳动能力,失去经济来源,确实无力按原协议或判决确定的数额给付,而抚养子女的一方又能够负担,有抚养能力的;

(2)因犯罪被收监改造,无力给付的;

(3)直接抚养子女的一方再婚后,继父或继母愿意负担子女所需抚养费的一部分或全部的。

16.1.4　父母的探望权

1. 探望权的行使

离婚后,不直接抚养子女的父或者母,有探望子女的权利,另一方有协助的义务。行使探望权利的方式、时间由当事人协议;协议不成的可向有管辖权的人民法院起诉,由人民法院判决。父或者母探望子女,不利于子女身心健康的,由人民法院依法中止探望;中止的事由消失后,应当恢复探望。人民法院作出的生效的离婚判决中未涉及探望权,当事人可以就探望权问题单独向人民法院提起诉讼。

探望权实质是基于父母子女身份关系,由不直接抚养子女的一方享有的与未成年子女探望、联系、交往、短期共同生活的法定权利及义务。探望权一方面保证了不直接抚养子女的一方能够定期与子女团聚,满足其对子女的情感需要;另一方面又有助于弥补家庭破裂对子女造成的情感伤害,有利于子女的健康成长。因此,在不具备中止探望的情形下,直接抚养子女的一方无权拒绝另一方探视子女。

2. 探望权的中止

当事人在履行生效判决、裁定或者调解书的过程中,一方请求中止探望的,人民法院在征询双方当事人意见后,认为需要中止探望的,依法作出裁定;中止探望的情形消失后,人民法院应当根据当事人的请求书面通知其恢复探望。

未成年子女、直接抚养子女的父或者母以及其他对未成年子女负担抚养、教育、保护义务的法定监护人,有权向人民法院提出中止探望的请求。

3. 探望权被侵害的救济

实践中,经常存在直接抚养子女的一方以另一方不支付抚养费为由对探望权的行使加以干涉或阻挠,甚至因此对簿公堂。对于拒不协助另一方行使探望权的有关个人或者组织,可以由人民法院依法采取拘留、罚款等强制措施,但是不能对子女的人身、探望行为进行强制执行。

4. 探望权具体内容未明确的救济

《北京市高级人民法院关于审理婚姻纠纷案件若干疑难问题的参考意见》第 8 条第 1 款规定:“离婚时对行使探望权方式与内容未予以明确,离婚后发生争议的,可提起探望权纠纷诉讼,对行使探望权的内容、方式、周期等予以确定。”同时,根据《民法典》第 1086 条的规定,当事人对于行使探望权利的方式、时间可以进行协商，协商不成的，可以提起诉讼，由人民法院判决。

5. 探望权的起诉

但若离婚协议或离婚判决中已约定探望权的具体内容，又因纠纷再次提起诉讼，是否会违反“一事不再理”？最高人民法院《关于适用〈中华人民共和国民事诉讼法〉的解释》第248条规定：“裁判发生法律效力后，发生新的事实，当事人再次提起诉讼的，人民法院应当依法受理。”可见，当事人以新的事实与理由再次起诉要求变更探望权的方式及时间的，不适用“一事不再理”的原则，法院亦应当予以受理。此外，从情理角度考量，因时间及客观情况的变化随时会影响探望权的行使，原有的探望权约定很可能无法满足子女或父母的客观需求，从情理而言也将妨碍未成年人和当事人亲情权益的实现，赋予当事人再次起诉的权利对子女的健康成长更具有重要的意义。因此，不论从法律规定还是从情理角度分析，当事人要求变更探望权行使的时间与方式而再次提起诉讼的，并不会违反“一事不再理”原则，法院应当受理。

6. 探望权的放弃

离婚协议中常见这样的约定，如“子女由女方直接抚养，男方无须支付抚养费，但男方承诺放弃探望子女”，类似约定是否有效？虽离婚协议书是“一揽子”解决婚姻关系问题的方案，不能将其中某一条款与其他条款割裂开，但涉及人身关系的探望权属于父或母的法定权利与义务，放弃探望权的意思表示不具有法律效力，任何一方都是不能自由处分的，关于放弃行使探望权的约定应属于无效约定。即便离婚协议中夫妻双方作出此类约定，不直接抚养子女一方仍有权要求探望子女。

探望子女是法律赋予父母的权利，任何一方均无权剥夺。即便夫妻双方已解除婚姻关系，但父或母与子女之间的血缘关系、情感纽带都是不可割裂的，且双方对关爱子女的根本目的往往并无冲突，因此，双方应当将情感纠葛搁置，将维护子女的利益以及保障子女健康成长作为处理亲子关系的首要准则。实践中，法院处理探望权纠纷案件时，通常也是以维护子女利益最大化为原则，如维持子女相对稳定的学习生活环境、避免其心理有大幅度波动，同时要照顾父母探视子女的权利，兼顾法、理、情多重维度，减少矛盾冲突。显然，从情与法双重角度，约定放弃探望权都是无法得到法院支持的。

7. 抚养权的变更

离婚后，父母一方若要求变更子女抚养关系，或者子女要求增加抚养费，可以双方协商解决，协商不成的，也可以向人民法院提起诉讼。

具有下列情形之一，父母一方要求变更子女抚养关系的，人民法院应予支持：

(1)与子女共同生活的一方因患严重疾病或者因伤残无力继续抚养子女；

(2)与子女共同生活的一方不尽抚养义务或有虐待子女行为，或者其与子女共同生活对子女身心健康确有不利影响；

(3)已满8周岁的子女，愿随另一方生活，该方又有抚养能力；

(4)有其他正当理由需要变更。

父母双方协议变更子女抚养关系的，人民法院应予支持。

16.2　中国香港特别行政区法律制度

16.2.1　监护权/管养权

1. 管养权

根据《婚姻法律程序与财产条例》(第192章)第19(1)条的规定,法庭可在任何离婚,婚姻无效或裁判分居的法律程序中,于作出最后判令之当时、之前或之后作出其认为是适宜的命令以便为任何18岁以下的家庭子女提供管养及教育。该条给予我国香港特别行政区家事法庭在父母离婚诉讼中处理家庭子女的司法管辖权。

根据《婚姻法律程序与财产条例》第2条的规定,"子女"一词是指"就婚姻的一方或双方而言,包括该一方或双方的非婚生子女或领养子女"。"家庭子女"是"就婚姻的双方而言,指——该双方的子女;及被该双方视为其家庭子女的任何其他子女"。

(1)"子女的最佳利益"为一般原则。

《未成年人监护条例》第13章第3(1)条规定了处理与儿童有关的所有事项的原则,其中规定:

> (1)有关未成年人的管养或教养问题,以及有关属于未成年人或代未成年人托管的财产的管理问题,或从该等财产所获收益的运用问题——
>
> (a)在任何法院进行的法律程序中(不论该法院是否第2条所界定的法院):
>
> (i)法院须以未成年人的最佳利益为首要考虑事项,考虑此事项时须对下列各项因素给予适当考虑——
>
> (A)未成年人的意愿(如在顾及未成年人的年龄及理解力,以及有关个案的情况后,考虑其意愿乃属切实可行者);及
>
> (B)任何关键性资料,包括聆讯进行时社会福利署署长备呈法院的任何报告;及
>
> (ii)在上述管养、教养,财产管理或收益运用等问题上,法院无须从任何其他观点来考虑父亲的申索,是否较母亲的申索为优先,或母亲的申索是否较父亲的为优先。

根据2015年11月政府落实法律改革委员会《子女管养权及探视权报告书》建议里的《子女法律(父母责任)条例草案》所指,在裁断何事符合子女的最佳利益时,法院尤其须顾及以下的因素:

①有关子女的可确定意见(按该子女的年龄及理解能力考虑);

②该子女的身体,情绪及教育需要;

③该子女与其父亲,其母亲及其他人的关系的性质;

④该子女的情况的任何改变相当可能对该子女造成的影响;

⑤该子女的年龄、成熟程度、性别、社会及文化背景,以及法院认为相关的、该子女的任何其他特征;

⑥该子女曾遭受的任何伤害,或有风险遭受的任何伤害;

⑦涉及该子女或其家庭某成员的任何家庭暴力;

⑧该子女的父亲,母亲及法院认为有关问题与之相关的任何其他人,有多大能力应付该子女的需要;

⑨该子女与父亲或母亲接触的实际困难和支出,以及该困难或支出会否在相当程度上,影响该子女与父亲及母亲维持个人关系和保持定期直接接触的权利;

⑩在有关法律程序中,有何种权力可根据本条例供法院行使;及

⑪法院认为相关的任何其他事实或情况。

以上 11 个因素虽然并未立法作为法规,但是法庭已经采取以上的因素判断什么是为“子女的最佳利益”。

(2)有关子女法律上的概念

当法庭在处理双方父母离异时,法庭要就有关子女作出以下的判令:管养权/抚养权;照顾和管束权;探视权。

根据《婚姻法律程序与财产条例》第 2 条的规定,管养权的法律简单定义是指,“就任何子女而言,包括对该子女的探视”。管养权基本上是有关对子女有影响的所有重大决定权利,例如,各种关乎子女的教育、宗教和医疗事宜的决定。照顾和管束权一般是指管有年幼子女的人生和管束其行动的权利或日常照顾和管束。探视权通常是给予并没有获判照顾和管束权一方的父母,好让另一方父母能保持与子女的关系。

(3)管养权及照顾和管束权

按我国香港特别行政区上诉法院 *PD v. KWW CACV* 188/2009,上诉法庭夏正民大法官对有关“管养权”和“照顾及管束权”有以下的意见:

> 令人遗憾的是,经验证据表明,对这两个概念的性质和程度存在很大程度的误解,当然在外行人中也是如此。在实践层面上,理解这两个概念的一个方便方法是比较将它们付诸实践所需的决策的性质。管养父母作出的决定对保障和促进儿童的健康,发展和普遍福利具有实际意义。它们包括决定孩子是否应该接受医疗手术,孩子应该坚持什么宗教,孩子应该上什么学校,孩子应该从事哪些课外活动,无论是学习乐器或是接受运动指导。被赋予管养权的父母一方有责任担任子女的法定代表人。
>
> 与此相反,由(在任何时候)照顾和管束孩子的父母作出的决定具有更平凡的日常性质,这些决定本身只是暂时的后果,但在塑造孩子的性格方面累积起来很重要。它们包括一系列决定,这些决定源于父母对孩子有实际管束权的事实以及照顾孩子直接照顾的责任。它们包括决定孩子当天会穿什么,孩子可以在电视上看什么,孩子什么时候会安顿下来做家庭作业,以及孩子什么时候上床睡觉。它们还包括实施适

当纪律的权力。我们谈到了这两个概念的性质和程度方面存在的误解。这通常表现在一种误解中,即如果将唯一管养权交给父母一方,那么父母就因此“赢得”决定抚养子女过程中所有大大小小的事项的权利,而没有获得管养权的父母“失去”对子女的抚养有任何发言权的权利。

(4)单独管养权或共同管养权

管养权的命令可以是单独管养权,或者是共同管养权。共同管养权是指双方父母就有关子女的重要事项需要商讨一致决定。而单独管养权是把所有重要事项的决定最终交给一方父母。就目前的法例而言,当一方父母拥有单独管养权时并非表示他可以完全不理会另一方父母的意见。根据案例的指示,拥有单独管养权的父母当需要为子女某一项重要事项作出决定时,他或她便需要通知另一方父母有关将会决定的意向。如果另一方父母有理由作出反对意见,便可以申请到法庭作出最后的判决。

在 *ML v. YJ*(*Joint or Sole Custody*)[2008] *HKFLR* 88,当时原诉法庭的大法官有以下的裁决:

(1)在考虑是给予父母双方共同管养权还是给予其中一方单独管养权时,首先考虑因素是子女的福利。

(2)共同管养权是否可行,很大程度上取决于父母是否可以合作。如果双方没有合理的合作前景,法院可以拒绝给予共同管养权。是否存在这种合理的前景是事实问题。如果双方之间没有合理的合作前景,共同管养令可能会造成灾难,并且与儿童的最佳利益背道而驰。

(3)在适当的情况下,可以用共同管养令,以鼓励父母克服分歧,为子女的利益而合作。在这种情况下,共同管养权可以起到承认父母双方在子女抚养中的作用的目的。但是,如果共同管养令显然不可行,法院似乎不大可能仅仅为了鼓励双方克服分歧或承认各方持续的角色。如上所述,不可能实施的共同管养令不可能符合儿童的最佳利益,因为不利后果将远远超过它可能带来的好处。

(4)管养权父母无权对子女作出所有决定,尽管另一方父母不同意。如果在影响子女的重大事项上有任何分歧,没有管养权的一方可以将此事提交法庭裁决。

(5)单独管养权真正的意义

根据上诉法院 *PD v. KWW CACV* 188/2009,上诉法庭夏正民大法官就有关单独管养权有以下的裁决:

需要强烈地强调,如果只给予父母一方管养权,则该父母就不能因此被赋予绝对和独立的权力,在不需要进一步理会非管养父母的情况下采取行动。任何这种潜在的误解都在 *Dipper v. Dipper* [1980] 3 *WLR* 626 一案中被取消。

他在判决书中继续说：

> 因此，非管养父母有权就与子女抚养有关的所有重要事项被征求意见。虽然被征求意见的权利不包括否决权，但它仍然是一项实质性权力。这不仅仅是一种知情权，而且是一种能够就有关事项发表意见，提供咨询意见和考虑该意见的权利。

夏正民大法官解释说，现在的单独管养权顺序意味着：

> 因此，将单独管养权交给父母一方，无非是承认，在婚姻破裂的情况下，子女的最大利益是通过在必要时授权父母一方就抚养子女的后果事项作出最后决定，但只有在父母另一方的意见得到充分和合理的考虑之后，才能确保子女的最大利益。总而言之，单独管养令只不过是为父母双方在抚养子女方面的共同努力增加了一个资格，这一个资格是最终决定权将由父母一方作出。

(6)探视权

我国香港特别行政区法改委员会的《子女管养权及探视权》报告书(2005 年 3 月)第 2.24 段中表示："由于探视权是一般的用语，在各有关条例中均未有界定，故此大部分与探视权有关的法律都是见于案例之中。"探视是与孩子接触的权利，例如通过信件、电子邮件、电话探视孩子，带他出去或让他不时留下来。有关法庭探视权的判令可以包括合理探视权、指定时段探视权、留宿探视、电话或视像探视和监督探视。

有关子女安排的法律已经有不同方向的发展。除了管养权可分单独和共同管养权外，照顾和管束权都发展成为单独照顾和管束权或共同照顾和管束权。共同照顾和管束权是指，法庭判令给双方父母在一个星期内有差不多时间照顾和管束孩子，例如，每星期母亲可获孩子照顾和管束权 4 天，而父亲可获孩子照顾和管束权 3 天；或者是孩子一个星期由母亲照顾和管束，另一个星期由父亲照顾和管束。

(7)排解子女纠纷聆讯(Children Dispute Resolution，CDR)

自 2016 年 4 月 1 日起，在法庭收到有关子女事宜的申请时，按司法机关《实务指示 – 15.13》"排解子女纠纷"程序将会展开。法庭会定出"关于子女的约见"聆讯之日期。在"关于子女的约见"聆讯前 14 日，各方须存档关于子女事宜的表格(表格 J)及陈述书，扼要说明有关子女的争议点。

在"关于子女的约见"聆讯举行之前，可作出任何紧急申请及聆讯。"关于子女的约见"聆讯可与"解决财产纠纷"聆讯的首次约见同时进行。在"关于子女的约见"聆讯中，法庭会给予指示，要求社会福利署做调查报告书(连同或不连同有关子女安排建议)送交法庭，存档专家报告、誓章或誓词，及作出任何其他合适的命令，包括管养、照顾和管束及探视的临时命令、调解，或指示合适人士出席排解子女纠纷聆讯。

在排解子女纠纷之前,可以有数次"关于子女的约见"聆讯。"排解子女纠纷"聆讯的目的是法官通过有关排解聆讯就子女未来的安排在家长之间谋求协议。如在排解子女纠纷程序内未能解决问题,或被认为不适合处理相关事宜,法庭就会以正式审讯方式处理子女事宜。与"解决财务纠纷"聆讯不同之处,处理"排解子女纠纷"聆讯的法官可以继续处理子女的正式审讯。

(8)"管养权"或"父母责任"的变迁

法律是根据社会的需要及人与人之间的关系而草拟的。如果要修改法律,就必须确保法律条文能够足以反映社会转变的趋势。随着社会的进步,家庭结构的改变及离婚家庭数目日增,有关的家事法在过去的10至20年已经发生了重大的变化。司法制度的功能是既维护公众利益,亦需要维护个人的权利。

父母身份的现有法律概念,似乎是指"监护权"这一法律概念。"管养权"在我国香港特别行政区被视为等同于"监护权"。"监护权"是一个非常古旧的概念,基于保护家族土地多于保护儿童。这种关于监护权的旧观念,深深植根于中世纪的土地所有权上,后来便发展成为管养、照顾、管束和探视等各项权利。

我国香港特别行政区上诉法庭夏正民大法官在 *PD v. KWW CACV* 188/2009 一案中指出:

> 曾经有一段时间,家长们,特别是父亲,对子女享有几近绝对的权威。但这种情况目前已不存在。曾经有一段时间当父母离异后,母亲通常获法庭批准履行照顾子女的责任,而父亲则提供财政上的支持,并仅获得给予对子女的探视权。在今天,这种性别歧视观念已经过时。管养权概念可以说是一个情绪标签,并有可能导致家长之间为了要赢而进行争斗。现在正是时候从法律上将它改变为父母责任这一概念,并加上适当的教育,以及在态度和文化上的转变,从而将父母的思维重新引导至照顾子女的未来福祉上。

(9)"管养权及探视权"的改革

我国香港特别行政区法律改革委员会于2005年3月发表的《子女管养权及探视权报告书》第一章第1.3段指出:

> 在其他普通法司法管辖区中,这个在法律上强调父母每一方对子女所享有的权利及权能的做法已有改变,转为着重较以子女为中心的"共同父母责任"概念。这个较新路向的重点是父母责任而非父母权利,并强调了子女在父母离婚后与父母双方均继续维持关系的权利。本报告书会对此加以探讨,研究此较新路向是否可以成为香港范畴法律的未来模式。

(10)《子女法律程序(父母责任)条例草案》初稿

我国香港特别行政区政府劳工及福利局在2015年11月25日就落实法律改革委员会(法

改会)《子女管养权及探视权报告书》建议的拟议法例展开公众咨询。劳福局拟备了《子女法律程序(父母责任)条例草案》初稿,以落实报告书的建议。

条例草案初稿对于子女安排的改革包括:

①"监护权"或"管养权"的概念将被"父母责任"的概念取代,以重新界定父母与子女在法律上的关系;

②将制定一份法定的考虑因素清单,以协助法院在子女法律程序裁断什么才符合子女最佳利益;

③现行的"管养令"及"探视令"将被"子女安排令"取代,以去除关于子女的争议上隐含胜负意味的用语;

④父或母在作出影响子女的重大决定前,要先通知另一方或获得另一方的同意,将会有法定清单以列明这些重大决定;

⑤第三方(如祖父母)可以向法院提出申请关乎子女的命令;

⑥提供独立法律代表机制,以确定子女的意见和让子女向法院表达意见。

16.3 中国澳门特别行政区法律制度

16.3.1 亲权规范的程序与离婚程序的关系

1. 启动亲权规范程序的时间

《澳门民法典》第 1756 条第 1 款规定,在父母婚姻关系存续期内,亲权由父母双方行使。因此,原则上,在夫妻正式离婚之前,孩子的亲权仍然由夫妻共同行使。但是,现实问题是,夫妻的共同生活才是两人共同行使孩子亲权的事实基础。很多夫妻在离婚的过程中,甚至在办理离婚以前,就已经处于分居状态了,根本不可能共同行使亲权。

因此,《澳门民法典》第 1760 条第 1 款规定,在离婚、事实分居或撤销婚姻之情况中,子女之归属、子女应受之扶养及扶养之方式,均由父母以协议确定之,该协议须经法院认可;如协议不符合未成年子女之利益,包括子女与不获交托子女之父亲或母亲一方保持密切关系之利益,则法院须拒绝给予认可。

此外,《澳门民法典》第 1761 条第 1 款规定,在离婚、事实分居或撤销婚姻之情况下,亲权由获交托子女之父亲或母亲行使。

综上所述,在父母已经事实分居的情况下,父母任何一方均可根据第 65/99/M 号法令《未成年人司法管辖范围内之教育制度及社会保护制度》第 114 条第 1 款的规定,要求法院对子女的亲权行使权作出规范,而不必等到离婚程序的终结。

2. 两愿离婚程序中关于亲权的规范

在两愿离婚程序之中,如果夫妻两人拥有未成年的子女,则此离婚程序必须由法院管辖,而不能在民事登记局局长的主持下完成。《澳门民法典》第 1630 条第 2 款规定:"夫妻双方无须透露离婚之理由,但就向需要扶养之一方提供扶养、对未成年子女行使亲权及家庭居所之归属等事宜,应达成协议。"此外,《民事诉讼法典》第 1242 条也规定,提出两愿离婚声请的夫妻双方必须提交关于未成年子女行使亲权之协议。可见，对于拥有未成年子女的夫妻而言，他们的两愿离婚必须在法院办理，不能在民事登记机关办理。法律这样规定，最重要的理由就是，法院需要审查夫妻离婚时所达成的亲权行使协议。

两愿离婚的夫妻，不但必须提交亲权行使协议，法院还要根据《澳门民法典》第1631条的规定，以未成年人的利益为出发点，对该协议进行审核。法官可以在两愿离婚的会议之中，在听取夫妻双方的意见以后，要求夫妻双方对“关于未成年子女行使亲权之协议”作出修改，并且定出修改的期限。离婚双方如果不在法官所定的期限内对协议作出合理的修改，法官可以驳回离婚请求。

3. 诉讼离婚程序中关于亲权的规范

在诉讼离婚程序中，根据《民事诉讼法典》第957条之规定，法官可以在诉讼的任何时刻，针对子女之亲权定出临时制度。这个临时制度有一个重大的缺陷，即它并不能成为最终的亲权行使规范，在诉讼离婚程序结束以后，夫妻双方仍然要提起正式的亲权规范程序。

我国澳门特别行政区初级法院在2013年设立了家庭及未成年人法庭，将诉讼离婚、两愿离婚、未成年人亲权规范程序及其他涉及家庭事务及未成年人权利的案件，交由该法庭集中管辖。随着家庭及未成年人法庭的设立，原本平均需要2年以上才能审结的诉讼离婚程序，耗时缩短到了1年左右，甚至更短。由于诉讼离婚程序效率的大幅提升，法院在审理诉讼离婚的过程中，开始大量拒绝针对未成年人亲权设立临时制度的请求，仅在那些无法在短期内审结的诉讼离婚案件中允许设立临时亲权制度。

法院如此处理，也是具有一定合理性的，如果夫妻在诉讼离婚期间尚未实际分居，则暂无必要订立未成年子女的临时亲权制度；如果已经实际分居，则他们可以提起正式的亲权规范程序，以免法院耗费不必要的司法资源去设立一个临时性的亲权制度。拒绝临时亲权制度，反而有利于夫妻双方尽早启动未成年人亲权规范程序，早日定出亲权行使的长效制度。

16.3.2　通过协议规范亲权的行使权

《澳门民法典》第1760条规定，夫妻双方在离婚、实际分居及婚姻被撤销的情况下，应当通过协议定出未成年子女的亲权行使制度，并且交由法院审查。

第65/99/M号法令《未成年人司法管辖范围内之教育制度及社会保护制度》第114条第1款的规定，父母任何一方，应当在离婚判决生效以后的10日内提出声请，将未成年人亲权行使的协议提交给法院审查。如果父母双方均不及时提交声请，又或者双方向法院提交了法院拒绝认可的协议，则法院会将相关情况告知检察院，以便检察院向法院提出相关声请。

根据我国澳门特别行政区《司法组织纲要法》第60条第2款第1项的规定，检察院具有正当性（当事人适格性）代表无行为能力人参与诉讼。因此，如果未成年人的父母在离婚以后，不主动及时启动亲权规范程序，检察院会主动启动程序，以免未成年人的亲权行使问题长期处于悬而不决的状态。

法院收到任何一方提起的声请以后，法院就应当传唤未成年人的父母出席会议，原则上未成年人的父母必须到场，如果确实无法到场，则必须委托具有特别权利的代理人参与会议，代理人必须是律师,或者委托人的父母或兄弟姐妹。此外,法官也可以决定让未成年人参与会议,以便听取未成年人的意见。第65/99/M号法令并未明确规定法官应当听取意见的未成年人应有的年龄,而是交由法官根据其年龄和心智成熟程度来决定是否应当听取其意见(参见第65/99/M号法令第115条第1款)。

即使法院认为父母所提交的书面协议符合未成年人的利益时,法官也必须在正式认可协议之前,在会议过程中,以口头方式,亲自向未成年人父母重新确认协议的内容。如果法官不认可协议的内容,可以中止会议,定出适当的期间及措施,以便未成年人的父母可以达成有利于未成年人的合理协议(参见第65/99/M号法令第117条)。

在法院主持的会议中,如果父母任何一方缺席,法官可以视情况将会议押后一次,也可以直接视为双方无法达成协议,按照无协议的情况处理。

16.3.3　无协议规范亲权的行使权

规范亲权的程序是具有强制性的,无论父母双方是否已经对于未成年人的亲权行使达成了协议,都必须经过司法程序的确认。因此,未成年人的父母在没有达成共识的情况下,依然可以启动程序的。启动程序的声请人可以是父母任何一方,也可以是检察院(参见第65/99/M号法令第114条)。

法院收到父母单方的声请,或者检察院的声请以后,首先要做的事情是传唤未成年人的父母,要求双方到法院参加法官主持的会议。会议的时间,依法应当安排在传唤以后的15日之内(参见第65/99/M号法令第115条第1款)。

一般在下列情况下,未成年人的父母无法就子女的亲权行使达成协议的原因有三种情况:(1)父母一方下落不明;(2)父母一方不愿到场参与会议;(3)双方在会议中无法达成一致意见。

1. 父母一方下落不明

如果父母一方下落不明,对整个程序影响最大的是传唤程序(起诉送达)。在司法程序中,是否成功传唤,影响着整个程序的合法性,法院必须穷尽手段确保当事人能参与诉讼,只有在确实无法找到当事人时,才能采取张贴告示的公示传唤。

在亲权规范程序中,如果父母任何一方下落不明,法院首先要用告示通知被传唤人。告示一式两份,一份张贴在被传唤人为人所知的最后居所门口,另一份张贴在法院内。由于这种传唤方式并不能确保有效传唤,所以法律要求法官必须确保被传唤人下落不明时,才可以采用这种张贴告示的公示传唤方式。司法实践中,法院会在传唤之前致函诸多政府部门(例如,社会保障基金、财政局、身份证明局、治安警察局)去查询其最新地址以及出入境记录,再决定是否公示传唤。

法院在采取了公示传唤以后,便视同其已经被成功传唤,继续按照既定的时间进行规范亲权的父母会议。

2. 父母一方不愿到场参与会议

如果程序在传唤阶段顺利传唤到了父母双方,但父母一方不愿到场参与会议,这种情况对整个程序影响最大的是——会议能否顺利完成。父母一方不出席会议，也不依法派符合资格的代表参与会议，就视为缺席。在父母一方缺席的情况下，法官可以直接认定会议无法达成共识，仅听取到会一方发表的声明以后，直接安排社会工作局制作社工报告。如果父母一方的缺席有合理的理由，法官将会议押后一次，以尽量促使双方能够以会议的方式达成一致，但押后的机会只有一次，第二次缺席便不得再次押后。

3. 双方在会议中无法达成一致意见

在父母双方均参与了会议但无法达成协议的情况，法官会给予双方 10 日时间，由双方提交书面陈述，说明己方的主张。任何一方提交陈述书时，就应当将相关的证人名单、证据、书证等一并提交(参见第 65/99/M 号法令第 118 条第 1 款)。

在双方都提交了陈述书以后，或者 10 日期间届满以后，法官就会安排社会工作局介入，由社会工作局的社工通过约谈、家访等方式直接了解未成年人的家庭和父母的详细状况，分析父母的社会状况、品德及经济状况，并且编制社会报告，供法院参考(参见第 65/99/M 号法令第 118 条第 3 款)。

如果未成年人的父母双方都没有提交陈述，法官就可以直接依据社会工作报告作出判决(参见第 65/99/M 号法令第 119 条第 1 款)。如果有任何一方提交了陈述书，则法官不但要分析陈述书的请求，还要听取陈述书所提供的人证、分析陈述书其他证据、再综合社会报告中的建议，最终作出判决(参见第 65/99/M 号法令第 119 条第 2 款)。

判决除了要确定由哪一方行使未成年人的亲权，还要定出不行使亲权的一方应当向未成年人支付的扶养费，以及其探视未成年人频率和方式。

16.3.4　规范亲权行使的原则

在规范亲权行使的程序中，法官所秉持的原则是未成年人的利益为上。对未成年人成长最有利的环境，必然是一个完整的家庭，同时得到父母完整的呵护。面对父母婚姻的破裂，法院就应当协助未成年人在父母之间，帮未成年人选择相对较好的一方，将婚姻破裂对未成年人的伤害降到最低。

法律并没有对于法官需要考虑的因素作出明确的规定，因为每个个案都存在其独特性，具体案件还是应当由裁决者把握更好。在诸多司法实践中，法官多数会重点考虑下列几项因素：(1)未成年人的年龄；(2)父母分居前主要照顾未成年人是哪一方；(3)父母各自的工作性质，尤其是业余时间是否充足；(4)父母任何一方有没有精神疾病或者对未成年人身心健康有害的行为前科；(5)未成年人自身的意愿。

一般而言，法官不会过度在意双方的收入水平，收入更高的一方在争夺亲权的过程中并不占有明显的优势，因为无论亲权由哪一方行使，对方都有支付扶养费的义务。

另外，在父母争夺子女亲权行使权的案件中，法院并不一定必然将未成年人的亲权判给父母行使，如果法官在审理过程中发现未成年人的父母均不称职，无法确保未成年人的合法利益，法官是可以判决将未成年人交托给法院指定的监护人，法院也可以部分限制父母对亲权的行使(例如，禁止父母管理未成年人的财产)。

16.3.5 亲权行使规则的变更

法院通过规范亲权的程序定出的亲权行使制度并非不能变更。未成年人成长的过程长达十几年。在这么长的时间跨度中,无论是未成年人的生活需求,还是父母双方的社会状况、经济状况、品德状况都会发生变化。当影响到未成年人亲权行使的外部事实发生的重大变化时(例如,父母一方收入水平锐减,需要降低扶养费;父母一方涉嫌犯罪,且明显不利于继续行使亲权;一方健康状况恶化,没有能力继续行使亲权等),未成年父母任何一方都可以请求法院变更亲权的行使方式。

未成年人的父母任何一方在影响亲权行使的外部环境发生重大变化以后,无论双方是否已经达成了新的共识,都可以向法院提出声请,定出新的亲权行使制度,并且经过法院的审核及认可。法官接到相关声请以后,如果认为确有必要变更亲权行使的制度,可以重新启动程序,在后续步骤中,重复最初相同的程序,直至定出新的亲权行使制度(参见第65/99/M号法令第122条)。

16.4 三法域规定列举(见表3-16-1)

表3-16-1 三法域规定列举

离婚后子女抚养的一般原则	
中国内地	离婚后,不满2周岁的子女,以由母亲直接抚养为原则;已满2周岁的,父母协商不成的,由法院根据双方具体情况,按照最有利于未成年子女的原则判决;子女已满8岁的应当尊重其真实意愿
中国香港特别行政区	子女的最佳利益为一般原则
中国澳门特别行政区	未成年子女的利益为上原则
离婚后子女抚养的方式	
中国内地	(1)母亲直接抚养;(2)父亲直接抚养;(3)轮流抚养
中国香港特别行政区	(1)单独管养权;(2)共同管养权
中国澳门特别行政区	亲权由获交托子女之父亲或母亲行使
抚养费	
中国内地	(1)抚养费的数额可以根据子女的实际需要、父母双方的负担能力和当地的实际生活水平确定; (2)抚养费应当定期给付,有条件的可以一次性给付

续表

抚养费	
中国香港特别行政区	对家庭子女的经济给养有以下形式： (1)定期付；(2)保证定期付款；(3)一整笔款项
中国澳门特别行政区	(1)父母作为亲权人，有义务承担子女的各项开支，如安全、健康、教育上的开支； (2)父母的义务以其个人收入和能力范围为限，也可以随着子女个人的收入能力提升而适度解除； (3)扶养费应以按月作出金钱给付之方式定之，但另有协议或法律另有规定，又或有理由采取例外措施者除外。如负扶养义务之人证明不能以定期金方式提供扶养，而仅能以提供其住所及陪伴受扶养人之方式为之，则可命令依此方式提供扶养
探望权	
中国内地	行使探望权利的方式、时间由当事人协议；协议不成的可向有管辖权的人民法院起诉，由人民法院判决
中国香港特别行政区	有关法庭探视权的判令可以包括合理探视权，指定时段探视权，留宿探视，电话或视像探视和监督探视
中国澳门特别行政区	探视未成年人频率和方式由法院判决，或者由法院审查并认可的亲权行使的协议规定
离婚后子女抚养权的变更	
中国内地	离婚后，父母一方要求变更子女抚养关系的，或者子女要求增加抚养费的，应当另行提起诉讼
中国香港特别行政区	法庭可在任何离婚、婚姻无效或裁判分居的法律程序中，于作出最后判令之当时、之前或之后作出其认为是适宜的命令，以便为任何18岁以下的家庭子女提供管养及教育
中国澳门特别行政区	当影响到未成年人亲权行使的外部事实发生的重大变化时(例如，父母一方收入水平锐减，需要降低扶养费；父母一方涉嫌犯罪，且明显不利于继续行使亲权；一方健康状况恶化，没有能力继续行使亲权等)，未成年父母任何一方都可以请求法院变更亲权的行使方式

第十七章　离婚救济

17.1　中国内地法律制度

离婚救济制度,是指法律为离婚过程中权利受到损害一方提供的权利救济方式,包括经济补偿、经济帮助和离婚损害赔偿。

17.1.1　离婚经济补偿

夫妻一方因抚育子女、照料老年人、协助另一方工作等负担较多义务的,离婚时有权向另一方请求补偿,另一方应当给予补偿。具体办法由双方协议;协议不成的,由人民法院判决。

1. 请求经济补偿的时间

无论是原《婚姻法》(2001 年修正)第 40 条还是《民法典》第 1088 条对离婚经济补偿的规定,均将请求经济补偿的时间限定在"离婚时"。请求经济补偿的时间被明确限定在"离婚时"。这就意味着,无论是在婚姻关系存续期间还是离婚后,如果一方未提出请求,那么另一方是没有权利主张经济补偿的。这种规定主要目的是在夫妻共同财产分割的基础上,对家庭义务承担较多一方的权利给予救济和平衡。因此,离婚时的经济补偿问题需要双方当事人充分协商,明确约定经济补偿金的支付时间,以免引发后续的纠纷。

2. 经济补偿标准

原《婚姻法》(2001 年修正)第 40 条和《民法典》第 1088 条均没有就补偿标准作出规定。但从《民法典》关于离婚经济补偿的规定来看,经济补偿是对承担家务劳动的一方以及因抚育子女、照料老人或者协助另一方工作而付出较多义务的一方的权利的救济和平衡。具体的补偿标准包括:

(1)对承担家务劳动的一方在离婚时享有经济补偿权利。

(2)夫妻一方基于抚育子女、照料老人或者协助另一方工作而付出较多义务的,在离婚时享有要求另一方给予相应补偿的权利。

(3)补偿金应当从承担支付义务一方的个人财产或分得的共同财产中支取。

然而,对于具体的补偿金额,法律并未作出明确规定,在实际操作中,离婚的双方当事人可以充分考虑各自的经济状况、付出的努力和贡献等因素,以达成公平合理的补偿协议。在司法实践中,补偿的具体形式可以是现金给付、实物给付等,补偿的期限可以是一次性给付也可以是分期给付。

3. 经济补偿的形式

离婚经济补偿的形式没有明确的法律规定,具体的补偿形式离婚的双方当事人可以协商确定。

在实践中,补偿金的支付方式可以是一次性给付也可以是分期给付。此外,补偿的具体形式也不局限于现金,实物(如房产、车辆等)同样可以作为一种补偿方式。重要的是,无论采取何种形式的补偿,都应确保双方当事人的权益得到公平对待,实现实质的公平和公正。

17.1.2 离婚经济帮助

1. 离婚经济帮助制度

离婚经济帮助制度是指夫妻离婚时,因一方生活确有困难,经双方协议或法院判决,由有条件的一方从其个人财产中给予另一方适当资助的制度。[1] 离婚经济帮助制度作为我国最早的离婚救济制度之一,发挥了保护弱者权益、保障离婚自由、促进法律公平的作用。

2. 适用条件

(1)以离婚为条件

离婚,可以通过民政部门协议登记离婚,也可以通过法院判决离婚。登记离婚的,可以在离婚协议中对经济帮助作出明确约定。在双方通过民政部门登记离婚的情况下,可以在离婚协议中对一方给予另一方经济帮助予以具体约定。该经济帮助条款对双方具有约束力,一方不履行时,另一方有权向法院起诉要求履行。诉讼离婚的,应当在提起离婚诉讼时,一并主张经济帮助。法院在判决时,会综合考虑到双方的收入和财产、双方就业能力、子女抚养、婚姻期间的生活水平等因素,以合理确定经济帮助的数额和方式。

(2)离婚时,一方生活困难

"生活困难"是指依靠个人财产和离婚时分得的财产无法维持当地基本生活水平。对于"生活困难"的认定,在司法实践中有一些可以参考的标准,如一方离婚后没有住处的、丧失劳动能力且无生活来源的、患有重大疾病的;如一方无法通过自身努力维持基本生活需要,包括不能支付必要的生活费、医疗费等;如一方离婚后依靠个人财产和分得的财产无法维持当地基本生活水平,或者没有住房等都可能是生活困难的体现。

3. 与是否有过错无关

值得注意的是,在司法实际中,在离婚时一方是否需要给另一方提供经济帮助,和婚姻关系中双方是否有过错并无关联性。这意味着即使有过错的一方存在生活困难的情形,也可要求无过错方给予适当的经济帮助。

4. 另一方有能力提供帮助

《民法典》关于"经济帮助"的条款,新增给予经济帮助的另一方"应有负担能力"之规定。提供经济帮助的一方必须具有足够的经济能力,即有足够的收入或其他财产来承担这种帮助的义务。

---

[1] 参见徐梅桂:《我国离婚经济帮助制度探析》,载《学理论》2015 年第 14 期。

17.1.3 离婚损害赔偿

离婚损害赔偿制度是指在婚姻关系持续期间,若是一方存在法律规定的过错行为,并因此导致双方离婚,那么在离婚时过错方有权要求无过错方承担遭受的物质和精神损失的损害赔偿责任。离婚损害赔偿制度,为惩罚婚姻侵权行为提供了法律依据,发挥着惩罚过错方和保护无过错方的积极作用。

1. 离婚损害赔偿的范围和数额

根据《民法典》第 1091 条的规定,无过错方在以下情况下,有权请求离婚损害赔偿:重婚、与他人同居、实施家庭暴力、虐待遗弃家庭成员。离婚损害赔偿的范围包括物质损害赔偿和精神损害赔偿。物质损害赔偿通常以过错方的过错程度及由此造成的实际损失大小进行赔偿,比如,因家暴造成就医产生的医疗费等。对于精神损害赔偿,无过错方如因过错方的行为遭受精神痛苦,可提出精神损害赔偿请求。

至于具体的赔偿数额,法院在审理案件的过程中,通常会结合过错方的主观恶性、过错程度、认错态度、过错方的经济能力,以及受害方遭受损害的程度等因素来综合考量。这意味着赔偿数额不是固定的,一般在几千元到几万元不等。

2. 司法救济

在寻求离婚损害赔偿的司法救济时,首先是要确定赔偿主体和确保是否符合《民法典》第 1091 条的规定,即如果对方有重婚、与他人同居、实施家庭暴力、虐待或遗弃家庭成员等重大过错行为,导致离婚,无过错方有权请求损害赔偿。接下来是提出赔偿请求,无过错方作为原告向人民法院提起损害赔偿请求时,必须在离婚诉讼的同时提出。如果无过错方作为被告的离婚诉讼案件,即使被告不同意离婚也不提起损害赔偿请求,则无过错方可以在二审答辩时提出。另外,如果双方已经离婚,可以单独向人民法院提出赔偿诉讼。在向人民法院起诉时需要提交相关证据支持赔偿请求,如证明对方存在过错行为的证据。提交所有必要的文件和证据后,人民法院将审理案件并作出裁决。

需要注意的是,如果在协议离婚时已经明确表示放弃赔偿请求,那么人民法院将不予支持。另外,涉及精神损害赔偿的,适用《最高人民法院关于确定民事侵权精神损害赔偿责任若干问题的解释》中的有关条款。

17.2 中国香港特别行政区法律制度

就目前的法律而言,婚姻双方离婚时不再有离婚经济补偿,或者是离婚损害赔偿。

我国香港特别行政区法律改革委员会 1992 年 8 月在《离婚理由及结婚三年之内申请离婚的时间规限》研究报告书的第 1.14 段提到:

> 在制定《1969 年离婚法改革法令》之前,离婚法完全“以过失为依据”。要获得离婚,必须证明一项“婚姻罪行”已经发生。从前的观念是:建立一个道德行为的标准,是保障婚姻制度的最佳办法,也可妨阻“婚外私通”。

婚姻的“罪行”包括通奸、虐待和遗弃。跟随时间的演变,离婚要求渐多。在 1972 年,有关条例被修改,在保留通奸及遗弃等离婚罪行理由事实外,也引入无过失离婚,例如,同意分居 1 年和分居 2 年的概念。至此,再没有因婚姻过错需要赔偿一方。

(1)严重经济困境或其他严重困境的抗辩

虽然自 1972 年取消了婚姻的赔偿,但在《婚姻诉讼条例》第 15B 条依然给予答辩人一些保障。如果呈请人是基于分居 2 年申请离婚,而答辩人可以证实解除婚姻将会令其陷入严重经济困境或其他严重困境的,和在所有情况下解除婚姻均属不当为理由,反对批准离婚暂准判令。有关经济困境可以包括失去取得任何利益的机会,而该利益是该宗婚姻若未解除则答辩人可能取得的。但在目前的社会,大多数离婚人士仍然年轻、健康及可以谋生。如果在离婚诉讼期间得到生活资助或家庭资产分配,那么经济并不会出现任何的困境。

至于其他严重困苦,则极少有成功案例。答辩人如果因为离婚而感到羞辱或不快乐是不足够的。如果用宗教上反对为理由亦同样无效。不过,如果答辩人能证明由于宗教和社会态度,离婚会使他受到社会的排斥,这个抗辩理由有可能被法庭考虑。在现在的社会,这类的困苦已经不再切实际。要取得这条例的保障,必须符合两项条件:证明严重困境;证明批准离婚是错误的。

(2)其他经济保障

如果呈请书是基于分居 1 年或分居 2 年的事实申请离婚,答辩人可以引用《婚姻诉讼条例》第 17A 条要求给予经济保障。假若答辩人提出有关申请时,法庭须考虑所有情况,包括双方的年龄、健康、行为、谋生能力、经济来源及经济负担;如果呈请人先去世,在顾及双方离婚的情况下,答辩人在呈请人去世后相当可能面临的经济状况也应予考虑。

法庭在审理期间,如果发现呈请人不需要向另一方提供财政给养或在考虑一切环境状况后,认为呈请人向另一方提供的财政给养而是合理、公允或是最佳的,法庭仍然可以作出离婚“绝对判令”。

以上所讨论的经济困境和经济保障,现在的情况并不太好适用。因为这类案件法庭都会给予婚姻状况经济上的给养和资产分配的安排。

17.3 中国澳门特别行政区法律制度

17.3.1 两愿离婚程序中的损害赔偿

两愿离婚程序,在民事诉讼程序分类上属于“非讼事件之程序”,此类程序不审理纠纷,只处理程序标的——离婚的合意。根据《澳门民法典》第 1630 条的规定,两愿离婚程序只是一个夫妻双方就离婚达成协议的程序,法官不会审理,也无权审理损害赔偿的问题。因此,夫妻任何一方不可能通过法院两愿离婚的判决确认任何损害赔偿。

此外,由于两愿离婚程序是一个协商过程,如果离婚双方通过协议方式,自愿确定了某些损害赔偿的条款,法律也是不禁止的。

综上所述,在两愿离婚程序中,夫妻间因为一方过错而要求对方承担损害赔偿的,法院完全不会审理,双方当事人只能通过协商的方式确定损害赔偿,法院既不会协助查明或者认定事实,也不会通过司法权力去认可相关赔偿条款,更不会为赔偿条款赋予任何司法上的执行力。

17.3.2 诉讼离婚程序中的损害赔偿

诉讼离婚程序,在民事诉讼程序分类上也是一个特别程序。这意味着,诉讼离婚程序的审理范围也是受到严格限制的,超出审理范围的内容,会被法院驳回。

《澳门民法典》第1642条规定,在诉讼离婚程序中,法官应当在判决内宣告离婚的过错方,如果仅有一方有过错,则宣告哪一方是唯一过错方,如果双方均有过错,则宣告哪一方是主要过错方。

此外,《澳门民法典》第1647条规定:"一、被宣告为唯一或主要过错人之一方,及以第一千六百三十七条c项所指之理由而请求离婚之一方,应向他方弥补因解销婚姻而造成之非财产损害。二、损害赔偿之请求应在离婚之本诉中提出。"

以下对《澳门民法典》第1647条规定所包含的各个要件进行详细分解。

1. 适用的主体

这里规定了两种应当对损害负弥补责任的主体:(1)诉讼离婚中被法院宣告的唯一过错方或者主要过错方;(2)以配偶精神能力发生变化逾3年为理由,提起诉讼离婚的一方。

第一种情况比较容易理解,弥补责任与过错挂钩。在离婚诉讼中,只要法院认定了其中一方是主要过错方或者唯一过错方,则唯一过错方可能需要对无过错方进行补偿,主要过错方可能需要对次要过错方进行补偿。换言之,婚姻因为一方的过错而破裂,最终通过诉讼离婚的方式判决离婚,使对方遭受精神损失,则过错方可能需要对无过错方进行补偿,以弥补对方因婚姻破裂所遭受的损失。

第二种情况相对罕见,需要着重解释,其宗旨是保护弱势一方。《澳门民法典》第1637条规定了可以通过诉讼离婚的三种事实前提,其中c项规定是"对方之精神能力发生变化逾三年,且因其严重性导致不可能继续共同生活"。在这项规定之下,如果夫妻一方发现配偶的精神状况发生了巨大变化,导致其无法忍受精神状况恶化的配偶,不愿继续共同生活,此时,没有精神变化的一方,在忍受性情大变的配偶满3年以后,就有权利以此为理由离婚。

法律为了平衡这个情形下双方的不幸,就作出了这种看似有些矛盾的规定。即使患病方在婚姻中没有过错,无法长期忍受配偶精神病的一方,也可以在3年以后申请离婚。为了补偿被离婚的患病方因为婚姻解销所遭受的不幸,罹患精神病且被抛弃的一方,可以在离婚诉讼中,要求配偶对其遭受的精神损害作出补偿。

2. 损害的类型

《澳门民法典》第1647条第1款所述的损害类型是"非财产损害",通俗地说,就是精神损害。因此,在诉讼离婚程序中,遭受精神损害的一方,所主张的补偿标的只能是精神损失,而不能是财产损失。

如果夫妻生活中存在财产损失的争议，应当另案起诉，构成犯罪的，则通过刑事诉讼及刑事附带民事诉讼处理。诉讼离婚的非财产损害弥补请求，只能针对婚姻解销所导致的非财产损害。

3. 适用的诉讼类型

《澳门民法典》第1647条第2款规定："损害赔偿之请求应在离婚之本诉中提出。"这个规定非常重要，它限定了因婚姻解销而引致的非财产损害赔偿的救济途径。因为离婚导致的精神损害赔偿，只能在诉讼离婚程序中提出。也就是说，无论是当事人选择两愿离婚，还是选择离婚以后另案起诉，此项损害赔偿请求将不被法院受理。在诉讼离婚程序中提出因婚姻解销导致的非财产损害赔偿请求，是法定的唯一途径。

4. 造成损害的诉因

在我国澳门特别行政区的诉讼离婚案件中，支持因为离婚而导致的精神损害赔偿的案件极罕见。其原因就在于，法律对于精神损害赔偿诉因的描述存在模糊性，我国澳门特别行政区的司法机关并没有对此类案件的可受理范围达成共识。

《澳门民法典》第1647条第1款对诉因的原文表述是"因解销婚姻而造成之非财产损害"，这项表述在司法实践中制造了相当巨大的理解分歧。在司法实践相当多的判决中，法院认为：只有因为离婚本身所导致的精神损害，才可以在诉讼离婚中获得赔偿；配偶在婚姻存续期内所作出的违反夫妻义务的过错行为，这些行为导致的结果是离婚，并没有直接造成"因解销婚姻而造成之非财产损害"，所以不应当判处损害赔偿。

换言之，在诸多判决中，法院将过错行为与精神损害结果割裂，认为两者之间存在两层逻辑。首先，过错行为导致离婚。其次，离婚再导致精神损害。所以不受理过错行为导致的精神损害。举例说明：张三在婚后对妻子实施家暴，家暴导致妻子提起诉讼离婚。在这个诉讼中，法院不审理家暴直接造成的精神损害赔偿，只审理离婚造成的精神损害，哪怕离婚与家暴有因果关系，法院也不审理家暴造成的直接精神损害。

法院这样是在以一种极度狭义的方式去理解"因解销婚姻而造成之非财产损害"。很多法官还在判决中作出了这样的解释："有种公认的学说认为，将获赔偿的损害只是源自婚姻解销的损害。也就是说，由导致解销或离婚的事实而造成的非财产损害并不包括在该条规定之中，其赔偿应在根据《澳门民法典》第477条提起的独立诉讼中请求。"

除此之外，有的法官对上述理解作出更严苛的解释。在这些判决中，法官不但只审理离婚导致的精神损害赔偿，拒绝审理过错行为导致的精神损害赔偿，而且强调"离婚事实"与"精神损害"两者之间的先后次序，并且认为，法院在离婚诉讼中只应当审理离婚发生以后产生精神损害赔偿。笔者认为这种理解，苛刻到了违背逻辑的程度，十分不妥。在离婚诉讼过程中，离婚的事实肯定还没有发生，所以离婚以后产生的精神损害更不可能发生。只有法官在本案判处离婚以后，当事人才能够离婚，继而离婚的精神损害结果才有可能发生。所以，法官永远都不必在离婚诉讼中审理精神损害赔偿。这样的理解，实际上完全剥夺了离婚当事人在离婚诉讼中获得精神损害赔偿的可能性。然而，《澳门民法典》第1647条第2款规定又明确规定，此类损害赔偿请求只能在离婚诉讼中提出。

笔者在撰写本书时尝试去查阅判例,在中级法院找到了多个改判支持精神损害赔偿的判例(例如,第257/2006号案件、第248/2005号案件、第636/2917号案件)。中级法院在这些判决中,纠正了初级法院诸多类似的错误判决,改判支持原告提出的精神损害赔偿请求。但是,在司法实践中,大多数当事人在初级法院驳回其损害赔偿请求之后,并不会选择上诉。原因有二:(1)一旦选择上诉,会拖延自己已经胜诉的离婚请求的实现,并不符合自己的核心利益;(2)精神损害赔偿的金额一般仅有5万至10万澳门元,即使上诉成功,也未必能够覆盖上诉的成本。

综上所述,本书认为在诉讼离婚程序中,因为婚姻破裂而遭受精神伤害的当事人仍然是有机会获得损害赔偿的。在这些案件中,代理案件的律师必须充分考虑法院对此规定的保守态度,在主张事实方面,有充分的准备。律师在起诉状中陈述事实时,要着重分析受害方遭受的精神伤害与婚姻的破裂之间的因果关系,强调婚姻破裂才是当事人痛苦的根源,而不是强调当事人的过错行为所造成的直接精神痛苦。

17.4 三法域规定列举(见表3-17-1)

表3-17-1 三法域规定列举

离婚经济补偿	
中国内地	夫妻一方因抚育子女、照料老人、协助另一方工作等负担较多义务的,离婚时有权向另一方请求补偿,另一方应当给予补偿。具体办法由双方协议;协议不成的,由人民法院判决
中国香港特别行政区	法庭都会给予婚姻状况经济上的给养和资产分配的安排,所以没有额外的离婚经济补偿制度
中国澳门特别行政区	(1)离婚判决中的非过错方或非主要过错方或同等过程者,以及以配偶精神能力发生变化逾3年为理由提起诉讼离婚的被告方,有权在离婚时接受扶养,法院可以基于衡平理由,尤其经考虑婚姻关系之存续期,以及按照上款规定无权接受扶养之一方对家庭经济所提供之协助,例外给予其受扶养之权利; (2)定出扶养给付时,法院应考虑夫妻双方之年龄、健康状况、从事职业之能力及受雇之可能性,可能须用于养育由两人所生之子女之时间、双方之收益及收入,以及一切会影响接受扶养方之需要及影响提供扶养方之给付能力之情况
离婚经济帮助	
中国内地	离婚时,如果一方生活困难,有负担能力的另一方应当给予适当帮助。具体办法由双方协议;协议不成的,由人民法院判决
中国香港特别行政区	法庭都会给予婚姻状况经济上的给养和资产分配的安排,所以没有额外的离婚经济帮助制度
中国澳门特别行政区	夫妻离婚以后,如果一方在婚姻存续期间因未长期专注于家庭事务而放弃了职业发展,从而在离婚后面临经济上难以自给自足的情况,弱势一方可以要求法院在离婚判决中定出扶养费,判令前配偶在离婚以后向经济弱势的一方支付扶养费用,直至被扶养人再婚或者与第三人建立事实婚姻关系

续表

离婚损害赔偿	
中国内地	有下列情形之一，导致离婚的，无过错方有权请求损害赔偿： (1)重婚； (2)与他人同居； (3)实施家庭暴力； (4)虐待、遗弃家庭成员； (5)有其他重大过错
中国香港特别行政区	1972 年修改有关条例，引入无过失离婚后，没有因婚姻过错需要赔偿一方的规定
中国澳门特别行政区	诉讼离婚中被法院宣告的唯一过错方或者主要过错方，及以配偶精神能力发生变化逾 3 年为理由提起诉讼离婚的一方，应向他方弥补因解销婚姻而造成之非财产损害。损害赔偿之请求应在离婚之本诉中提出

第四篇　继　承　篇

第十八章　概　　述

18.1　中国内地法律制度

18.1.1　继承、继承权的概念

继承,是指按照法律或遵照遗嘱接受死者的财产、职务、头衔、地位等。继承权是一项重要的民事权利,是继承人依法享有的、能够无偿取得被继承人遗产的权利。从根本上说,它是一种财产权利,但又具有鲜明的身份特点,不同于一般的财产权或人身权,国家保护自然人的继承权。《民法典》继承编调整因继承产生的民事关系。

18.1.2　继承开始的时间

继承从被继承人死亡时开始,死亡包括生理死亡和被宣告死亡。

1. 生理死亡

生理死亡是指机体各器官生理功能逐渐减退直至衰竭,尤其全脑、心或肺功能因老化而发生的自然衰竭,致不能维持生活功能而死,又称老死或衰老死。

被继承人生理死亡时,继承开始。

2. 宣告死亡

(1)宣告死亡需要具备法定条件

所谓宣告死亡,是指自然人下落不明达到法定期限,经利害关系人申请,人民法院经过法定程序在法律上推定失踪人死亡的一项制度。这一制度,可以及时了结下落不明之人与他人的财产关系和人身关系,以维护社会秩序。根据《民法典》的规定,宣告死亡需要具备法定条件:①自然人下落不明满 4 年;因意外事件,下落不明满 2 年,因意外事件下落不明,经有关机关证明该自然人不可能生存的,申请宣告死亡不受 2 年时间的限制;②必须由利害关系人提出申请;③必须由人民法院作出宣告。根据《民事诉讼法》的规定,宣告死亡适用诉讼的特别程序。

(2)宣告死亡的公告期及死亡日期

《民事诉讼法》第 192 条规定:"人民法院受理宣告失踪、宣告死亡案件后,应当发出寻找下落不明人的公告。宣告失踪的公告期间为 3 个月,宣告死亡的公告期间为 1 年。因意外事件下落不明,经有关机关证明该公民不可能生存的,宣告死亡的公告期间为 3 个月。公告期间届满,人民法院应当根据被宣告失踪、宣告死亡的事实是否得到确认,作出宣告失踪、宣告死亡

的判决或者驳回申请的判决。”关于被宣告死亡的人的死亡日期,《民法典》第48条规定:“被宣告死亡的人,人民法院宣告死亡的判决作出之日视为其死亡的日期;因意外事件下落不明宣告死亡的,意外事件发生之日视为其死亡的日期。”这是法律规定的宣告死亡日期的推定规则。

(3)宣告死亡与宣告失踪的关系

需要注意的是,宣告死亡和宣告失踪联系密切。实践中,自然人下落不明后,利害关系人一般都宣告失踪,然后再申请宣告死亡。但宣告失踪并不是宣告死亡的必经程序。根据《民法典》第47条的规定,对同一自然人,既有利害关系人申请宣告死亡,又有利害关系人申请宣告失踪,符合《民法典》规定的宣告死亡条件的,人民法院应当宣告死亡。

3. 难以确定死亡时间情形下的处理

相互有继承关系的数人在同一事件中死亡,难以确定死亡时间的,推定没有其他继承人的人先死亡。都有其他继承人,辈分不同的,推定长辈先死亡;辈分相同的,推定同时死亡,相互不发生继承。

18.1.3　继承的办理

继承开始后,按照法定继承办理;有遗嘱的,按照遗嘱继承或者遗赠办理;有遗赠扶养协议的,按照协议办理。

18.1.4　继承的通知

继承开始后,知道被继承人死亡的继承人应当及时通知其他继承人和遗嘱执行人。继承人中无人知道被继承人死亡或者知道被继承人死亡而不能通知的,由被继承人生前所在单位或者住所地的居民委员会、村民委员会负责通知。

人民法院在审理继承案件时,如果知道有继承人而无法通知的,分割遗产时,要保留其应继承的遗产,并确定该遗产的保管人或者保管单位。

18.1.5　继承和遗赠的接受、放弃

继承和遗赠是民事权利,权利人可以选择接受或者放弃。继承开始后,继承人放弃继承的,应当在遗产处理前,以书面形式作出放弃继承的表示;没有表示的,视为接受继承。

需注意的是:(1)继承人因放弃继承权,致其不能履行法定义务的,放弃继承权的行为无效。(2)继承人放弃继承应当以书面形式向遗产管理人或者其他继承人表示。(3)在诉讼中,继承人向人民法院以口头方式表示放弃继承的,要制作笔录,由放弃继承的人签名。(4)继承人放弃继承的意思表示,应当在继承开始后、遗产分割前作出。遗产分割后表示放弃的不再是继承权,而是所有权。(5)放弃继承的效力,追溯到继承开始的时间。(6)遗产处理前或者在诉讼进行中,继承人对放弃继承反悔的,由人民法院根据其提出的具体理由,决定是否承认。遗产处理后,继承人对放弃继承反悔的,不予承认。(7)继承诉讼开始后,如继承人、受遗赠人中有既不愿参加诉讼,又不表示放弃实体权利的,应当追加为共同原告;继承人已书面表示放

弃继承、受遗赠人在知道受遗赠后60日内表示放弃受遗赠或者到期没有表示的，不再列为当事人。(8)受遗赠人应当在知道受遗赠后60日内，作出接受或者放弃受遗赠的表示；到期没有表示的，视为放弃受遗赠。

18.1.6　继承权的丧失

继承权的丧失又称剥夺继承权，是指由于出现法律规定的原因，依法定的程序取消或剥夺继承人的继承权，是对继承人的严重违法行为或犯罪行为的制裁措施。

1. 适用条件

继承人有下列行为之一的，丧失继承权：(1)故意杀害被继承人；(2)为争夺遗产而杀害其他继承人；(3)遗弃被继承人，或者虐待被继承人情节严重；(4)伪造、篡改、隐匿或者销毁遗嘱，情节严重；(5)以欺诈、胁迫手段迫使或者妨碍被继承人设立、变更或者撤回遗嘱，情节严重。

继承人有上述第(3)项至第(5)项行为的，如果确有悔改表现，被继承人表示宽恕或者事后在遗嘱中将其列为继承人，则该继承人不丧失继承权。

受遗赠人受遗赠权的丧失，同样适用以上行为。

继承人伪造、篡改、隐匿或者销毁遗嘱，侵害了缺乏劳动能力又无生活来源的继承人的利益，并造成其生活困难的，应当认定为上述规定的“情节严重”的行为。

2. 法律程序

继承人之间因是否丧失继承权发生纠纷时，只能向人民法院提起诉讼，由人民法院依法定程序判决确认其是否丧失继承权。(1)被判决丧失继承权的继承人，丧失的仅是对某一特定被继承人的遗产继承权，并不丧失对其他被继承人的继承权。(2)继承人是否符合“虐待被继承人情节严重”，可以从实施虐待行为的时间、手段、后果和社会影响等方面认定。(3)虐待被继承人情节严重的，不论是否追究刑事责任，均可确认其丧失继承权。(4)继承人故意杀害被继承人的，不论是既遂还是未遂，人民法院均应当确认其丧失继承权。(5)继承人有《民法典》规定的丧失继承权的行为，而被继承人以遗嘱将遗产指定由该继承人继承的，可以向人民法院提起确认遗嘱无效的诉讼，并确认该继承人丧失继承权。

18.2　中国香港特别行政区法律制度

我国香港特别行政区的继承法律制度由成文法和案例法共同构成，同时也融入了《民法典》中关于继承的规定。我国香港特别行政区在处理遗产继承时，首先需要确定被继承人是否留有遗嘱。如果被继承人留有遗嘱，那么其财产将按照遗嘱的规定进行分配。如果没有遗嘱，那么财产将按照法律规定的顺序和比例进行分配。我国香港特别行政区的继承法律制度旨在确保遗产得到合理、公正的分配，同时尊重被继承人的意愿和保护继承人的合法权益。

我国香港特别行政区的继承法律制度成文法部分包括了各种法律条例、附属法规以及由我国香港特别行政区法院制定的指导规则等。其中与继承相关的法律规定主要有《已婚者地位条例》(第182章)、《婚生地位条例》(第184章)、《婚姻法律程序与财产条例》(第192章)、《遗嘱认证及遗产管理条例》(第10章)、《无争议遗嘱认证规则》(第10A章)、《无遗嘱者遗产条例》(第73章)、《遗嘱条例》(第30章)、《财产继承(供养遗属及受养人)条例》(第481章)。

我国香港特别行政区和内地的继承法律制度在一些方面存在差异。首先,两者在继承人的顺序方面不同。在我国内地,遗产继承的第一顺序继承人包括配偶、父母和子女。如果第一顺序的继承人都不存在,那么遗产将由第二顺序的继承人(兄弟姐妹、祖父母、外祖父母)继承。然而,在我国香港特别行政区,被继承人的父母并非第一顺序继承人,只有当被继承人有配偶或子女时,其父母才有资格继承遗产。其次,关于继承人应继承的遗产份额,香港特别行政区和内地的规定也有所不同。在内地,第一顺序继承人之间平均分配被继承人的遗产。而在香港特别行政区,如果被继承人既有配偶又有子女,则配偶可以获得固定数额(50万港元)及剩余部分的一半,剩余部分另一半归子女共同继承,平均分配。总的来说,香港特别行政区的继承法对配偶更有利,但对父母则不那么有利。

18.3　中国澳门特别行政区法律制度

18.3.1　一般规定

1. 概念及继承标的

继承的法律关系是指由继承法来调整继承这一特定社会关系,即通过继承法规定在继承法律关系中各继承参与人之间所发生的权利义务关系。

我国澳门特别行政区继承法律关系的四个要素为:主体、客体、法律事实及法律上的保障。

主体是指在继承关系中享有一定权利和承担一定义务的人,当中尤其重要的是能继受被继承人遗产的人。而客体是指继承参与人的权利和义务共同指向的对象,亦即继承标的。

法律事实是指能够发生法律后果的所有的自然事件或人类行为,亦即能够产生、变更或终止法律关系的所有事实。而构成继承的法律事实就是死亡。

法律保障是指当法律关系主体的权利受到侵犯或威胁时,国家权力机关为保护当事人的权益可以采取一系列强制性措施。这些措施的依据是相关法律规范。在我国澳门特别行政区约束继承法律关系的法律规范包括《澳门民法典》及当中的继承法篇章、澳门特别行政区《民事诉讼法典》中规范了遗产分割的司法程序——财产清册程序以及澳门特别行政区《民事登记法典》、澳门特别行政区《公证法典》等等。

继承法律关系的客体是指继承参与人的权利和义务共同指向的对象,亦即继承标的。《澳门民法典》第1865条用排除法来规定继承标的,规定了哪些财产法律关系排除在继承标的之外。原则上,其他没有被法律条文规定所排除的情况都是可继承的财产法律关系,即为继承标的。

《澳门民法典》第1865条所讲的法律关系的性质不可移转,是指与权利人身份不可分离的权利,例如人格权、亲属法方面的权利及人身权、基于成为夫妻产生的权利及义务、亲权人间的权利及义务。只有具有该等身份的人之间才可主张相关的权利,以及承担法律的义务。而同一条所讲的法律规定,就是指法律规定不可移转的权利,如用益权的规定。

需要注意,《澳门民法典》第 1865 条第 2 款所讲的是可放弃的权利,亦即不可放弃的权利是不可通过被继承人的意思放弃。不可放弃的权利,如精神权利,著作权等智慧财产权中的精神性质的权利。

我国澳门特别行政区司法实务上常发生的是交通事故导致受害人伤亡,从而讨论受害人的财产损害及非财产损害赔偿可否继承的情况。

对于死亡的受害者在财产损害的赔偿,一般属可转移的权利,属可继承的标的。但就非财产损害赔偿的请求权而言,属自然人的人身不可分的情况。《澳门民法典》第 489 条第 2 款规定,在受害人死亡的情况,就非财产之损害之赔偿请求权,由其未事实分居之配偶及子女或由其未事实分居之配偶及其他直系血亲卑亲属共同享有;如无上述亲属,则由与受害人有事实婚关系之人及受害人之父母或由与受害人有事实婚关系之人及其他直系血亲尊亲属共同享有;还无,则由受害人之兄弟姊妹或替代其兄弟姊妹地位之甥侄享有。

上述的规定是基于法律赋予具有死者的配偶及子女或其他直系血亲卑亲属;又或一定身份关系的人士共同享有属受害人非财产损害赔偿的请求权,具有提出死亡受害人的非财产的损害赔偿请求的正当性。所以该请求权并非基于继承法规定及作为继受人的身份而来。

2. 赋予继承权之依据

继承权的赋予是指指定继承人,赋予其继承权而使该继承人真正取得遗产。指定继承人是指通过法律或被继承人的意思指定可以继承死者遗产的人。根据《澳门民法典》的规定,赋予继承权,以法律、遗嘱或合同为依据。前者以法律为依据,而后两者遗嘱、合同则以当事人的意思为依据。依法继承分为法定继承及特留份继承。

具有继承期待权的指定继承人仅在继承开始,即被继承人死亡时,才能确定谁能承继被继承人的财产,确定的继承人就是被赋予继承权的继承人。

由此可知,被赋予继承权的继承人必须为在继承开始时,仍然生存、具有继承能力且在按预先规定的继承顺序中占优先顺序的人。

具体来说,被赋予继承权的继承人,要有三个前提条件:

(1)在指定继承人中占优先顺序的人。《澳门民法典》第 1872 条规定,继承一经开始,即赋权予可继承遗产之人中占优先顺序之人成为死者法律关系之主体,只要该等人具有所需之能力。而占优先次序之可继承遗产之人不愿或不能接受遗产者,即赋权予后一次序之可继承遗产之人,并依此类推。在依法继承的范围内,法定继承中规定了可继承遗产之人的顺序。

(2)在法律上生存的人。在自然人方面,《澳门民法典》第 63 条第 1 款规定人格始于完全出生且有生命之时,未出生之人获法律所承认之权利系取决于其出生。所以,出生且有生命之人为法律上生存的人。

(3)法人。根据《澳门民法典》相关的规定,在符合法定形式设立的法人具有法律人格。

继承能力将在以下章节中进一步阐述。

3. 继受人之分类

继承法律关系的主体是指在继承关系中享有一定权利和承担一定义务的人,最主要是指能继受被继承人遗产的人。

在我国澳门特别行政区继承法上,继承死者财产的人称为继受人。《澳门民法典》第1870条规定了继受人的分类。继受人的分类属于法定分类,不得通过遗嘱人意愿而变更。继受人又分为继承人及受遗赠人。他们设定的依据、所继受遗产的内容及所享有的权利及承担的责任均有不同。根据相关法律条文规定,继承人及受遗赠人的身份是以所继承的遗产的确定性及不确性作划分的。

继承人继承死者的全部或部分无明确指明的财产。继承全部的财产不难理解。如果只有一个继承人接受遗产,当然是继承全部财产。但是继承部分的不确定(非特定)的财产,通常是指所继承的份额具有不确定性。换言之,继承人的份额是概括和抽象的,有时还以份数的形式来表示。例如继承1/2或1/3的遗产,在仍未确定继承人将确切接收的财产前,其所继承的财产仍是无法确定的。例如,一死者有遗产一物业、三辆汽车、现金澳门元50万元,留有在生配偶及子女两名,订立遗嘱订明除特留份继承外,其余所有财产由甲某继承。这时,根据《澳门民法典》的规定,配偶及子女的特留份继承份额是遗产的1/2,而甲某继承遗产的另外的1/2。虽然知道甲某或特留份继承人均各占1/2,是指所有财产的1/2,但是在遗产分割前,并不能确定他们取得的是遗产中的哪一个具体财产。特留份继承人及甲某都是继承人,而甲某是遗嘱继承人。

同上,倘若死者没有任何特留份继承人,而死者在遗嘱中表示其所有的财产由甲某继承。甲某是遗嘱继承人,继受死者的所有遗产。

此外,《澳门民法典》亦规定了剩余继承,继承死者剩余且无明确指明的财产的人,为继承人。

根据《澳门民法典》第1870条第2款的规定,继承死者的特定财产或有价物的人,称为受遗赠人。这里的特定财产或有价物可以组成物、集合物或整体权利,被赠与某人的一组财产亦可成为特定财产。因此,遗赠不一定只涉及特定单一的财产,但这个标的必须是可被定出的财产,财产的可被定出性是遗赠的条件。例如,死者在遗嘱表明就自己位于某一地点的物业单位给予甲某,或指明将其财产中的某一个指明的古董花瓶送给甲某,甲某是受遗赠人。因为甲某所取得的财产在遗嘱中完全清楚明确指定了特定物。但在实务中,遗嘱的表示并不是这么简单直接。例如,如果死者没有特留份继承人,在遗嘱上表达甲某是其所有不动产的受益人,而乙某是其所有动产的受益人。究竟甲某和乙某是继承人,还是受遗赠人呢?可以根据《澳门民法典》相关的规定,对遗嘱所作出的主观解释须符合客观解释的最基本要求(须根据遗嘱的上文下理找出遗嘱人的真正意思),在找出遗嘱人以任何方式反映在遗嘱中的真正意愿,即使是特定财产给予继受人,亦可将之视为继承人。

所以有时在确定继受人是继承人或受遗赠人时并不容易。那究竟为什么要确定是继承人还是受遗赠人呢?因为在继承制度上,继承人与受遗赠人的地位并不相同。这涉及他们在继承上的权利与义务。

在请求分割遗产的权利上,任何共同继承人均有权在其认为合适时要求进行遗产分割。明显法律规定继承人才可提出遗产分割,而非受遗赠人。同样地,在管理待分割遗产的管理上,原则上受遗赠人并不得承担作为待分割财产的管理人并对遗产负担的责任,原则上,受遗赠人无须承担遗产的负担。

增添权是产生在同一继承形态的继承人间的法定权利。在处于同一状况的继承人不能或不愿继承遗产时,其份额拨入其他继承人的继承份额。在特留份继承、法定继承及遗嘱继承中都有增添权的规定。而受遗赠人原则上是没有增添权的,只有特别情况才有,在被指定为同一标的之受遗赠人间存在增添权,而不论各受遗赠人是否共同被指定。

18.3.2 继承之开始及对继任人与受遗赠人之赋权

1. 继承的开始

继承于被继承人自然死亡或推定死亡时开始。继承开始的时间为决定有关继承的各种法律关系的标准,至为重要,如确定有无继承人资格、继承财产范围的确定、具体的应继份、特留份的算定等的效力。由于死亡是继承开始的前提,确定被继承人死亡的时点非常重要。只有在继承开始的一刻,才可在按一般标准指定的继受人中,确定谁人确实会被赋予继承权,亦即定出实际继受人,在被指定的继承人的人中,只有部分会被赋予继承财产的权利及进入继承法律关系(程序)中。

继承于被继承人的最后住所地开始。根据《澳门民法典》的规定,以常居地为被继承人的住所,所以原则上被继承人死亡时常居地是其最后住所。在需要法院参与的继承程序中,为确定法院的管辖权及所应适用的实体法,就须事先定出继承开始的地点。

2. 继承能力

在继承的法律关系上,除了已出生且有生命的人外,《澳门民法典》第 1873 条规定,在继承开始时已出生或受孕且未被法律排除的人,有继承能力。而在遗嘱继承上甚至承认在继承开始时在生之特定人之尚未受孕的人有继承的能力。例如,一人在订立遗嘱时并未有任何的子女,在订立遗嘱时订立其将来儿子所生的第一个子女继承其遗产中所有可处分的份额,当订立遗嘱人在死亡者其儿子已出生,即使其儿子尚未有任何已出生的子女,其将来的第一个子女仍具有继承订立遗嘱遗产的继承能力。

此外,值得注意的是,继承能力并不以行为能力为标准,行为能力不影响继承的能力。事实上,往往无行为能力(如未成年人)的继承人也得到法律上的特别保护。

《澳门民法典》亦规定了因失格无继承能力及特留份继任之剥夺的情况。出现前述情况的继承人失去继承能力,不具备继承受继承遗产的依据。值得注意的是,因失格无继承能力的情况适用于发生在所有继承形态下产生的继(受)人,而特留份继任之剥夺的情况仅适用于特留份继承人。

3. 代位继承

继承人或受遗赠人不能或不愿接受遗产或遗赠时,法律即赋权予其直系血亲卑亲属取代该继承人或受遗赠人之地位,此为代位继承。接受遗产或遗赠包括了继承人在被继承人死亡前已死亡、继承人失格及特留份之剥夺的情况。而当中指的不愿接受遗产或遗赠包括了继承人抛弃遗产的情况。从代位继承的概念可以看出,代位继承不仅产生在继承人中,甚至是受遗赠人也可发生代位继承。此外,不仅依法继承有代位继承,遗嘱继承也有代位继承。

依法继承下的被继承人之子女之直系血亲卑亲属,以及死者兄弟姊妹之直系血亲卑亲属,均可代位继承,而无须考虑有关之亲等。所以法律规定了特定继承人才具有代位继承人的身份。被继承人的具有继承权的配偶或直系血亲尊亲属均不具代位继承的资格。

而在遗嘱继承中,如遗嘱人之子女或兄弟姊妹先于遗嘱人死亡、抛弃遗产或遗赠,且不存在其他导致继承之赋权失效之原因,则遗嘱人之子女或兄弟姊妹之直系血亲卑亲属,均可代位继承。所以遗嘱继承的代位继承有别于依法继承的代位继承,如遗嘱人之子女或兄弟姊妹不愿继承;又或遗嘱人之子女或兄弟姊妹存在继承之赋权失效之原因,例如因失格而无继承能力,其直系血亲卑亲属并不具代位继承。此外,出现以下列任一情况,代位继承不发生在遗嘱继承中,包括:

(1)已指定继承人或受遗赠人之替代人;

(2)不能或不愿接受遗产的信托受益人;

(3)属用益权或其他人身权利之遗赠,但所涉及之用益权不因受益人死亡或消灭而失效者除外;

(4)遗嘱人通过其他方式表明其反对代位继承之意愿。

第十九章　法定继承

19.1　中国内地法律制度

19.1.1　法定继承的概念和适用

1. 法定继承的概念和特征

法定继承是在被继承人没有对其遗产的处理立有遗嘱的情况下，继承人的范围、继承顺序等均按照法律规定确定的继承方式。[1]

法定继承中，继承人与被继承人之间具有特定的身份关系，法定继承人范围一般以血缘关系或婚姻关系为基础，继承的顺序按继承人与被继承人之间的亲属关系的亲疏远近而规定。有关遗产的分配也是按法律的规定进行处理。

2. 法定继承的适用

自然人死亡后遗留的个人财产，既可以通过法定继承的方式进行分配，也可以按照自然人所立的遗嘱的内容进行分配，或者按自然人生前与继承人以外的个人或组织签订的遗赠扶养协议处理。其中，有下列情形之一的，有关部分遗产按法定继承办理：

一是被继承人生前未用遗赠扶养协议或者遗嘱的方式，对其财产作出任何处理。在涉及遗产处理的各种方式中，遗赠扶养协议效力最优先，其次为遗嘱，最后为法定继承。只有在没有合法有效的遗赠扶养协议和遗嘱的情况下，才适用法定继承。

二是遗嘱继承人放弃继承或者受遗赠人放弃受遗赠。继承开始后，继承人可以放弃继承，受遗赠人可放弃受遗赠。遗嘱继承人放弃继承的或者受遗赠人放弃受遗赠的，有关部分遗产按法定继承规定办理。

三是遗嘱继承人丧失继承权或者受遗赠人丧失受遗赠权。《民法典》第 1125 条第 1 款规定了继承人丧失继承权、受遗赠人丧失受遗赠权的法定事由。如果遗嘱继承人或受遗赠人实施了特定行为，丧失了继承权或受遗赠权，那么本应由该遗嘱继承人继承的遗产或本应由受遗赠人接受的遗产按照法定继承办理。

四是遗嘱继承人、受遗赠人先于遗嘱人死亡或者终止。遗嘱继承人先于遗嘱人死亡的，遗嘱人未修改遗嘱，而遗嘱指定的继承人已死亡，丧失民事主体资格，无法获得遗嘱继承权，该遗

---

〔1〕 新华社：《关于〈中华人民共和国民法典（草案）〉的说明》，载中华人民共和国中央人民政府网，https://www.gov.cn/xinwen/2020-05/22/content_5513931.htm。

嘱分配给继承人的该部分遗产需要按法定继承办理。同样地,受遗赠的自然人先于遗嘱人死亡的,受遗赠的组织先于遗嘱人终止的,不再具有民事主体资格,无法作出接受或放弃遗赠的意思表示,也就无法获得遗赠的遗产。遗赠人所遗赠的该部分遗产需要按法定继承办理。

五是遗嘱无效部分所涉及的遗产,遗嘱继承前提是遗嘱合法有效,如果遗嘱无效,遗嘱就不具有执行的法律效力,遗嘱所涉及的那部分遗产按法定继承办理。

六是遗嘱未处分的遗产。遗嘱可能会对被继承人全部遗产进行处分,也可能只对一部分遗产进行处理。遗嘱对全部遗产进行处分的,应按照遗嘱执行。如果遗嘱只处理一部分遗产,那么对遗嘱未处分的那部分遗产就应按照法定继承办理。

19.1.2　法定继承人的范围和继承顺序

1. 法定继承人的范围

法定继承以一定的人身关系为前提,被继承人与继承人关系的成立一般以血缘关系或婚姻关系为基础,根据《民法典》第 1127 条及第 1129 条的规定,法定继承人包括:

(1)配偶。合法婚姻关系中,夫妻双方互为配偶。《民法典》第 1061 条规定,夫妻有相互继承遗产的权利。法定继承人中的配偶应是在被继承人死亡时与被继承人之间存在合法婚姻关系的人。

(2)子女。子女作为被继承人最亲近的直系晚辈血亲,《民法典》第 1070 条规定,父母和子女有相互继承遗产的权利。《民法典》继承编所称子女包括婚生子女、非婚生子女、养子女和有扶养关系的继子女。一般来说,养子女为养父母的法定继承人,有权继承养父母的遗产而不能继承生父母的遗产。但是被收养人对养父母尽了赡养义务,同时对生父母扶养较多的,除可以依《民法典》第 1127 条继承养父母的遗产外,还可以依《民法典》第 1131 条分得生父母适当的遗产。继子女继承继父母遗产的,不影响其继承生父母的遗产。

(3)父母。父母是被继承人最亲近的直系尊血亲,《民法典》第 1070 条规定,父母和子女有相互继承遗产的权利,子女有权继承父母的遗产,父母也有权继承子女的遗产。《民法典》继承编所称父母包括生父母、养父母和有扶养关系的继父母。继父母继承了继子女遗产的,不影响其继承生子女的遗产。

(4)兄弟姐妹,包括同父母的兄弟姐妹、同父异母或者同母异父的兄弟姐妹、养兄弟姐妹、有扶养关系的继兄弟姐妹。养子女与生子女之间、养子女与养子女之间,系养兄弟姐妹,可以互为第二顺序继承人。被收养人与其亲兄弟姐妹之间的权利义务关系,因收养关系的成立而消除,不能互为第二顺序的继承人。继兄弟姐妹之间的继承权,因继兄弟姐妹之间的扶养关系而发生。没有扶养关系的,不能互为第二顺序继承人。继兄弟姐妹之间相互继承了遗产的,不影响其继承亲兄弟姐妹的遗产。

(5)祖父母、外祖父母,包括亲祖父母、亲外祖父母、养祖父母、养外祖父母、有扶养关系的继祖父母和有扶养关系的继外祖父母。

(6)对公婆尽了主要赡养义务的丧偶儿媳、对岳父母尽了主要赡养义务的丧偶女婿。对被继承人生活提供了主要经济来源,或者在劳务等方面给予了主要扶助的,应当认定其尽了主要赡养义务。丧偶儿媳对公婆,丧偶女婿对岳父母,无论其是否再婚,依照《民法典》第1129条的规定作为第一顺序继承人时,不影响其子女代位继承。

2. 法定继承的继承顺序

按继承人和被继承人之间的血缘、姻亲关系的远近及依赖程度,《民法典》继承编将法定继承人划分为两种继承顺序:第一顺序为配偶、子女和父母,以及对公婆尽了主要赡养义务的丧偶儿媳、对岳父母尽了主要赡养义务的丧偶女婿;第二顺序为兄弟姐妹、祖父母、外祖父母。规定两种继承顺序,就要求继承人严格按照继承顺序继承。不同顺序的继承人不能同时继承。继承开始后,当被继承人有第一顺序继承人存在时,先由第一顺序继承人继承,第二顺序继承人不继承;没有第一顺序继承人或者第一顺序继承人全部放弃或丧失继承权时,第二顺序继承人方能继承。同一顺序继承人间的继承权是平等的。

19.1.3 代位继承

代位继承是指继承人先于被继承人死亡时,由继承人的直系晚辈血亲按照该继承人的继承地位和顺序,继承被继承人遗产的一种法定继承制度。《民法典》第1128条规定,被继承人的子女先于被继承人死亡的,由被继承人的子女的直系晚辈血亲代位继承。被继承人的兄弟姐妹先于被继承人死亡的,由被继承人的兄弟姐妹的子女代位继承。代位继承人一般只能继承被代位继承人有权继承的遗产份额。

1. 代位继承的发生原因

根据《民法典》第1128条之规定,被继承人的子女先于被继承人死亡的,由被继承人的子女的直系晚辈血亲代位继承。被继承人的兄弟姐妹先于被继承人死亡的,由被继承人的兄弟姐妹的子女代位继承。代位继承的发生原因为被代位继承人先于被继承人死亡,主要有两种情况:一种是被继承人的子女先于被继承人死亡;另一种是被继承人的兄弟姐妹先于被继承人死亡。被代位继承人为被继承人的子女或者兄弟姐妹。

2. 代位继承人的范围

代位继承人只能是被代位继承人的直系晚辈血亲。其中,被继承人的子女先于被继承人死亡的,被代位继承人为被继承人的子女的,被继承人的孙子女、外孙子女、曾孙子女、外曾孙子女都可以代位继承,代位继承人不受辈数的限制。被继承人的兄弟姐妹先于被继承人死亡,被代位继承人为被继承人的兄弟姐妹的,代位继承人只能是被代位继承人的子女。

被继承人的养子女、已形成扶养关系的继子女的生子女可以代位继承;被继承人亲生子女的养子女可以代位继承;被继承人养子女的养子女可以代位继承;与被继承人已形成扶养关系的继子女的养子女也可以代位继承。

3. 代位继承的份额

代位继承的份额是指代位继承人通过代位继承的方式能够取得的遗产份额。根据《民法典》第1128条的规定,代位继承人一般只能继承被代位继承人有权继承的遗产份额,即被代位继承人如果健在时能继承多少份额,代位继承人也一般只能继承多少份额。

代位继承人一般只能继承被代位继承人有权继承的遗产份额为一般原则,在存在法律规定的多分、少分或者不分等情形时,代位继承的遗产份额可能会有所变化。例如,代位继承人缺乏劳动能力又没有生活来源,或者对被继承人尽过主要赡养义务的,分配遗产时,可以多分。继承人丧失继承权的,其晚辈直系血亲不得代位继承。例如,该代位继承人缺乏劳动能力又没有生活来源,或者对被继承人尽赡养义务较多的,可以适当分给遗产。

19.1.4 转继承

转继承是指继承人在继承开始后、遗产分割前死亡,其所应继承的遗产份额转由其继承人继承的一种继承制度,转继承实际上是同一部分遗产发生两次连续的继承。

《民法典》第1152条规定,继承开始后,继承人于遗产分割前死亡,并没有放弃继承的,该继承人应当继承的遗产转给其继承人,但是遗嘱另有安排的除外。根据本条规定,发生转继承的条件包括:一是被转继承人在被继承人死亡后,遗产分割前死亡,被转继承人只有在此期间死亡才发生转继承的问题;二是被转继承人未放弃继承,如果被继承人死亡后,继承人放弃继承的,则继承人没有了继承权,也就不存在转继承的问题;三是遗嘱没有其他安排,即被继承人在其遗嘱中,没有特别说明所留遗产仅限于给继承人本人,不得转继承给其他人。

转继承既适用于法定继承,也适用于遗嘱继承,不管根据法定继承还是遗嘱继承,只要是应由继承人继承的遗产,都适用转继承。转继承所转位的继承人包括所有的法定继承人。

19.1.5 法定继承的遗产分配

1. 法定继承中遗产份额的分配原则

根据《民法典》第1130条的规定,对于法定继承中遗产份额的分配应当遵循以下原则:

①一般情况下同一顺序继承人继承遗产的份额应当均等,即遗产按照同一顺序继承人的人数平均分配,各继承人取得的遗产份额均等,不因性别、年龄等因素而有所不同。

②特殊情况下同一顺序继承人继承遗产的份额可以不均等。主要有四种情况:一是对生活有特殊困难又缺乏劳动能力的继承人,分配遗产时,应当予以照顾;二是对被继承人尽了主要扶养义务或者与被继承人共同生活的继承人,分配遗产时,可以多分;三是有扶养能力和有扶养条件的继承人,不尽扶养义务的,分配遗产时,应当不分或者少分;四是继承人协商同意的,也可以不均等。

2. 法定继承的遗产分配方式

在法定继承中,继承开始后,如果继承人为2人以上时,遗产属于各个继承人共同所有。各继承人要实际取得各自继承的遗产份额的占有、使用、收益和处分的权利,需要依据法律规定在各继承人之间进行遗产分配,即进行遗产分割。根据《民法典》第1132条的规定,继承人应当本着互谅互让、和睦团结的精神,协商处理继承问题。遗产分割的时间、办法和份额,由继承人协商确定;协商不成的,可以由人民调解委员会调解或者向人民法院提起诉讼。根据该条规定,遗产分割主要由各继承人之间协商确定,按各继承人之间达成的继承协议进行。协商不成的,可由人民调解委员会调解或者由人民法院裁判确定。

19.2 中国香港特别行政区法律制度

19.2.1 继承无遗嘱而去世者的遗产

根据《无遗嘱者遗产条例》(第73章)第4条的规定,无遗嘱者的剩余遗产须按法律规定的方式分配或按法律规定的信托形式持有。

1.继承者的范围和继承顺序

(1)无遗嘱者遗下丈夫或妻子的情形。

无遗嘱者遗下丈夫或妻子,但无遗下后嗣及父母,或全血亲兄弟姊妹或其后嗣,则须为该尚存丈夫或妻子的绝对权益而以信托形式持有该剩余遗产。

(2)无遗嘱者遗下丈夫或妻子以及后嗣的情形。

无遗嘱者遗下丈夫或妻子,以及后嗣,则无论父母,或全血亲兄弟姊妹或其后嗣是否亦尚存,尚存丈夫或妻子须享有取得非土地实产的绝对权益;此外,无遗嘱者的剩余遗产(不包括非土地实产)在扣除死亡税(如有的话)及费用后,须拨出500,000港元的净款额,连同其利息记在该尚存丈夫或妻子名下,在作出上述款项或应付利息的拨款后,该剩余遗产(不包括非土地实产)其中一半为该尚存丈夫或妻子的绝对权益而以信托形式持有,其余一半则为该无遗嘱者的后嗣而以法定信托形式持有。

(3)无遗嘱者并无遗下后嗣,但遗下丈夫或妻子,以及父母、全血亲兄弟姊妹或全血亲兄弟姊妹的后嗣中一人或多人的情形。

尚存丈夫或妻子须享有取得非土地实产的绝对权益;此外,无遗嘱者的剩余遗产在扣除死亡税(如有的话)及费用后,须拨出1,000,000港元的净款额,连同其利息记在该尚存丈夫或妻子名下,在作出上述款项或应付利息的拨款后,该剩余遗产须按以下规定持有:

①其中一半为尚存丈夫或妻子的绝对权益而以信托形式持有;

②其余一半:如无遗嘱者遗下父母其中一人或父母二人(不论该无遗嘱者的兄弟姊妹或其兄弟姊妹的后嗣是否亦尚存),则为该父或母或父母二人(视属何情况而定)的绝对权益而以信托形式持有,而在后述情况下,父母二人各得相等的份额;或如该无遗嘱者并无遗下父母,则为该无遗嘱者的全血亲兄弟姊妹以法定信托形式持有。

(4)无遗嘱者遗下后嗣,但无遗下丈夫或妻子,则须为无遗嘱者的后嗣以法定信托形式持有无遗嘱者的剩余遗产。

(5)无遗嘱者并无遗下丈夫或妻子,亦无遗下后嗣,但遗下父母二人,则须为该父母二人的绝对权益而以信托形式持有该无遗嘱者的剩余遗产,而父母二人各得相等的份额。

(6)无遗嘱者并无遗下丈夫或妻子,亦无遗下后嗣,但遗下父母其中一人,则须为该尚存的父或母的绝对权益而以信托形式持有该无遗嘱者的剩余遗产。

(7)无遗嘱者并无遗下丈夫或妻子,亦无遗下后嗣与父母的情形。

无遗嘱者并无遗下丈夫或妻子,亦无遗下后嗣与父母,须为该无遗嘱者去世时仍活着的以下人士以信托形式持有该无遗嘱者的剩余遗产。具体次序为:

①首先,全血亲兄弟姊妹以法定信托形式持有;

②如无人根据上述(1)的该等信托享有绝对既得权益,则半血亲兄弟姊妹以法定信托形式持有;

③如无人根据上述(2)的该等信托享有绝对既得权益,则祖父母或外祖父母持有,但如他们在该无遗嘱者去世时仍尚存的超过一人,则每人得相等的份额;

④如无上述(3)类别的成员,则伯父、叔父、舅父、姑母及姨母而属于该无遗嘱者的父或母的全血亲兄弟姊妹者,以法定信托形式持有;

⑤伯父、叔父、舅父、姑母及姨母而属于该无遗嘱者的父或母的半血亲兄弟姊妹者,以法定信托形式持有;

⑥如根据上述条文,无人享有绝对权益,则除另有规定外,无遗嘱者的剩余遗产即成为无主财物,属于政府所有,而政府可从获转予的全部或部分财产中,拨款予该无遗嘱者的受养人以及合理地预期该无遗嘱者会供养的其他人士。

2. 裁决分居的配偶

根据《无遗嘱者遗产条例》(第73章)第4A条的规定,裁决分居的配偶无权就对方的无遗嘱遗产提出要求。首先,法院作出的分居裁决仍然有效而夫妻二人仍在分居期间的,如身为该裁决所针对的婚姻的任何一方在1972年7月1日后去世,而未有就其全部或任何土地或非土地财产立下遗嘱,则关于该婚姻一方在去世时无立下遗嘱加以处置的遗产,须犹如该婚姻的另一方在当时已去世一样转予。其次,尽管《分居令及赡养令条例》(第16章)第5(a)条有规定,但如载有婚姻一方无须再受约束与另一方同居的规定,而该规定仍然有效者,则就本条而言,该规定并不具有以虐待理由而由法院作出的分居裁决一样的效力。

19.2.2 为无遗嘱者后嗣及其他类别亲属而设立的法定信托

1. 法定信托的形式

凡根据《无遗嘱者遗产条例》(第73章)的规定,须为无遗嘱者的后嗣以法定信托形式持有该无遗嘱者的剩余遗产或其任何部分,则该等剩余遗产或其部分须以下列信托形式持有:

(1)须为该无遗嘱者去世时仍活着的所有或任何已届成年的子女或未届成年但已成婚的子女以信托形式持有,如子女人数超过1人,则每名子女得相等的份额;亦须为先于该无遗嘱者去世的子女的所有或任何后嗣以信托形式持有,而此等后嗣在该无遗嘱者去世时须仍活着,并已届成年或未届成年但已成婚,各后嗣须按照其家系亲等而承受遗产,而其所承受的份额,须是其父母如在该无遗嘱者去世时仍活着时可承受的份额,同父母的后嗣人数如超过1人,则每名后嗣所承受的份额须相等,但如任何此等后嗣的父或母在该无遗嘱者去世时仍活着,并有行为能力承受上述遗产的话,则该名后嗣不得承受其父或母所应得的份额[《无遗嘱者遗产条例》(第73章)第5(1)(a)条]。

(2)关于预付受托财产的法定权力及关于生活费与累积收益盈余的法定条文均适用,但凡幼年人成婚时,该幼年人即有权就其应得份额或权益所得的收益发出有效的收据[《无遗嘱者遗产条例》(第73章)第5(1)(b)条]。

(3)为有关后嗣以法定信托形式持有的财产如可分割为份额,则该无遗嘱者借预付财产办法而已付给或在其子女成婚时已付给该子女的任何金钱或财产,或由该无遗嘱者为该子女的利益而已作授产安排的金钱或财产,(包括任何终身权益或非终身权益,以及包括订有契约须付给或须作出授产安排的财产),须视为用作全数或局部偿付该子女应承受的份额,或用作全数或局部偿付该无遗嘱者去世时仍活着的每名子女所可承受的份额,但如有人表明任何相反意愿,或该个案的情况显示任何相反意愿,则须受此规限;同时须按照遗产代理人的要求,将上述金钱或财产按估定的价值(该价值以该无遗嘱者去世时计算)计算在内[《无遗嘱者遗产条例》(第73章)第5(1)(c)条]。

(4)遗产代理人可准许任何对剩余遗产具有待确定权益的幼年人,按该代理人认为合理的方式及条件使用及享用任何非土地实产,而无须对因此引致的任何损失负上责任[《无遗嘱者遗产条例》(第73章)第5(1)(d)条]。

2. 为无遗嘱者后嗣的利益而设立的信托

为无遗嘱者后嗣的利益而设立的信托,如因该无遗嘱者无子女或无其他后嗣获得绝对既得权益而无从执行,则该无遗嘱者的剩余遗产、该剩余遗产所得收益与所有法定累积收益(如有),或该剩余遗产中未有根据对以上所述者有影响的权力予以付出或应用的部分,均须根据本条例条文予以分出、转予及持有,犹如该无遗嘱者在去世时并无遗下仍活着的后嗣一样[《无遗嘱者遗产条例》(第73章)第5(2)(a)条]。

3. 为无遗嘱者的任何类别的亲戚以法定信托形式

凡根据《无遗嘱者遗产条例》(第73章)的规定,须为无遗嘱者的任何类别的亲戚(不包括该无遗嘱者的后嗣)以法定信托形式持有该无遗嘱者的剩余遗产或其任何部分,则该剩余遗产或其任何部分须以相等于为该无遗嘱者的后嗣而设的法定信托(但不包括将金钱或财产计算在内的规定)的信托形式持有,犹如将该等法定信托重复一样(但不包括上述的规定),但是,凡提及该无遗嘱者的子女时,即以提及该类别的成员代替[《无遗嘱者遗产条例》(第73章)第5(3)条]。

19.2.3　遗产代理人就须付给尚存丈夫或妻子的款额所具的权力

根据《无遗嘱者遗产条例》(第73章)第6条的规定,遗产代理人可用无遗嘱者的全部或部分剩余遗产(但不包括非土地实产)作抵押,筹措根据《无遗嘱者遗产条例》(第73章)第4(3)或(4)条的规定须付给该无遗嘱者的尚存丈夫或妻子的净款额或其任何部分,以及该款额的利息,只要该剩余遗产足够作上述用途,或根据为此所具有的法定权力而拨付的不足抵付以上的款额及利息;及按同样方式,为支付有关交易的费用,筹措正当的需要的款额(如有)。

19.2.4　尚存配偶要求取得居所的权利

根据《无遗嘱者遗产条例》(第73章)第7条,《无遗嘱者遗产条例》(第73章)的附表2须具有效力,使任何无遗嘱者的尚存丈夫或妻子能够取得该无遗嘱者去世时该尚存丈夫或妻子正在居住的处所。

《无遗嘱者遗产条例》(第73章)附表2规定:尚存配偶要求取得居所的权利包括:

(1)凡无遗嘱者的剩余遗产包含或包括对该无遗嘱者去世时,其尚存丈夫或妻子正在居住的处所所享有的权益,遗产代理人须于该尚存丈夫或妻子作出如此的选择后,拨出有关权益。

(2)不适用的权益:①将自无遗嘱者去世当日起计的2年期间内终止的租约;②业主可借在该日之后发出通知使其在该期间的剩余日子内终止的租约。

(3)为按上述规定而拨出权益,遗产代理人须确定及订定对居所所享有的权益的价值,以及为此目的而聘用一名符合资格的估价员,并可作出任何所需的移转或转易(包括一项同意),以便有效地拨出有关权益。

19.2.5　对局部无遗嘱的个案的适用范围

根据《无遗嘱者遗产条例》(第73章)第8条的规定,任何人去世时,如遗下遗嘱有效地处置其部分财产或在该部分财产中的任何权益,则该条例对该人财产中未经如此处置的部分具有效力,但须受其遗嘱内所载的规定及法律的规定所规限。凡提及根据遗嘱而获得的实益权益时,须解释为包括提及凭借遗嘱行使一般受益的权力(而非行使特别指定受益的权力)而获得的实益权益。

19.2.6　遗产代理人出任为剩余遗产受托人

根据《无遗嘱者遗产条例》(第73章)第9条的规定,在不违反为管理遗产而行使的权利及权力下,无遗嘱而去世者的遗产代理人须出任受托人,以代表根据本条例有权承受死者剩余遗产的实益权益的人士;但如该死者的遗嘱(如有)显示该遗产代理人亦会承受该剩余遗产的实益权益,则该人不得出任受托人。

19.2.7　夫妾关系的适用

《无遗嘱者遗产条例》(第73章)附表1对于在1971年10月7日前缔结的夫妾关系的任何一方适用。

《无遗嘱者遗产条例》(第73章)附表1第4条规定:

(1)无遗嘱者去世时如是一夫一妾或一夫多妾关系中的男方

①无遗嘱者遗下妻子,但无遗下后嗣及父母,或全血亲兄弟姊妹或其后嗣,则须为该尚存妻子的绝对权益而以信托形式持有该剩余遗产,该剩余遗产中的1/3须为该夫妾关系中的妾的绝对权益而以信托形式持有,如男方属于一夫多妾的,每一名妾得相等的份额。

②无遗嘱者遗下妻子以及后嗣,剩余遗产中的一半为其尚存妻子的绝对权益而以信托形式持有的,则该一半剩余遗产中的1/3须以信托形式持有,而在该夫妾关系中的妾在生时,该部分剩余遗产所得的收益须付给该妾,如男方属于一夫多妾的,每一名妾得相等的份额。

③无遗嘱者并无遗下后嗣,但遗下妻子及父母、全血亲兄弟姊妹或全血亲兄弟姊妹的后嗣中一人或多人,剩余遗产中的一半为该尚存妻子的绝对权益而以信托形式持有,其余一半剩余遗产中的1/3须为该夫妾关系中的妾的绝对权益而以信托形式持有,如男方属于一夫多妾的,每一名妾得相等的份额。

(2)无遗嘱者去世时如是一夫一妾或一夫多妾关系中的一方

①无遗嘱者遗下后嗣,但无遗下丈夫或妻子,无遗嘱者的后嗣以法定信托形式持有该无遗嘱者的剩余遗产,则该剩余遗产中的1/3须以信托形式持有,并在该夫妾关系中的尚存一方在生时,将该部分剩余遗产所得的收益付给该方。如属于一夫多妾的一方的,该剩余遗产中的1/3须以信托形式持有,并以该部分剩余遗产所得的收益付给在男方去世时尚存的各妾以及该等妾中的尚存者,而每一名妾得相等的份额。

②无遗嘱者并无遗下丈夫或妻子,亦无遗下后嗣,但遗下父母二人或父母其中一人,或无遗下父母,剩余遗产是按照规定以信托形式持有的,则该剩余遗产中的1/3须为该夫妾关系中的尚存一方的绝对权益而以信托形式持有。如无遗嘱者是一夫多妾关系中的男方,而其剩余遗产是按规定以信托形式持有的,则该剩余遗产中的1/3须为男方去世时尚存的各妾的绝对权益而以信托形式持有,而每一名妾得相等的份额。

③无遗嘱者去世时如是一夫一妾关系中的一方,无人享有绝对权益,则除另有规定外,该无遗嘱者的剩余遗产即成为无主财物属于政府所有,则该剩余遗产须为该夫妾关系中的尚存一方的绝对权益而以信托形式持有,如属于一夫多妾的一方的,该剩余遗产每一妾得相等的份额。

19.3 中国澳门特别行政区法律制度

19.3.1 一般规定

1. 法定继承之开始

法定继承是依法继承的一种,以法律为依据,是在澳门特别行政区的继承制度中的一种候补的、强制的继承制度。死者对可作死因处分之财产之全部或部分未作出有效处分或其处分不产生者,其法定继承人即被赋权继承该全部或部分财产。也就是说,在特留份继承及意定继承后,则会出现法定继承。

我国澳门特别行政区继承法律体现了法定继承的一般原则,包括:第一个原则是顺序的优先原则。亦即根据法律的规定,每一顺序中的可继承遗产之人,均优先于下一顺序的可继承遗产之人。第二个原则是血亲亲等的优先次序原则。亦即在每一顺序中,亲等较近的血亲优先于亲等较远的血亲。第三个原则是按人数继承原则。亦即除了例外的情况[1],原则上,在每一顺序中,各血亲按人数或等份继承。

2. 法定继承人之类别及顺序

被继承人的直系血亲卑亲属及尊亲属、配偶、与其有事实婚关系的人、一定亲等内的旁系血亲是法定继承人,而澳门特别行政区亦是排在最后的法定继承人。可继承遗产的法定继承人须按法律所规定的顺序而被赋予继承权。法定继承人的顺序为:

(1)配偶及直系血亲卑亲属;

---

〔1〕 代位继承、同父异母或同母异父继承份额分配不同。

(2)配偶及直系血亲尊亲属;

(3)与死者有事实婚关系之人;

(4)兄弟姊妹及其直系血亲卑亲属;

(5)四亲等内之其他旁系血亲;

(6)澳门特别行政区。

19.3.2 配偶及直系血亲卑亲属之继承

配偶及直系血亲卑亲属是法定继承人的第一顺序。只要在继承开始时,他们具备赋予继承权的前提,即具有第一优先级而继承遗产。

在遗产分配的份额上,在配偶与子女间进行之遗产分割须按人数为之,即将遗产划分成与继承人数目相同之份数。如被继承人并无生存配偶,则遗产由各子女按子女的人数为之。

如子女不能或不愿接受遗产,则按照依法代位继承的规定,赋权予其直系血亲卑亲属继承。

无直系血亲卑亲属时,由配偶继承,但仍须遵守配偶与直血亲尊亲属继承的规定。

19.3.3 配偶及直系血亲尊亲属之继承

如被继承人并无直系血亲卑亲属而有配偶及直系血亲尊亲属,则遗产之2/3归配偶,1/3归直系血亲尊亲属。无配偶时,赋权予直系血亲尊亲属继承全部遗产。在直系血亲尊亲属间进行的遗产分割同样须遵守顺序优先原则和血亲亲等的优先次序原则。

值得注意的是,虽然在配偶与直系血亲尊亲属的继承中并不适用代位继承的情况,但如直系血亲尊亲属中其中一人如不能或不愿接受遗产时,根据《澳门民法典》的规定,则其继承部分添入与其共同继承之其他直系血亲尊亲属之继承部分内;如无共同继承之其他直系血亲尊亲属,则添入生存配偶之继承部分内。

无直系血亲卑亲属及直系血亲尊亲属时,赋权予配偶继承全部遗产。

19.3.4 与被继承人有事实婚关系之人之继承

现行《澳门民法典》确认事实婚关系成为亲属的一个重要法律事实,同时赋予事实婚关系之人成为法定继承人之一。无配偶、直系血亲卑亲属及直系血亲尊亲属时,赋权予在被继承人死亡时正与其有事实婚关系之人继承。

值得注意的是,与被继承人有事实婚关系之人的法定继承人的顺序较与被继承人兄弟姊妹及其直系血亲卑亲属之继承及其他旁系血亲之继承更为优先。但是要符合以事实婚关系之人的继承,相关与被继承人有事实婚关系的人该关系须至少已维持4年才符合法定继承人的资格。

19.3.5 兄弟姐妹及其直系血亲卑亲属之继承

无配偶、直系血亲卑亲属、直系血亲尊亲属及与被继承人有事实婚关系之人时,赋权予被继承人之兄弟姊妹继承,且在代位继承之情况下,赋权予兄弟姊妹之直系血亲卑亲属继承。

值得注意的是,《澳门民法典》对于同父同母及同父异母或同母异父之兄弟姊妹的继承作出了不同份额分配的规定,亦即同父同母之兄弟姊妹与同父异母或同母异父之兄弟姊妹共同继承时,每名同父同母之兄弟姊妹之继承份额或其直系血亲卑亲属之代位继承份额,相当于每名同父异母或同母异父之兄弟姊妹继承份额之两倍。

19.3.6　其他旁系血亲之继承

如无配偶、直系血亲卑亲属、直系血亲尊亲属及被继承人有事实婚关系之人及被继承人之兄弟姊妹时,赋权予四亲等内之其他旁系血亲继承,在任何情况下,均以亲等近者为优先。即使在被赋权继承之人中有人与死者有双重血亲关系,分割仍按人数为之。

19.3.7　中国澳门特别行政区之继承

无配偶、任何可继承遗产之血亲及与被继承人有事实婚关系之人时,赋权予我国澳门特别行政区继承。我国澳门特别行政区在法定继承的最后一个顺序,目的是解决在被继承人死亡后没有任何人继承遗产的问题。所以法律规定了澳门特别行政区被赋予继承权后,不得抛弃遗产。而对于遗产,澳门特别行政区具有与其他继承人相同之权利及义务。

由澳门特别行政区继承遗产须通过司法程序办理。通过司法程序确认并不存在其他法定可继承遗产之人时,须按诉讼法之规定宣告遗产因无人继承而归澳门特别行政区所有。

19.4　三法域规定列举(见表 4-19-1)

表 4-19-1　三法域规定列举

法定继承人的范围	
中国内地	(1)配偶; (2)子女; (3)父母; (4)兄弟姐妹; (5)祖父母、外祖父母; (6)对公婆尽了主要赡养义务的丧偶儿媳、对岳父母尽了主要赡养义务的丧偶女婿
中国香港特别行政区	(1)丈夫或妻子; (2)后嗣; (3)父母; (4)全血亲兄弟姊妹或其后嗣; (5)半血亲兄弟姊妹; (6)祖父母或外祖父母; (7)伯父、叔父、舅父、姑母及姨母; (8)妾

续表

法定继承人的范围	
中国澳门特别行政区	(1)被继承人的直系血亲卑亲属及尊亲属; (2)被继承人的配偶; (3)与被继承人有事实婚关系的人; (4)被继承人一定亲等内的旁系血亲; (5)中国澳门特别行政区
法定继承人的继承顺序	
中国内地	(1)第一顺序为配偶、子女和父母,以及对公婆尽了主要赡养义务的丧偶儿媳、对岳父母尽了主要赡养义务的丧偶女婿; (2)第二顺序为兄弟姐妹、祖父母、外祖父母
中国香港特别行政区	(1)丈夫或妻子; (2)后嗣; (3)父母; (4)全血亲兄弟姊妹; (5)半血亲兄弟姊妹; (6)祖父母或外祖父母; (7)伯父、叔父、舅父、姑母及姨母而属于该无遗嘱者的父或母的全血亲兄弟姊妹者; (8)伯父、叔父、舅父、姑母及姨母而属于该无遗嘱者的父或母的半血亲兄弟姊妹者
中国澳门特别行政区	(1)配偶及直系血亲卑亲属。 (2)配偶及直系血亲尊亲属。 (3)与死者有事实婚关系之人;相关与被继承人有事实婚关系的人该关系须至少已维持4年才符合法定继承人的资格。 (4)兄弟姊妹及其直系血亲卑亲属。 (5)四亲等内之其他旁系血亲。 (6)中国澳门特别行政区
代位继承	
中国内地	(1)代位继承仅在法定继承中适用; (2)代位继承人只能是被代位继承人的直系晚辈血亲
中国香港特别行政区	(1)有遗嘱继承的情形 在死者留有遗嘱并且对香港的遗产进行处置的情况下,应该由遗嘱管理人将该遗嘱向香港高等法院申请遗嘱认证。高等法院如果确认遗嘱有效,则继承权人及其份额则依据该遗嘱。 (2)无遗嘱继承的情形 在死者有配偶和子女的情况下,死者的遗产将全部由死者的配偶和子女(如该子女死亡则包括该子女之直系晚辈代位继承)继承,只有在死者无配偶无子女(如该子女死亡则包括该子女之直系晚辈代位继承)的情况下,死者的父母才是继承权受益人
中国澳门特别行政区	(1)代位继承可适用于法定继承及遗嘱继承; (2)代位继承人只能是被代位继承人的直系血亲卑亲属

续表

法定继承的遗产分配	
中国内地	(1)等分为原则,特殊情况下同一顺序继承人继承遗产的份额可以不均等; (2)对生活有特殊困难又缺乏劳动能力的继承人,分配遗产时,应当予以照顾; (3)对被继承人尽了主要扶养义务或者与被继承人共同生活的继承人,分配遗产时,可以多分; (4)有扶养能力和有扶养条件的继承人,不尽扶养义务的,分配遗产时,应当不分或者少分; (5)继承人协商同意的,也可以不均等
中国香港特别行政区	(1)尚存配偶,无后嗣及父母,或全血亲兄弟姊妹或其后嗣的情形,全部由配偶以信托形式持有剩余财产。 (2)尚存配偶及后嗣的情形 ①由配偶享有取得非土地实产的绝对权益。 ②拨出500,000港元的净款额,连同其利息记到配偶名下。 ③剩余遗产(不包括非土地实产)其中一半由配偶以信托形式持有,其余一半则为该无遗嘱者的后嗣而以法定信托形式持有。 (3)无后嗣,尚存配偶,及父母,或全血亲兄弟姊妹或其后嗣的情形 ①由配偶享有取得非土地实产的绝对权益。 ②拨出1,000,000港元的净款额,连同其利息记到配偶名下。 ③剩余遗产(不包括非土地实产)其中一半由配偶以信托形式持有,如遗有父母的,另一半由父母以信托形式持有。如无父母,则由全血亲兄弟姊妹以法定信托形式持有。 (4)有后嗣,无配偶的,剩余财产由后嗣以法定信托形式持有。 (5)无配偶,无后嗣,有父母,剩余财产由父母以信托形式持有,如为父母二人,二人等份。 (6)无配偶,无后嗣,无父母,则剩余财产依次由以下人员以法定信托形式持有: ①全血亲兄弟姊妹; ②半血亲兄弟姊妹; ③祖父母或外祖父母,超过一人,每人等份; ④伯父、叔父、舅父、姑母及姨母而属于该无遗嘱者的父或母的全血亲兄弟姊妹; ⑤伯父、叔父、舅父、姑母及姨母而属于该无遗嘱者的父或母的半血亲兄弟姊妹; ⑥如无人享有绝对权益,则除另有规定外,无遗嘱者的剩余遗产即成为无主财物,属于政府所有
中国澳门特别行政区	(1)配偶及直系血亲卑亲属之继承,则遗产划分成与继承人数目相同之份数。如被继承人并无生存配偶,则遗产由各子女按子女的人数为之。无直系血亲卑亲属时,由配偶继承,但仍须遵守配偶与直血亲尊亲属继承的规定。 (2)配偶及直系血亲尊亲属之继承,如被继承人并无直系血亲卑亲属而有配偶及直系血亲尊亲属,则遗产之2/3归配偶,1/3归直系血亲尊亲属。无配偶时,赋权予直系血亲尊亲属继承全部遗产。 (3)与被继承人有事实婚关系之人之继承。 (4)兄弟姐妹及其直系血亲卑亲属之继承,同父同母及同父异母或同母异父之兄弟姊妹的继承份额不同。每名同父同母之兄弟姊妹之继承份额或其直系血亲卑亲属之代位继承份额,相当于每名同父异母或同母异父之兄弟姊妹继承份额之两倍。 (5)遗产由其他旁系血亲继承的,即使在被赋权继承之人中有人与死者有双重血亲关系,分割仍按人数为之。 (6)由中国澳门特别行政区继承遗产须通过司法程序办理。通过司法程序确认并不存在其他法定可继承遗产之人时,须按诉讼法之规定宣告遗产因无人继承而归澳门特别行政区所有

第二十章 特留份继承

20.1 中国内地法律制度

20.1.1 特留份的概念

特留份，又称“特留财产”“必继份”“保留份”“义务份”“必留份”，是指被继承人必须依法留给继承人，不得自由处分的遗产份额，是对被继承人行使权利、处分自己财产的一种法律限制。特留份制度起源于古罗马，于近代以后传入我国，是限制遗嘱自由的一种重要手段。各法域在享有特留份的法定继承人范围和特留份的数额上规定不尽相同。如有的规定直系血亲卑亲属的特留份为其应继份的1/2，或规定兄弟姐妹的特留份为其应继份的1/3等。

20.1.2 特留份制度的功能

特留份制度具有以下功能：

首先，特留份制度体现了社会伦理道德的要求。死者的遗产应当由其法定继承人继承，这一思想从古代一直延续至今。特留份制度可以起到约束被继承人的作用，限制其滥用遗嘱自由这一原则，给予继承人最低保障，有利于维护公序良俗和社会秩序。

其次，制定特留份制度有利于社会稳定和谐。继承人与被继承人往往存在着经济抚养关系，被继承人一旦死亡，没有固定收入来源的继承人可能维持不了自身的生活。而且，特留份制度也在一定程度上督促继承人对被继承人履行赡养义务，这不仅与继承人自身利益息息相关，而且从整体上看，社会公共利益可能也会遭受不必要的影响。

最后，基于维系家族的要求，人们一般希望把自己的财产留给自己的至亲。一方面，这就意味着在继承开始之时，继承人就已经受到继承法的保护，虽然被继承人享有一定的遗产分配自由，但法定继承人也应当享有留有部分财产，这样可以使其心灵得到慰藉。另一方面，法定继承人在物质上也会得到一定的帮助，从而维系家族血脉，促进家族的繁衍生息。[1]

1. 缺乏劳动能力又没有生活来源的继承人的特留份

遗嘱应当为缺乏劳动能力又没有生活来源的继承人保留必要的遗产份额。

分割遗产，应当清偿被继承人依法应当缴纳的税款和债务；但是，应当为缺乏劳动能力又没有生活来源的继承人保留必要的遗产。

---

〔1〕 参见曹扬、徐琛：《民法典编纂背景下特留份制度的立法构建》，载《西部学刊》2019年第11期。

2. 胎儿特留份

遗产分割时,应当保留胎儿的继承份额。胎儿娩出时是死体的,保留的份额按照法定继承办理。应当为胎儿保留的遗产份额没有保留的,应从继承人所继承的遗产中扣回。为胎儿保留的遗产份额,如胎儿出生后死亡的,由其继承人继承;如胎儿娩出时是死体的,由被继承人的继承人继承。

3. 学者观点

(1)梁慧星教授主持起草的《民法典草案建议稿·继承编》第1843条"赠与的冲抵"规定:继承开始之前,继承人因结婚、分居、营业以及其他事由而由被继承人处获得的赠与的财产应当列入遗产范围,但被继承人生前有相反意思表示的除外。前款规定的赠与数额应在遗产分割时从该继承人的应继份中扣除。赠与的具体数额应依赠与当时的价值计算。

(2)王利明教授主持起草的《民法典草案建议稿继承编》第13条"归扣"规定:继承开始前,因结婚、分居、营业、超过通常标准的教育、职业培训,已接受被继承人赠与财产的继承人,应将该赠与价额加入继承开始时被继承人所有财产中,为应继遗产,但被继承人于赠与时有反对意思表示者,不在此限。前项赠与价额,应于遗产分割时,由该继承人应继份中扣除。超过应继份的赠与,除法律另有规定外,继承人不必返还超过部分价额。

20.2　中国香港特别行政区法律制度

我国香港特别行政区并没有明确的特留份概念,但在《财产继承(供养遗属及受养人)条例》(第481章)中有相关规定。法院有权命令拨出死者遗产以供养死者的某些遗属及死者的受养人。"死者的某些遗属及死者的受养人"包括:(1)配偶;(2)在紧接死者去世前完全或主要依靠死者赡养的父母、成年子女、半血亲或全血亲兄弟姐妹、仍未再婚的前夫或前妻、死者生前视为其曾缔结的任何一段婚姻所建立的家庭的子女或任何其他并非前述所包括的人;(3)夫妾关系中的妾侍或男方;(4)幼年子女及死者的因精神或身体不健全而无能力维持生活的子女。上述人员只要认为自己依照死者遗嘱、关于无遗嘱继承的法律或综合死者遗嘱与该等法律而作出的遗产处置,没有获得合理经济给养,即可自最初取得死者遗产的承办之日起6个月内向法院提出拨付申请。其中,配偶、主要依靠死者生前赡养的仍未再婚的前夫或前妻、夫妾关系中的妾侍或男方所获合理经济给养数额不以维持其生活为必要;其他申请人所获合理经济给养数额应足以维持其生活。法院在作出合理经济给养裁决时一般要考虑死者遗产的性质和数额、申请人的需求和经济来源、申请人维持生活的能力等因素。[1]

20.3　中国澳门特别行政区法律制度

20.3.1　一般规定

特留份继承体现继承法对被继承人特定家庭成员的保障。依法须留给特留份继承人,以

〔1〕　谭恩惠、李玲芳:《我国港澳台地区与大陆遗嘱继承制度之比较及大陆的借鉴》,载《法学杂志》2009年第9期。

致遗嘱人不得处分之财产部分，称为特留份。《澳门民法典》规定特留份继承人为配偶、直系血亲卑亲属及直系血亲尊亲属，且按照为法定继承所定之顺序及规则而继承。通过法律规定，限制被继承人对遗产财产一部分不可处分，同时亦规定了多项保障特留份继承人的规范，例如特留份的归扣及慷慨行为之扣减的制度。

值得注意的是，除了夫妻间作为对方的特留份继承人身份可以通过婚姻协定而作出放弃，原则上，特留份继承人的身份是不可放弃的。

1. 特留份继承人及特留份

特留份继承人为配偶、直系血亲卑亲属及直系血亲尊亲属，且按照为法定继承所定之顺序及规则而继承，即特留份继承人的顺序分别为：第一顺序是配偶及直系血亲卑亲属；第二顺序是配偶及直系血亲尊亲属。所以前顺序的继承人继承了，后顺序的继承人就没有了继承。

值得注意的是，特留份继承人中的直系血亲卑亲属及直系血亲尊亲属，在每一顺序中，亲等较近之血亲优先于亲等较远之血亲。特留份继承人中的直系血亲卑亲属及直系血亲尊亲属不仅是被继承人的子女及父母具特留份继承人的资格，被继承人的孙、曾孙等及其祖父母、曾祖父母等具有特留份继承人资格，而且以继承开始时实质被赋予继承权的特留份继承人为准。

特留份份额分配方面，根据上述特留份继承人顺序不同而在遗产中法定规定的遗产特留份的比例会有所不同。如配偶与子女共同分享特留份，则特留份为遗产之一半。而在配偶与子女间进行之遗产分割须按人数为之，即将遗产划分成与特留份继承人数目相同之份数。如无生存配偶，则子女之特留份为遗产之1/3或一半，视乎仅有一名子女、或有两名及两名以上子女而定。二亲等及二亲等以外之直系血亲卑亲属，有权享有其直系血亲尊亲属应得之特留份，且各人所占之部分须按有关法定继承之规定而定出。

如配偶与直系血亲尊亲属共同分享特留份，则特留份为遗产之一半。如被继承人并无直系血亲卑亲属或生存配偶，则直系血亲尊亲属之特留份为遗产之1/3或1/4，视乎被赋权继承之人为被继承人之父母，或为其二亲等及二亲等以外之直系血亲尊亲属而定。

2. 特留份之算定

为了计算出特留份份额在遗产中的确定价值，就必须对遗产属特留份份额作出算定。《澳门民法典》规定了在算定特留份时，应考虑在被继承人死亡之日其财产之价值、已赠与财产之价值、须归扣之开支及遗产所负之债务。相关规定以定出全部遗产后，用以算定特留份的全部财产。所以，在算定特留份时须按以下步骤进行：

(1) 遗产的计算及评估

首先应考虑被继承人在其死亡之日所遗下的财产。原则上，在其生前或因死亡而有效赠与的财产已不是他的资产。

(2) 扣除遗产的债务

如遗产有负担，[1] 尤其是债务，在扣除遗产的债务及开支后才可算定特留份。

[1] 遗产之负担包括：用于被继承人之丧葬开支及附随之宗教仪式之开支、因执行遗嘱而生之负担、因管理及清算遗产而生之负担、死者债务之清偿，以及遗赠之履行。

(3)赠与财产及须归扣开支的价值

虽然原则上,在其生前或因死亡而有效赠与的财产已不是他的资产。但当符合对特留份继承的保障规定时,则须对被继承人作出损害特留份的赠与慷慨行为之扣减及须归扣的开支加入遗产中。以下将分别对归扣制度及慷慨行为之扣减作出介绍。

在计算出遗产总值后,便可得知被继承人不可处分的份额或总特留份及其可处分的份额的价值。

3. 特留份之剥夺

被继承人可通过在遗嘱内明确指出理由而剥夺特留份继承人的特留份。这是由被继承人的意思而来剥夺特留份继承人的继承权。但相关理由必须是法律所规定的任一情况,包括:

(1)可继承遗产之人曾因故意侵犯被继承人、其配偶、与其有事实婚关系之人、任一直系血亲卑亲属或直系血亲尊亲属之人身、财产或名誉而被判罪,且该犯罪属可处以6个月以上之徒刑者;

(2)可继承遗产之人曾因诬告上述之人或针对该等人作虚假证言而被判罪;

(3)可继承遗产之人曾在无正当理由下拒绝履行其应对被继承人或其配偶承担之扶养义务;

(4)可继承遗产之人曾故意或在无合理理由下对被继承人之财产或人身造成严重损害,又或曾在其他状况下严重违反其对被继承人所负有之义务。

特留份之剥夺的法律效力是,被剥夺特留份之人等同失格者,所以被特留份剥夺者也无继承能力,即不可继承被继承人的遗产。

值得注意的是,在本篇第一章所提及的继承人失格适用于所有被指定的继承,而特留份之剥夺仅适用于特留份继承人的情况。

20.3.2　归扣

归扣制度沿自《葡萄牙民法典》。1999年,我国对澳门特别行政区恢复行使主权后所适用的由本地立法的民法典的立法过程中,当时的澳门特别行政区立法会就有关制度的保留或删除进行了激烈的讨论。其中主张删除归扣制度的主要意见认为该制度与我国澳门特别行政区华人社会不相称,不符合传统做法,将会造成更多家庭纠纷。更重要的一点是,在法院的处理上可能存在较大的困难。

归扣制度的目的是对特留份继承人继承的遗产进行均等分割。所以对于死者生前无偿给予某一特留份继承人的财产,法律就推定死者只是提前将这些财产给予特留份继承人,不是对各特留份继承人不公平,死者仍然是希望将来平均分配遗产给所有特留份继承人,所以为了符合死者的意愿,通过归扣制度,将死者生前已赠与的财产的价值重新计算在遗产的总值再作出平均分配。所以我国澳门特别行政区法律规定,为对遗产进行均等分割,有意继承直系血亲尊亲属遗产之直系血亲卑亲属及有意继承死亡配偶遗产之生存配偶,均应将死者曾赠与之财产或有价物返还予遗产,此返还称为归扣。

需要作出归扣的对象,为接受死者赠与时已具有推定为特留份继承人的直系血亲卑亲属及配偶。所以,死者生前对其直系血亲尊亲属的赠与,以及死者对配偶婚前的赠与不属于归扣的对象。死者向身为推定特留份继承人之直系血亲卑亲属之配偶赠与之财产或有价物,无须归扣。倘若赠与系向夫妻双方作出,则仅须归扣属推定继承人之部分。不得仅因夫妻采用之财产制为一般共同财产制,而视赠与为向夫妻双方作出。

在归扣的方式上,归扣系通过将赠与之价值或有关开支之金额计入有关继承份额而作出;如全体继承人达成协议,亦得通过返还受赠之财产而作出。即使遗产中之财产不足以使全体继承人获得均等之财产,亦不导致扣减有关赠与,但属损害特留份之情况者除外。而在确定赠与财产之价值方面,原则上,确定赠与财产之价值时,须以该等财产在继承开始时之状况为准,但如受赠人对受赠财产作出改善,受赠人有权就其所作出的必要改善而收取赔偿。

我国澳门特别行政区继承法律规定死者为其直系血亲卑亲属及生存配偶所作之一切无偿性之开支均须归扣。但是,法律又明文规定了无须作出归扣的例外情况,包括:低经济价值之赠与;对下代及配偶的扶养开支及家庭生活开支;为下代结婚以及成家立室的开支。

在死者生前没有明示表示排除归扣,法律对死者的意愿作出一种推定,推定死者的意愿是平均分配遗产,这可能对财产自由处分的原则构成一个法律限制。

20.3.3 慷慨行为之扣减

特留份继承保障的另一个制度是慷慨行为的扣减,有别于归扣制度,慷慨行为的扣减是为了保护特留份继承人的利益,以对抗损害特留份的慷慨行为。生前慷慨行为或死因慷慨行为对特留份继承人之特留份造成损害时,称之为损害特留份之慷慨行为。

慷慨行为的扣减须由具正当性人士申请。具正当性的人士为特留份继承人或其继受人,可从损害特留份之慷慨行为中扣减为填补特留份所必需之部分。扣减之范围及顺序方面,首先扣减被继承人以遗产名义作出之遗嘱处分;其次为遗赠;最后为被继承人生前所作之慷慨行为。所以需要作出扣减的对象包括遗嘱继承人的遗产及受遗赠人的遗赠,甚至包括获死者生前赠与财产的所有受赠人。

如只需扣减遗嘱处分,则不论对其中以遗产名义或以遗赠名义作出之死因处分,均应按比例扣减。然而,如遗嘱人表示某些特定处分应优先于其他处分,则仅在其他处分之全部价值不足以填补特留份时方扣减该等特定处分。报酬性死因处分亦具有前述所指之优先性。

如有需要扣减被继承人生前作出之慷慨行为,应先扣减最后作出之行为之全部或部分;不足时,扣减其前一行为;依此类推。同一行为中或同一日期内有数个慷慨行为时,对该等行为之扣减须按比例为之,但如其中存在报酬性慷慨行为,则仅在其他处分之全部价值不足以填补特留份时方扣减该报酬性慷慨行为。

如赠与之财产基于任何原因已灭失、已被转让或设定负担,则受赠人或受赠人之继受人,在有关财产之价值范围内,负责以金钱填补特留份,但该继受人所负之填补特留份之责任,以其继承受赠人之财产净值为限。

所以,慷慨行为扣减的制度,亦可能会对于死者生前的受赠人,即继承关系以外的第三人因死者受赠而取得的财产的利益产生影响,可能会使其长期处于一种不稳定的法律状态。为避免这种长期不稳定的法律状态，澳门特别行政区法律规定了就损害特留份之慷慨行为提起扣减之诉之权利，于特留份继承人接受遗产时起计2年后失效。

20.4　三法域规定列举（见表4－20－1）

表4－20－1　三法域规定列举

特留份的一般规定	
中国内地	（1）特留份是指被继承人必须依法留给继承人，不得自由处分的遗产份额，是对被继承人行使权利处分自己财产的一种法律限制； （2）特留份制度可以起到约束被继承人的作用，限制其滥用遗嘱自由这一原则，给予继承人最低保障，有利于维护公序良俗和社会秩序、保持社会稳定和谐
中国香港特别行政区	中国香港特别行政区并没有明确的特留份概念，但在《财产继承（供养遗属及受养人）条例》（第481章）中有相关规定。法院有权命令拨出死者遗产以供养死者的某些遗属及死者的受养人
中国澳门特别行政区	特留份为依法须留给特留份继承人，以致遗嘱人不得处分之财产部分。特留份继承体现继承法对被继承人特定家庭成员的保障。限制被继承人对遗产财产一部分不可处分，同时亦规定了多项保障特留份继承人的规范，例如特留份的归扣及慷慨行为之扣减的制度。除了夫妻间作为对方的特留份继承人身份，可以通过婚姻协定而作出放弃。原则上，特留份继承人的身份是不可放弃的
特留份继承人范围	
中国内地	（1）缺乏劳动能力又没有生活来源的继承人； （2）胎儿
中国香港特别行政区	（1）配偶、在紧接死者去世前完全或主要依靠死者赡养的父母、成年子女、半血亲或全血亲兄弟姐妹、仍未再婚的前夫或前妻、死者生前视为其曾缔结的任何一段婚姻所建立的家庭的子女或任何其他并非前述所包括的人； （2）夫妾关系中的妾侍或男方； （3）幼年子女及死者的因精神或身体不健全而无能力维持生活的子女
中国澳门特别行政区	特留份继承人为配偶、直系血亲卑亲属及直系血亲尊亲属，且按照为法定继承所定之顺序及规则而继承，亦即特留份继承人的顺序分别为：第一顺序是配偶及直系血亲卑亲属；而第二顺序是配偶及直系血亲尊亲属。所以前顺序的继承人继承了，后顺序的继承人就没有了继承
特留份份额	
中国内地	《民法典》中规定了胎儿预留份，遗产分割时，应当保留胎儿的继承份额。胎儿娩出时是死体的，保留的份额按照法定继承办理
中国香港特别行政区	特留份份额为足以维持其生活和合理经济给养数额。法院在作出合理经济给养裁决时一般要考虑死者遗产的性质和数额、申请人的需求和经济来源、申请人维持生活的能力等因素

续表

特留份份额	
中国澳门特别行政区	(1)根据特留份继承人顺序不同而在遗产中法定规定的遗产特留份的比例会有所不同。 (2)如配偶与子女共同分享特留份,则特留份为遗产之一半。而在配偶与子女间进行之遗产分割须按人数为之。 (3)如无生存配偶,则子女之特留份为遗产之1/3或一半,视乎仅有一名子女,或有两名及两名以上子女而定。二亲等及二亲等以外之直系血亲卑亲属,有权享有其直系血亲尊亲属应得之特留份,且各人所占之部分须按有关法定继承之规定而定出。 (4)如配偶与直系血亲尊亲属共同分享特留份,则特留份为遗产之一半。如被继承人并无直系血亲卑亲属或生存配偶,则直系血亲尊亲属之特留份为遗产之1/3或1/4,视乎被赋权继承之人为被继承人之父母,或为其二亲等及二亲等以外之直系血亲尊亲属而定
归扣	
中国内地	遗产分割中的归扣制度,是继承开始前继承人从被继承人处所受让之特种赠与,应从其应继份中予以扣除之制度。归扣制度为大多数国家尤其是大陆法系国家继承立法所明文规定。我国现行继承法无此制度,但民间历来有此习俗。起草的两部民法典草案虽对归扣制度设有明文,但均未规定扣还①
中国香港特别行政区	并没有明确的"归扣"一词
中国澳门特别行政区	(1)归扣制度的目的是对特留份继承人继承的遗产进行均等分割。 (2)为对遗产进行均等分割,有意继承直系血亲尊亲属遗产之直系血亲卑亲属及有意继承死亡配偶遗产之生存配偶,均应将死者曾赠与之财产或有价物返还予遗产,此返还称为归扣。 (3)归扣系通过将赠与之价值或有关开支之金额计入有关继承份额而作出;如全体继承人达成协议,亦得通过返还受赠之财产而作出。即使遗产中之财产不足以使全体继承人获得均等之财产,亦不导致扣减有关赠与,但属损害特留份之情况者除外。 (4)原则上,确定赠与财产之价值时,须以该等财产在继承开始时之状况为准,但如受赠人对受赠财产作出改善,受赠人有权就其所作出的必要改善而收取赔偿。 (5)不须作出归扣的例外情况包括:低经济价值之赠与;对下代及配偶的扶养开支及家庭生活开支;为下代结婚以及成家立室的开支
慷慨行为之扣减	
中国内地	《民法典》中规定了必留份,遗嘱应当为缺乏劳动能力又没有生活来源的继承人保留必要的遗产份额
中国香港特别行政区	没有明确的"慷慨行为之扣减"一词,但香港《财产继承(供养遗属及受养人)条例》中规定,任何人在紧接死者去世前是完全或主要靠死者赡养的,如死者生前非为换取十足的有值代价而以金钱或有价事物在相当程度上分担某人生活上的合理需要,则该人须视为完全或主要(视属何情况而定)靠死者赡养的,即有权申请从死者遗产中提供经济给养

续表

慷慨行为之扣减	
中国澳门特别行政区	(1)慷慨行为的扣减是为了保护特留份继承人的利益,以对抗损害特留份的慷慨行为。生前慷慨行为或死因慷慨行为对特留份继承人之特留份造成损害时,称为损害特留份之慷慨行为。 (2)慷慨行为的扣减须由具正当性人士申请提出。具正当性的人士为特留份继承人或其继受人,可从损害特留份之慷慨行为中扣减为填补特留份所必需之部分。扣减之范围及顺序方面,包括首先扣减被继承人以遗产名义作出之遗嘱处分,其次为遗赠,最后为被继承人生前所作之慷慨行为。所以需要作出扣减的对象包括遗嘱继承人的遗产及受遗赠人的遗赠,甚至于获死者生前赠与财产的所有受赠人。 (3)慷慨行为扣减的制度,亦可能会对于死者生前的受赠人,即继承关系以外的第三人因死者受赠而取得的财产的利益产生影响,可能会长期处于一种不稳定的法律状态。为避免这种长期不稳定的法律状态,法律规定了就损害特留份之慷慨行为提起扣减之诉之权利,于特留份继承人接受遗产时起计2年后失效

①张平华、刘耀东:《遗产分割中归扣法律制度研究》,载《法学论坛》2009年第1期。

第二十一章　遗嘱继承和遗赠

21.1　中国内地法律制度

遗嘱继承和遗赠是根据被继承人生前所立的合法有效的遗嘱处理遗产的继承方式。遗嘱继承和遗赠是民法的意思自治原则在继承领域的集中体现。自然人可以依照法律规定立遗嘱处分个人财产,并可以指定遗嘱执行人;也可以立遗嘱将个人财产指定由法定继承人中的一人或者数人继承,或者立遗嘱将个人财产赠与国家、集体或者法定继承人以外的组织、个人。

21.1.1　遗嘱的有效要件

遗嘱是一种民事法律行为,需要符合法律规定的民事法律行为有效的条件,即行为人具有相应的民事行为能力,意思表示真实,不违反法律、行政法规的强制性规定,不违背公序良俗。

1. 遗嘱人立遗嘱时必须具有完全民事行为能力

遗嘱人立遗嘱时必须具有完全民事行为能力,无民事行为能力或者限制民事行为能力人所立的遗嘱无效。

立遗嘱的主体为自然人,自然人按民事行为能力分为完全民事行为能力人、限制民事行为能力人和无民事行为能力人,其中:(1)18 周岁以上的自然人为成年人,为完全民事行为能力人,16 周岁以上的未成年人以自己的劳动收入为主要生活来源的,视为完全民事行为能力人,完全民事行为能力人可以独立实施民事法律行为,包括立遗嘱;(2)8 周岁以上的未成年人、不能完全辨认自己行为的成年人为限制民事行为能力人,实施民事法律行为由其法定代理人代理或者经其法定代理人同意追认,但是可以独立实施纯获利益的民事法律行为或者与其年龄、智力、精神健康状况相适应的民事法律行为;(3)不满 8 周岁的未成年人、不能辨认自己行为的成年人及 8 周岁以上的不能辨认自己行为的未成年人为无民事行为能力人,由其法定代理人代理实施民事法律行为。

无民事行为能力人或者限制民事行为能力人所立的遗嘱,即使其本人后来具有完全民事行为能力,仍属无效遗嘱。遗嘱人立遗嘱时具有完全民事行为能力,后来成为无民事行为能力人或者限制民事行为能力人的,不影响遗嘱的效力。

2. 遗嘱人意思表示真实

遗嘱必须表示遗嘱人的真实意思,受欺诈、胁迫所立的遗嘱无效,伪造的遗嘱无效,遗嘱被篡改,篡改的内容无效。

3. 符合法律规定的形式

为了确保遗嘱行为意思表示的真实,法律对遗嘱规定了较为严格的形式要件,即只能按《民法典》继承编规定的自书遗嘱、代书遗嘱、打印遗嘱、录音录像遗嘱、口头遗嘱、公证遗嘱等形式立遗嘱,并且须符合相应的形式要求,否则会影响遗嘱的效力。

4. 遗嘱所处分的财产是遗嘱人的个人合法财产

《民法典》第 1122 条规定:“遗产是自然人死亡时遗留的个人合法财产。依照法律规定或者根据其性质不得继承的遗产,不得继承。”遗嘱人以遗嘱处分了国家、集体或者他人财产的,应当认定该部分遗嘱无效。

21.1.2　遗嘱形式

原《中华人民共和国继承法》(1985 年)(以下简称原《继承法》)规定了五种遗嘱的形式,即公证遗嘱、自书遗嘱、代书遗嘱、录音遗嘱和口头遗嘱。后原《继承法》编纂入《民法典》“继承编”,增加了打印、录像等新的遗嘱形式,共规定了自书遗嘱、代书遗嘱、打印遗嘱、录音录像遗嘱、口头遗嘱、公证遗嘱六种遗嘱的形式。

1. 自书遗嘱

自书遗嘱是指遗嘱人本人将处分遗产的意思表示亲自手写出来的文字遗嘱。《民法典》第 1134 条规定:“自书遗嘱由遗嘱人亲笔书写,签名,注明年、月、日。”自书遗嘱的有效成立在形式上需要符合以下三个方面的要求。

一是遗嘱人必须亲笔书写遗嘱的全部内容。自书遗嘱不能由他人代写,也不能用打印等其他方式,如果遗嘱中有部分内容是由他人书写或为打印的形式,则不构成自书遗嘱。

二是遗嘱人必须在自书遗嘱上签名。以书面形式订立的遗嘱都要求遗嘱人签名。遗嘱人亲笔签名既可以表明遗嘱人的身份,又可以表示遗嘱人对遗嘱内容的确认,表明该遗嘱是出于遗嘱人的真实意思表示。自书遗嘱中,尽管遗嘱的内容可能确实是由遗嘱人亲笔书写,但是如果没有签名,无法判断遗嘱人只是书写了草稿还是作出了最终的决定,因此没有签名的自书遗嘱无效。

三是遗嘱人必须注明年、月、日。这主要有以下作用:(1)遗嘱中注明的年、月、日可以用来确定遗嘱人在立遗嘱时是否具有遗嘱能力,从而判断遗嘱人所立的遗嘱是否有效;(2)注明年、月、日可以确定遗嘱设立的时间,如果在遗嘱设立以后遗嘱人撤回、变更了该遗嘱,或者遗嘱人实施了与该遗嘱内容相反的民事法律行为,那么该遗嘱的部分或者全部内容将不发生法律效力;(3)遗嘱人立有数份遗嘱时,如果遗嘱之间内容相抵触的,以最后的遗嘱为准,此时可以以遗嘱中注明的年、月、日来判断遗嘱设立的先后。

自然人在遗书中涉及死后个人财产处分的内容,确为死者的真实意思表示,有本人签名并注明了年、月、日,又无相反证据的,可以按自书遗嘱对待。

2. 代书遗嘱

代书遗嘱是指根据遗嘱人表达的遗嘱内容,由他人代为书写的遗嘱。代书遗嘱通常适用于遗嘱人由于一些特殊的原因如不会写字或者身体状况不好无法写字等，不能亲笔书写遗嘱，因此委托他人代为书写遗嘱的情形。《民法典》第 1135 条规定："代书遗嘱应当有两个以上见证人在场见证，由其中一人代书，并由遗嘱人、代书人和其他见证人签名，注明年、月、日。"代书遗嘱的有效成立在形式上需要符合以下几个方面的要求：

(1)有两个以上见证人在场见证。见证人是指证明遗嘱真实性的第三人。见证人须符合一定的条件，一是见证人要符合资格要求，既要有具备见证遗嘱真实性的能力又要有中立性，即与遗嘱的内容没有利害关系。见证人必须具备完全行为能力。根据《民法典》第 1140 条的规定，无民事行为能力人、限制民事行为能力人以及其他不具有见证能力的人，继承人、受遗赠人以及与继承人、受遗赠人有利害关系的人，不能作为遗嘱见证人。继承人、受遗赠人的债权人、债务人，共同经营的合伙人，也应当视为与继承人、受遗赠人有利害关系，不能作为遗嘱的见证人。二是见证人的数量为两人以上，即见证人最少为两人。三是符合资格、数量要求的见证人必须在场见证，即必须在场全程参与立遗嘱的过程，不能在事后签名来代替在场见证。

(2)由见证人中的一人代书。代书遗嘱的代书人为见证人中的一人，代书人在代书遗嘱时，只能用亲笔手写的方式，不能用打印等其他方式。代书人在书写遗嘱时要严格忠实于遗嘱人的意思表示，将遗嘱人表达的遗嘱内容准确无误地记录在代书遗嘱中。

(3)遗嘱人、代书人和其他见证人签名。代书人在书写完遗嘱后，应当交给遗嘱人和其他见证人核对，遗嘱人和其他见证人确认无误后，遗嘱人、代书人和其他见证人都必须在遗嘱上亲笔书写姓名。遗嘱人、代书人和其他见证人签名，既表明了自己的身份，也表明了对遗嘱内容以及立遗嘱过程的确认。

(4)注明年、月、日。在代书遗嘱中必须注明立遗嘱的具体时间，即注明年、月、日，代书遗嘱中未注明年、月、日的，遗嘱不能生效。

3. 打印遗嘱

打印遗嘱是指遗嘱的内容由打印机等机器设备打印而成的遗嘱。根据《民法典》第 1136 条的规定，打印遗嘱有效成立应符合下列要件：一是打印遗嘱应当有两个以上见证人在场见证；二是遗嘱人和见证人应当在遗嘱每一页签名；三是注明年、月、日。

4. 录音录像遗嘱

录音录像遗嘱分为录音遗嘱与录像遗嘱。录音遗嘱是遗嘱人口述遗嘱内容并用录音的方式记录而成的遗嘱。录像遗嘱是遗嘱人表达遗嘱内容并用录像的方式记录而成的遗嘱。遗嘱人在表达遗嘱内容时可以通过口述的方式，同时记录其声音，在特殊情况下无法用口述方式的，如遗嘱人为聋哑人的，可以通过打手语的方式表达遗嘱内容。无论采用哪种表达形式，遗嘱人在录音录像遗嘱中都应该亲自表达遗嘱内容，不能由他人转述。《民法典》第 1137 条规定，录音录像遗嘱有效成立必须符合以下条件。一是应当有两个以上见证人在场见证，参加录音录像遗嘱制作的全过程。二是遗嘱人和见证人应当在录音录像中记录其姓名或者肖像。由于录音录像遗嘱不是书面遗嘱，遗嘱人和见证人无法签名，因此要运用符合录音录像遗嘱形式特点的方式表明遗嘱人和见证人的身份、确认遗嘱内容以及表明在场见证。在录音遗嘱中，遗嘱人和见证人应当在录音中用口述的方式分别记录其姓名，表明遗嘱人与见证人的身份，并体现见证人在场见证。在录像遗嘱中，遗嘱人和见证人应当在录像中展示其肖像，在记录肖像的同时遗嘱人和见证人也可以用口述或者其他方式表明其姓名，这样可以通过视频画面得知遗嘱人与见证人的身份、遗嘱人立遗嘱和见证人在场见证的过程。三是遗嘱人和见证人应当在录音录像中记录年、月、日，在以录音录像的形式立遗嘱时，遗嘱人和见证人应当在录音录像的过程中用口述或者其他方式表明遗嘱设立的时间，否则录音录像遗嘱不能发生法律效力。

5. 口头遗嘱

口头遗嘱，是遗嘱人在危急情况下用口述的方式表达其处分遗产的意思表示的遗嘱形式。只有在危急情况下，并且有两个以上见证人在场见证时才可以立口头遗嘱，并且在危急情况消除后，遗嘱人能够以书面或者录音录像形式立遗嘱的，所立的口头遗嘱无效。如果危急情况消除后，遗嘱人能够以其他形式立遗嘱时没有另立其他形式的遗嘱而死亡的，视为被继承人未立遗嘱，其遗产按法定继承的方式分配。

6. 公证遗嘱

公证遗嘱是遗嘱人经公证机构办理的遗嘱。公证遗嘱的有效成立除了需要遵守《民法典》关于遗嘱效力的规定以外，还要遵守我国有关公证的相关法律规定。如公证遗嘱必须由遗嘱人本人亲自到公证处提出申请办理，不得委托他人办理公证。遗嘱人亲自到公证处有困难的，可以书面或口头形式请求有管辖权的公证处指派公证人员到其住所或临时处所办理。公证遗嘱应当由两名公证人员共同办理，由其中一名公证员在公证书上署名。公证人员在办理遗嘱公证时，要依法对遗嘱人立遗嘱行为的真实性、合法性进行审查，审查的内容包括：遗嘱人是否具有完全民事行为能力，遗嘱人的意思表示是否真实，遗嘱的内容是否完备、文字表述是否准确，遗嘱内容是否违反法律规定和社会公共利益，遗嘱的签名、制作日期是否齐全以及办理公证的程序是否符合规定等。经审查认为遗嘱人立遗嘱行为符合法律规定的条件的，公证处应当出具公证书。

21.1.3 遗嘱的无效、撤回、变更

1. 遗嘱无效的情形

《民法典》规定的遗嘱无效的情形主要有：

(1)无民事行为能力人或者限制民事行为能力人所立的遗嘱无效；

(2)遗嘱必须表示遗嘱人的真实意思，受欺诈、胁迫所立的遗嘱无效；

(3)伪造的遗嘱无效；

(4)遗嘱被篡改的，篡改的内容无效；

(5)遗嘱人以遗嘱处分了国家、集体或者他人财产的，该部分遗嘱无效；

(6)与遗赠扶养协议抵触的遗嘱全部或部分无效。被继承人生前与他人订有遗赠扶养协议，同时又立有遗嘱的，继承开始后，如果遗赠扶养协议与遗嘱没有抵触，遗产分别按协议和遗嘱处理。如果有抵触，按协议处理，与协议抵触的遗嘱全部或者部分无效。

2. 遗嘱的撤回和变更

遗嘱的撤回，是指遗嘱人取消原遗嘱的法律行为。遗嘱的变更是指遗嘱人改变原先所立的遗嘱的部分内容。遗嘱人可以于遗嘱设立后的任何时间撤回或变更，无须征得任何人的同意。遗嘱一经撤回，即失去了发生效力的可能性，如果遗嘱人未立新的遗嘱，在遗嘱人死亡之后，遗产按法定继承的规定处理。

撤回遗嘱的方式有两种，一种是明示方式，遗嘱人以明确的意思表示撤回遗嘱。根据《民法典》第1142条第1款的规定，遗嘱人可以撤回、变更自己所立的遗嘱。另一种是推定方式，遗嘱人虽然未以明确的意思表示撤回遗嘱，但根据遗嘱人的行为推定其撤回了遗嘱。根据《民法典》第1142条第2款的规定，立遗嘱后，遗嘱人实施与遗嘱内容相反的民事法律行为的，视为对遗嘱相关内容的撤回。推定撤回遗嘱表现在遗嘱人生前的行为与遗嘱的内容相抵触，而使遗嘱所处分财产在继承开始前灭失或者所有权转移的，遗嘱被视为撤回。另外，遗嘱人故意销毁遗嘱的，其行为也表达出不想原有的遗嘱产生法律效力，也应视为撤回。

3. 遗嘱冲突的处理

遗嘱人立有数份遗嘱时，如果遗嘱之间内容相抵触的，以最后的遗嘱为准。遗嘱设立的先后，可以根据遗嘱中注明的年、月、日来判断。

21.1.4 遗赠

遗赠是遗嘱人用遗嘱的方式将个人财产的一部分或全部于死后赠给国家、集体或法定继承人以外的组织或个人的一种民事法律行为。

遗赠与遗嘱继承，都是被继承人以遗嘱处分个人财产的方式，都须具备遗嘱的有效条件才能有效。遗赠与遗嘱继承的主要区别在于受遗赠人可以是国家、集体或法定继承人以外的组织或个人，而遗嘱继承人只能是法定继承人范围之内的人。并且受遗赠人接受遗赠时，须于法定期间内作出接受的明示的意思表示，在继承开始后，受遗赠人应当在知道受遗赠后60日内，作出接受或者放弃受遗赠的表示；到期没有表示的，视为放弃受遗赠。而遗嘱继承人在继承开始后没有作出放弃继承表示的，视为接受继承。

21.1.5 遗赠扶养协议

1. 遗赠扶养协议的订立和履行

遗赠扶养协议是遗赠人和扶养人之间关于扶养人承担遗赠人的生养死葬的义务，遗赠人的财产在其死后转归扶养人所有的协议。《民法典》第1158条规定：“自然人可以与继承人以外的组织或者个人签订遗赠扶养协议。按照协议，该组织或者个人承担该自然人生养死葬的义务，享有受遗赠的权利。”继承人以外的组织或者个人与自然人签订遗赠扶养协议后，无正当理由不履行，导致协议解除的，不能享有受遗赠的权利，其支付的供养费用一般不予补偿；遗赠人无正当理由不履行，导致协议解除的，则应当偿还继承人以外的组织或者个人已支付的供养费用。

2. 遗赠扶养协议的法律效力

遗赠扶养协议的法律效力优先于法定继承和遗嘱继承。《民法典》第 1123 条规定："继承开始后，按照法定继承办理；有遗嘱的，按照遗嘱继承或者遗赠办理；有遗赠扶养协议的，按照协议办理。"按照该条规定，遗赠扶养协议效力最优先，依次为遗嘱、法定继承。

被继承人生前与他人订有遗赠扶养协议，同时又立有遗嘱的，继承开始后，如果遗赠扶养协议与遗嘱没有抵触，遗产分别按协议和遗嘱处理；如果有抵触，按协议处理，与协议抵触的遗嘱全部或者部分无效。

21.2　中国香港特别行政区法律制度

21.2.1　遗嘱

任何人可借按照《遗嘱条例》(第 30 章)的规定而签立的遗嘱处置其去世时享有实益、而去世后则转予其遗产代理人的所有财产。遗嘱于立遗嘱人去世时起生效。

1. 未成年人所立的遗嘱[《遗嘱条例》(第 30 章)第 4 条]

(1)除另有规定外，由未届成年的人所立的遗嘱均属无效。

(2)已婚者、实际服役于海军、陆军或空军的人员及海上的船员或海员即使未届成年，均可订立有效的遗嘱，亦可有效地撤销遗嘱。

2. 遗嘱的签署及见证[《遗嘱条例》(第 30 章)第 5 条]

(1)除另有规定外，遗嘱须符合以下规定，否则无效：

①以书面订立，并由立遗嘱人签署，或由其他人在立遗嘱人面前并依其指示签署；

②看来立遗嘱人是欲以其签署而令该遗嘱生效的；

③立遗嘱人是在 2 名或 2 名以上同时在场的见证人面前作出该签署或承认该签署；以及每名见证人在立遗嘱人面前作见证并签署该遗嘱；或承认其所作的签署。

例外情形(特别遗嘱)为[《遗嘱条例》(第 30 章)第 6 条]：实际服役于海军、陆军或空军的人员及海上的船员或海员为处置其任何财产、行使指定受益的权利或指定一人为其幼年子女的监护人立遗嘱时，可无须遵照上述规定。

(2)任何看来是体现立遗嘱人遗愿的文件，即使未按规定订立，但只要有人提出申请，而法庭在无合理疑问的情况下信纳该文件是体现立遗嘱人的遗愿的，则该文件须当作已妥为签立。

(3)遗嘱无须任何其他公布均为有效[《遗嘱条例》(第 30 章)第 8 条]。

(4)遗嘱不因见证人没有资格而无效[《遗嘱条例》(第 30 章)第 9 条]。

(5)对见证人及其配偶的馈赠无效[《遗嘱条例》(第 30 章)第 10 条]。

(6)遗嘱如述明以产业抵押债务，见证的债权人可获接受为见证人[《遗嘱条例》(第 30 章)第 11 条]。

(7)遗嘱执行人可获接受为见证人[《遗嘱条例》(第 30 章)第 12 条]。

3. 撤销遗嘱[《遗嘱条例》(第30章)第13条及第17条]

任何遗嘱的全部或任何部分,均不得撤销,除非法律规定的以下内容:第一,除某些情况外,遗嘱可因缔结婚姻而撤销;第二,借另一有效的遗嘱而撤销;第三,借立遗嘱人可有效地签立遗嘱的方式签立的遗嘱撤销书而撤销;第四,由立遗嘱人,或由其他人在立遗嘱人面前并依其指示,在立意撤销该遗嘱的情况下将该遗嘱烧毁、撕毁或以其他方法毁灭而撤销。

以情况有变为理由而对立遗嘱人的意愿作出的任何推定,不得使遗嘱撤销。已撤销的遗嘱除非重新签立或加入遗嘱更改附件否则不能恢复效力。

4. 更改已签立的遗嘱[《遗嘱条例》(第30章)第16条]

遗嘱签立后,其中的涂改、安插于行间的字或其他更改均不具任何效力或作用,除非在作如此更改前,遗嘱的字义或作用并不明显,而该等更改是由立遗嘱人以他在作出该等更改时可有效地签立遗嘱的方式签立:(1)在遗嘱上与更改处相对或接近之处的卷旁或其他部分签署;(2)于述及该项更改的备忘录的末端、结尾或相对处,及在遗嘱的结尾或其他部分签署。

5. 更正遗嘱[《遗嘱条例》(第30章)第23A条]

法庭如信纳由于文书上的错误,或无法理解立遗嘱人的指示,以致遗嘱所表达的意思不能使立遗嘱人的意愿得以实现,可命令将该遗嘱更正,以使立遗嘱人的意愿得以实现。除获法庭批准外,不得在最初取得死者遗产承办权起计的6个月期间届满后申请根据本条作出命令。死者的遗产代理人如在最初取得死者遗产承办权起计的6个月期间届满后,分配了死者财产的任何部分,更正遗嘱的规定不得令遗产代理人以他应考虑到法庭可能会在该期限届满后准许根据该条提出申请为理由,而承担法律责任。

6. 遗嘱的解释——在证据方面的一般规定[《遗嘱条例》(第30章)第23B条及第27条]

遗嘱的解释适用范围为:(1)有任何部分并无意义;(2)有任何部分的文字的意思表面上是含糊的;(3)有任何部分,根据立遗嘱人意愿以外的证据显示,所使用的文字的意思从周围环境来看是含糊的。

适用于任何遗嘱的范围内,外在证据,包括立遗嘱人意愿的证据,可获接纳为证据以协助解释该遗嘱。遗嘱的解释不得因立遗嘱人在签立遗嘱后改变居籍而有所更改。

21.2.2　遗嘱认证和遗产管理

《遗嘱认证及遗产管理条例》(第10章)规定:

授予、授予书(grant)指授予遗嘱认证或遗产管理。

遗产管理、管理(administration)指获授予遗产管理的人。

遗嘱认证(probate)指以法院印章作出的授予书,授权其内指名的遗嘱执行人管理立遗嘱人的遗产。

1. 法院的司法管辖权与权力(第Ⅰ部)

(1)第3条规定了法院在遗嘱认证及遗产管理方面的司法管辖权。法院对所有与死者遗产的遗嘱认证及遗产管理有关的事宜,均有司法管辖权,并有权对死者遗产授予遗嘱认证及遗产管理书,以及有权更改或撤销该等授予。

(2)第5条规定了司法常务官在某些个案中可行使司法管辖权。遗嘱认证或遗产管理的授予书可由司法常务官以法院名义及以法院印章作出、修订或再加盖印章。

(3)第7条规定了命令出示遗嘱性质文字的权力。不论是否有任何关于遗嘱认证或遗产管理的法律程序在法院待决,法院均可应动议或任何呈请或在其他情况下,循简易程序命令任何人出示在其管有或控制下并属于或看来是属于遗嘱性质的纸张或文字,并向承办处呈交,或按法院所指示的其他方式处理。不论是否有任何法律程序在法院待决,司法常务官均可发出传召出庭令,规定任何人出示在其管有、在其权力范围内或在其控制下,并属于或看来是属于遗嘱性质的纸张或文字,并向承办处呈交。

(4)第8条规定了传召遗嘱执行人申领或放弃遗嘱认证。法院有权传召遗嘱所指名的任何遗嘱执行人,着他申领或放弃该遗嘱的遗嘱认证,以及有权作出英格兰的高等法院就遗嘱事宜而可作出的任何其他事。[1]

(5)第8A条规定了司法常务官可要求提供关于有关遗产的任何资料。

2.遗嘱认证的授予及撤销等(第Ⅲ部)

(1)第24条规定了申请作出授予。凡申请授予或撤销遗嘱认证或遗产管理书,均须通过承办处作出。

(2)第24A条规定了就遗产的资产及负债所作的誓章。就在2006年2月11日当日或之后去世的人的遗产所作的授予申请,须由申请人宣誓作出并由他提交承办处存档的誓章支持;及夹附于该誓章作为证物的列明申请人所知悉的在死者去世当日属死者的资产及负债的清单的复本。

(3)第24B条规定了司法常务官须向税务局局长提供关于授予申请的资料。

(4)第25条规定了遗产代理人的人数。涉及同一财产的遗嘱认证或遗产管理,不得授予超过4人;如遗嘱或无遗嘱继承涉及未成年人权益或终身权益,则遗产管理须授予信托法团(无论是否连同个人)或授予不少于两名个人。如只有一名遗产代理人(而又非信托法团),则在受益人未成年期间或终身权益持续期间,以及直至该遗产完全获得管理为止,法院可应任何有利害关系的人的申请或应该人的监护人、受托监管人或接管人的申请,按照遗嘱认证规则及命令,在原有的遗产代理人以外,另委任一名或多于一名遗产代理人。

(5)第26条规定了将承办授予信托法团。法院可在遗嘱指名某信托法团单独或与另一人共同作为遗嘱执行人的个案中,按个别情况的需要而向该法团单独或连同另一人授予遗嘱认证;以及向信托法团单独或连同另一人授予遗产管理,而该法团可据此而担任遗嘱执行人或遗产管理人(视属何种情况而定)。

(6)第27条规定了已申领遗嘱认证的遗嘱执行人行使权力的权利。凡有2人或多于2人获指名为遗嘱执行人,而遗嘱认证是授予其中一人或一些人的,则不论是否有将权力保留给

---

〔1〕 参见《遗嘱认证及遗产管理条例》第10章第8条的内容。该法条的意思是:我国香港特别行政区的法院除了有权传召遗嘱执行人,着他申领或放弃该遗嘱的遗嘱认证外,英格兰的高等法院对遗嘱事宜作出的其他任何事宜,我国香港特别行政区法院同样也可以作出。

余下的一人或各人以申领遗嘱认证,由法律赋予遗产代理人的所有权力均可由当其时已申领遗嘱认证的遗嘱执行人行使,其效力犹如所有获指名为遗嘱执行人的人已赞同行使该等权力一样。

(7)第 28 条规定了遗嘱执行人停止享有申领遗嘱认证的权利。凡获遗嘱委任为遗嘱执行人的人在立遗嘱人去世时尚存,但未取得该遗嘱的遗嘱认证便去世;或被传唤领取该遗嘱的遗嘱认证,但未有对传唤作出应诉;或放弃该遗嘱的遗嘱认证,该人就该项遗嘱执行而享有的权利即完全终止,而对立遗嘱人的承办及其遗产的管理亦告消失、转予他人及交托他人,犹如该人并不曾被委任为遗嘱执行人一样。

(8)第 29 条规定了有权或可能成为有权享有承办的人,可明示放弃其对该承办的权利。

(9)第 30 条规定了法律构定的放弃。对死者的遗产享有或声称享有权益的人,可安排向死者遗嘱所委任的遗嘱执行人发出传唤,要求他们接受或放弃遗嘱执行。

(10)第 31 条规定了取消放弃。凡放弃遗嘱认证或遗产管理,均可随时以法院命令取消放弃。

(11)第 32 条规定了撤回放弃。凡已放弃遗嘱认证的遗嘱执行人在本条例生效日期,即 1971 年 10 月 7 日,之前或之后获准撤回该项放弃及获准申领遗嘱认证,则有关的遗嘱认证须属有效,并在不影响以前已申领遗嘱认证或已取得遗产管理书的任何其他遗产代理人以前的作为及交易,以及在不影响以前向他们发出的通知的原则下,该遗嘱认证当作一直有效,而其后的遗嘱认证的备忘录须批注在原有的遗嘱认证或遗产管理书上。

(12)第 33 条规定了撤销授予及将遗嘱执行人撤职。凡法院觉得任何遗嘱认证或遗产管理本不应授予,或觉得其中有错误,法院可收回该遗嘱认证或遗产管理,并且法院如信纳在有利害关系的一方提出要求时,该遗嘱认证或遗产管理会予以撤销,则可将其撤销。

(13)第 34 条规定,立遗嘱人的唯一或最后一名尚存遗嘱执行人的遗嘱执行人,是该立遗嘱人的遗嘱执行人。

(14)第 35 条规定,凡遗嘱执行人方面出现问题,则附有遗嘱的遗产管理书可授予法院认为适当的人。

(15)第 36 条规定了就无遗嘱者的遗产委任遗产管理人。

21.2.3　无争议遗嘱认证

根据《无争议遗嘱认证规则》(第 10A 章)的规定:

1. 申请

第 3 条及第 4 条规定,任何人如经由律师申请或个人申请,均可在承办处提出授予申请。

2. 申请的授予

(1)第 5 条规定了接获授予申请后司法常务官的职责:

①司法常务官在其认为适宜进行的一切查讯未有令其满意的答复时,不得容许作出任何授予。

②司法常务官可要求获得誓言所载者以外的证明,以证明死者的身份或授予申请人的

身份。

③除非获得司法常务官许可,否则遗嘱认证的授予或附有遗嘱的遗产管理的授予不得于死者去世后7日内作出,至于遗产管理的授予则不得于死者去世后14日内作出。

④司法常务官如拟根据要求提供担保,作为将遗产管理授予某人的一项条件,则在没有给予机会让该人或其律师(如申请是经由律师提出者)就该项要求获得聆听的情况下,不得提出该项要求。

(2)第6条规定了支持作出授予的誓言。每项授予申请均须有誓言支持,誓言须以适用于其个案情况的指明表格作出,并须载于经申请人宣誓的誓章内,此外亦须有司法常务官要求的其他文件支持。

(3)第7条规定了有附加姓名的授予。除另有规定外,凡有需要在任何授予中除采用死者真实姓名外,亦采用附加姓名以描述死者,则申请人须在誓言中述明死者的真实姓名,并须宣誓证明死者遗产的某部分(并予以指明)是以该另一姓名持有,或宣誓证明在该项授予中加入该另一姓名的任何其他理由。

(4)第8条规定了在遗嘱上作标记。凡就任何遗嘱申请授予,该份遗嘱须由申请人及监誓人签署以作标记,并须夹附于根据本规则可要求就遗嘱的有效性、条款、条件或签立日期而作出的誓章中为证物。

3.签立

(1)第10条规定了遗嘱妥为签立的证据。凡遗嘱内并无见证条款,或见证条款不够充分,或司法常务官对遗嘱是否已妥为签立觉得有疑问,则司法常务官在接纳该遗嘱为证明前,须规定一名或多于一名见证人就该遗嘱的妥为签立而提交誓章,如没有可方便找到的见证人,则须规定于遗嘱签立时在场的任何其他人提交誓章。

(2)第11条规定了失明或文盲的立遗嘱人的遗嘱签立。如任何中文或英文遗嘱看似是由失明或文盲的立遗嘱人或不谙该种语文的立遗嘱人签署或由另一人依照立遗嘱人的指示签署的,或因任何其他理由而使人怀疑立遗嘱人是否知悉该遗嘱于签立时的内容,则司法常务官在接纳该遗嘱为证明前,须信纳该立遗嘱人确实知悉该遗嘱的内容。

(3)第12条规定了关于遗嘱的条款、条件及签立日期的证据。凡遗嘱内出现任何涂改、安插于行间的字或其他更改,而该等涂改、行间的字或其他更改并无以《遗嘱条例》(第30章)所订明的方式或以重新签立遗嘱或以签立遗嘱更改附件的形式认证为真确,则司法常务官须要求提出证据,以证明该等更改于遗嘱签立时是否已存在,司法常务官并须就证明遗嘱的方式作出指示。

4.授予的优先次序

(1)第19条规定了在死者留有遗嘱情况下作出授予的优先次序。有权获授予遗嘱认证或获授予附有遗嘱的遗产管理的人,其优先次序须按照以下而决定:

①遗嘱执行人;

②为任何其他人以信托方式持有遗赠的剩余遗产受遗赠人;

③任何终身受益的剩余遗产受遗赠人;

④最终的剩余遗产受遗赠人，或在剩余遗产并未全部由遗嘱处置的情况下，则任何有权分享未获处置的剩余遗产的人（包括遗产管理官），或在符合规定下，任何该等人的遗产代理人；

⑤任何特定受遗赠人或任何债权人；

⑥任何有权在任何待确定事件发生时获得剩余遗产或特定遗赠的受遗赠人。

（2）第21条规定了在无遗嘱而去世的情况下获得授予的优先次序：

①凡无遗嘱者去世，则对其遗产享有实益权益的人有权按以下的优先次序获得遗产管理的授予：

（i）尚存的配偶，或于1971年10月7日前缔结的夫妾关系中尚存的一名或多于一名的伴侣；

（ii）死者的子女，包括于1971年10月7日前缔结的夫妾关系中所生的任何子女，或于死者在生时已去世的任何该等子女的后嗣；

（iii）死者的父亲或母亲；

（iv）死者的兄弟姊妹，或于死者在生时已去世的任何死者的已故兄弟姊妹的后嗣。

②如在上款第（ii）及（iii）节述及的类别中，并无人在死者去世时尚存，则以下所述的人如对遗产享有实益权益，即有权按以下的优先次序获得遗产管理的授予：

（i）祖父母；

（ii）死者的伯父、叔父、舅父、姑母及姨母，或于死者在生时已去世的任何死者的已故伯父、叔父、舅父、姑母及姨母的后嗣。

③如无人对遗产享有实益权益，则遗产归予遗产管理官。

（3）第25条规定了在两人或多于两人享有相同等级优先权的情况下如何作出授予：

①授予可向任何有权获得授予的人作出，而无须通知其他有相同等级优先权的人。

②有相同等级优先权获得授予的人之间的纠纷，须以传票方式交由司法常务官审理。

③除非司法常务官另有指示，否则遗产管理须授予在生的人，而较任何若在生则会与上述该人有相同等级优先权的人的遗产代理人为优先，遗产管理亦须授予并非无行为能力的人，而较任何有相同等级优先权的未成年人为优先。

5.其他作出授予的情形

（1）向有继承期望的人作出授予（第27条）。

（2）在死者于我国香港特别行政区以外地方去世的情况下作出的授予（第29条）。

（3）向受权人作出授予（第30条）。

（4）向21岁以下的人的代表作出授予（第31条）。

（5）在未满21岁的人属共同遗嘱执行人的情况下作出授予（第32条）。

（6）向精神或身体方面无行为能力的人作出授予（第33条）。

（7）向信托法团及其他法人团体作出授予（第34条）。

6.将拟申请授予事通知政府

第37条规定，在任何个案中，如政府看似是或可能是对某死者的遗产享有实益权益，则申请人须将关于其有意申请授予的通知发给遗产管理官,而司法常务官可指示在发给该通知后的某指明时间内不得作出授予。

7. 担保

第 38 条规定,司法常务官无须根据规定提供担保作为授予遗产管理的一项条件,但如有建议将遗产管理作出以下的授予,则属例外。

(1)凭借相关规定授予债权人,或债权人的遗产代理人,或授予对死者遗产并无享有即时实益权益但可因遗产的添加而可能享有实益权益的人;

(2)根据相关规定授予在实益享有全部遗产的人无遗嘱而去世时有权承受其遗产的人或其中某些人;

(3)根据相关规定授予任何有权获得授予的人的受权人;

(4)根据相关规定为供未满 21 岁的人自用及为其利益而作出授予;

(5)根据相关规定为供精神或身体方面无行为能力以致无能力处理其事务的人自用及为其利益而作出授予;

(6)授予司法常务官认为是在我国香港特别行政区以外地方居住的申请人。

尽管有建议如上文所述授予遗产管理,但如申请遗产管理的申请人或其中一人属以信托法团或根据《法律执业者条例》(第 159 章)持有现行有效的执业证明书的律师,则除非有特殊情况,否则无须规定提供担保再加盖印章方面的担保人(第 41 条)。

此外,第 41A 条规定了向法院申请许可就担保提出起诉的情形。

8. 知会备忘

第 44 条订明,任何人如欲确保任何授予书不会在他本人不知悉的情况下获盖章,可将知会备忘在承办处登记。任何人如欲将知会备忘登记(在本条中称为知会备忘登记人),可在承办处的适当簿册内填具适当的指明表格,并取得有关人员就该项登记而发出的认收书,或将以指明表格填具的通知以邮递方式致送司法常务官,而邮误损失自负。

9. 传唤书

第 45 条订明,每份传唤书于发出前须经司法常务官拟定。传唤书内每项事实的陈述,以及司法常务官要求提供的其他资料,须由发出传唤书的人(在本规则中称为传唤人)在经其宣誓的誓章中加以核实。

(1)传唤接纳或拒绝接纳或领取授予的传唤书(第 46 条);

(2)传唤提呈遗嘱的传唤书(第 47 条)。

21.3 中国澳门特别行政区法律制度

21.3.1 遗嘱行为

《澳门民法典》第 2016 条第 1 款规定:“遗嘱行为系指一人为对其全部或部分财产作出死因处分而作出之单方及可废止之行为。”

遗嘱行为是被继承者作出的,或者说是遗嘱人所作出的行为。只有在没有特留份继承人时,一人才可以对其全部财产作出遗嘱处分。

遗嘱是一个单方法律行为,并且是一个可废止的行为,所以是完全可以由一个新遗嘱来废止旧的遗嘱中已经建立的条款。遗嘱是一个死因处分,有别于生前处分。

在我国澳门特别行政区,遗嘱不仅可以处分财产关系,对于非财产关系也可以涉及,即遗嘱的条款不一定都是说明对自己身后的财产的分配,还可以是一些非财产性质的规定,只要符合法定形式,都是有效的处分,也仅以法律上有的规定的为限。

在遗嘱中可作出具有财产内容的处分,如设立继承人或指定受遗赠人,设定用以填补特留份的遗赠或取代特留份的遗赠;或作出具有财产及非财产内容的混合处分,如设立一财团(第174条)、废止遗嘱(第2140条及续后)、指定遗嘱执行人(第2147条及续后)、指定替换人(第2110条及续后)、自认欠债(第348条第1款及第351条第2款)、剥夺特留份(第2003条)、恢复失格之人的权利(第1878条);或作出具有非财产内容的处分,如订定有关遗体、葬礼、宗教仪式、捐赠器官等的条款,同意进行死后受孕,规范对人格权的保护(包括肖像、言语、出版与否;参考第67条及续后),又或指定及废止监护人(第1785条第3款),作出母亲身份的声明(第1661条第3款)或认领(第1707条b项)等,以及法律允许在遗嘱中列明的其他条款。[1]

21.3.2 遗嘱能力

1. 一般原则

遗嘱必须是具备遗嘱能力之人、符合法定要求的人所作出的,才是一个在法律上有效的遗嘱。可以作出遗嘱的能力称为遗嘱能力。

"所有未被法律规定为无能力立遗嘱之人,均可订立遗嘱。"这是遗嘱能力的一般原则。根据《澳门民法典》第2025条的规定,只有自然人可以订立遗嘱,法人不可以。明确了法人在此是不可以成为有能力订立遗嘱之人。

"确定遗嘱人是否具有立遗嘱之能力,以立遗嘱之日为准。"

如果一个有精神病而又没有被宣告为禁治产的人,其遗嘱效力就可能有争议,立遗嘱当时清醒与否,需要去证明,这是一个证据方面的问题,有精神问题的人清醒的情况也不少,刑事案件中精神分裂的为多,不病发时没有问题,之所以"以立遗嘱之日为准"是因为即使立遗嘱的人精神上有问题,但是间歇性的,如果立遗嘱那日清醒,那遗嘱就没问题。

2. 排除之人

主要有两种人无遗嘱能力:第一种为"亲权未解除之未成年人";第二种为"因精神失常而导致禁治产之人"。

未成年人之无行为能力制度规定于《澳门民法典》第111条及后续条文,根据第111条的规定,未满18岁者为未成年人。未成年人之无行为能力因成年或解除亲权而终结。当满16

---

〔1〕 Manuel · Trigo(尹思哲):《亲属法及继承法教程(第三册)扶养及继承》,朱琳琳译,澳门大学法学院2019年版,第206~207页。

岁的未成年人获行使亲权之父母或监护人之许可而结婚(《澳门民法典》第1487条)即会发生解除亲权的情况。在《澳门民法典》中,结婚是未成年人解除亲权的唯一方法。

禁治产是《澳门民法典》所规定无行为能力的情况。理论上,禁治产制度是一种保护因疾病或其他原因而无法处理自己事务的人的机制,而这类人一般被称为禁治产人(interdito),一经法院宣告即丧失行为能力,从而无法自行作出法律行为。[1]

被宣告为禁治产人的原因有三:精神失常、聋哑或失明。但只有因精神失常而被宣告禁治产之人,才失去遗嘱能力。禁治产人的宣告并非终身性,因被宣告禁治产而丧失的行为能力有机会得以恢复。只要禁治产的成因消失,禁治产人或具有正当性声请禁治产之人(《澳门民法典》第124条1款)即可声请终止禁治产。禁治产人在终止禁治产后,便具有行为能力,与一般自然人无异。

一旦《澳门民法典》第2026条中的两类人订立了遗嘱,按照《澳门民法典》第2027条的规定,法律效果为无效,不是可撤销,是一个比较严厉的制裁。一个无效的遗嘱自始不发生遗嘱的效力。

21.3.3　订立遗嘱的方式

1. 概述

我国澳门特别行政区的遗嘱制度在方式上有要求,故较少出现争议。

在我国澳门特别行政区订立遗嘱分为普通方式和特别方式。在一般情况下,适用普通方式的遗嘱;相对于普通方式而言,特别方式的遗嘱,是没有办法时才用来订立遗嘱的。包括"船舶上订立之遗嘱"和"在航空器上订立之遗嘱"。总的来说,适用特别方式订立的遗嘱,就是在船上或飞机上遇到紧急事故,在特殊的情况下订立的遗嘱。

2. 普通方式

根据《澳门民法典》第2038条的规定,"订立遗嘱之普通方式分为公证遗嘱及密封遗嘱。"

由公证员按公证法之规定而书写之遗嘱,为公证遗嘱。公证员在场,可以减少遗嘱出现遗嘱错误的情况。此外,公证员的参与也有助于推定遗嘱人的真实意愿。

由遗嘱人书写并签名,或由他人应遗嘱人之要求而书写并签名,又或由他人应遗嘱人之要求而书写并由遗嘱人签名之遗嘱,称为密封遗嘱。即可以存在完全由遗嘱人之外的第三人书写并且签名的情况。即使不选择公证遗嘱,密封遗嘱也涉及公证员的参与,其作用为核准遗嘱。

相对公证遗嘱而言,密封遗嘱可以更好地保障当事人的隐私,因为密封遗嘱的内容只有当事人知道,一般情况下自己书写自己签名,公证员在核准遗嘱时,只是看形式是否符合法律的规定。

---

[1] 参见唐晓晴、苏建峰、吴奇琦编著:《民法一般论题与〈澳门民法典〉总则》(下册),社会科学文献出版社2020年版,第57页。

3. 特别方式

以特别方式订立的遗嘱,包括“船舶上订立之遗嘱”和“在航空器上订立之遗嘱”。也就是说,在船上或飞机上遇到紧急事故,在特殊的情况下订立出来的遗嘱。以特别方式订立的遗嘱,也分为公证遗嘱及密封遗嘱。

在海上方式的公证遗嘱中,没有公证人的情况下,由船长及两名见证人充当该角色,遗嘱的书写人应为船长,在他记明日期及高声宣读后,再由遗嘱人、见证人及船长本人签名。

海上密封遗嘱是船长作出类似核准的行为,遗嘱人只须在遗嘱上书写遗嘱已向其提交之声明并记明日期。见证人及船长均须在该声明上签名。

无论公证遗嘱还是密封遗嘱,在紧急的情况下,船长和其他的见证人也要像普通方式那样,作出类似公证员的行为。

在航空器上订立之遗嘱以及在公共灾难时订立之遗嘱都准用在船舶上订立遗嘱之规定。

21.3.4 遗嘱内容

根据遗嘱自由原则,遗嘱人在不违反特留份规定的范围内可以自由地处分自己的遗产。但是,遗嘱的内容不能违反法律或公共秩序,亦不能违背善良风俗习惯,否则遗嘱无效;另外,遗嘱人所订立的惠及不可能确定的人之遗嘱也属无效。[1]

遗嘱人可以自由地指定任何人作为其遗嘱继承人,只要其处分的遗产范围在其可处分份额范围之内。

我国澳门特别行政区的继承法规定,遗嘱人在设定继承人或受遗赠人时,可以附条件、附期限、附负担。

附条件可以是附中止条件、附解除条件。但法律对条件有相对的限制,这些条件不能是不可能条件、违反法律或公共秩序之条件或侵犯善良风俗之条件。

遗赠是被继承人以遗嘱的形式将其遗产中的特定财产或财产权利赠与指定的受遗赠人,并于遗赠人死亡后发生效力的单方法律行为。遗赠必须以遗嘱的形式进行,因此遗赠属于遗嘱继承的范围,是遗嘱继承的从属部分,亦是遗嘱继承的一种特殊形式。[2]

遗赠的接受和放弃,适用遗产的接受与放弃的规定。

“受遗赠人不得接受遗赠之一部分而抛弃另一部分;但得接受一遗赠而抛弃另一遗赠,只要遗嘱人在被抛弃之遗赠上未设定负担。”继承人同时为受遗赠人时,可以接受遗产而抛弃遗赠,或接受遗赠而抛弃遗产,但亦仅以被抛弃之遗产或遗赠上未附有负担为限。因此,在我国澳门特别行政区,遗赠是不可分割但可以被抛弃的,抛弃的必须是没有设定负担的遗赠,如果有负担,那么不能接受一部分而抛弃另一部分。

原则上“以属负有遗赠负担之继受人所有或属第三人所有之物作为标的之遗赠属无效”,但“从遗嘱推论出遗嘱人明知遗赠物不属其本人者除外”。若从遗嘱解释当中得出遗嘱人明

---

〔1〕 参见黄清薇:《澳门继承法》,澳门基金会1997年版,第119页。

〔2〕 参见黄清薇:《澳门继承法》,澳门基金会1997年版,第123页。

明知道遗赠之物不属于他自己还作出了遗赠的话，该遗赠则有效。

21.3.5　替换

替换是产生继承人的一种方式，是代位继承的例外。替换不是所有继承的种类中都出现的现象，只在遗嘱继承中才有可能出现。

替换分为直接替换、信托替换和未成年人之替换。

直接替换，是"遗嘱人得指定一人在被设立之继承人不能或不愿接受遗产之情况下替换该继承人"。被替换的那个人是直接由遗嘱人来指定的。

信托替换，是"遗嘱人透过遗嘱处分而规定被设立之继承人有义务保存遗产，以便待该继承人死亡时转归另一人所有"。负有保存遗产义务之继承人称为受托人，信托替换中之受益人称为信托受益人。无论受托人还是信托受益人，都是继承人。所以，实际上有两个被赋权继承的人。只不过这两个人参与继承的时间有前后之分。

无论是直接替换，还是信托替换，都可看成间接获得继承权（间接被赋权）参与继承的一种方式。替换从字面上可看出一个转换过程，一人代替另一人，故为间接的方式。

未成年人之替换，是"未全部或部分被禁止行使亲权之父亲或母亲，得以其认为合适之继承人或受遗赠人，在其子女于成年前或亲权解除前死亡之情况下替换该子女"。

除此之外，还有类似未成年人之替换，其适用于因精神失常而导致禁治产之任何年龄之子女无能力订立遗嘱之情况。

21.3.6　遗嘱及遗嘱处分之无效及可撤销

在遗嘱能力、遗嘱的方式以及遗嘱的内容中，已分别列举了遗嘱的无效和可撤销的各种情形。

遗嘱及遗嘱处分的无效和可撤销，两者本身的诉权期限是不同的：无效是10年，而可撤销是2年。另外，无论无效还是可撤销之诉，当事人都可以针对整份遗嘱提起或者针对遗嘱中的其中一个或数个条款而提起。

在遗嘱处分中通常以遗嘱人的意愿为标准，或者可以说意定继承中遗嘱人的意愿是占了主导地位的，但是这个意愿不是百分之百的自由发挥，必须在法律限制之下表达。

21.3.7　废止及失效

1. 废止

遗嘱是可被废止的行为，遗嘱人不得放弃其废止遗嘱的全部或部分权利（根据《澳门民法典》第2016条及第2140条等条文）。亦即，直至立遗嘱人死亡前遗嘱均可废止，遗嘱只在遗嘱人死亡后产生效力。当然，在遗嘱人死亡后自然不可废止遗嘱，故遗嘱是反映遗嘱人最后的意思的行为。

遗嘱废止具体的方法是以一份新的遗嘱代替旧的遗嘱。废止有两种方式，包括明示和默示。法律禁止订立共同遗嘱，也是为了保障遗嘱人废止遗嘱的自由，以免遗嘱人受到其他遗嘱人的影响。

2. 失效

根据《澳门民法典》第2146条的规定,遗嘱处分在下列情况下亦告失效:

(1)被设立或指定之人先于遗嘱人死亡,但发生代位继承者除外;

(2)设立或指定系附停止条件,而继受人于条件成就前死亡;

(3)被设立或指定之人变为无能力取得遗产或遗赠;

(4)被赋权继承之人曾为遗嘱人之配偶,且在遗嘱人死亡之日,基于当日已确定之判决或其后确定之判决,两人已离婚或两人之婚姻已被撤销,或基于当日已确定之决定或其后已确定之决定,两人已离婚,又或基于在该日以后作出之判决,两人已离婚或两人之婚姻已被撤销;

(5)被赋权继承之人抛弃遗产或遗赠,但发生代位继承者除外。

21.3.8 遗嘱执行

遗嘱的执行要和另一继承法的现象相区别——“待分割财产的管理”。遗嘱执行人是一个真正的执行者,他可以对遗嘱的财产进行各种各样实际的操作,而待分割财产管理人所作的只是一个管理的行为。如遗嘱人未明确指出遗嘱执行人之职责,则遗嘱执行人亦可行使待分割财产管理人之职务。

遗嘱执行人不必然是管理机关,被继承人可在遗嘱中指定遗嘱执行人,也可以不指定。凡具有完全行为能力者均可被委任为遗嘱执行人,继承人或受遗赠人也可成为遗嘱执行人。

被委任的人可以接受或拒绝遗嘱的执行。如接受,可以采取明示或默示的接受方式,但不能附条件、期限或只是部分接受;如拒绝的话,当事人必须在公证员面前作出声明。

21.4 三法域规定列举(见表4-21-1)

表4-21-1 三法域规定列举

订立遗嘱的能力	
中国内地	(1)自然人才可以订立遗嘱; (2)立遗嘱时具有完全民事行为能力
中国香港特别行政区	(1)除另有规定外,由未届成年的人所立的遗嘱均属无效; (2)已婚者、实际服役于海军、陆军或空军的人员及海上的船员或海员即使未届成年,均可订立有效的遗嘱,亦可有效地撤销遗嘱
中国澳门特别行政区	(1)所有未被法律规定为无能力立遗嘱之人,均可订立遗嘱; (2)自然人才可以订立遗嘱; (3)确定遗嘱人是否具有立遗嘱之能力,以立遗嘱之日为准; (4)亲权未解除之未成年人及因精神失常而导致禁治产之人为无遗嘱能力人

续表

订立遗嘱方式(遗嘱形式)	
中国内地	(1)自书遗嘱。由遗嘱人亲笔书写、签名,注明年、月、日。 (2)代书遗嘱。应当有两个以上见证人在场见证,由其中一人代书,并由遗嘱人、代书人和其他见证人签名,注明年、月、日。 (3)打印遗嘱。有两个以上见证人在场见证,遗嘱人及见证人应当在遗嘱每一页签名,注明年、月、日。 (4)录音录像遗嘱。两个以上见证人在场见证,参加录音录像遗嘱制作的全过程,并且遗嘱人和见证人应当在录音录像中记录其姓名或者肖像并记录年、月、日。 (5)公证遗嘱。遗嘱人到公证机构办理。应当由两名公证人员共同办理,由其中一名公证员在公证书上署名。公证人员在办理遗嘱公证时,要依法对遗嘱人立遗嘱行为的真实性、合法性进行审查。 (6)口头遗嘱。是在危急情况下以口述表达其处分遗产的意思表示,如果危急情况消除后,遗嘱人能够以其他形式立遗嘱时没有另立其他形式的遗嘱而死亡的,视为被继承人未立遗嘱,其遗产按法定继承的方式分配
中国香港特别行政区	(1)遗嘱的订立方式 ①以书面订立,并由立遗嘱人在2名或2名以上同时在场的见证人面前作出该签署或承认由其他人在立遗嘱人面前并依其指示的签署;每名见证人在立遗嘱人面前(但不必在其他见证人面前)作见证并签署该遗嘱;或承认其所作的签署。 ②任何看来是体现立遗嘱人遗愿的文件,即使未按前述规定订立,但只要有人提出申请,而法庭在无合理疑问的情况下信纳该文件是体现立遗嘱人的遗愿的,则该文件须当作已妥为签立。 (2)特别遗嘱 实际服役于海军、陆军或空军的人员及海上的船员或海员,可无须按上述订立遗嘱的规定而以遗嘱处置其任何财产;行使指定受益的权利;或指定一人为其幼年子女的监护人
中国澳门特别行政区	(1)普通方式,包括 ①公证遗嘱,为普通方式制定即由公证员按公证法之规定而书写之遗嘱。 ②密封遗嘱,即由遗嘱人书写并签名,或由他人应遗嘱人之要求而书写并签名,又或由他人应遗嘱人之要求而书写并由遗嘱人签名之遗嘱。 特殊方式,包括: ①海上方式的公证遗嘱; ②海上密封遗嘱; ③在航空器上订立之遗嘱; ④公共灾难时订立之遗嘱。 特殊方式订立的遗嘱自使遗嘱人无法透过普通方式订立遗嘱之原因终止时起计2个月后失其效力
遗嘱的内容	
中国内地	(1)自然人可以立遗嘱处分个人财产,并可以指定遗嘱执行人; (2)遗嘱中处分国家、集体及其他人的财产的内容无效; (3)遗嘱内容与遗赠扶养协议内容抵触的部分无效
中国香港特别行政区	任何人可借按照《遗嘱条例》规定而签立的遗嘱处置其去世时享有实益、而去世后则转予其遗产代理人的所有财产

续表

遗嘱的内容	
中国澳门特别行政区	(1)遗嘱中可作出具有财产内容的处分; (2)作出具有财产及非财产内容的混合处分; (3)作出具有非财产内容的处分
遗赠	
中国内地	(1)遗赠是系遗嘱人通过遗嘱的形式作出。 (2)遗嘱人将个人财产赠与法定继承人以外的其他个人或组织。 (3)继承开始后,受遗赠人应当在知道受遗赠后 60 日内,作出接受或者放弃受遗赠的表示;到期没有表示的,视为放弃受遗赠。 (4)附条件的遗赠——遗赠扶养协议。 遗赠扶养协议的法律效力优先于法定继承和遗嘱继承。遗赠扶养协议效力最优先,其次为遗嘱,最后是法定继承
中国香港特别行政区	立遗嘱人如将其财产遗赠予受赠人,而在提法上是将该财产的绝对权益给予该受赠人,但立遗嘱人看来又借同一份文书,将同一财产的权益给予其他任何人,则除非能显示出有相反的意愿,否则须推定立遗嘱人对该受赠人的馈赠属绝对的馈赠,而不管立遗嘱人看来亦对其他人作出馈赠
中国澳门特别行政区	(1)遗赠必须以遗嘱的形式进行; (2)遗赠可以附条件、附期限、附负担; (3)受遗赠人也同时也是继承人; (4)遗赠的接受和放弃,适用遗产的接受与抛弃的规定; (5)遗赠是不可分割的,但可以被抛弃,但抛弃的必须是没有设定负担的遗赠,如果有负担,那么不能接受一部分而抛弃另一部分
遗嘱及遗嘱处分之无效	
中国内地	(1)无民事行为能力人或者限制民事行为能力人所立的遗嘱无效; (2)遗嘱必须表示遗嘱人的真实意思,受欺诈、胁迫所立的遗嘱无效; (3)伪造的遗嘱无效; (4)遗嘱被篡改的,篡改的内容无效; (5)遗嘱人以遗嘱处分了国家、集体或者他人财产的,该部分遗嘱无效; (6)与遗赠扶养协议抵触的遗嘱全部或部分无效
中国香港特别行政区	(1)除未届成年者为已婚者,实际服役于海军、陆军或空军的人员及海上的船员或海员外,由未届成年的人所立的遗嘱均属无效; (2)对见证人及其配偶的馈赠无效; (3)凡立遗嘱人订立遗嘱后,其婚姻被有效地解除、废止或宣告无效,向有关的前配偶所作的遗赠即告失效; (4)不按法律规定的签立

续表

遗嘱及遗嘱处分之无效	
中国澳门特别行政区	(1)无能力人所立之遗嘱无效,即亲权未解除之未成年人及因精神失常而导致禁治产之人所立之遗嘱无效。 (2)除非该等人为遗嘱人之直系血亲卑亲属、直系血亲尊亲属、三亲等内之旁系血亲、配偶或与遗嘱人有事实婚关系之人,否则惠及监护人、保佐人或法定财产管理人及监管监督人之遗嘱处分无效。 (3)如遗嘱人于患病期间订立遗嘱,且因该疾病致死,则惠及治疗遗嘱人之医生或护士之遗嘱处分,又或惠及向其提供精神帮助之司祭之遗嘱处分均属无效。就病人所得到之服务而作出之报酬性遗赠及该等人为遗嘱人之直系血亲卑亲属、直系血亲尊亲属、三亲等内之旁系血亲、配偶或与遗嘱人有事实婚关系之人除外。 (4)遗嘱处分,如惠及缮立公证遗嘱或核准订立密封遗嘱之公证员或履行公证职能之实体,又或惠及书写密封遗嘱之人、在订立遗嘱或核准遗嘱之行为中参与之见证人、担保人或翻译,均属无效。 (5)遗嘱的内容违反法律或公共秩序、违背善良风俗习惯之遗嘱无效。 (6)遗嘱人所订立的惠及不可能确定的人之遗嘱也属无效
遗嘱的撤销	
中国内地	没有关于遗嘱可撤销的特别规定,有遗嘱变更、撤回的规定
中国香港特别行政区	(1)除某些情况外,遗嘱可因婚姻而撤销; (2)借另一有效的遗嘱而撤销; (3)借立遗嘱人可有效地签立遗嘱的方式签立的遗嘱撤销书而撤销; (4)由立遗嘱人,或由其他人在立遗嘱人面前并依其指示,在立意撤销该遗嘱的情况下将该遗嘱烧毁、撕毁或以其他方法毁灭而撤销
中国澳门特别行政区	(1)遗嘱人在订立遗嘱时无能力理解自己之意思表示之含义,或基于任何原因而不能自由表达自己之意思者,即使有关原因属暂时性,其所立之遗嘱亦得予以撤销。 (2)遗嘱处分表面上惠及遗嘱内指定之人,但在实际上系通过与此人达成协议而旨在使另一人得益者,该处分得予以撤销。 (3)因错误、欺诈及胁迫而作出之遗嘱处分,亦得予以撤销
遗嘱撤回、变更、废止及失效	
中国内地	(1)遗嘱人可以于遗嘱设立后的任何时间撤回或变更,无须征得任何人的同意。 (2)遗嘱一经撤回,即失去了发生效力的可能性,如果遗嘱人未立新的遗嘱,在遗嘱人死亡之后,遗产按法定继承的规定处理
中国香港特别行政区	遗嘱签立后,其中的涂改、安插于行间的字或其他更改均不具任何效力或作用,除非在作如此更改前,遗嘱的字义或作用并不明显,而该等更改是由立遗嘱人以他在作出该等更改时可有效地签立遗嘱的方式签立: (1)在遗嘱上与更改处相对或接近之处的卷旁或其他部分签署; (2)于述及该项更改的备忘录的末端、结尾或相对处,及在遗嘱的结尾或其他部分签署

续表

遗嘱撤回、变更、废止及失效	
中国澳门特别行政区	(1)遗嘱的废止。直至立遗嘱人死亡前均可废止遗嘱,具体的方法是以一份新的遗嘱代替旧的遗嘱。废止有两方式,包括明示和默示。 (2)遗嘱的失效。遗嘱处分在下列情况下亦告失效: ①被设立或指定之人先于遗嘱人死亡,但发生代位继承者除外; ②设立或指定系附停止条件,而继受人于条件成就前死亡; ③被设立或指定之人变为无能力取得遗产或遗赠; ④被赋权继承之人曾为遗嘱人之配偶,且在遗嘱人死亡之日,基于当日已确定之判决或其后确定之判决,两人已离婚或两人之婚姻已被撤销,或基于当日已确定之决定或其后已确定之决定,两人已离婚,又或基于在该日以后作出之判决,两人已离婚或两人之婚姻已被撤销; ⑤被赋权继承之人抛弃遗产或遗赠,但发生代位继承者除外
遗嘱的执行	
中国内地	(1)立遗嘱人可以指定遗嘱执行人,继承开始后,遗嘱执行人为遗产管理人; (2)没有遗嘱执行人的,由继承人推选遗产管理人; (3)继承人未推选遗产管理人的,由继承人共同担任遗产管理人; (4)没有继承人或者继承人均放弃继承的,由被继承人生前住所地的民政部门或者村民委员会担任遗产管理人
中国香港特别行政区	(1)遗嘱执行人指借着立遗嘱人的委任而获托付执行立遗嘱人最后一份遗嘱的人。凡获遗嘱委任为遗嘱执行人的人—— ①在立遗嘱人去世时尚存,但未取得该遗嘱的遗嘱认证便去世;或 ②被传唤领取该遗嘱的遗嘱认证,但未有对传唤作出应诉;或 ③放弃该遗嘱的遗嘱认证,该人就该项遗嘱执行而享有的权利即完全终止,而对立遗嘱人的承办及其遗产的管理亦告消失、转予他人及交托他人,犹如该人并不曾被委任为遗嘱执行人一样。 (2)21 岁以下的人作为唯一的遗嘱执行人 ①凡有任何 21 岁以下的人作为唯一的遗嘱执行人,则须将附有该遗嘱的遗产管理授予其监护人(如有的话)或法院认为适当的其他人,直至该人年满 21 岁为止;在该人年满 21 岁时,但不得在此之前,可将该遗嘱的遗嘱认证授予该人。 ②凡立遗嘱人借其遗嘱委任任何 21 岁以下的人作为遗嘱执行人,该项委任并无将死者财产的任何权益转让予该人或使该人成为遗产代理人的作用(不论为何目的),除非及直至该人根据本条获授予遗嘱认证为止。 (3)凡任何人在中国香港特别行政区或其他地方去世,且在中国香港特别行政区遗下他没有立遗嘱的遗产,则该遗产须归属遗产管理官;如遗产管理官认为适当,可收取及接管该遗产,直至就该遗产的管理作出授予为止。 (4)如遗产管理官已获授予遗产管理,而其手上有该遗产的余额无人申索,则他须将该余额付入库务署,或付入库务署署长所指示的银行的政府账户。
中国澳门特别行政区	(1)遗嘱执行人不是必然管理机构,被继承人可以在遗嘱中指定,亦可不指定遗嘱执行人; (2)凡具有完全行为能力者均可被委任作为遗嘱执行人,继承人或受遗赠人也可成为遗嘱执行人; (3)委任的人可以接受或拒绝遗嘱的执行 ①接受遗嘱的执行,可以采取明示或默示的接受方式,但不能附条件、期限或只是部分接受; ②拒绝遗嘱的执行,当事人必须在公证员面前作出声明

第二十二章　遗　　产

22.1　中国内地法律制度

22.1.1　遗产的范围

遗产是自然人死亡时遗留的个人合法财产。依照法律规定或者根据其性质不得继承的遗产，不得继承。由国家或者集体组织供给生活费用的烈属和享受社会救济的自然人，其遗产仍应准许合法继承人继承。

遗产因无人继承又无人受遗赠归国家或者集体所有制组织所有时，按照《民法典》的规定可以分给适当遗产的人提出取得遗产的诉讼请求，人民法院应当视情况适当分给遗产。

承包人死亡时尚未取得承包收益的，可以将死者生前对承包所投入的资金和所付出的劳动及其增值和孳息，由发包单位或者接续承包合同的人合理折价、补偿，其价额作为遗产。

22.1.2　遗产管理人

继承开始后，遗嘱执行人为遗产管理人；没有遗嘱执行人的，继承人应当及时推选遗产管理人；继承人未推选的，由继承人共同担任遗产管理人；没有继承人或者继承人均放弃继承的，由被继承人生前住所地的民政部门或者村民委员会担任遗产管理人。

对遗产管理人的确定有争议的，利害关系人可以向人民法院申请指定遗产管理人。

遗产管理人应当履行下列职责：(1)清理遗产并制作遗产清单；(2)向继承人报告遗产情况；(3)采取必要措施防止遗产毁损、灭失；(4)处理被继承人的债权债务；(5)按照遗嘱或者依照法律规定分割遗产；(6)实施与管理遗产有关的其他必要行为。

遗产管理人应当依法履行职责，因故意或者重大过失造成继承人、受遗赠人、债权人损害的，应当承担民事责任。

遗产管理人可以依照法律规定或者按照约定获得报酬。

22.1.3　遗产保管

存有遗产的人，应当妥善保管遗产，任何组织或者个人不得侵吞或者争抢。

22.1.4　遗产的转继承

继承开始后，继承人于遗产分割前死亡，并没有放弃继承的，该继承人应当继承的遗产转给其继承人,但是遗嘱另有安排的除外。

22.1.5　夫妻共同财产之遗产分割

夫妻共同所有的财产,除有约定的外,遗产分割时,应当先将共同所有的财产的一半分出为配偶所有,其余的为被继承人的遗产。

遗产在家庭共有财产之中的,遗产分割时,应当先分出他人的财产。

22.1.6　遗产中按照法定继承办理的部分

有下列情形之一的,遗产中的有关部分按照法定继承办理:(1)遗嘱继承人放弃继承或者受遗赠人放弃受遗赠;(2)遗嘱继承人丧失继承权或者受遗赠人丧失受遗赠权;(3)遗嘱继承人、受遗赠人先于遗嘱人死亡或者终止;(4)遗嘱无效部分所涉及的遗产;(5)遗嘱未处分的遗产。

22.1.7　遗产分割的方法

遗产分割应当有利于生产和生活需要,不损害遗产的效用。

不宜分割的遗产,可以采取折价、适当补偿或者共有等方法处理。

人民法院在分割遗产中的房屋、生产资料和特定职业所需要的财产时,应当依据有利于发挥其使用效益和继承人的实际需要,兼顾各继承人的利益进行处理。

人民法院对故意隐匿、侵吞或者争抢遗产的继承人,可以酌情减少其应继承的遗产。

22.1.8　遗赠扶养协议

自然人可以与继承人以外的组织或者个人签订遗赠扶养协议。按照协议,该组织或者个人承担该自然人生养死葬的义务,享有受遗赠的权利。

继承人以外的组织或者个人与自然人签订遗赠扶养协议后,无正当理由不履行,导致协议解除的,不能享有受遗赠的权利,其支付的供养费用一般不予补偿;遗赠人无正当理由不履行,导致协议解除的,则应当偿还继承人以外的组织或者个人已支付的供养费用。

被继承人生前与他人订有遗赠扶养协议,同时立有遗嘱的,继承开始后,如果遗赠扶养协议与遗嘱没有抵触,遗产分别按协议和遗嘱处理;如果有抵触,按协议处理,与协议抵触的遗嘱全部或者部分无效。

22.1.9　转继承

继承开始后,受遗赠人表示接受遗赠,并于遗产分割前死亡的,其接受遗赠的权利转移给他的继承人。

22.1.10　无人继承的遗产

无人继承又无人受遗赠的遗产,归国家所有,用于公益事业;死者生前是集体所有制组织成员的,归所在集体所有制组织所有。

22.1.11 遗产的税款缴纳及债务清偿

继承人以所得遗产实际价值为限清偿被继承人依法应当缴纳的税款和债务。超过遗产实际价值部分,继承人自愿偿还的不在此限。

继承人放弃继承的,对被继承人依法应当缴纳的税款和债务可以不负清偿责任。

执行遗赠不得妨碍清偿遗赠人依法应当缴纳的税款和债务。

既有法定继承又有遗嘱继承、遗赠的,由法定继承人清偿被继承人依法应当缴纳的税款和债务;超过法定继承遗产实际价值部分,由遗嘱继承人和受遗赠人按比例以所得遗产清偿。

22.2 中国香港特别行政区法律制度

22.2.1 遗产管理官[《遗嘱认证及遗产管理条例》(第10章)第Ⅱ部]

1. 第9条规定司法常务官作为遗产管理官

(1)司法常务官是当然官守遗产管理官。

(2)在所有情况下,遗产管理官均直接受法院管辖,并须根据法院的指示行事。

(3)遗产管理官可聘用律师或其他代理人办理法院准许的事务。

(4)遗产管理官可以个人名义向法院作出申请,而无须发出通知或办理其他正式手续;但在任何个案中,法院可命令某申请以正式方式重新作出,并命令按法院的指示,向有相当可能受该申请影响的人发出该申请的通知。

就第(1)款而言,司法常务官(Registrar)一词不包括高等法院任何高级副司法常务官、副司法常务官或助理司法常务官,但遗产管理官的权力及职责则可由高等法院任何高级副司法常务官、副司法常务官或助理司法常务官行使或执行。

第10条规定了死者遗产归属遗产管理官。凡任何人在我国香港特别行政区或其他地方去世,且在我国香港特别行政区遗下其没有立遗嘱的遗产,则该遗产须归属遗产管理官;如遗产管理官认为适当,可收取及接管该遗产,直至就该遗产的管理作出授予为止。

2. 遗产管理官有权管理遗产的情况

第16条规定,在遗产管理官作出申请后,法院除非有好的相反理由,否则须在以下任何情况下将遗产管理授予遗产管理官:

(1)凡无遗嘱者在我国香港特别行政区或其他地方去世,而遗下在我国香港特别行政区的财产,但无最近亲在我国香港特别行政区居住;

(2)凡无遗嘱者在我国香港特别行政区或其他地方去世,而遗下在我国香港特别行政区的财产,而其居住在我国香港特别行政区的最近亲向承办处提交由其签署的请求书或同意书,请求或同意作出该项授予;

(3)凡无遗嘱者在我国香港特别行政区或其他地方去世,而遗下在我国香港特别行政区的财产,但在其去世后12个月内无人获得该遗产的管理;及

(4)凡无遗嘱者在我国香港特别行政区或其他地方去世,而遗下在我国香港特别行政区的财产,但在我国香港特别行政区居住的最近亲为幼年人。

如立有遗嘱的人在我国香港特别行政区或其他地方去世,但无委任遗嘱执行人,或获委任的遗嘱执行人拒绝、忽略或不能以该身份行事,则本条条文在作必需的变通后适用于该等情况。

3. 与某些人的遗产有关的保留条文

第17条规定,如有任何法令对已故海员或学徒的遗产管理作出规定,则《遗嘱认证及遗产管理条例》不得解释为赋权遗产管理官取得或规定遗产管理官须取得该等人的遗产管理。

如中国内地有任何法律对在中国人民解放军服务时去世的人的遗产管理作出规定,则《遗嘱认证及遗产管理条例》不得解释为赋权遗产管理官取得或规定遗产管理官须取得该人的遗产管理。

4. 账簿的备存

第20条中规定,遗产管理官须备存一份关于由其他管理的所有遗产的总登记册、现金账及分类账或往来账簿,以及他可能认为需要或可能予以订明的其他簿册。遗产管理官须在为有关目的而备存的簿册内,将每宗遗产及所有不论以何种方式到达其手中的各类财产,以及他为每宗遗产所支付的所有款项,作独立及个别入账,并须分别指明该等收入及付款的日期。所有簿册均须存放在承办处内,供人在缴付订明费用后于办公时间内查阅。

5. 文件及账目的副本

第21条规定,由遗产管理官管有而关于由其管理的遗产或关于其根据《遗嘱认证及遗产管理条例》收取或接管的财产的所有档及账目,在任何人申请发给副本并缴付订明费用后,须由遗产管理官将该等档或账目的副本给予该人。

申请人如遭拒绝给予任何该等副本,可借简易方式向法院提出呈请,请求法院命令遗产管理官给予该副本;如法院有所指示,则该项呈请及命令的讼费须由遗产管理官支付。

6. 对遗产管理官所作的事申请纠正

第22条规定,对于遗产管理官因行使或意图行使本条例赋予他的权力而真诚做出的事,或他根据在本条例下授予其遗产管理书执行遗产管理职责而做出的事,任何人不得针对遗产管理官而提出诉讼;但任何人因遗产管理官所作的事而感到受屈,可借简易呈请方式向法院申请纠正,并以誓言证明所言属实,而法院即可就有关事宜听取其认为适当的证据及作出其认为适当的命令。

22.2.2 遗产代理人[《遗嘱认证及遗产管理条例》(第10章)第V部]

1. 遗产代理人的权力和权利

(1)第53条规定了遗产代理人的起诉权利。除其他条例的条文另有规定外,遗产代理人对所有归属死者及在死者去世后尚存的诉因均有相同的起诉权力。

(2)第 54 条规定了遗产代理人处置财产的权力

①在本条例生效日期,即 1971 年 10 月 7 日后去世的人的不动产,如未经死者的全部遗产代理人赞同或无法院命令,不得予以转易。

②遗产代理人可按其认为适当者而将归属于他的任何财产作押记或按揭,或以其他方式处置,但须受死者遗嘱就此方面而施加的任何限制及本条条文规限:

但如遗嘱执行人是按照法院命令而处置任何财产,则即使有如此施加的限制,该遗嘱执行人仍可处置该财产。

③遗产代理人违反本条条文而作出的财产处置,在任何与该财产有利害关系的其他人提出要求时,即可使无效。

(3)第 55 条规定了遗产代理人购买死者财产。如遗产代理人直接或间接购买死者的任何财产,则在任何与该售出财产有利害关系的其他人提出要求时,该宗出售即可使无效。

(4)第 57 条规定了对按遗嘱认证或遗产管理行事的人的保障。任何人根据任何承办而真诚地作出或准许作出任何付款或财产处置,须在作出此事方面获得弥偿及保障,即使有任何欠妥之处或有任何情况影响承办的有效性,亦是如此。任何承办如被撤销,则在该项承办被撤销前根据该项承办向遗产代理人真诚地作出的所有付款及财产处置,即为作出有关付款及财产处置的人的有效责任解除;而根据被撤销的承办行事的遗产代理人,则可就其所作出的付款或财产处置(如属其后获授予承办的人本可适当地作出者)保留财物及付还其本人。

2. 遗产代理人的职责

第 56 条规定了遗产代理人在财产清单方面的职责:当被合法要求如此办时,死者的遗产代理人须以向法院提交誓章的形式将一份有关该死者的动产及不动产的真确及完整财产清单及账目展示,而法院有权如上所述要求遗产代理人呈交财产清单。

3. 遗产代理人的法律责任

(1)第 58 条规定了欺诈地获取或保留死者遗产的人的法律责任

任何人如欺诈债权人或没有付出十足有值代价而获取、收取或持有死者的动产或不动产,或使欠死者遗产的债项或法律责任得以免除,该人须因其本身的错误行为而以遗嘱执行人身份被追诉,而被追诉范围则以其所收取或到达其手中的财产或他所免除的债项或法律责任,扣减以下项目后所得之数为限:

①死者去世时就某有值代价而欠下他并无欺诈性的债项;及

②由他作出的付款,而该等付款是遗产代理人可适当地作出的。

(2)第 59 条中规定了遗产代理人的遗产的法律责任

作为死者遗产代理人的人(包括本身有错误行为的遗嘱执行人)如将死者财产的任何部分浪费或转为己用,然后去世,其遗产代理人须对该项浪费或转为己用承担法律责任而可被追诉,犹如该失责者在生须负责一样,但负责范围则以该失责者的可动用资产为限。

22.2.3 资产的管理[《遗嘱认证及遗产管理条例》(第10章)第Ⅵ部]

1. 禁止擅自处理遗产(第60J条)

(1)适用范围

①任何在2006年2月11日当日或之后去世的人的遗产。

②适用于在有关死者去世时在我国香港特别行政区的遗产的任何部分;或任何财产。

(2)任何人如无合法权限或合理辩解而处理死者遗产的任何部分;或死者以受托人身份或以祖或堂的经理或司理身份持有的任何财产,而该部分的遗产或该财产并未列于夹附作为证物的、附于就遗产而作出的授予的、或附于为就遗产而作出的授予完成盖章程序的文书的清单及额外清单(如有),该人即属犯罪。

2. 死者财产是偿债的资产

《遗嘱认证及遗产管理条例》第61条规定:

> 死者享有实益权益的财产以及死者依据一般权力借其遗嘱处置的财产,即为可用以清偿其债项与法律责任的资产,而借遗嘱进行的任何与本条例有抵触的财产处置,对债权人而言乃属无效;如有需要,法院须为清偿债项与法律责任而管理该财产。

3. 遗产代理人的职责

《遗嘱认证及遗产管理条例》第62条规定:

> 在死者去世时若其任何财产属无遗嘱的情况,则该财产须由其遗产代理人持有如属不动产,须以信托方式持有,如属动产,须以信托方式持有,并将该动产中并非金钱的部分收回、出售及转换为金钱,而遗产代理人有权将该财产出售及转换延迟一段其认为适当的时间,而无须给予解释,使该财产的任何复归权益在由该等遗产代理人管有前不予出售,但如该等遗产代理人认为有特别理由须出售该权益,则属例外。

4. 资产的管理

《遗嘱认证及遗产管理条例》第63条规定:

> 凡死者的遗产无力偿债,则其遗产须按照附表1第Ⅰ部所列规则予以管理。遗产代理人的遗产保留权及选择债权人的权利可就死者的所有资产而行使,但遗产保留权只适用于欠遗产代理人本人的债项,不论有关债项是欠下该遗产代理人独自一人或是欠下他与另一人者。
>
> 除上述的规定外,并不影响遗产代理人的遗产保留权或其选择债权人的权利。凡死者的遗产有力偿债,则除法院规则及下文所载关于死者财产押记的条文以及除

其遗嘱所载条文(如有)另有规定外,其遗产须按照附表1第Ⅱ部所述次序运用于清偿可从中支付的殡殓、遗嘱管理或遗产管理的开支、债项与法律责任。

5. 附有责任的财产须先作为偿还有关责任之用

《遗嘱认证及遗产管理条例》第64条规定:

凡任何人去世时管有或有权享有某财产的权益,或根据一般指定受益的权力而藉其遗嘱处置该财产的权益,而该权益在该人去世时是附有付款责任者,不论该项责任是借法律按揭、衡平法押记或其他方式(包括未付买价的留置权)产生,而死者并无以遗嘱、契据或其他文件表示相反或其他意向,则如此附有责任的权益在透过死者而提出申索的各人之间,须先用作为偿还该项责任;而有关权益的每一部分则须按照其价值而依比例共同负担该项责任。

6. 遗产代理人订立的合约

《遗嘱认证及遗产管理条例》第65条规定:

除另有规定外,遗产代理人于妥为管理遗产时所订立的每份合约,对死者当其时的其他遗产代理人均具约束力,并可对该等其他遗产代理人或可由该等其他遗产代理人强制执行,该合约并可由任何该等其他遗产代理人实施、更改或撤销,犹如该合约是由其本人订立一样。本条并不影响任何人要求作出允许、转让或转易的权利。不论立遗嘱人或无遗嘱者是在本条例生效日期,即1971年10月7日之前或之后去世,本条均适用。

7. 遗产代理人作出的允许或转易

《遗嘱认证及遗产管理条例》第66条规定:

任何遗产代理人可允许将立遗嘱人或无遗嘱者有权享有的不动产或他借遗嘱行使一般指定受益的权力而转予该遗产代理人的不动产,以遗赠、转予、分派或其他方式归属予任何有权享有该不动产的实益权益的人,或有权以受托人或遗产代理人身份享有该不动产的人。

8. 追寻财产的权利及法院对此的权力

《遗嘱认证及遗产管理条例》第67条规定:

遗产代理人向并非买家的人作出的允许、转让或转易,并不损害任何人追寻与该项允许、转让或转易有关的财产或代表该财产的任何财产的权利,直至借有关的允许、转让或转易而获归属该财产的人的手中,或直至可能已收取该财产或可能获归属该财产的任何其他人(并非买家)的手中为止。

9. 遗产代理人分派的权力

《遗嘱认证及遗产管理条例》第 68 条规定:

遗产代理人可将死者的动产或不动产的任何部分,包括据法权产,以分派之时该等财产的实际状况或投资状态作其认为公平合理的分派,用作全数或局部偿付死者的遗赠或其财产中的任何其他权益或份额(不论是否已有授产安排),而分派须按照与死者财产有利害关系的人各自的权利作出。

10. 就幼年人的财产委任受托人的权力

《遗嘱认证及遗产管理条例》第 69 条规定:

凡任何幼年人根据在本条例生效日期,即 1971 年 10 月 7 日之前或之后去世的人(本款中称为死者)的遗嘱或在其无遗嘱而去世的情况下,而对任何遗赠、死者的剩余遗产、或其中任何份额享有绝对权利,而死者遗嘱(如有)并无为该幼年人而将该遗赠、剩余遗产或份额遗赠给受托人,则死者的遗产代理人可为该幼年人委任一个信托法团,或 2 名或多于 2 名但不超过 4 名的个人(不论是否包括该等遗产代理人或其中一人或多人),作为该遗赠、剩余遗产或份额的受托人,并可在第 54 条条文的规限下,签立任何所需的转易契或作出任何所需的事宜,以将该遗赠、剩余遗产或份额归属获如此委任的受托人;而在该项委任作出后,该等遗产代理人以遗产代理人身份对该遗赠、剩余遗产或份额所负的一切进一步法律责任即获解除,而该遗赠、剩余遗产或份额可保持其现有状况或现有投资状态,或转换为金钱,而换得的金钱则可投资于任何特准投资项目上。

11. 遗产代理人交出土地管有权的权力及法院的权力

《遗嘱认证及遗产管理条例》第 70 条规定:

遗产代理人在给予或向任何有权享有的人作出允许或转易之前,可准许该人接管有关土地,而该项管有不得损害遗产代理人接管该土地或重新管有该土地的权利,亦不得损害他犹如管有该土地一样转易该土地的权力,但该等权利或权力须受管有或实际占用该土地的承租人、租客或占用人的权益规限。

12. 延迟分配财产的权力

《遗嘱认证及遗产管理条例》第 71 条规定:

除另有规定外,遗产代理人无须在死者去世后的1年期间届满前分配死者的遗产。

22.2.4 遗产偿债[《遗嘱认证及遗产管理条例》(第10章)附表1第Ⅰ部]

1. 遗产无力偿债时的偿债规则

(1)除另有规定外,殡殓、遗嘱管理及遗产管理的开支具有优先权获得偿付。

(2)除另有规定外,根据破产法律中当其时对被判定破产的人的资产有效的规则,对有抵押债权人与无抵押债权人各自享有的权利、可证债项与债务、年金的估值以及未来法律责任与或有法律责任的估值,以及债项与债务的优先权须予遵守。

2. 遗产有力偿债时资产的运用次序[《遗嘱认证及遗产管理条例》(第10章)附表1第Ⅱ部]

(1)遗嘱未予处置的死者财产,但须从中预留一笔足以支付金钱遗赠的款项。

(2)并非特别遗赠而(以特别描述或普通描述方式)包括于剩余遗产的馈赠内的死者财产,但须从该项财产中预留一笔足以支付金钱遗赠的款项,而该等金钱遗赠须是未有按上述规定预留款项支付者。

(3)特别分派或遗赠(以特别描述或普通描述方式)而用以偿债的死者财产。

(4)附有偿付债项责任或属遗赠(以特别描述或普通描述方式)但受偿付债项责任规限的死者财产。

(5)预留以支付金钱遗赠的款项(如有)。

(6)特别遗赠的财产,按价值而依比率运用。

(7)根据一般权力借遗嘱指定受益的财产,按价值而依比率运用。

22.2.5 财产继承(供养遗属及受养人)

财产继承(供养遗属及受养人)规定在《财产继承(供养遗属及受养人)条例》(第481章)中,旨在赋予法院权力,使法院有权命令拨出死者遗产以供养死者的某些遗属及死者的受养人,并就相关事宜订定条文。

1. 有关经济给养的申请及命令[《财产继承(供养遗属及受养人)条例》(第481章)第Ⅱ部]

(1)《财产继承(供养遗属及受养人)条例》第3条规定:

> 申请从死者遗产中提供经济给养。任何人在本条例生效后去世,而他去世时的居籍是香港特别行政区;或在紧接他去世前的3年内,他曾在任何一段时间内是通常居于香港特别行政区的,并遗下下列任何人:
>
> ①死者的妻子或丈夫;
>
> ②死者仍未再婚的前妻或前夫,而在紧接死者去世前,该前妻或前夫是完全或主要靠死者赡养的;

③死者在夫妾关系中的妾侍或男方；

④死者的父亲或母亲，而在紧接死者去世前，该父亲或母亲是完全或主要靠死者赡养的；

⑤死者的幼年子女，或死者的因精神或身体不健全而无能力维生的子女；

⑥死者的成年子女，而在紧接死者去世前，该子女是完全或主要靠死者赡养的；

⑦任何人（非死者子女），而死者生前视该人为死者所曾缔结的任何一段婚姻所建立的家庭的子女，且在紧接死者去世前，该人是完全或主要靠死者赡养的；

⑧死者的半血亲或全血亲兄弟姊妹，而在紧接死者去世前，该兄弟或姊妹是完全或主要靠死者赡养的；

⑨任何人（并非本款上述各段所包括的），而在紧接死者去世前，该人是完全或主要靠死者赡养的，则该尚存的人可向法院申请根据法律规定作出命令：依照死者遗嘱或关于无遗嘱继承的法律，或综合死者遗嘱及该等法律而作出的遗产处置，并没有为申请人提供合理经济给养。

（2）第4条规定了法院作出命令的权力。凡有人申请根据本条作出命令，而法院信纳依照死者遗嘱、关于无遗嘱继承的法律或综合死者遗嘱与该等法律而作出的遗产处置，并没有为申请人提供合理经济给养，法院可作出下列任何一项或多项命令。

（3）第6条规定了申请期限。除经法院准许外，要求根据《财产继承（供养遗属及受养人）条例》第4条作出命令的申请不得在自最初取得死者遗产的承办之日起计6个月届满后提出。

（4）第7条规定了临时命令。凡有人申请根据《财产继承（供养遗属及受养人）条例》第4条作出命令，而法院觉得申请人实时需要经济援助，但法院未能决定应根据该条作出何种命令（如作出命令的话）；及构成死者净遗产一部分的财产即可动用或能供动用，以应付申请人的需要，则法院可命令从死者净遗产中，拨出一笔或多笔法院认为合理的款项以付给申请人。

2. 可用作经济给养的财产

（1）《财产继承（供养遗属及受养人）条例》第10条规定：

视为"净遗产"一部分的财产。凡任何人获得死者临终遗赠任何款项或其他财产，该笔款项在扣除所须缴付的遗产税后的余额，或该项财产在死者去世当日的价值在扣除所须缴付的遗产税后的余额，就《财产继承（供养遗属及受养人）条例》而言，在法院觉得就有关个案的整体情况而言属公平的程度上，均须视为死者净遗产的一部分。

（2）《财产继承（供养遗属及受养人）条例》第11条规定：

联权共有的财产。凡死者在紧接其去世前有权享有任何财产的联权共有权的实益权益，而在自最初取得死者遗产承办权之日起计6个月内，有人申请根据第4条作出命令,则法院为方便根据《财产继承(供养遗属及受养人)条例》提供经济给养予申请人,可命令为本条例的目的,在法院觉得就该个案的整体情况而言属于公平的程度上,将死者在该财产所占的可分割份额(以它在紧接死者去世前的价值计算)须视为死者净遗产的一部分。

(3)《财产继承(供养遗属及受养人)条例》(第481章)第Ⅳ部第13条规定:

同意借遗嘱将财产留给他人的合约。凡有人向法院申请根据第4条作出命令,申请人可在该项申请的有关法律程序进行期间,向法院申请根据本条作出命令。

22.3　中国澳门特别行政区法律制度

22.3.1　范围

《澳门民法典》使用排除法的方式规范遗产范围。

根据《澳门民法典》第1907条的规定,遗产包括:(1)以直接交换方式取代遗产中某些财产之财产;(2)转让遗产中之财产所得之价金;(3)以遗产中之金钱或有价物取得之财产;(4)分割遗产前所收到之孳息。

对规范遗产范围起重要作用的还有《澳门民法典》第2000条特留份之算定。第2000条第1款规定:"算定特留份时,应考虑在被继承人死亡之日其财产之价值、已赠与财产之价值、须归扣之开支及遗产所负之债务。"就好像资产和负债般的计算方式,资产可以分为现有的、赠与了的财产、须归扣的开支,都要放进去计算,这三项都是加数,然后再减去遗产所负之债务。而这个遗产的基数,是用于特留份的算定的。

22.3.2　接受

1. 发生时间

《澳门民法典》第1884条规定:"继承已开始,但有关遗产尚未被接受,亦未被宣告无人继承而归澳门地区所有时,该遗产称为待继承遗产。"遗产的待继承状态,是发生在被继承人已经死亡,但其遗产还在等待"被接受"的时间,这段时间的遗产为"待继承遗产",而一旦发生遗产的接受,该状态就会结束。

接受遗产之效力追溯至继承开始之时。

2. 分类

(1)单纯接受与限定接受

接受的类型分为单纯接受及限定接受。根据第1891条的规定,对给予未成年人、禁治产人、准禁治产人或行政公益法人的遗产,其接受仅得为限定接受。法律为第1891条第1款所指之人规定了强制性限定接受,是因为预先在财产清册中列明存在于遗产中的财产,可以保障上述之人的利益。

限定接受遗产必须通过财产清册程序进行，即通过司法程序将被继承人的所有财产清楚列出，而继承人所继承的财产便限定在这一财产清册范围之内。至于单纯接受则无须进行这一程序。单纯接受是指没有进行财产清册的接受，即简单表示接受的意愿，不会具体知道到底有哪些财产。所以其接受的对象是抽象的、遗产中的不确定的财产。

属限定接受遗产时，接受人拥有财产清册，逐一列明其所继承的财产，故无须证明除那些已用以承担遗产的负担的财产外，便不存在其他财产。

属单纯接受遗产时，对负担的承担亦不超出所继承的财产的价值，但由于接受人没有列明组成遗产的全部财产的清册，故在遗产的负担超出遗产的价值时，接受人须证明遗产的价值不足以支付有关负担。

(2)明示接受和默示接受

遗产的接受方式分为明示和默示。

明示接受遗产是指以书面方式表示接受遗产或承认有意取得遗产，至于是否默示接受遗产，除《澳门民法典》第1887条提到的情况外，还须注意其他情况。例如，根据《澳门民法典》第1895条第1款的反义解释，被赋予继承权的人将遗产有偿转让予所有如转让人抛弃即会取得遗产的人，则属于其中一种默示接受遗产的情况。

比如，甲是被赋予继承权的人，如果甲抛弃继承，那么乙有权继承遗产。这时，倘若甲将遗产有偿转让给乙，则甲视为默示接受遗产。将遗产无偿转让予所有如转让人抛弃遗产即会取得遗产之人，不构成转让人接受遗产。

可继承遗产之人作出管理遗产的行为并不表示其默示接受遗产。

22.3.3 抛弃

接受遗产应以明示或默示方式为之，但抛弃遗产则须以转让遗产所需的方式为之，例如，倘被抛弃的遗产中有某些财产应通过公证书转让(如房屋)，则抛弃遗产亦应以公证书的形式作出。

《澳门民法典》第1900条规定，“抛弃遗产之效力追溯至继承开始之时，而抛弃遗产之可继承遗产之人视为从未被赋权继承，但属代位继承之情况除外”。

此处的抛弃，意味着拒绝或者不接受。遗产之抛弃不得附条件或期限。抛弃作为法律上的行为，亦具备接受所具有的特征，不能附条件或期限。抛弃是单方面作出的法律上的行为，且无须经相对人接获并知悉方生效，它是自由作出(《澳门民法典》第1902条第1款)的个人行为(《澳门民法典》第1889条)，是抛弃人个人的行为(《澳门民法典》第1889条及第1905条)，更不得附条件或期限(《澳门民法典》第1902条第1款及第1903条)。[1]

遗产之抛弃可因欺诈或胁迫而撤销，但不得以单纯之错误为依据而撤销。抛弃继承就表示依法有权继承的人愿意抛弃在法律上可以继承的一切权利义务，并且不可以废止。

---

〔1〕 Manuel · Trigo(尹思哲)：《亲属法及继承法教程(第三册)扶养及继承》，朱琳琳译，澳门大学法学院2019年版，第107页。

22.3.4　负担

《澳门民法典》第1906条规定："遗产之负担包括：用于被继承人之丧葬开支及附随之宗教仪式之开支、因执行遗嘱而生之负担、因管理及清算遗产而生之负担、死者债务之清偿，以及遗赠之履行。"

1. 丧葬开支：为办理丧事、埋葬死者所需的花费。

2. 附随之宗教仪式之开支。

3. 因执行遗嘱而生之负担：如遗产税、律师费等。

4. 因管理及清算遗产而生之负担：如聘请核数师的费用。

5. 死者债务之清偿：例如，死者生前有没有应缴纳的税款未缴纳；死者生前有没有按合同的规定应当履行的给付义务，如支付货款、给付劳务费等；死者生前有没有因实施侵权行为，要承担的损害赔偿责任等。死者的债务形式可以多种多样。

6. 遗赠：遗赠是遗嘱人以遗嘱的方式无偿所为之赠与他人财产或利益之行为。

22.3.5　遗产请求权

在开始继承但未分割遗产前，有时遗产中的全部或部分财产会由第三人以继承人的名义或其他名义又或没有任何名义而占有，在这种情况下，为了取回有关财产，继承人可以提起规范于第1913条及续后数条的请求返还遗产之诉。[1]

请求返还遗产之诉可以随时提起，但不影响有关取得时效的规则对每一占有物的适用，亦不影响第1897条规定的适用。也就是说，须在自可继承遗产之人知悉其被赋权继承之日起计10年内，在接受遗产的权利失效前提起该请求之诉。即表示接受遗产的意愿有一个期限，需要以此期限来看提起请求之诉的期限。

22.3.6　管理

在继承的一个阶段，遗产处于一个由各个继承人共同共有的状态。而这个过程中，很重要的问题是由谁，且如何对这段期间的遗产进行管理。

这个时候就需要待分割财产管理人了。《澳门民法典》第1918条规定了担任待分割财产管理人之人。

> 1. 待分割财产管理人一职由下列之人按顺序担任：
>
> (1)生存配偶，只要其为继承人或夫妻所采用之财产制非为分别财产制；
>
> (2)遗嘱执行人，但遗嘱人有相反意思表示者除外；
>
> (3)死者之血亲或与死者生前有事实婚关系之人，但须为依法继承人；

---

〔1〕 CAPELO DE SOUSA：《继承法教程》(第二册)(第3版)，2012年版，第29页及续后。转引自Manuel · Trigo(尹思哲)：《亲属法及继承法教程(第三册)扶养及继承》，朱琳琳译，澳门大学法学院2019年版，第107页。

(4)遗嘱继承人。

2. 生存配偶非为继承人,且夫妻采用之财产制为取得财产分享制时,如不预计生存配偶会成为因取得财产分享制所生债权之受益人,则按照第1924条第2款之规定,法院可将待分割财产管理人一职,交予法定优先顺序紧次于该生存配偶之人担任。

3. 在依法继承人之血亲中,亲等近者优先。

4. 在同一血亲亲等之依法继承人中或在遗嘱继承人中,以在死者死亡时与其共同生活至少一年之人优先。

5. 情况相同时,以较年长之继承人优先。

6. 在死者之血亲及与死者生前有事实婚关系之人中,按依法继承之优先顺序选出待分割财产管理人。

夫妻仍生存的一方对死者的财产状况最了解,亦都是最关心其财产状况以及最有能力管理财产之人。因此,立法者将生存配偶放在顺序的第一位。但假设两人结婚时采用分别财产制,可以想到双方都不想将财产混在一起,也不想对方知道自己的财产状况,那么就没有必要由生存配偶作为管理人了。

在《澳门民法典》第1921条及第1922条中又规定了另外两种情况,所以决定谁担任待分割遗产管理人的方式一共就有3种:第一种是以法定顺序来决定,第二种是由法院来指定,第三种是协议指定。协议指定的话需要由所有的利害关系人共同协商,注意不仅是全部继承人,而是全部利害关系人作出决定谁来担任此职务。

该职务可以根据《澳门民法典》第1923条的原因推辞,如果担任该职务的人存在《澳门民法典》第1924条的情况,也可以被撤职。但“对待分割财产管理人一职不得作生前或死因之移转”。

22.3.7 清算

可以通过司法途径或非司法途径在分割遗产前或后清算遗产的负担。[1]

《澳门民法典》第1935条规定:“未分割遗产中之财产,须共同承担遗产之负担之支付。”此处的“共同承担”,并不意味着“负担之支付”为连带责任。

第一,遗产的清算可以出现在遗产分割之前,即意味着继承人对于该遗产仅处于一个共同共有的状态。

第二,在《澳门民法典》第1936条第1款中的“份额之比例承担”,进一步说明了,继承人之间对于《澳门民法典》第1935条的负担是按比例承担,而非连带责任。

---

〔1〕 Manuel · Trigo(尹思哲):《亲属法及继承法教程(第三册)扶养及继承》,朱琳琳译,澳门大学法学院2019年版,第124页。

22.3.8　分割

遗产之分割是以终止遗产的共同共有关系为目的的法律行为。在超过一个继承人的情况下,遗产分割即是将遗产分配给各个继承人,使他们分别专有其应得的部分。换言之,遗产分割的法律后果是遗产共同所有关系的消灭,遗产上的权利义务分别属于各个继承人。

遗产的分割规范于《澳门民法典》第 1939 条等及《民事诉讼法典》第 963 条等。“任何共同继承人”都有请求分割遗产的权利。但可以请求分割的人,不仅是继承人,还包括“死者之生存配偶,如因所采用之财产制,以致有权取得共同财产之一半,或有权要求确定因取得财产分享制所生债权之拥有人及债权数额,则亦有权在其认为合适时要求进行遗产分割”。

“要求分割之权利不可放弃,但得作出协议约定于不超过五年之特定期间内不分割财产;透过新订立之协议,可对此期间进行一次或多次之续期。”有权分割,但也可以不分割,需要各继承人意思表示一致。以前有人选择不做财产分割,特别是考虑到有一个不动产大家还在一起住的时候,就可能选择不分割了。不分割的坏处是不可以处分,因为物主已死亡。要求分割遗产的权利是不可放弃的。

22.3.9　转让

在我国澳门特别行政区,遗产或继承份额是可以转让的。例如,转让以抵消继承人的债务。鉴于有需要保障遗产的债权人及共同继承人的利益,并考虑转让标的的特殊特征,法律为遗产的转让设定了特别制度。[1]

转让标的为“因遗赠、负担或遗产信托之失效而生之全部利益,推定为与有关遗产或继承份额一并移转”。遗产信托,即信托替换,是指遗嘱人通过遗嘱处分(信托处分)而规定被设定的继承人(受托人)有义务保存遗产,以便在该继承人死亡时将有关遗产转归另一人(信托受益人)所有。例如,甲在遗嘱内明确由乙保存其所有遗产直到乙死亡,然后将有关遗产转归丙。增添权,是指当同时存在数名可继承遗产的人,而其中一名继承人不能或不愿接受遗产时,其他继承人有权将原属该继承人的继承份额增添入他们的继承份额内。不过,增添权必须符合下列全部要件:第一,已指定有两名或两名以上具同等地位的可继承遗产的人(如两兄弟);第二,其中一名继承人不能或不愿接受遗产;第三,其他可继承遗产的人具有继承权。

遗产或继承份额之取得人继承有关负担;然而,转让人对该等负担须负连带责任,而就因此而作之支出则有权要求取得人全数偿还。由于该转让可能仅通过私文书为之,第三人无法知悉该转让的发生。

但也存在例外情况,转让人作出转让后,因遗产信托或增添权而交予转让人之遗产部分,推定为不属于有关处分之范围。死者之证书及信函,以及低价值之家庭纪念品,亦推定为不属于有关转让之范围。

---

〔1〕 参见 Manuel · Trigo(尹思哲):《亲属法及继承法教程(第三册)扶养及继承》,朱琳琳译,澳门大学法学院 2019 年版,第 109 页。

就转让的方式而言,如在遗产或继承份额中有某些财产应通过公证书转让,如不动产,则遗产或继承份额的转让亦应通过该方式为之;不属上述所指的转让,应以私文书作出,但无论如何,均不可仅口头方式转让遗产。[1]

22.4 三法域规定列举

表 4-22-1 三法域规定列举

遗产的范围、分割的方法	
中国内地	(1)遗产的范围:自然人死亡时遗留的个人合法财产。 (2)遗产分割的方法: ①有利于生产和生活需要,不损害遗产的效用; ②不宜分割的遗产,可以采取折价、适当补偿或者共有等方法处理; ③在分割遗产中的房屋、生产资料和特定职业所需要的财产时,人民法院依据有利于发挥其使用效益和继承人的实际需要,兼顾各继承人的利益进行处理; ④对故意隐匿、侵吞或者争抢遗产的继承人,人民法院可以酌情减少其应继承的遗产
中国香港特别行政区	遗产或财产就死者的遗产或财产而言,指死者去世后即转移的动产及不动产
中国澳门特别行政区	遗产范围: (1)以直接交换方式取代遗产中某些财产之财产; (2)转让遗产中之财产所得之价金; (3)以遗产中之金钱或有价物取得之财产; (4)分割遗产前所收到之孳息
遗产管理人	
中国内地	继承开始后,遗嘱执行人为遗产管理人;没有遗嘱执行人的,继承人应当及时推选遗产管理人;继承人未推选的,由继承人共同担任遗产管理人;没有继承人或者继承人均放弃继承的,由被继承人生前住所地的民政部门或者村民委员会担任遗产管理人。 对遗产管理人的确定有争议的,利害关系人可以向人民法院申请指定遗产管理人
中国香港特别行政区	司法常务官作为遗产管理官
中国澳门特别行政区	(1)待分割财产管理人一职由下列之人按顺序担任: ①生存配偶,只要其为继承人或夫妻所采用之财产制非为分别财产制; ②遗嘱执行人,但遗嘱人有相反意思表示者除外; ③死者之血亲或与死者生前有事实婚关系之人,但须为依法继承人; ④遗嘱继承人。 (2)决定谁担任待分割遗产管理人的方式一共就有3种:第一种是以法定顺序来决定,第二种是由法院来指定,第三种是协议指定。协议指定的话需要由所有的利害关系人共同协商

〔1〕 参见 Manuel · Trigo(尹思哲):《亲属法及继承法教程(第三册)扶养及继承》,朱琳琳译,澳门大学法学院 2019 年版,第 110 页。

续表

遗产管理人的职责	
中国内地	(1)清理遗产并制作遗产清单； (2)向继承人报告遗产情况； (3)采取必要措施防止遗产毁损、灭失； (4)处理被继承人的债权债务； (5)按照遗嘱或者依照法律规定分割遗产； (6)实施与管理遗产有关的其他必要行为
中国香港特别行政区	(1)账簿的备存,遗产管理官须备存一份关于由其他管理的所有遗产的总登记册、现金账及分类账或往来账簿,以及他可能认为需要或可能予以订明的其他簿册； (2)遗产管理官管有而关于由其管理的遗产,以及关于其根据《遗嘱认证及遗产管理条例》收取或接管的财产的所有档及账目,在任何人申请发给副本并缴付订明费用后,须由遗产管理官将该等档或账目的副本给予该人
中国澳门特别行政区	(1)已被赋权继承遗产之可继承遗产之人,在尚未接受或抛弃遗产前,可管理有关遗产,只要迟延采取管理措施将会造成损失； (2)继承人有数人时,任一继承人均可作出紧急管理行为;然而,如有继承人反对作出紧急管理行为,则以继承人之多数意愿为准
遗产代理人及遗产代理人权力、权利、职责、法律责任	
中国内地	《民法典》中有关于遗产管理人应当履行职责的规定
中国香港特别行政区	(1)遗产代理人的权力和权利 ①起诉权利； ②处置财产的权力； ③购买死者财产； ④对按遗嘱认证或遗产管理行事的人的保障。 (2)遗产代理人的职责 当被合法要求如此办时,死者的遗产代理人须以向法院提交誓章的形式将一份有关该死者的动产及不动产的真确及完整财产清单及账目展示,而法院有权如上所述要求遗产代理人呈交财产清单。 (3)遗产代理人的法律责任 ①欺诈地获取或保留死者遗产的人的法律责任； ②遗产代理人的遗产的法律责任
中国澳门特别行政区	《澳门民法典》第2019条中规定遗嘱人在以下情形中可委托第三人： (1)在遗嘱人所设立之继承人或指定之受遗赠人为某一群人之情况下分配遗产或遗赠； (2)在遗嘱人选定之人中指定受遗赠人
夫妻共同财产之遗产分割	
中国内地	(1)夫妻共同所有的财产,除有约定的外,遗产分割时,应当先将共同所有的财产的一半分出为配偶所有,其余的为被继承人的遗产； (2)遗产在家庭共有财产之中的,遗产分割时,应当先分出他人的财产

续表

夫妻共同财产之遗产分割	
中国香港特别行政区	根据《无遗嘱者遗产条例》的规定，继承无遗嘱而去世者的遗产 (1)无遗嘱者的剩余遗产须按本条所述的方式分配或以本条所述的信托形式持有。 (2)如该无遗嘱者遗下丈夫或妻子，但无遗下 (a)后嗣；及(b)父母，或全血亲兄弟姊妹或其后嗣，(由1995年第57号第3条修订)则须为该尚存丈夫或妻子的绝对权益而以信托形式持有该剩余遗产。 (3)如该无遗嘱者遗下丈夫或妻子，以及后嗣，则无论第(2)(b)款所述的人士是否亦尚存，该尚存丈夫或妻子须享有取得非土地实产的绝对权益；此外，该无遗嘱者的剩余遗产(不包括非土地实产)在扣除死亡税(如有的话)及费用后，须拨出500,000港元的净款额，连同其利息记在该尚存丈夫或妻子名下，该利息须由该无遗嘱者去世之日起，按照终审法院首席法官为《高等法院条例》(第4章)第49(1)(b)条的施行而不时厘定的利率计算，直至该笔款项连同利息全部支付或拨付为止；在作出上述款项或应付利息的拨款后，该剩余遗产(不包括非土地实产)须按以下规定持有(由1998年第25号第2条修订；由2005年第21号第34条修订) (a)其中一半为该尚存丈夫或妻子的绝对权益而以信托形式持有；及(b)其余一半则为该无遗嘱者的后嗣而以法定信托形式持有
中国澳门特别行政区	遗产的分割规范于《澳门民法典》第1939条等及《民事诉讼法典》第963条等。“任何共同继承人”都有请求分割遗产的权利。但可以请求分割的人，不仅是继承人，还包括“死者之生存配偶，如因所采用之财产制，以致有权取得共同财产之一半，或有权要求确定因取得财产分享制所生债权之拥有人及债权数额，则亦有权在其认为合适时要求进行遗产分割”
遗赠扶养协议	
中国内地	(1)自然人可以与继承人以外的组织或者个人签订遗赠扶养协议。 (2)继承人以外的组织或者个人与自然人签订遗赠扶养协议后，无正当理由不履行，导致协议解除的，不能享有受遗赠的权利，其支付的供养费用一般不予补偿；遗赠人无正当理由不履行，导致协议解除的，则应当偿还继承人以外的组织或者个人已支付的供养费用。 (3)被继承人生前与他人订有遗赠扶养协议，同时又立有遗嘱的，继承开始后，如果遗赠扶养协议与遗嘱没有抵触，遗产分别按协议和遗嘱处理；如果有抵触，按协议处理，与协议抵触的遗嘱全部或者部分无效

续表

遗赠扶养协议	
中国香港特别行政区	申请从死者遗产中提供经济给养 (1)凡任何人在本条例生效后去世,而 (a)他去世时的居籍是中国香港特别行政区;或 (b)在紧接他去世前的3年内,他曾在任何一段时间内是通常居于中国香港特别行政区的,并遗下下列任何人 (i)死者的妻子或丈夫; (ii)死者仍未再婚的前妻或前夫,而在紧接死者去世前,该前妻或前夫是完全或主要靠死者赡养的; (iii)死者在夫妾关系中的妾侍或男方; (iv)死者的父亲或母亲,而在紧接死者去世前,该父亲或母亲是完全或主要靠死者赡养的; (v)死者的幼年子女,或死者的因精神或身体不健全而无能力维生的子女; (vi)死者的成年子女,而在紧接死者去世前,该子女是完全或主要靠死者赡养的; (vii)任何人(非死者子女),而死者生前视该人为死者所曾缔结的任何一段婚姻所建立的家庭的子女,且在紧接死者去世前,该人是完全或主要靠死者赡养的; (viii)死者的半血亲或全血亲兄弟姊妹,而在紧接死者去世前,该兄弟或姊妹是完全或主要靠死者赡养的; (ix)任何人(并非本款上述各段所包括的),而在紧接死者去世前,该人是完全或主要靠死者赡养的。 则该尚存的人可持下述理由向法院申请根据第4条作出命令:依照死者遗嘱或关于无遗嘱继承的法律,或综合死者遗嘱及该等法律而作出的遗产处置,并没有为申请人提供合理经济给养。
中国澳门特别行政区	《澳门民法典》第1911条(扶养遗赠或终身定期金遗赠)规定: (1)死者全部财产之用益权人,有义务完全履行扶养遗赠或终身定期金遗赠; (2)用益权仅涉及财产之某一份额时,用益权人仅以此份额所占之比例为限负履行扶养遗赠或终身定期金遗赠之义务; (3)特定物之用益权人,如无明确规定其须负上述扶养或定期金之义务,则无此义务
遗产的税款缴纳及债务清偿	
中国内地	(1)继承人以所得遗产实际价值为限清偿被继承人依法应当缴纳的税款和债务。 (2)继承人放弃继承的,对被继承人依法应当缴纳的税款和债务可以不负清偿责任。 (3)执行遗赠不得妨碍清偿遗赠人依法应当缴纳的税款和债务。 (4)既有法定继承又有遗嘱继承、遗赠的,由法定继承人清偿被继承人依法应当缴纳的税款和债务;超过法定继承遗产实际价值部分,由遗嘱继承人和受遗赠人按比例以所得遗产清偿

续表

遗产的税款缴纳及债务清偿	
中国香港特别行政区	(1)遗产无力偿债时的偿债规则 ①除另有规定外,殡殓、遗嘱管理及遗产管理的开支具有优先权获得偿付; ②除另有规定外,根据破产法律中当其时对被判定破产的人的资产有效的规则,对有抵押债权人与无抵押债权人各自享有的权利、可证债项与债务、年金的估值以及未来法律责任与或有法律责任的估值,以及债项与债务的优先权须予遵守。 (2)遗产有力偿债时资产的运用次序 ①遗嘱未予处置的死者财产,但须从中预留一笔足以支付金钱遗赠的款项; ②并非特别遗赠而(以特别描述或普通描述方式)包括于剩余遗产的馈赠内的死者财产,但须从该项财产中预留一笔足以支付金钱遗赠的款项,而该等金钱遗赠须是未有按上述规定预留款项支付者; ③特别分派或遗赠(以特别描述或普通描述方式)而用以偿债的死者财产; ④附有偿付债项责任或属遗赠(以特别描述或普通描述方式)但受偿付债项责任规限的死者财产; ⑤预留以支付金钱遗赠的款项(如有); ⑥特别遗赠的财产,按价值而依比率运用; ⑦根据一般权力借遗嘱指定受益的财产,按价值而依比率运用
中国澳门特别行政区	《澳门民法典》第1912条(继承人对遗产之权利及义务)规定: (1)在遗产完全清算及分割前,就死者之遗产,继承人仍保留其在死者生前对死者所具有之一切权利及义务,但属因死者死亡而消灭之权利及义务除外; (2)继承人作为遗产债务人所欠之金钱数额,应计入其继承份额内; (3)如有需要在法庭上认定继承人之权利及义务,而继承人为待分割财产管理人,则为该目的应为遗产指定一特别保佐人。 《澳门民法典》第2106条(受遗赠人承担之负担)规定: (1)对于规定受遗赠人须承担之遗赠及其他负担,受遗赠人有责任予以履行,但仅以其所取得之遗赠物之价值为限。 (2)如负有负担之受遗赠人未收到整份遗赠,则其负担按比例缩减;如遗赠物被返还予第三人,则受遗赠人得要求取回所作之支出。 《澳门民法典》第2107条(受遗赠人对遗产负担之履行)规定: 如全部遗产被分为多项遗赠,则遗产负担由全体受遗赠人按其受遗赠之比例承担,但遗嘱人另有规定者除外。
遗产的转让	
中国内地	(1)无人继承又无人受遗赠的遗产,归国家所有,用于公益事业;死者生前是集体所有制组织成员的,归所在集体所有制组织所有。 (2)遗嘱继承或者遗赠附有义务的,继承人或者受遗赠人应当履行义务。没有正当理由不履行义务的,经利害关系人或者有关组织请求,人民法院可以取消其接受附义务部分遗产的权利
中国香港特别行政区	《遗嘱认证及遗产管理条例》第66条规定,任何遗产代理人可允许将立遗嘱人或无遗嘱者有权享有的不动产或他借遗嘱行使一般指定受益的权力而转予该遗产代理人的不动产,以遗赠、转予、分派或其他方式归属于任何有权享有该不动产的实益权益的人,或有权以受托人或遗产代理人身份享有该不动产的人

续表

遗产的转让	
中国澳门特别行政区	(1)遗产或继承份额是可以转让的,转让标的为“因遗赠、负担或遗产信托之失效而生之全部利益,推定为与有关遗产或继承份额一并移转”; (2)遗产信托,即信托替换,是指遗嘱人通过遗嘱处分而规定被设定的继承人有义务保存遗产,以便在该继承人死亡时将有关遗产转归另一人所有; (3)就转让的方式而言,如在遗产或继承份额中有某些财产应通过公证书转让,例如不动产,则遗产或继承份额的转让亦应透过该方式为之;不属上述所指的转让,应以私文书作出,但无论如何,均不可仅以口头方式转让遗产

后　　记

本书是粤港澳几十位法律工作者通力合作的成果，整个编写工作从2021年4月起到2022年8月初稿完成，再到2024年1月出版，历时约两年半。

编写本书的动议来自邹艳娥律师，她在担任广东省珠海市香洲区婚姻家庭纠纷人民调解委员会主任期间，深感粤港澳婚姻家事法律制度差异给业界和普通百姓带来的困惑，认为有必要编写一套粤港澳婚姻家事法律制度的书籍。她的想法得到了珠海市香洲区妇联黄芳主席的认可和支持。为此，2021年4月，邹艳娥律师找到有丰富编写法律书籍经验的芦海滨律师团队合作。芦海滨律师表示有浓厚兴趣并快速设计了本书的结构和章节分布。

本书的编写工作得到了珠海市妇女联合会、香港妇联、澳门妇女联合总会、珠海市司法局、珠海市律师协会的支持，在约两个月的时间里组建了涵盖粤港澳约30位专家的撰写团队，并计划于2021年7月28日举办启动仪式。因新冠疫情原因启动仪式推迟到2021年10月29日举行，内地团队及澳门团队到场。

本书的编写过程全部处于新冠疫情期间，该期间香港团队均未能与内地团队、澳门团队见面，只能通过电话、邮件、微信沟通，编写工作十分辛苦，经编委会全体成员努力终于成书。

本书只是粤港澳婚姻家事法律制度原则性的介绍，未来在本书编委会的工作基础上，我们相信将会有更多的成果涌现。

香港团队作者卢懿杏律师发挥绘画才能，绘制了广东、香港、澳门的市花作为书签，特此表示感谢！

要特别指出的是，编委会中年龄最小的成员——谢巧律师承担了粤港澳法规收集整理的主要工作，还承担了全书多次的统稿、审核工作，工作量繁重。我们为年轻律师勇挑重担的工作态度作出表扬。历时两年多的编写工作，谢巧由实习律师成长为执业律师，我们为年轻律师的成长送去祝福。此外，广东华商（珠海）律师事务所倪家鑫律师虽未列入编委会，但对收集整理粤港澳法规作出了贡献，一并表示感谢！

最后，真诚感谢法律出版社。在法律出版社法治与经济分社编辑老师们的悉心指导下，本书几经修改终于面世。

邹艳娥　芦海滨

2024年1月